Um das Parlament
Seiten 108–123

TERÉZ KÖRÚT

BAJCSY-ZSILINSZKY ÚT

ANDRÁSSY ÚT

ANDRÁSSY ÚT

ERZSÉBET KÖRÚT

KÓS KÁROLY SÉTÁNY

HUNGÁRIA KÖRÚT

THÖKÖLY ÚT

Um den Városliget

THÖKÖLY ÚT

RÁKÓCZI ÚT

Zentrum von Pest

RÁKÓCZI ÚT

JÓZSEF KÖRÚT

BAROSS UTCA

VÁMHÁZ KÖRÚT

ÜLLŐI ÚT

Um den Városliget
Seiten 144–155

Zentrum von Pest
Seiten 124–143

VIS-À-VIS

BUDAPEST

VIS-À-VIS

BUDAPEST

Hauptautoren **Barbara Olszańska,
Tadeusz Olszański**

London • New York • München
Melbourne • Delhi

www.dorlingkindersley.de

Produktion
Hachette Livre Polska Sp. z o.o.
Wydawnictwo Wiedza i Życie Warschau

Texte
Barbara Olszańska, Tadeusz Olszański

Fotografien
Gábor Barka, Dorota und Mariusz Jarymowiczowie

Illustrationen
Paweł Mistewicz, Piotr Zubrzycki

Kartografie Maria Wojciechowska,
Dariusz Osuch (D Osuch i Spółka)

Redaktion und Gestaltung
Hachette Livre Polska: Ewa Szwagrzyk, Paweł Pasternak, Joanna Egert,
Anna Kożurno-Królikowska, Bożena Leszkowicz
Dorling Kindersley London: Jane Oliver, Felicity Crowe, Nancy Jones,
Vivien Crump, Ingrid Vienings

Aktualisierte Neuauflage 2015/2016

Programmleitung Dr. Jörg Theilacker, DK Verlag
Projektleitung Stefanie Franz, DK Verlag
Projektassistenz Antonia Knittel, DK Verlag
Übersetzung Bettina Chegini, München
Redaktion Dr. Elfi Ledig, München
Schlussredaktion Philip Anton, Köln
Umschlaggestaltung Ute Berretz, München
Satz und Produktion DK Verlag
Druck RR Donnelley Asia Printing Solutions Ltd., China

ISBN 978-3-7342-0073-1
10 11 12 13   17 16 15 14

◄ **Das neogotische Parlament am Donauufer** *(siehe S. 112f)*
◄ ◄ **Umschlag: Globus auf dem Dach des Geologischen Instituts** *(siehe S. 158f)*

Inhalt

Statue auf dem Batthyány tér
(siehe S. 104)

Budapest stellt sich vor

**Ungarisches Wappen an einer
Mauer beim Tunnel** *(siehe S. 104)*

Die Stadtteile Budapests

Die Ungarische Nationalgalerie im früheren Königspalast *(siehe S. 78 – 81)*

Leierkastenmann im historischen
Burgviertel *(siehe S. 72 – 89)*

Zu Gast in Budapest

Grundinformationen

Die imposante Fassade des
Parlaments *(siehe S. 112f)*

Porzellan im Museum für
Kunsthandwerk *(siehe S. 140f)*

Die charakteristischen Kuppeln und Türme der großen Sakralbauten in Budapest *(siehe S. 46f)*

Benutzerhinweise

Dieser Reiseführer soll Ihren Budapest-Besuch zu einem Erlebnis machen, bei dem Sie die schönsten Seiten der Stadt kennenlernen. *Budapest stellt sich vor* setzt das moderne Budapest in einen historischen Kontext und informiert Sie über Feste und Festivals. *Budapest im Überblick* stellt die wichtigsten Sehenswürdigkeiten der ungarischen Hauptstadt vor. *Die Stadtteile Budapests* begleiten Sie mit Karten, Illustrationen und Fotos durch die Stadt und beschreiben detailliert alle wichtigen Attraktionen. Hier finden Sie auch Tagesausflüge und Spaziergänge durch die Metropole. *Zu Gast in Budapest* bietet Informationen zu Hotels, Restaurants, Shopping-Möglichkeiten, Unterhaltungsangeboten und Sport. Die *Grundinformationen* geben praktische Tipps – vom Telefonieren über öffentliche Verkehrsmittel bis zur medizinischen Versorgung.

Orientierung in Budapest

Die Stadt ist in sechs farbig gekennzeichnete Kapitel unterteilt. Hinzu kommen Abstecher, Ausflüge und Spaziergänge. Jedes Kapitel beginnt mit einer Einführung in Geschichte und Charakter des Stadtteils. *Detailkarten* zeigen Ihnen die typischen Winkel des Stadtteils. Zur leichteren Orientierung sind die Sehenswürdigkeiten jedes Kapitels durchgehend nummeriert. Wichtigen Sehenswürdigkeiten sind zwei oder mehr Seiten gewidmet.

1 Stadtteilkarte

Zur leichteren Orientierung sind die Sehenswürdigkeiten auf den *Stadtteilkarten* nummeriert. Zudem finden Sie U-Bahn-Stationen, Bus- und Tramhaltestellen sowie Parkplätze. Wichtige Sehenswürdigkeiten sind nach Kategorien aufgeführt: Museen und Sammlungen, Kirchen, historische Straßen und Plätze, Palais und historische Gebäude, Hotels, Bäder sowie Parks und Gärten.

Empfohlene Restaurants finden Sie auf jeder Intro-Seite eines Stadtteils.

Die Orientierungskarte zeigt Ihnen auf einen Blick, wo Sie sich befinden.

2 Detailkarte

Interessante Straßen eines Viertels sind aus der Vogelperspektive zu sehen. Die Nummern der Sehenswürdigkeiten stimmen mit denen der *Stadtteilkarte* und den Beschreibungen auf den folgenden Seiten überein.

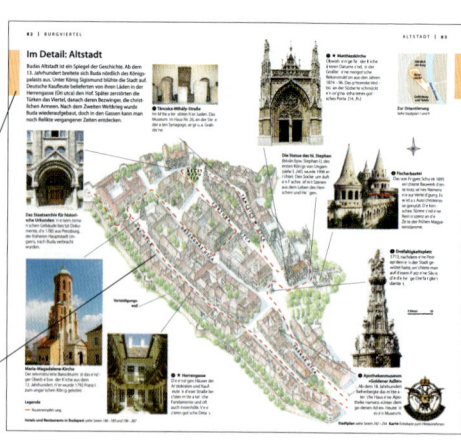

Jeder Stadtteil hat eine Farbcodierung.

Die Routenempfehlung führt Sie durch die interessantesten Straßen.

Die Stadtteile Budapests

Die wichtigen Sehenswürdigkeiten Budapests konzentrieren sich auf sechs Areale, die farbig markiert sind *(siehe vordere Umschlaginnenseiten)*. Jedem Areal ist im Abschnitt *Die Stadtteile Budapests (siehe S. 70–171)* ein eigenes Kapitel gewidmet. Die Farbcodierung aller Kapitel hilft Ihnen auch bei der Orientierung in den anderen Abschnitten des Reiseführers.

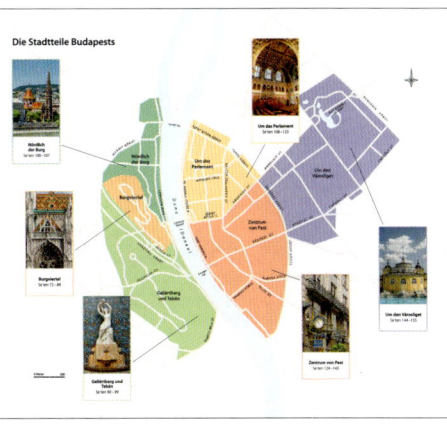

Die Stadtteile Budapests

3 Detaillierte Informationen

Die wichtigen Sehenswürdigkeiten Budapests werden einzeln beschrieben. Die Legende der Symbole des Infoblocks mit Adresse, Öffnungszeiten, Verkehrsmitteln etc. finden Sie auf der hinteren Umschlagklappe.

Fotos der Fassaden wichtiger Gebäude helfen Ihnen, diese rasch zu erkennen.

Die Nummern beziehen sich auf die *Stadtteilkarten*.

Die Infobox versorgt Sie mit allen praktischen Hinweisen wie Öffnungszeiten, Eintritt etc.

Der Infoblock bietet praktische Informationen auf einen Blick. Die Verweise beziehen sich auf den *Stadtplan (siehe S. 242–256)* sowie auf die *Karte*.

4 Hauptsehenswürdigkeiten

Den Highlights Budapests sind eigene Doppelseiten gewidmet. Historische Gebäude werden im Aufriss gezeigt. Farbige Grundrisse von Museen helfen Ihnen, wichtige Exponate leicht zu finden.

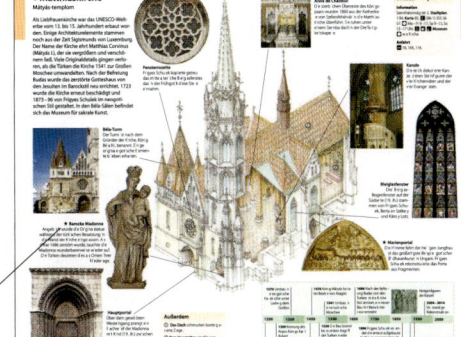

Sterne kennzeichnen Attraktionen, die Sie nicht versäumen sollten.

Im »Außerdem«-Kasten finden Sie zusätzliche Detailinformationen über die Sehenswürdigkeit oder nette Kleinigkeiten.

Die Zeitskala listet wichtige geschichtliche Ereignisse auf.

Stadtplan *siehe Seiten 242–256.*
Karte *Extrakarte zum Herausnehmen.*

BUDAPEST
STELLT SICH VOR

Themen- und Tagestouren

Ein Besuch Budapests bietet viele Optionen – vom mittelalterlichen Burgviertel bis zu den Prachtbauten im Zentrum von Pest. Ob Sie für einige Tage hier sind oder nur einen ersten Eindruck gewinnen wollen – im Folgenden finden Sie Vorschläge für Thementouren für einen Tag, anschließend für unterschiedlich lange Tagestouren. Die einzelnen Touren, die sich alle mit öffentlichen Verkehrsmitteln durchführen lassen, können natürlich auch variiert werden. Die angegebenen Kosten auf den Seiten 10f beziehen sich auf zwei Erwachsene oder eine Familie mit zwei Kindern, einschließlich Mittagessen.

Mit der alten Sikló, der Standseilbahn, geht es auf den Burgberg

Auf dem Burgberg

Zwei Erwachsene
etwa 25 000 – 30 000 HUF

- Kunst im Königspalast
- Mittagessen im Burghof
- Orgelkonzert in der Matthiaskirche
- Faszinierendes Labyrinth

Vormittags

Das **Burgviertel** von Buda *(siehe S. 72 – 89)* erhebt sich über Pest. Vom Clark Ádám tér aus führen gewundene Straßen hinauf, doch bequemer ist die **Sikló** *(siehe S. 239)*, die über 100 Jahre alte Standseilbahn. Beginnen Sie die Besichtigung auf dem Areal des **Königspalasts** *(siehe S. 74f)*. Sehenswert sind der romantische **Matthiasbrunnen** *(siehe S. 76f)* und die Sammlung ungarischer Malerei des 19. Jahrhunderts in der **Ungarischen Nationalgalerie** *(siehe S. 78 – 81)*. Verlassen Sie das Gelände durch das Habsburger Tor, kehren Sie zum Mittagessen bei **Rivalda** *(siehe S. 196)* ein.

Nachmittags

Auf der Tárnok utca kommen Sie – vorbei an zahllosen Souvenirläden – ins Zentrum von Buda und zur **Fischerbastei** *(siehe S. 84)*. Von hier aus sieht man auf das unterhalb liegende Pest mit **Parlament** *(siehe S. 112f)* und **Kettenbrücke** *(siehe S. 66)*. Besuchen Sie die **Matthiaskirche** *(siehe S. 86f)*, in der an Sommerabenden Orgelkonzerte stattfinden. Schlendern Sie dann durch die Altstadtstraßen, von der Fortuna utca zum Kapisztrán tér und zur Ruine der **Maria-Magdalena-Kirche** *(siehe S. 88)*.

Durch die rekonstruierte **Herrengasse** *(siehe S. 89)* mit ihren gotischen Fassaden und Innenhöfen kommen Sie zum **Labyrinth** *(siehe S. 89)* unter dem Burgberg. Bei **Alabárdos** *(siehe S. 196)* kann man in mittelalterlichem Ambiente zu Abend essen.

Kunst und Erholung

Zwei Erwachsene
etwa 35 000 HUF

- Ein Morgen im Thermalbad
- Museum der Schönen Künste
- Spaziergang zur Staatsoper
- Palais Gresham

Vormittags

Frühstück gibt es im **Gerbeaud** *(siehe S. 201)*, dem bekanntesten Café der Stadt. Fahren Sie mit einer der ältesten U-Bahnen, der **Millenniumslinie** *(siehe S. 238)*, zum **Széchenyi-Bad** *(siehe S. 155)*, und genießen Sie Thermalwasser, Sauna und Massage in dem neobarocken Kurbad-Palast. Ideal fürs Mittagessen: **Gundel Étterem** *(siehe S. 205)*.

Eines der drei Außenbecken des Széchenyi-Bads *(siehe S. 155)*

◄ *Krönung Franz Josephs I. zum ungarischen König am 8. Juni 1867, Budapest von Ede Heinrich (1819–1885)*

Nachmittags

Im **Museum der Schönen Künste** *(siehe S. 150–153)* werden Sie die Kalorien wieder los. Der Monumentalbau am **Heldenplatz** *(siehe S. 146f)* beherbergt Ungarns beste internationale Kunstsammlung.

Anschließend spazieren Sie zum **Millenniumsdenkmal** *(siehe S. 149)* und zur Andrássy út – ein Prachtboulevard mit Botschaften, seit neuer Zeit auch mit Restaurants und Läden – und kehren in einem der vielen Cafés am **Liszt Ferenc tér** *(siehe S. 202f)* ein. In der Andrássy út 22 erhebt sich die **Ungarische Staatsoper** *(siehe S. 122f)*, die am späten Nachmittag Führungen anbietet. Entlang der unteren Andrássy út kommt man über den Erszébet tér zum **Palais Gresham** *(siehe S. 118)* gegenüber der Kettenbrücke. Im **Gresham Restaurant** *(siehe S. 199)* kann man die Gänsestopfleber, die Spezialität des Hauses, probieren.

Familientag im Freien

Familie (4 Personen)
etwa 30 000 HUF

- **Tour zu den Budaer Bergen mit Kinder-Schmalspurbahn**
- **Budakeszi-Wildpark**
- **Abendessen mit Volksmusik**

Vormittags

Auf den Széchenyi-Berg der **Budaer Berge** *(siehe S. 165)* kommen Sie mit der Zahnradbahn *(5–23 Uhr)*. Sie startet am Szilágyi Erzsébet fasor (U-Bahn-Station Széll Kálmán tér, dann zwei Haltestellen mit Tram 59). Oben führt ein kurzer Spaziergang zum Fernsehturm (geschlossen) und zum Bahnhof der **Kinder-Schmalspurbahn** *(Okt–März: eingeschränkter Fahrplan)*. Die Bahn fährt stündlich ab und schlängelt sich bergabwärts am **Erzsébet-Aussichtsturm** vorbei ins Hűvös-Tal. Steigen Sie an der Station Szép Juhászné aus für ein Mittagessen im Freien im dortigen Café.

Kinder im Budakeszi-Wildpark in den Budaer Bergen *(siehe S. 165)*

Nachmittags

Vom Café führt ein gut ausgeschilderter Weg zum **Budakeszi-Wildpark** *(Di – Fr 9 –17, Sa, So 9 –18 Uhr; Tel (06-1) 23 451 783)*. Im drei Quadratkilometer großen Park leben viele Tiere, von Wildschweinen (die generell in der Umgebung vorkommen) bis zu Wölfen. Es gibt einen eigenen Bereich für Pflanzen. Eine Tour führt zu den besten Plätzen. Das Restaurant des Parks ist ideal für ein Abendessen mit Live-Volksmusik ab 18 Uhr. Die Kinder-Schmalspurbahn fährt später des Abends zwar nicht mehr, doch die Linie 1 der U-Bahn fährt zurück zur Deák Ferenc utca.

Historie und Shopping

Zwei Erwachsene etwa 20 000 HUF (plus Shopping)

- **Jüdisches Viertel**
- **Koscheres Mittagessen**
- **Shopping in der Váci utca und in der Zentralen Markthalle**

Vormittags

Startpunkt ist das **Ungarische Nationalmuseum** *(siehe S. 134 –137)*, wo Sándor Petőfi 1848 sein *Nationallied* vortrug *(siehe S. 33)*. Nachdem Sie sich die Schätze aus Ungarns Vergangenheit angesehen haben, gehen Sie zu einem weiteren historischen Ort: dem **Jüdischen Viertel** *(siehe S. 138)*. Die **Große Synagoge** in der Dohány utca ist ein Bau im maurisch-byzantinischen Stil, angegliedert ist das **Jüdische Museum**. Das **Holocaust-Denkmal** steht hinter dem Innenhof. Im Viertel findet man koschere Lokale und Metzger sowie weitere Synagogen in der Rumbach S. utca und Kazinczy utca. In Letzterer gibt es im **Carmel Étterem** *(siehe S. 203)* leckere, koschere Küche.

Nachmittags

In der nördlichen **Váci utca** *(siehe S. 131)* kann man gut einkaufen – Souvenirs, Mode oder ungarisches Porzellan bei Goda (Nr. 9). Besichtigen Sie auch die **Innerstädtische Pfarrkirche** *(siehe S. 128f)*. In der Kossuth Lajos út gibt es weitere Läden. Südlich kommen Sie zu den **Klotildenpalais** *(siehe S. 131)*. Legen Sie am Fővám tér eine Kaffeepause ein. Gegenüber liegt die letzte Station: die **Zentrale Markthalle** *(siehe S. 211)*.

Die Cafés der Váci utca *(siehe S. 131)* bieten Tische im Freien

Zwei Tage in Budapest

- **Bummel durch das barocke Zentrum von Buda: das Burgviertel**
- **Fahrt mit der historischen Standseilbahn (Sikló)**
- **Ein Fest für die Sinne: Zentrale Markthalle**

Erster Tag

Vormittags Besichtigen Sie das Herz der Stadt, das **Burgviertel** *(siehe S. 72–89)*. Die **Matthiaskirche** *(siehe S. 86f)* atmet Geschichte. Der Blick von der **Fischerbastei** *(siehe S. 84)* über die Donau ist grandios. Im Viertel haben Sie eine große Auswahl für ein Mittagessen.

Nachmittags Gehen Sie zum **Königspalast** *(siehe S. 74f)*, der die **Ungarische Nationalgalerie** *(siehe S. 78–81)* beherbergt. Dann besteigen Sie die **Sikló** *(siehe S. 239)*, die Standseilbahn bringt Sie nach unten zur imposanten **Kettenbrücke** *(siehe S. 66)*. Lassen Sie den Tag mit einem Spaziergang am Ufer der Donau im Viertel **Víziváros** *(siehe S. 102f)* ausklingen, vielleicht in einem der vielen Cafés der »Wasserstadt«.

Zweiter Tag

Vormittags Erste Destination ist das **Parlament** *(siehe S. 112f)* mit seiner mächtigen Kuppel, dann geht es weiter zur **St.-Stephans-Basilika** *(siehe S. 120f)* mit der Reliquie der Heiligen rechten Hand. Am **Vörösmarty tér** *(siehe S. 130)* gibt es Lokale für ein Mittagessen.

Nachmittags Bummeln Sie die Shopping-Meile **Váci utca** *(siehe S. 131)* entlang. Sie kommen so zur **Zentralen Markthalle** *(siehe S. 211)*, wo es eine überwältigende Auswahl an Gemüse, Fleisch, Fisch und anderen Produkten gibt. Wertvolle Exponate der ungarischen Geschichte sind im **Ungarischen Nationalmuseum** *(siehe S. 134–137)* zu bewundern.

Drei Tage in Budapest

- **Jugendstil-Juwel: Hotel und Thermalbad Gellért**
- **Europas größte Synagoge: Große Synagoge**
- **Entspannen Sie sich im Városliget, bevor Sie sich ein Mittagessen am See gönnen**

Erster Tag

Vormittags Mit der **Sikló** *(siehe S. 239)* fahren Sie bequem zum **Burgviertel** *(siehe S. 72–89)* hinauf. Hier beherbergt der **Königspalast** *(siehe S. 74f)* die wundervolle **Ungarische Nationalgalerie** *(siehe S. 78–81)* und die **Széchényi-Nationalbibliothek** *(siehe S. 76)*. Von der **Fischerbastei** *(siehe S. 84)* genießen Sie den Blick auf Pest und Donau.

Nachmittags Bewundern Sie die bunt glasierten Dachziegel der **Matthiaskirche** *(siehe S. 86f)*, dann bummeln Sie durch die Kopfsteinpflasterstraßen, etwa die **Herrengasse** *(siehe S. 89)* mit ihren gotischen und barocken Details. Im **Hotel**

See im Városliget, Budapests größter städtischer Parkanlage

und Thermalbad Gellért *(siehe S. 94f)* können Sie die Bädertradition der Stadt genießen.

Zweiter Tag

Vormittags Tauchen Sie ins **Jüdische Viertel** *(siehe S. 138)* ein. Die **Große Synagoge** *(siehe S. 138)*, die größte Europas, dominiert das Areal. Dann gehen Sie weiter zum **Ungarischen Nationalmuseum** *(siehe S. 134–137)*, das von Kunstschätzen überquillt. Wer Hunger hat, kann ihn mit Leckereien in der **Zentralen Markthalle** *(siehe S. 211)* stillen. Hier gibt es auch Lokale für ein Mittagessen.

Nachmittags Tram 2 fährt am Pester Donauufer entlang zum **Parlament** *(siehe S. 112f)*, einem Wahrzeichen der Stadt. Vom Parlament führt ein hübscher Spaziergang zur beeindruckenden **St.-Stephans-Basilika** *(siehe S. 120f)*. Werfen Sie einen Blick auf das **Palais Gresham** *(siehe S. 118)*, heute ein Hotel, bevor Sie eines der grandiosen Kaffeehäuser der Gegend besuchen.

Dritter Tag

Vormittags Die **Andrássy út** entlang kommt man zur imposanten **Ungarischen Staatsoper** *(siehe S. 122f)* und zum riesigen achteckigen **Oktogon tér**. In der Nähe liegt das Museum im **Haus des Terrors** *(siehe S. 148)*. Am oberen Ende der Andrássy út gelangt man zum »Stadtwäldchen« **Városliget** *(siehe S. 145)*. Die Restaurants am See des Parks bieten sich für ein Mittagessen an.

Széchenyi lánchíd – Budapests Kettenbrücke mit der Burg im Hintergrund

Steinlöwe der Kettenbrücke, im Hintergrund die Fischerbastei

Nachmittags Der **Zoo** *(siehe S. 154f)* ist ein weiteres Juwel der Stadt im Sezessionsstil – insbesondere das Elefantenhaus. Wenn Sie zum anderen Ende des Városliget spazieren, kommen Sie zur **Burg Vajdahunyad** *(siehe S. 154)*, einem Gebäudekomplex verschiedenster Stile. Wer mag, kann eine Bootstour unternehmen.

Fünf Tage in Budapest

- Bummeln Sie auf der quirligen Váci utca an Läden und Ständen entlang
- Genießen Sie die Aussicht von den Budaer Bergen
- Grüne Lunge in der Donau: Margareteninsel

Erster Tag

Vormittags Widmen Sie sich im **Ungarischen Nationalmuseum** *(siehe S. 134–137)* Ungarns turbulenter Geschichte. Ein weiterer geschichtsträchtiger Ort ist das **Jüdische Viertel** *(siehe S. 138)* mit der **Großen Synagoge** *(siehe S. 138)* und dem berührenden **Holocaust-Denkmal** *(siehe S. 138)*.

Nachmittags An den Souvenir- und Modeläden der **Váci utca** *(siehe S. 131)* vorbei gelangen Sie zur **Andrássy út**. Dort machen Sie in der von Miklós Ybl entworfenen **Ungarischen Staatsoper** *(siehe S. 122f)* eine Führung hinter die Kulissen. In der Andrássy út besuchen Sie als Kontrast das **Haus des Terrors** *(siehe S. 148)*, einst ungarische Terror-Zentrale.

Zweiter Tag

Vormittags Nehmen Sie die **Sikló** *(siehe S. 239)* zum **Burgviertel** *(siehe S. 72–89)*, von der Bergstation aus gehen Sie zum **Königspalast** *(siehe S. 74f)*, wo Sie u. a. die ungarischen Künstler Csontváry und Munkácsy in der **Ungarischen Nationalgalerie** *(siehe S. 78–81)* bewundern können.

Nachmittags Nach einem Blick in die **Matthiaskirche** *(siehe S. 86f)* und einem Abstecher zur **Fischerbastei** *(siehe S. 84)* spazieren Sie zum **Gellértberg** *(siehe S. 92f)*. Den Hügel krönen **Zitadelle** *(siehe S. 92)* und **Freiheitsdenkmal** *(siehe S. 92)*.

Dritter Tag

Vormittags Frühstücken Sie in der **Zentralen Markthalle** *(siehe S. 211)*, bevor Sie auf der **Freiheitsbrücke** *(siehe S. 69)* die Donau überqueren. Auf der Budaer Seite genießen Sie ein Bad im **Hotel und Thermalbad Gellért** *(siehe S. 94f)*.

Nachmittags Auf die **Budaer Berge** *(siehe S. 165)* gelangen Sie mit der 1874 gebauten **Zahnradbahn** *(siehe S. 165)*. Dann kehren Sie zum einstigen Fischerviertel **Víziváros** *(siehe S. 102f)* zurück, wo es genügend Auswahl für einen stärkenden Snack oder Kaffee gibt.

Vierter Tag

Vormittags Mit der schön renovierten **Millenniumslinie** *(siehe S. 238)* fahren Sie zum **Heldenplatz** *(siehe S. 146f)* mit dem imposanten **Millenniumsdenkmal** *(siehe S. 149)*. Dann besichtigen Sie das **Museum der Schönen Künste** *(siehe S. 150–153)* mit seinen umfangreichen Kunstsammlungen. In einem der Restaurants am See des **Városliget** *(siehe S. 145)* kann man zu Mittag essen.

Nachmittags Spazieren Sie durch den Városliget zur **Burg Vajdahunyad** *(siehe S. 154)* mit dem **Landwirtschaftsmuseum** *(siehe S. 154)*. Im Komplex der Anlage befindet sich auch die **Kapelle von Ják** *(siehe S. 147)*. Der **Zoo** *(siehe S. 154f)* von 1866 besitzt frappierende Tierhäuser im Jugendstil.

Fünfter Tag

Vormittags Mit Tram 2 fahren Sie am Donauufer zum **Parlament** *(siehe S. 112f)*. Nördlich liegt die **Margareteninsel** *(siehe S. 176f)*, auf der Sie vom **Vereinigungsdenkmal** an der Südspitze zum **Danubius Grand Hotel Margitsziget** *(siehe S. 177)* spazieren können, vorbei an den Ruinen der **Franziskanerkirche** und dem **Wasserturm**. Im Hotel gibt es Erfrischungen.

Nachmittags Auf der Budaer Seite nehmen Sie den HÉV-Zug nach **Aquincum** *(siehe S. 166f)*, der einstigen Römerstadt, wo Sie durch die antiken Straßen wandern und die Ausgrabungen bewundern können, darunter Thermen, Tempel und Gebäude. Zurück in **Buda** finden Sie gute Restaurants.

Eines der Schwimmbecken im Hotel und Thermalbad Gellért

Budapest auf der Karte

Ungarns Hauptstadt Budapest zählt über 1,7 Millionen Einwohner, ein Fünftel der Landesbevölkerung. Die Metropole liegt an der Donau und erstreckt sich über ein Gebiet von 525 Quadratkilometern. Ein Drittel der Stadt verteilt sich auf die hügeligen Stadtteile Buda und Óbuda am Westufer der Donau, die übrigen zwei Drittel auf das flache Pest am Ostufer. Budapest liegt im Zentrum Mitteleuropas. Von hier aus lassen sich viele andere Hauptstädte wie Wien, Zagreb, Bratislava, Belgrad, Bukarest und Prag bequem erreichen.

Weitere Zeichenerklärungen siehe hintere Umschlagklappe

Budapests Innenstadt

Das Stadtzentrum umfasst den Burgberg (I. Bezirk) und Teile der Bezirke II und XI am Westufer der Donau sowie die Bezirke V, VI, VII, VIII und IX von Pest auf der Ostseite des Flusses, um die herum die ursprüngliche Tramlinie verläuft. Die römischen Ziffern stehen für die jeweiligen Verwaltungsbezirke. In diesem Reiseführer ist das Zentrum in sechs Areale unterteilt. Jedes besitzt ein eigenes Kapitel mit den wichtigsten Sehenswürdigkeiten. Für Attraktionen am Stadtrand, Tagesausflüge und Spaziergänge gibt es eigene Kapitel.

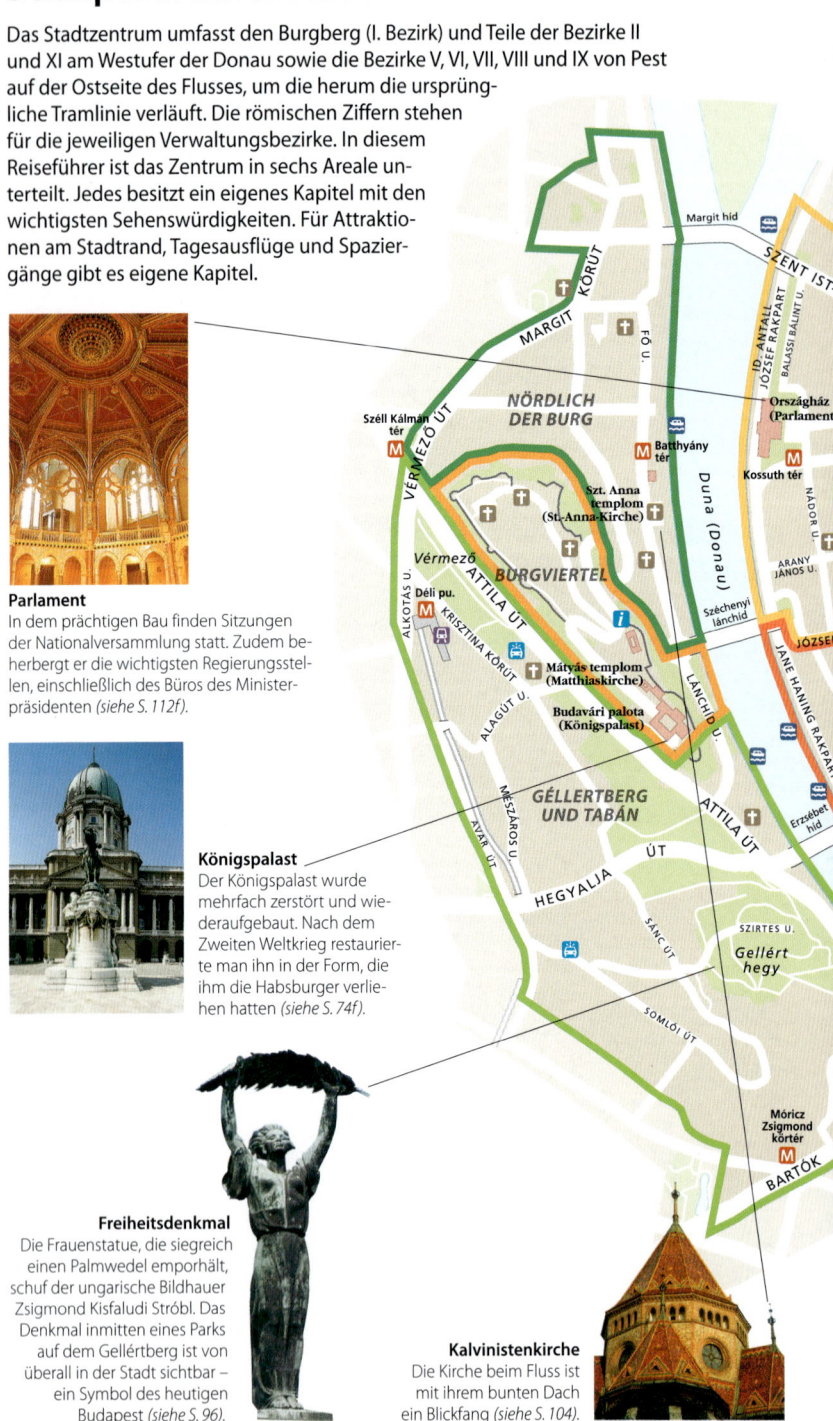

Parlament
In dem prächtigen Bau finden Sitzungen der Nationalversammlung statt. Zudem beherbergt er die wichtigsten Regierungsstellen, einschließlich des Büros des Ministerpräsidenten *(siehe S. 112f)*.

Königspalast
Der Königspalast wurde mehrfach zerstört und wiederaufgebaut. Nach dem Zweiten Weltkrieg restaurierte man ihn in der Form, die ihm die Habsburger verliehen hatten *(siehe S. 74f)*.

Freiheitsdenkmal
Die Frauenstatue, die siegreich einen Palmwedel emporhält, schuf der ungarische Bildhauer Zsigmond Kisfaludi Stróbl. Das Denkmal inmitten eines Parks auf dem Gellértberg ist von überall in der Stadt sichtbar – ein Symbol des heutigen Budapest *(siehe S. 96)*.

Kalvinistenkirche
Die Kirche beim Fluss ist mit ihrem bunten Dach ein Blickfang *(siehe S. 104)*.

VÁGÁNY U.

ÁLLATKERTI KÖRÚT

Széchenyi fürdő Ⓜ

KÓS KÁROLY SÉTÁNY

HUNGÁRIA KÖRÚT

HERMINA ÚT

Szépművészeti Múzeum
(Museum der Schönen Künste)

Ⓜ Hősök tere

DÓZSA GYÖRGY ÚT

Városliget

✝

STEFÁNIA ÚT

AJTÓSI DÜRER SOR

ÁN KÖRÚT   Ⓜ Nyugati pu.

TERÉZ KÖRÚT

ANDRÁSSY ÚT

Ⓜ Bajza utca

DÓZSA GYÖRGY ÚT

UM DEN
VÁROSLIGET

THÖKÖLY ÚT

BAJCSY-ZS. U.

Kodály körönd Ⓜ

VÁROSLIGETI FASOR

KOTMÁNY U.

Ⓜ

UM DAS
ARLAMENT

ZSILINSZKY U.

Vörösmarty utca Ⓜ

✝ DAMJANICH U.

DEMBINSZKY U.

ISTVÁN ÚT

✝

THÖKÖLY ÚT

Arany J. u. Ⓜ

Operaház
(Staatsoper)

Ⓜ Oktogon
ⓘ

ANDRÁSSY ÚT

ERZSÉBET KÖRÚT

KIRÁLY U.

DOB U.

ROTTENBILLER U.

NEFELEJCS U.

Szent
István Bazilika
St.-Stephans-
Basilika)

Ⓜ Opera ✝

CSÁNYI U.

WESSELÉNYI U.

DOHÁNY U.

✝

Ⓜ Keleti pu.

Bajcsy-Zs. út Ⓜ

KIRÁLY U.

DOB U.

KLAUZÁL U.

Keleti pu. Ⓜ

FIUMEI ÚT

Deák tér Ⓜ ✳

WESSELÉNYI U.

TTILA U.

örösmarty ⓘ

KÁROLY KRT

DOHÁNY U.

Ⓜ Blaha Lujza tér

ZENTRUM
VON PEST

RÁKÓCZI ÚT

NÉPSZÍNHÁZ U.

JÓZSEF

Ⓜ II. János Pál pápa tér

elvárosi
lébánia-
emplom

✝ Ⓜ Astoria

KÖRÚT

Ⓜ Rákóczi tér

(Inner-
tädtische
Pfarr-
kirche)

SZABAD SAJTÓ ÚT

KECSKEMÉTI U.

BRÓDY SÁNDOR U.

Ferenciek
tere

VÁCI U.

SZERB U.

Magyar Nemzeti Múzeum
(Ungarisches Nationalmuseum)

Ⓜ Kálvin tér

VÁMHÁZ KÖRÚT

ÜLLŐI ÚT

RÁDAY U.

KÖRÚT

Szabadság híd

Ⓜ Fővám tér

LÓNYAY U.

KÖZRAKTÁR U.

✝ Ⓜ Szent Gellért tér

BÉLA ÚT

Gellért Szálló és Fürdő
(Hotel und Thermal-
bad Gellért)

DUNA (Donau)

0 Meter   500

Legende

▪ Hauptsehenswürdigkeit

Váci-Straße (Váci utca)
Die Fußgängerzone ist Banken-
zentrum und Flaniermeile mit
Designer- und Souvenirläden
sowie Cafés *(siehe S. 131).*

Zeichenerklärung *siehe hintere Umschlagklappe*

Die Geschichte Budapests

Bereits in der Altsteinzeit war das Gebiet um Budapest besiedelt: Die Verengung der Donau an dieser Stelle erleichterte die Überquerung des Flusses. Um 100 n. Chr. gründeten die Römer hier die Stadt Aquincum. Sie dominierten die Region bis ins frühe 5. Jahrhundert, dann besetzte sie der Hunnenkönig Attila. Später herrschten die Goten, die Langobarden und, fast 300 Jahre lang, die Awaren.

Die Urahnen der modernen Ungarn, die nomadischen Magyaren, zogen um 896 vermutlich vom Ural aus in die Region um Budapest. Ihr Führer war Árpád, dessen Dynastie bis ins 13. Jahrhundert bestand. Etwa um 1000 führte István, der den heidnischen Namen »Vajk« hatte, das Christentum ein. Als erster gekrönter König Ungarns legte István I. (Stephan I. bzw. hl. Stephan) die Fundamente des heutigen modernen Staats.

Nach dem Mongolensturm verlegte Béla IV. 1247 die Hauptstadt nach Buda. Den Königen aus dem Haus Anjou hat die Stadt viel zu verdanken. Im 15. Jahrhundert blühte die Stadt unter Matthias Corvinus (Hunyadi Mátyás) auf. Einen Rückschlag erlitt sie durch die Türken, die das Gebiet eroberten und Buda etwa 150 Jahre lang beherrschten.

Christliche Armeen befreiten das Land, das nun den Habsburgern zufiel. Diese unterdrückten jede nationalistische Regung, sorgten jedoch für wirtschaftlichen Aufschwung. Kaiserin Maria Theresia und Erzherzog Joseph, der Statthalter der Kaiserin, hatten großen Anteil an der Modernisierung von Buda und Pest. Doch das schleppende Tempo von Reformen führte 1848 zum Aufstand, den Franz Joseph I. brutal unterdrückte. Der Ausgleich von 1867 und die Schaffung einer österreichisch-ungarischen Doppelmonarchie stimulierten Wirtschaft und Kultur erneut. Bald darauf, 1873, wurden Buda und Pest zur Stadt Budapest vereint.

Nach dem Ersten Weltkrieg zerbrach der Vielvölkerstaat – Ungarn verlor zwei Drittel seines Staatsgebiets. Man hoffte, die Gebiete zurückzuerlangen, indem man Nazi-Deutschland im Zweiten Weltkrieg unterstützte. 1945 besetzten russische Truppen Budapest, Ungarn geriet unter sowjetischen Einfluss. Während der kommunistischen Herrschaft wurde der Volksaufstand von 1956 niedergeschlagen, doch die folgende Krise ließ das Regime wanken. 1990 fanden erstmals freie Wahlen statt, die die demokratische Opposition gewann. Seither entwickelt sich das Land rasant.

Die Karte zeigt die befestigten Städte Pest und Buda im Jahr 1686, nach der Vertreibung der Türken

◀ *Vajks Taufe* von Gyula Benczúr, Ungarische Nationalgalerie *(siehe S. 78 – 81)*

Regenten Ungarns

Béla IV. ließ im 13. Jahrhundert in Buda eine Burg bauen und machte die Stadt zur neuen Kapitale – die Árpáden-dynastie hatte bis dahin ohne festen Wohnsitz über ihr Reich geherrscht. Zu Beginn des 14. Jahrhunderts gab es keinen männlichen Erben mehr für den Árpádenthron. Es begann eine Zeit meist ausländischer Könige, etwa der Anjou aus Frankreich und der Jagiellonen aus Polen. Unter Matthias Corvinus (Mátyás I.) wurde Buda zu einer der schönsten Städte Europas. Die Habsburger unter-drückten zwar nationale Aufstände, bauten aber Buda und Pest nach der Zerstörung durch die Türken wieder auf und schufen architektonische Meisterwerke.

1440–44 Władysław (Ulászló) I. von Polen

1637–57 Ferdinand III.

1301–05 Wenceslas II. von Böhmen

1385–56 Karl II. von Durazzo

1386–95 Maria (gekrönt)

1541–66 Sultan Suleiman I. der Prächtige

1490–1516 Władysław (Ulászló) II.

1608–19 Mátyás II.

1526–64 Ferdinand I.

1272–90 Ladislaus IV., »der Kumane«

1307–42 Karl I. Robert von Anjou

1437–39 Albert von Österreich

1270–72 István V.

1200	1300	1400	1500	1600
Árpáden	Anjou		Jagiellonen	Ottomanen
1200	1300	1400	1500	1600

1290–1301 András III.

1382–85 Maria (ungekrönt)

1445–57 Ladislaus (László) V., »Posthumus«

1235–70 Béla IV.

1458–90 Matthias Corvinus (Mátyás I.)

1516–26 Ludwig II.

1526–40 János I. Szapolyai

1342–82 Ludwig I. von Anjou (Lajos) der Große

1564–76 Maximilian I.

1576–1608 Rudolf I.

1305–57 Otto von Wittelsbach

1387–1437 Sigismund von Luxemburg (zunächst als Marias Gemahl)

1619–37 Ferdinand II.

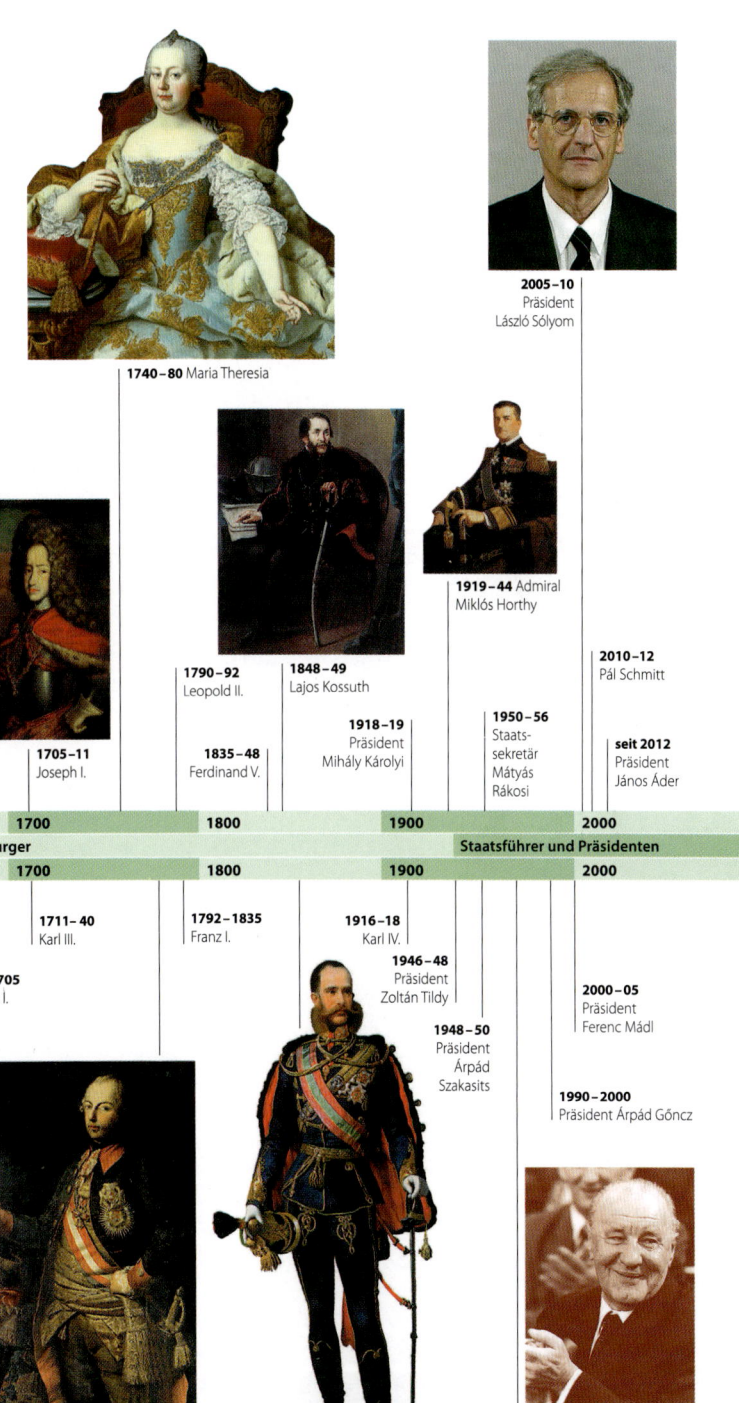

1740–80 Maria Theresia

2005–10
Präsident
László Sólyom

1919–44 Admiral
Miklós Horthy

1790–92
Leopold II.

1848–49
Lajos Kossuth

2010–12
Pál Schmitt

1918–19
Präsident
Mihály Károlyi

1950–56
Staats-
sekretär
Mátyás
Rákosi

seit 2012
Präsident
János Áder

1705–11
Joseph I.

1835–48
Ferdinand V.

1700   **1800**   **1900**   **2000**

Habsburger   **Staatsführer und Präsidenten**

1700   **1800**   **1900**   **2000**

1711–40
Karl III.

1792–1835
Franz I.

1916–18
Karl IV.

1946–48
Präsident
Zoltán Tildy

2000–05
Präsident
Ferenc Mádl

1657–1705
Leopold I.

1948–50
Präsident
Árpád
Szakasits

1990–2000
Präsident Árpád Göncz

1780–90 Joseph II.

1957–89 Staatssekretär
János Kádár

1848–1916
Franz Joseph I.

Frühe Besiedlung

Spuren zeugen von Siedlungen der Skythen und keltischen Erawisken in der Region ab etwa 400 v. Chr. Im 1. Jahrhundert n. Chr. nahmen die Römer das Gebiet als Provinz Pannonia in Besitz und gründeten Aquincum *(siehe S. 166f)* innerhalb der heutigen Stadtgrenzen. Wenige Spuren hinterließen die danach herrschenden Hunnen. Ihnen folgten Goten und Langobarden. Fast drei Jahrhunderte lang, ab etwa 600 n. Chr., dominierten die Awaren. 896 drängten die Magyaren in die Region und erhoben Anspruch auf das Gebiet des späteren ungarischen Staats.

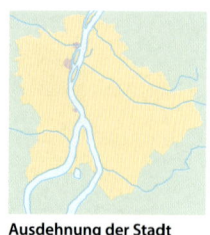

Ausdehnung der Stadt
◻ Um 300   ◻ Heute

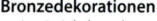

Bronzedekorationen
Im 2. Jahrhundert schmückten römische Wagen häufig Bronzetafeln. Dieses Beispiel zeigt (von links): einen Satyr, den Weingott Bacchus und den Hirtengott Pan unter einem Palmwedel. Fundort war Somodor.

Werkstätten und Läden, die *tabernae*, lagen zur Straße hin.

Sonnengott Mithras
Die Erawisken verehrten die persische Gottheit Mithras. Dieser Kult überdauerte bis in die Römerzeit. Das Bronzebild stammt aus dem 2./3. Jahrhundert.

Rekonstruktion des Macellum
Die kompakte, rechteckige Markthalle war das Handelszentrum der römischen Stadt Aquincum. In ihrer Mitte lag ein Hof, der von Ställen, Läden und Werkstätten umgeben war.

10 000 v. Chr. Überreste aus der Altsteinzeit belegen die Existenz einer Siedlung in der Remeda-Höhle in Buda

Keltische Silbermünze (4. Jh. v. Chr.)

800 v. Chr. Urnengräber aus der Eisenzeit in Pünkösdfürdő

um 50 v. Chr. Erawiskensiedlung auf dem Gellértberg *(siehe S. 92f)*

400 v. Chr. Skythen in der Region

um 100 Die Römer gründen die Stadt Aquincum

10 000 v. Chr.	5000 v. Chr.	1000 v. Chr.	1 n. Chr.

5000 v. Chr. Steinzeitsiedlungen in Talxina und entlang der Donau

Skythisches Goldornament in Form eines Hirsches

89 Die Römer errichten ein ständiges Heerlager im heutigen Óbuda

106 Aquincum wird Hauptstadt der römischen Provinz Pannonia Inferior

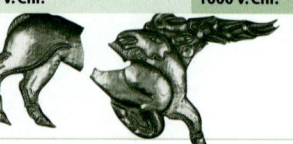

Opferaltar
Widderköpfe schmücken diesen aus der Jungsteinzeit stammenden Altar. Er wurde in Szeged gefunden.

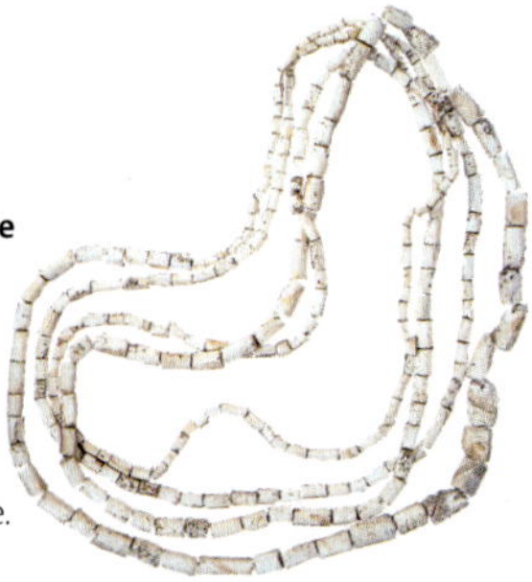

Muschelkette
Die in Kisköre gefundene, 5000 Jahre alte Kette stammt aus der Jungsteinzeit. Sie zeugt von frühen Völkerwanderungen und dem aufblühenden Handel der Stämme.

Die Stände der Fleischer gingen auf den Hof.

Die Rotunde beherbergte die Gewichte und Maße.

Silberner Augurenstab
Römische Priester benutzten die Stäbe für ihre Prophezeiungen. Dieses Exemplar wurde in Komárom gefunden, einer Römerstadt aus dem 3. Jahrhundert.

Antike Stadt
Relikte der einst hier stationierten römischen Legionen kann man noch in Óbuda sehen. Die Reste eines Amphitheaters liegen nahe einem imposanten unterirdischen Museum (S. 174). Herrliche Mosaiken schmücken die Herkulesvilla (S. 175). Donauaufwärts schlummern die Ruinen der Römerstadt Aquincum (S. 166f). Über die klar erkennbaren Straßen und an den Überresten der Bauten vorbei kommt man in ein Museum. Auf der Pester Donauseite, gleich nördlich der Innerstädtischen Pfarrkirche, liegt ein kleines Open-Air-Museum mit den Ruinen der Befestigung Contra-Aquincum (S. 126).

Das Amphitheater, eines von zweien in Aquincum, zeugt vom Status der Stadt.

Das Mosaik von Herkules und Diana, das in der Herkulesvilla gefunden wurde, stammt aus dem 2./3. Jahrhundert und kam vermutlich aus Alexandria.

um 140–60 Zwei neue Amphitheater unterhalten die wachsende Bevölkerung Aquincums

409 Die Hunnen unter Attila erobern Aquincum

um 600–896 Awaren beherrschen die Region

Kunstvoller Ohrring (7. Jh.)

200 — **400** — **600** — **800**

194 Aquincum erhält den Status einer römischen Kolonie

294 Contra-Aquincum wird am Ostufer der Donau gegründet

453 Niedergang der Hunnenherrschaft

Darstellung des Sonnengotts Mithras

896 Magyarenstämme erobern Pannonien

Die Árpáden

Um 896 siedelten sich magyarische Nomadenstämme vermutlich aus dem Ural in Pannonien an. Streitigkeiten untereinander endeten in einer Allianz: Führer der Stämme wurde Großfürst Árpád. Großfürst Géza holte bereits Missionare ins Land, doch erst sein Sohn István I. (Stephan I.) ließ sein Volk christianisieren. István I., der erste gekrönte König, organisierte das Land nach dem westeuropäischen Feudalsystem. Unter den Árpáden war zunächst Esztergom *(siehe S. 168)* Hauptstadt, später Székesfehérvár. Buda, Pest und Óbuda begannen in der zweiten Hälfte des 12. Jahrhunderts aufzublühen. 1241 setzte der Mongolensturm dieser Entwicklung jedoch ein Ende.

Ausdehnung der Stadt
▢ 1300   ▢ Heute

Drei ungarische Heilige
Die Gestalten dreier Heiliger – König István (Stephan), sein Sohn Imre (Emmerich) und Bischof Gellért – sind auf dem bunten Triptychon in der Imrekapelle der Matthiaskirche abgebildet *(siehe S. 86f).*

Apostelfiguren

Christus ist im Mittelteil des Mantels doppelt dargestellt. Der Gottessohn überragt die ihn umgebenden Figuren.

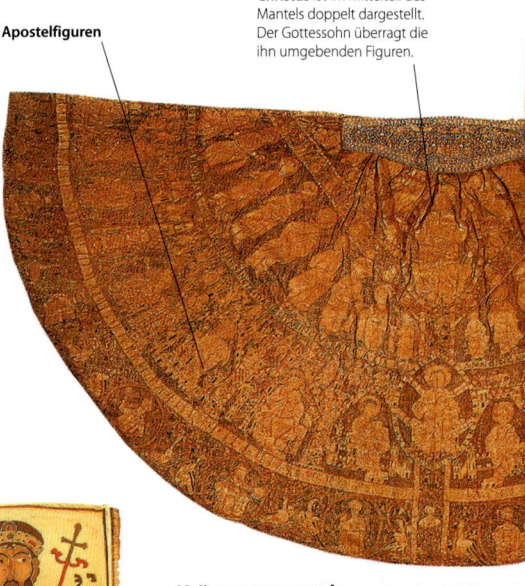

König Géza I.
Géza I. (reg. 1074–77), der Vater Kálmáns (Koloman der Buchkundige), ist auf einer Emailplakette, Teil der Stephanskrone, dargestellt.

Krönungsmantel
Der silberne Krönungsmantel wurde 1031 für die Árpádenkönige gefertigt. Er hat einen perlenbesetzten Kragen und Stickereien, die Christus, Maria, die Apostel und Propheten darstellen.

um 900 Árpád besiedelt die Insel Csepel (im heutigen Budapest), sein Bruder Kurszán das spätere Óbuda

Krönungsschwert

| 850 | 900 | 950 | 1000 | 1050 |

Skulptur König Istváns I. von Imre Varga

973 Großfürst Géza lädt Missionare in die Region ein

1001 Krönung von István I. (Stephan I.)

1046 »Heidenaufstand« und Märtyrertod von Bischof Gellért, der in einem Fass in die Donau gerollt wird

Stephanskrone
Die mit Juwelen, Perlen und Email ge-
schmückte Goldkrone wurde aus zwei
früheren Kronen zusammengefügt.
Die untere byzantinische wurde als
»griechische«, die obere als »lateini-
sche« Krone bezeichnet.

Knochenartefakte
Diese Hirtenstäbe aus
Knochen zeigen
bearbeitete Griffe.

Prophetenfiguren

Münze König Istváns
Die erste ungarische Münze,
der Dinar, wurde kurz nach
1000 unter König István I.
geprägt.

Tympanon
Das Kirchenrelief (11. Jh.) aus dem heute rumäni-
schen Gyulafehérvár ist in der Ungarischen Nationalgalerie (S. 78 – 81) zu sehen.

Mittelalterliche Stadt
Nur wenige Überreste in
Budapest erinnern noch an
das Mittelalter. Bemerkenswerte Relikte dieser Epoche
sind die Krypta der Matthiaskirche (S. 86f) sowie die Bauten und Keller einiger historischer Häuser im Burgviertel
(manche davon wurden spä-
ter in Weinlokale umgewandelt). Die rekonstruierten
unteren Räume des Königs-
palasts (S. 74f) und Teile der
Befestigung stammen eben-
falls aus dem Mittelalter.

Der Nachbau (19. Jh.) der
romanischen Kapelle von Ják
(siehe S. 147) zeigt, wie die
Árpáden europäische Stile
adaptierten.

Gotische Nischen kann man
noch in vielen Hauseingän-
gen der Altstadt sehen (siehe
S. 82f).

1188 Béla III. verlegt sein Hauptquartier nach Óbuda und beteiligt sich an Friedrich Barbarossas Kreuzzug

1222 Die Goldene Bulle garantiert Adelsprivilegien wie Steuerfreiheit

1241 Mongolen-sturm

1247 Béla IV. erbaut die Burg in Buda, das Hauptstadt Ungarns wird

1267 Béla IV. verkündet neue Goldene Bulle

1100 | **1150** | **1200** | **1250** | **1300**

Magyaren-Gürtelschnalle aus dem 10. Jahrhundert

1244 Pest erhält das Stadtrecht

1255 Buda erhält das Stadtrecht

1301 Tod von König András III., dem letz-ten Árpádenkönig

Gotik und Renaissance

Dem Haus Anjou und Sigismund von Luxemburg ist es zu verdanken, dass die Gotik im 14. Jahrhundert in Buda Fuß fasste. Der Königspalast von Buda und der Sommerpalast in Visegrád wurden umgebaut. Nach der Niederlage der Türken bei Warna gewannen die Ungarn Belgrad zurück und hielten eine Zeit lang der Invasion stand. Matthias Corvinus (Mátyás I.), Sohn ihres Anführers János Hunyadi, des Siegers von Belgrad, wurde König. Unter seiner Regentschaft stieg Ungarn zur größten Monarchie Ostmitteleuropas auf. Nach seiner Hochzeit mit Prinzessin Beatrix von Neapel hielt die Renaissance Einzug ins Land.

Ausdehnung der Stadt
Um 1480   Heute

Kastellan Ferenc Sárffy
befehligt die Burg von Győr.

Verzierte Initiale aus dem Philostratus-Kodex
Die Initiale zeigt Johannus Corvinus, den Sohn von König Mátyás I., nach der Eroberung Wiens. Der Kodex gehört heute der Széchényi-Nationalbibliothek *(siehe S. 76).*

Ungarischer Soldat

Königsmedallion
Ein unbekannter lombardischer Meister verewigte König Mátyás I. in diesem Marmorrelief von 1480.

Goldsiegel
Das Goldsiegel von König Mátyás bezeugt den Wohlstand, den Ungarn unter seiner Regentschaft genoss.

Ulrik Czettrich, ein Offizier des königlichen Hofs, entdeckt die Leiche von Ludwig II. am sumpfigen Ufer des Flusses Csele.

1355 Óbuda erhält das Stadtrecht

Ziborium aus dem 14. Jahrhundert

1370 Ludwig I. schließt eine politische Union und wird König von Polen

1385 Sigismund von Luxemburg ehelicht Maria

1395 Universität in Óbuda

1350	1375	1400	1425

1342 Ludwig I. der Große wird König

1335 Die Könige von Ungarn, Polen und Böhmen schließen in Visegrád einen Kooperationsvertrag und regeln die Thronfolge

1387–1437 Sigismund von Luxemburg regiert und vergrößert den Königspalast *(siehe S. 74f)*

1382 Nach dem Tod Ludwigs I. erbt Tochter Maria den ungarischen, Tochter Jadwiga den polnischen Thron

Weinkelche
Die beiden kunstvollen Weinkelche aus dem 16. Jahrhundert bilden aufeinandergestellt ein geschlossenes Behältnis.

Wappen von König Matthias Corvinus
Das Wappen in der Matthiaskirche *(siehe S. 86f)* erinnert an die bedeutenden finanziellen Mittel, die der König der Kirche zukommen ließ.

König Ludwig II.

Ungarischer Ritter

Stadt der Gotik und Renaissance

Im 14. Jahrhundert gelangte die Gotik in Ungarn zu voller Blüte. Aus dieser Zeit stammen die Portale der Matthiaskirche *(S. 86f)*. In der Epoche der Renaissance kamen italienische Meister ins Land, die Beatrix, die zweite Gemahlin von Mátyás I., begleiteten. Der Königspalast *(S. 74f)* und der Sommerpalast in Visegrád *(S. 169)* sind herausragende Beispiele der Renaissance-Architektur in Ungarn. Nach den Angriffen der Türken auf Buda blieb jedoch nur wenig vom früheren Glanz erhalten.

Eine königliche Kapelle aus der Zeit der Anjou ist im Untergeschoss des Historischen Museums *(siehe S. 76)* zu bewundern.

Das Portal der Matthiaskirche aus dem 14. Jahrhundert wurde im 19. Jahrhundert um eine neogotische Vorhalle ergänzt.

Entdeckung des Leichnams von Ludwig II.

Die Schlacht von Mohács am 29. August 1526 bezahlte König Ludwig II. mit dem Leben – wie Tausende ungarischer und polnischer Ritter. Die tragische Szene, in der sein Leichnam entdeckt wurde, verewigte Bertalan Székely 1859.

1440 Władysław III. von Polen wird Ulászló I. von Ungarn

1456 Sieg über die Türken, Schlacht von Belgrad

1473 Die *Chronica Hungarorum*, das erste in Ungarn veröffentlichte Buch, wird von András Hess gedruckt

1514 Bauernrevolte unter György Dózsa

Ulászló II. (reg. 1490–1516)

| 1450 | 1475 | 1500 | | 1525 | 1550 |

1458–1490 Matthias Corvinus regiert

1478 Ein neues Gesetz droht Grundbesitzern, die ihren Besitz verfallen lassen, mit Enteignung

1526 Sieg der Türken über die Ungarn in der Schlacht von Mohács; König Ludwig II. fällt in der Schlacht

1444 Ulászló I. fällt in der Schlacht von Warna

Schild eines Soldaten unter Matthias Corvinus

Türkische Besatzung

Nach der Schlacht von Mohács zerstörten die Türken Buda, verließen jedoch die Stadt wieder. 1541 besetzten sie sie erneut. Sie zogen in den Königspalast *(siehe S. 74f)* ein. Buda wurde die Hauptstadt des osmanischen Ungarn, Westungarn und Siebenbürgen waren dagegen feudale Protektorate. Die Osmanen wandelten bald die Kirchen, auch die Matthiaskirche, in Moscheen um und errichteten zahlreiche türkische Bäder *(siehe S. 52 – 55)*. Die Habsburger versuchten in dieser Epoche hartnäckig, Buda zurückzugewinnen. Ihre Belagerungen zerstörten die Stadt zusehends. Als die christliche Armee 1686 die Stadt besetzte, bot Buda ein Bild der Verwüstung.

Ausdehnung der Stadt

1630   Heute

Rudas- und
Rác-Bad

Türkenfestung auf
dem Gellértberg

Die Befreiung Budas 1686
Nach der blutigen Belagerung befreite die christliche Armee unter Führung Karls von Lothringen Buda von den Türken. Dieser historischen Szene ist das Gemälde Gyula Benczúrs von 1896 gewidmet.

**Osmanische
Grabsteine**
Einige der osmanischen Grabsteine mit Inschriften und Turbanen auf der Spitze blieben in Tabán erhalten *(siehe S. 98)*.

Pest und Buda 1617
Georgius Hurnagels Kupferstich stellt die stark befestigten Städte Pest und Buda dar. In dieser Zeit stand ein Großteil Ungarns unter türkischer Herrschaft.

1526 – 41 Die Türken erobern Buda dreimal

1529 Der ungarische König János I. Szapolyai huldigt Sultan Suleiman I.

1541 – 66 Sultan Suleiman I. der Prächtige regiert; er betrachtet sich als türkischen König Ungarns

1602/03 Die Österreicher unter General Hermann Russworm versuchen vergeblich, Pest und Buda zu erstürmen

1525	1545	1565	1585	1605

1530 – 40 János I. Szapolyai baut Buda wieder auf

1542 Die Österreicher belagern Buda

1594 Bálint Balassi, der erste große ungarische Poet, verliert sein Leben in der Schlacht von Esztergom gegen die Türken *(siehe S. 168)*

Österreichische Belagerung von Buda

Kriegszelt
Dieses Zelt eines türkischen Heerführers schmücken Applikationen. Es stammt aus der Zeit der türkischen Belagerung Wiens 1683.

Die Matthiaskirche (siehe S. 86f) wurde in eine Moschee umgewandelt.

Türkische Stadt

Fast alle Bauten der Türken wurden unter den Habsburgern bei und nach der Wiedereroberung zerstört. Von den Türken als Moscheen genutzte Gotteshäuser wurden wieder zu Kirchen. Einige Mihrabs (nach Mekka weisende Nischen) blieben jedoch erhalten, etwa in der Kapuzinerkirche (S. 104) und in der Innerstädtischen Pfarrkirche (siehe S. 128f). Zu den wenigen Beispielen klassischer osmanischer Architektur zählen Rudas-Bad, Rácz-Bad (S. 99) und Király-Bad sowie das Grabmal des als Heiligen verehrten Derwisches Gül Baba (S. 105).

Das Király-Bad, das im 16. Jahrhundert von Arslan Pascha erbaut wurde, ist ein eindrucksvolles Monument (siehe S. 105).

Osmanischer Mantel
Den Ledermantel (16. Jh.) trug angeblich ein Soldat in der Schlacht von Mohács (siehe S. 27).

Das Rudas-Bad von 1550 ziert eine türkische Kuppel über dem zentralen Raum (siehe S. 97).

Osmanischer Krug
Der Kupferkrug (17. Jh.) wurde in Buda beim Wiederaufbau des Königspalasts gefunden (siehe S. 74f).

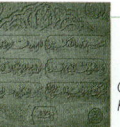
Osmanische Kalligrafie

1634 Allianz von György I. Rákóczi, Fürst von Siebenbürgen, mit Frankreich und Schweden gegen Habsburg

1684 Beginn der erfolgreichen Belagerung Budas durch Österreich

Wiener Schwert aus dem 17. Jahrhundert

1625	1645	1665	1685

1624 Vertrag von Wien

1648 Tod von György I. Rákóczi

Goldene Fünf-Dukaten-Münze von 1603 mit dem Wappen des Fürsten von Siebenbürgen

1686 Einzug christlicher Truppen in Buda; Ende der Türkenherrschaft

Habsburger Herrschaft

Für den Wiederaufbau Ungarns nach der türkischen Herrschaft ermunterten die Habsburger Fremde, vor allem
Deutsche, sich im Land anzusiedeln. Diese Politik führte
unter Ferenc II. Rákóczi, dem Fürsten von Siebenbürgen,
zum ungarischen Aufstand (1703–11). Erst in der zweiten
Hälfte des 18. Jahrhunderts begann vor allem Kaiserin
Maria Theresia ernsthaft mit dem Wiederaufbau von Buda,
Óbuda und Pest. Dies ging Hand in Hand mit wirtschaft-
lichem Aufschwung und einem Bevölkerungsanstieg. Die
Universität von Nagyszombat (heute Tyrnau, Slowakei)
zog 1777 nach Buda und 1784 nach Pest. Dies förderte
ebenfalls die Bedeutung der Stadt.

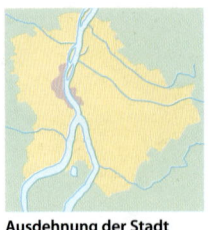

Ausdehnung der Stadt
▢ 1770   ▢ Heute

Maria Theresia hält den
Infanten Joseph, den
Thronfolger, im Arm.

Rückkehr der Krone nach Buda (1790)
Eine riesige Prozession von Gesandten flan-
kierte die Ankunft der königlichen Insignien
aus Wien, Zeichen des Friedens zwischen beiden Ländern.

Ferenc II. Rákóczi
Das Porträt von Ádám
Mányoki zeigt Ferenc II.
Rákóczi, den Führer des
ungarischen National-
aufstands (1703 – 11). Er
wurde vom Volk tief
verehrt.

»Vitam et Sanguinem«
*1741 schworen die ungarischen Staaten
»auf Leben und Blut«, dass sie Kaiserin
Maria Theresia gegenüber loyal sein woll-
ten. Der Kupferstich von Joseph Széntpé-
tery stellt die Gelöbnisszene dar.*

1687 Unter dem Druck Öster-
reichs verzichtet das ungarische
Parlament auf sein Recht der Kö-
nigswahl und willigt ein, dass die
Habsburger den Thron erben

1702 Jesuiten gründen ein Kolleg und ein theologisches Seminar

1703 Ferenc II. Rákóczi, Fürst von Siebenbürgen, führt eine Rebellion der Ungarn
gegen die Habsburger an

1729 Der Wieder-
aufbau der Vororte
von Pest beginnt

| 1690 | 1705 | 1720 | 1735 |

1689 Die Beulenpest wütet unter
den Bewohnern von Buda und Pest

1711 Rákóczis Aufstand
wird niedergeschlagen;
zum zweiten Mal wütet die
Beulenpest in der Stadt

1724 Buda und Pest
haben 12 000 Einwohner

1705 *Mercurius Hungaricus*,
die erste ungarische Zeitung, erscheint in lateinischer Sprache

1723 Großbrand in Buda

Dreierkrug der Familie Andrássy
Die silbernen Krüge verbindet eine Miniatur der Burg des Hauses Andrássy bei Krásna Hôrka in der heutigen Slowakei.

Ungarische Aristokraten
schwören bei ihrem Leben, den Thron Maria Theresias zu verteidigen.

Gewand (um 1750)
Das Gewand im typisch ungarischen Stil, dessen Korsett mit goldenen Kordeln geschnürt wird, trug eine Dame aus der Adelsfamilie der Majtényi.

Stuhl von Ferenc II. Rákóczi
Der mit kostbarem Stoff bezogene Stuhl (18. Jh.) aus Schloss Regéc ist typisch für den Stil jener Epoche.

Stadt der Habsburger

Nachdem die Österreicher den Türken im späten 17. Jahrhundert Buda und Pest entrissen hatten, bauten sie die Städte im 18. Jahrhundert, meist im Barockstil, wieder auf. Zu den berühmten Gebäuden zählen die Sitzungssäle im Rathaus, die Kirchen St. Anna (*siehe S. 106f*), St. Elisabeth (*siehe S. 105*) und die Universitätskirche (*siehe S. 143*).

Die St.-Anna-Kirche wurde 1740–1805 erbaut und erfreut das Auge mit herrlichem Barockinterieur.

Die Sitzungssäle des Rathauses in Pest schmückt ein Portikus, der mit Figuren von Johann Christoph Mader dekoriert ist (*siehe S. 132*).

1745–71 Bau des Königspalasts der Habsburger

Der prächtige Königspalast der Habsburger

1778 Entdeckung römischer Ruinen in Óbuda

1780 Magyar Hírmondó, die erste Zeitung in ungarischer Sprache, geht in Druck

Husar in Nationaltracht

1750	1765	1780	1795

1752 Regulärer Postdienst zwischen Buda und Wien

1746–57 Bau des Schlosses Zichy in Óbuda (*siehe S. 175*)

1766 Eine Schwimmbrücke verbindet Buda mit Pest

1777 Die Universität zieht von Nagyszombat nach Buda um, später von dort nach Pest

1792 Einberufung des Parlaments und Krönung von Franz I.

1784 Gründung der Textilfabrik von Ferenc Goldberger in Óbuda

Nationalismus und bürgerliche Revolution

Die wirtschaftliche Blütezeit von Buda und Pest setzte zu Beginn des 19. Jahrhunderts ein. Vor allem Pest kamen beim Getreidehandel günstige Umstände zugute. In den Napoleonischen Kriegen war die Stadt ein Zentrum der Donaumonarchie. Nach dem Krieg blühten Nationalbewusstsein und Kulturleben erneut auf. Das Ungarische Nationalmuseum und viele andere Bauten stammen aus jener Zeit. Die Reformer sahen sich jedoch vom Wiener Kaiserhof geknebelt. Im Frühjahr 1848 kam es zum Aufstand. Die Habsburger schlugen die Revolution zusammen mit der russischen Armee nieder. Es folgte die Zeit des Absolutismus.

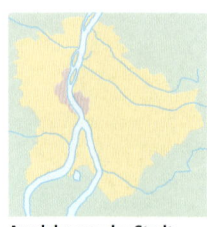

Ausdehnung der Stadt
1848   Heute

Graf György Andrássy spendete 10 000 Forint für den Bau der Ungarischen Akademie der Wissenschaften.

Vormarsch der Husaren
Das Aquarell (1850) von Mór Than zeigt die Schlacht von Tápióbicske von 1849. Die ungarische Armee führte Henryk Dembiński, ein polnischer General.

Donauhochwasser
Das Flachrelief (1900) von Barnabás Holló zeigt den heroischen Retter Graf Miklós Wesselényi bei der Überschwemmung von 1838.

Gründung der Akademie
1825 stellte István Széchenyi für den Bau der Ungarischen Akademie der Wissenschaften (siehe S. 118) 60 000 Forint bereit. In der Folge kam es zu landesweiten Kollekten. Barnabás Holló schuf das Relief, das die bedeutendsten Stifter zeigt.

1802 Graf Ferenc Széchényi stiftet Sammlungen, die den Grundstock für die Széchényi-Nationalbibliothek *(siehe S. 76)* und das Ungarische Nationalmuseum *(siehe S. 134–137)* bilden

1809 Als Napoléon vorrückt, zieht der Kaiserhof von Wien nach Buda; der Korse bietet den Ungarn die Unabhängigkeit an, doch sie unterstützen die Habsburger

1817 Erste Dampferfahrt auf der Donau bei Buda und Pest

| 1800 | 1805 | 1810 | 1815 | 1820 |

1808 Gründung der Verschönerungskommission unter Erzherzog Joseph

Boote auf der Donau

Ewige Flamme

Die von Móric Pogány entworfene Leuchte brennt seit 1926 auf dem Freiheitsplatz *(siehe S. 114)*. Dort füsilierten die Österreicher Lajos Batthyány, den ersten Ministerpräsidenten des Landes, am 6. Oktober 1849.

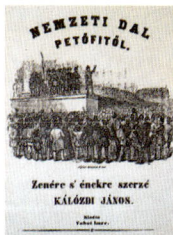

Nationallied

Der Aufstand von 1848 brach am 15. März los, als Sándor Petőfi sein Gedicht *Nemzeti dal* (Nationallied) vor dem Ungarischen Nationalmuseum rezitierte.

Klassizistische Stadt

Im frühen 19. Jahrhundert erarbeitete die von Erzherzog Joseph eingesetzte und von József Hild geleitete Verschönerungskommission einen Plan für die Entwicklung Pests. Das Zentrum von Pest wurde mit einem Netz konzentrischer Straßen neu gestaltet. Es entstanden monumentale klassizistische Bauten, die bis heute den Charakter dieses Areals bestimmen. Sehenswerte klassizistische Gebäude sind das Ungarische Nationalmuseum, die Kettenbrücke und einige Häuser rund um den József-Nádor-Platz *(siehe S. 130)*.

Das Ungarische Nationalmuseum, das von 1837 bis 1846 errichtet wurde, zählt zu den schönsten klassizistischen Bauwerken Ungarns *(siehe S. 134–137)*.

Die Kettenbrücke, die erste feste Brücke über die Donau, wurde 1839–49 von Adam Clark gebaut *(siehe S. 66)*.

Graf István Széchenyi, ein tatkräftiger Reformer, gilt als einer der größten Söhne des Landes.

György Károlyi

Buda und Pest 1838

Die Donau, hier im Jahr vor dem Bau der Kettenbrücke dargestellt, war ein wichtiger Transportweg.

1825–48 Gründung der Ungarischen Akademie der Wissenschaften, des Ungarischen Nationalmuseums und des Nationaltheaters

Der Dichter Sándor Petőfi (1823–1849)

1836 Sprachengesetz: Ungarisch wird offiziell Amtssprache

15. März 1848 Beginn des Aufstands

1847 Tod von Erzherzog Joseph, dem kaiserlichen Gouverneur

1825	1830	1835	1840	1845

1830 István Széchenyi veröffentlicht sein Buch *Über den Kredit*; es gilt als Manifest des Kampfs für ein modernes Ungarn

Das große Hochwasser

1838 Ein Hochwasser zerstört die Hälfte aller Gebäude in Pest

1846 Die erste Eisenbahnlinie der Stadt verbindet Pest und Vác

1849 Nach tapferem Widerstand der Ungarn schlägt die russische Armee unter Marschall Iwan Graf Paskewitsch den Aufstand nieder

Ausgleich mit Österreich und Vereinigung von Buda und Pest

Nach der Niederlage gegen Preußen 1866 erkannten die Habsburger die Notwendigkeit einer Einigung mit den Ungarn. Der 1867 geschlossene Ausgleich erwies sich als unverzichtbar für die Zukunft von Buda, Óbuda und Pest. Die Vereinigung der Städte war bereits seit der Eröffnung der Kettenbrücke 1849 im Gespräch gewesen, da diese die wachsende Industrialisierung des Landes garantierte. 1873 wurde die Vereinigung verwirklicht. Budapest gehörte rasch zu den am schnellsten wachsenden Metropolen Europas. 1896 stand der Városliget im Mittelpunkt der ungarischen Millenniumsfeierlichkeiten *(siehe S. 146)*.

Ausdehnung der Stadt

 1873   Heute

Zitadelle *(siehe S. 96f)* auf dem Gellértberg

Burgviertel

Weinkelch
Den Weinkelch (19. Jh.) ziert das ungarische Wappen mit der Stephanskrone, der Krone der Árpádenkönige *(siehe S. 25)*.

Ferenc Deák (1803–1876)
Der große Staatsmann Deák war ein Befürworter moderater Reformen. Er überzeugte als Fürsprecher des 1867 mit Österreich ausgehandelten Kompromisses.

Auf dem Boráros tér wurde früher mit Waren gehandelt.

Dekorative Pfeife (1896)
Die im Jahr der ungarischen Millenniumsfeier gefertigte Pfeife des »himmlischen Friedens« zeigt die Árpádenkönige und Kaiser Franz Joseph.

1854 Das Kriegsrecht endet fünf Jahre nach dem Aufstand von 1848/49

1857 Eröffnung des von Adam Clark errichteten Tunnel

Eingang zum Tunnel

1875 Eröffnung der Franz-Liszt-Musikakademie *(siehe S. 133)* mit dem Komponisten als Rektor

1850	1860	1870	1880

1859 Die Synagoge in der Dohány utca *(siehe S. 138)* wird vollendet

1873 Vereinigung von Buda, Óbuda und Pest zu einer Stadt mit insgesamt 300 000 Einwohnern

1867 Ausgleich mit Österreich; Ungarn wird innenpolitisch unabhängig; Einführung der Doppelmonarchie; Kaiser Franz Joseph nimmt die ungarische Krone an

Denkmal der im Ersten Weltkrieg gefallenen Soldaten
Das Flachrelief von János Istók ist den Toten des Ersten Weltkriegs gewidmet, in dem Ungarn auf deutsch-österreichischer Seite kämpfte. Es prangt am Haupteingang zur Servitenkirche *(siehe S. 132)*.

Stadt des Historismus

Die rasch wachsende Metropole wurde vom Historismus geprägt. Beispiele des historisierenden Stils, der später in den Sezessionsstil überging, sind die Ungarische Akademie der Wissenschaften, das Parlamentsgebäude *(siehe S. 112f)*, die St.-Stephans-Basilika *(siehe S. 120f)*, das Museum der Schönen Künste *(siehe S. 150–153)*, das Palais New York *(siehe S. 133)* und viele Bauten in der Andrássy út *(siehe S. 148)*.

»Handschellen«-Armband
Nach dem fehlgeschlagenen Aufstand von 1848/49 gedachten die Ungarn sogar in Schmuckstücken ihrer Unterdrückung.

Die Akademie der Wissenschaften (1862–65) befindet sich in einem Neorenaissance-Palais *(siehe S. 118)*.

Handel am Uferdamm von Pest
Das 1887 vollendete Gemälde von Antal Ligeti zeigt den Uferdamm von Pest zu einer Zeit, in der die Stadt aufblühte. Manufakturwaren und Getreide wurden entlang der Donau nach Deutschland und in den Balkan verschifft.

An der St.-Stephans-Basilika arbeiteten drei Architekten über 60 Jahre lang. 1905 wurde sie vollendet *(siehe S. 120f)*.

1894 Der Leichnam von Lajos Kossuth *(siehe S. 110)* wird aus Turin überführt

1904 Eröffnung des Parlaments *(siehe S. 112f)*

Sitzungssaal des Parlaments

1916 Franz Joseph stirbt; Karl IV. wird König von Ungarn

1890	1900	1910	1920

1896 Eröffnung der ersten U-Bahn-Linie sowie mehrerer Museen

1897 Eröffnung der Zentralen Markthalle *(siehe S. 211)*

1909 Eröffnung des Flughafens in Rákos (heute Kőbánya)

1900 Mit 773 000 Einwohnern ist Budapest die am schnellsten wachsende Stadt Europas

1914 Ungarn ist mit Österreich auf der Seite Deutschlands im Ersten Weltkrieg

1918 Die Abdankung Karls IV. markiert das Ende der Donaumonarchie

Modernes Budapest

Ungarn zahlte einen hohen Preis für die Zugehörigkeit zur Donaumonarchie und die spätere Allianz mit Nazideutschland. Nach den Niederlagen in beiden Weltkriegen verlor das Land große Teile seines Territoriums. Gemäß dem Abkommen von Jalta 1945 gehörte es nun zum von der Sowjetunion kontrollierten Teil Europas. Der Stalinismus erwies sich hier als besonders unbarmherzig. Dies führte zum Aufstand von 1956, den sowjetische Panzer in Budapest niederwalzten. Die Bemühungen János Kádárs, eine Reform durchzusetzen, brachten Veränderungen, doch politische Opposition wurde nicht geduldet. 1989 wurden die Kommunisten abgesetzt, Ungarn wurde unabhängig.

1960–66 Wiederaufbau von Burgviertel (*siehe S. 72–89*), Königspalast und Donaubrücken

1919 Regierungsübernahme der Kommunisten, Ausrufung der ungarischen Sowjetrepublik

1941 Eintritt in den Zweiten Weltkrieg an der Seite Deutschlands

1945 Nach sechswöchiger Belagerung nimmt die Rote Armee Budapest ein

1939 Im Zweiten Weltkrieg bleibt Ungarn anfangs neutral; nach der Kapitulation Polens nimmt das Land Flüchtlinge auf

1946 Proklamation der Republik Ungarn, Wahlsieger ist die Kleinbauernpartei

1949 Stalinistischer Terror: Kardinal Mindszenty (*siehe S. 115*) wird angeklagt, László Rajk, Chef der Geheimpolizei, zum Tod verurteilt

1928 Budapest ist Donaufreihafen

1937 Sechster und letzter Besuch des Dichters Thomas Mann

1920	1930	1940	1950	1960

1920	1930	1940	1950	1960

1933–36 Tabán (*siehe S. 98*) wird abgerissen; in den 1960er Jahren wird ein Park angelegt

1938 Eucharistiekongress

1954 Im Endspiel der Fußball-WM unterliegt Ungarn mit 2:3 gegen Deutschland

1925 Radio Budapest sendet sein erstes Programm

1958 Ministerpräsident Imre Nagy, Führer des Aufstands von 1956, wird exekutiert

1945–1. August 1946 Währungsreform: Während der galoppierenden Inflation werden Banknoten im Wert von einer Milliarde Pengő gedruckt, die vielen Nullen passen kaum mehr auf die Scheine; als neue Währung wird der Forint eingeführt

1948 Mátyás Rákosi führt die von den Kommunisten gegründete Sozialistische Arbeiterpartei

1919 Admiral Miklós Horthy zieht in Budapest ein, die Ära des »weißen Terrors« fordert viele Opfer; Horthy wird Staatsoberhaupt

1964 Die wiederaufgebaute Elisabethbrücke (*siehe S. 67*) wird für den Verkehr freigegeben

1918 Demokratische Revolution und Ausrufung der Republik; Mihály Károlyi wird zum ersten Staatspräsidenten gewählt

1944 Als sich Ungarn aus dem Krieg zurückziehen will, wird es von deutschen Truppen besetzt; Errichtung des Budapester Ghettos, die Vernichtung der ungarischen Juden beginnt

1947 Nach der Fälschung der Wahlergebnisse kontrollieren die Kommunisten das Land

1968 Einführung eines neuen Wirtschaftssystems (»Gulaschkommunismus«)

1970 Eröffnung einer neuen U-Bahn-Linie

3. Juli 1990 Wiedereinführung des alten Staatswappens

Oktober 1989 Erneute Ausrufung der Republik Ungarn

1991 Der Warschauer Pakt wird aufgelöst, die Rote Armee verlässt Ungarn

1994 Die Sozialistische Partei gewinnt die zweiten freien Wahlen, Gyula Horn leitet die Koalition

1998 Dritte freie Wahl, Sieger ist Viktor Orbán von der rechtskonservativen Fidesz

2010 Die rechtskonservative Fidesz gewinnt bei den Wahlen die absolute Mehrheit; Ministerpräsident Viktor Orbán steht in der Folge wegen seiner Innen- und Medienpolitik in der internationalen Kritik

2002 Bei den Wahlen siegt der Sozialist Péter Medgyessy; Imre Kertész erhält den Nobelpreis für Literatur

2012 Neue Verfassung, in der u. a. Nationalstolz verankert ist und die Kompetenzen des Verfassungsgerichts eingeschränkt werden, die Republik Ungarn wird in Ungarn umbenannt; János Áder wird ungarischer Staatspräsident

1981 Regisseur István Szabó erhält für seinen Film *Mephisto* einen Oscar

Februar 1989 Gespräche am runden Tisch zwischen Oppositionsparteien und den regierenden Sozialisten

2007 Ungarn tritt dem Schengener Abkommen bei

April 2014 Bei den Wahlen erhält Fidesz-KDNP eine Zweidrittelmehrheit im Parlament

970	1980	1990	2000	2010	2020

970	1980	1990	2000	2010	2020

2010 Pál Schmitt wird ungarischer Staatspräsident

1993 Papst Johannes Paul II. besucht Ungarn

1987 Die UNESCO erklärt das Burgviertel und die Uferzone der Donau zum Welterbe

Juni 1989 Zeremonielles Begräbnis für Imre Nagy, andere Führer des Aufstands von 1956 werden rehabilitiert

2005 László Sólyom wird ungarischer Staatspräsident

September 1989 Ungarn öffnet seine Grenzen und ermöglicht DDR-Bürgern die Flucht in den Westen

2004 Ungarn wird EU-Mitglied

1990 Das Demokratische Ungarische Forum gewinnt die Wahlen; József Antall wird erster demokratisch gewählter Ministerpräsident, Árpád Göncz Präsident

1991 Václav Havel, József Antall und Lech Walesa unterzeichnen in Visegrád *(siehe S. 169)* ein Abkommen zwischen der Tschechoslowakei, Ungarn und Polen

Budapest im Überblick

Budapest, das »Paris des Ostens«, ist nicht allein wegen der Denkmäler seiner tausendjährigen Kultur bekannt, sondern auch für die Spuren, die andere Siedler und Eroberer hier hinterlassen haben. Überreste der römischen Besatzung und der Türkenherrschaft sind bis heute zu sehen. Nach den Türken beeinflusste die Verbindung mit Österreich das Aussehen der Stadt nachhaltig. In den Kapiteln *Die Stadtteile Budapests* finden Sie Beschreibungen von rund 150 Sehenswürdigkeiten. Die folgenden 20 Seiten sollen Ihnen helfen, auch einen kurzen Besuch optimal zu gestalten. Sie zeigen die schönsten Ecken Budapests: Bäder, Sezessionsgebäude, Museen, Kirchen und Synagogen, Palais und historische Bauten – jeweils mit Verweis zur ausführlichen Beschreibung der Sehenswürdigkeit. Die Hauptattraktionen Budapests sind auf dieser Seite abgebildet.

Budapests Hauptsehenswürdigkeiten

Gellértdenkmal
Seite 97

Hotel und Thermalbad Gellért *Seiten 94f*

Váci-Straße
Seite 131

Parlament
Seiten 112f

Nationalmuseum
Seiten 134–137

Ungarische Staatsoper
Seiten 122f

Margareteninsel
Seiten 176f

Kettenbrücke
Seite 66

Matthiaskirche
Seiten 86f

Nationalgalerie
Seiten 78–81

◀ Wächterstatuen im Burgviertel *(siehe S. 72–89)*

Highlights: Museen und Sammlungen

Im Gegensatz zu anderen europäischen Städten – etwa Paris mit dem Louvre und Madrid mit dem Prado – besitzt Budapest kein Museum mit einer königlichen Sammlung, denn im Land herrschten lange Zeit fremde Mächte. Im frühen 19. Jahrhundert zeigte allerdings die Aristokratie, unterstützt vom aufstrebenden Bürgertum, Interesse am Erhalt historischer Objekte für die Nation. Heute verweist Budapest stolz auf über 60 Museen und Sammlungen: Häuser von internationalem Rang sind ebenso darunter wie solche von eher lokalem Interesse. Weitere Informationen zu Museen und Sammlungen finden Sie auf Seite 42f.

Museum für Militärgeschichte
Das Museum zeigt einen interessanten Querschnitt ungarischer Waffen.

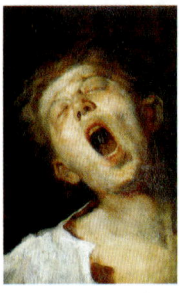

Ungarische Nationalgalerie
Hier bewundert man ungarische Kunst vom Mittelalter bis ins 20. Jahrhundert. *Der gähnende Geselle* (1868) des großen Künstlers Mihály Munkácsy ist eines der Highlights.

Budapester Historisches Museum
Die gotische Skulptur zählt zu den mittelalterlichen Schätzen des Historischen Museums. Die ältesten Stücke sind in den original erhaltenen unteren Räumen des Renaissance-Palais ausgestellt.

Margit híd
SZENT ISTVÁN KR
MARGIT KÖRÚT
Um das Parlament
BÁTHORY U
ID. ANTALL JÓZSEF R.
Nördlich der Burg
FŐ UTCA
Burgviertel
D u n a
JÓZSEF ATTILA UTCA
ATTILA ÚT
KRISZTINA KÖRÚT
Széchenyi lánchíd
(D o n a u)
JANE HANING RAKPART
HEGYALJA ÚT
Erzsébet híd
Gellértberg und Tabán
BARTÓK BÉLA ÚT

Semmelweis-Museum für Medizingeschichte
Ignác Semmelweis, den die Entdeckung der Ursache des Kindbettfiebers berühmt gemacht hat, erblickte 1818 in dem heutigen Museum das Licht der Welt.

Ethnografisches Museum
Zu den Exponaten des Museums für ungarische Volkskultur und -kunst zählt dieser Krug (1864) von György Mantl. Das Museum präsentiert ungarische Alltagsgegenstände, darunter Textilien, Keramik und Möbel.

**Museum der
Schönen Künste**
Das *Bildnis eines Mannes* (um
1565) von Paolo Veronese ist
eines unter vielen Meisterwerken der hervorragenden
Sammlung.

Jüdisches Museum
Das Museum in den
Räumlichkeiten neben
der Großen Synagoge
dokumentiert den Ho-
locaust in Ungarn und
zeigt rituelle Objekte.

HUNGARIA KÖRÚT

KÓS KÁROLY
SÉTÁNY

ANDRÁSSY ÚT

DÓZSA GYÖRGY ÚT

TERÉZ KÖRÚT

ANDRÁSSY ÚT

ERZSÉBET KÖRÚT

ROTTENBILLER U.

THÖKÖLY ÚT

THÖKÖLY ÚT

**Um den
Városliget**

RÁKÓCZI ÚT

**Zentrum
von Pest**

RÁKÓCZI ÚT

JÓZSEF KÖRÚT

MÚZEUM KRT

BAROSS UTCA

VÁMHÁZ KRT

ÜLLÖI ÚT

**Ungarisches
Nationalmuseum**
Schöne Fresken von Károly
Lotz und Mór Than zieren das
elegante Treppenhaus im
ältesten Museum Ungarns.

0 Meter   800

Museum für Kunsthandwerk
Das Museum birgt kostbare Keramik, Porzellan und Möbelstücke. Der Bau ist selbst ein
Kunstwerk, das von einer herrlichen
orientalischen Kuppel gekrönt wird.

Überblick: Museen und Sammlungen

Die meisten Museen und Sammlungen Budapests sind in historischen Bauten zu finden, etwa in den Räumen des Königspalasts, wo in den 1970er und 1980er Jahren verschiedene Museen einzogen, darunter die Ungarische Nationalgalerie. Viele Museen, etwa das Ungarische Nationalmuseum und das Budapester Historische Museum, zeigen auch Wechselausstellungen, die bei Einheimischen und Besuchern gleichermaßen beliebt sind.

Skulptur von Imre Varga in der gleichnamigen Galerie *(siehe S. 175)*

Ungarische Gemälde und Skulpturen

Zwei wichtige Adressen sollte kein Besucher versäumen, der die schönsten Beispiele ungarischer Kunst genießen möchte.

In der **Ungarischen Nationalgalerie** präsentieren sieben chronologische Abteilungen Gemälde und Skulpturen vom Mittelalter bis in die Neuzeit. Der Rundgang beginnt im Lapidarium, in dem Fragmente mittelalterlicher Steinskulpturen aus den Burgen der ersten ungarischen Könige zu bewundern sind.

In Budapest blieben nur wenige Kunstwerke aus Gotik und Renaissance erhalten – die Türken plünderten während ihrer Herrschaft reichlich. Allerdings ist in der Nationalgalerie eine schöne Sammlung von Altarbildern aus dem 15. und 16. Jahrhundert zu sehen.

Im 19. Jahrhundert erlebte die Malerei eine Blütezeit, beeinflusst von den großen internationalen Kunstströmungen. Spezifisch ungarisch sind insbesondere die Arbeiten von Pál Szinyei Merse, Mihály Munkácsy und László Paál. Die berühmtesten Skulpturen schufen István Ferenczy, Zsigmond Kisfaludi Stróbl und Imre Varga.

Viele Porträts, allerdings eher wenige Gemälde und Skulpturen erwarten Besucher im **Ungarischen Nationalmuseum**. Sie bieten zugleich einen faszinierenden Einblick in die Landesgeschichte.

Das **Vasarély-Museum** birgt eine Sammlung von 300 Werken des in Ungarn geborenen Künstlers Victor Vasarély. Er ging 1930 nach Paris und entwickelte sich dort zu einem der bedeutendsten Op-Art-Künstler.

Europäische Gemälde und Skulpturen

Meisterwerke europäischer Künstler vom Mittelalter bis in die Neuzeit sind in zwei Budapester Museen zu bestaunen.

Das **Museum der Schönen Künste** besitzt eine herrliche Sammlung italienischer Meister vom 14. Jahrhundert bis zur Epoche des Barock, darunter Werke von Tizian, Antonio Correggio, Paolo Veronese, Giambattista Tiepolo und Jacopo Tintoretto. Prunkstück der italienischen Sammlung ist jedoch die unvollendete *Esterházy-Madonna* (1508) von Raffael. Ebenso hochkarätig ist die Kollektion spanischer Gemälde, die als eine der weltweit größten gilt. Zu den Werken Goyas zählt *Die Wasserträgerin* (um 1810). Auch einige Ölgemälde von El Greco, Francisco de Zurbarán und Bartolomé Esteban Murillo sind zu sehen. Weitere Abteilungen im Museum präsentieren Künstler aus den Niederlanden und Deutschland sowie Meister aus England, Frankreich und Flandern. Das Museum birgt überdies neben 100 000 Zeichnungen und Stichen Alter Meister eine bemerkenswerte Sammlung moderner Kunst.

Moderne Gemälde sind auch im **Ludwig-Museum für Zeitgenössische Kunst** im Palast der Künste zu sehen. Die Bilder gehören zur Peter-Ludwig-Stiftung. Zwei Gemälde von Pablo Picasso, *Mutter und Kind* und *Musketier*, stechen hervor.

Pablo Picassos *Musketier* **(1967) im Ludwig-Museum**

Blick in die Räumlichkeiten des Jüdischen Museums

Geschichte

Verschiedene Museen geben Einblick in die Geschichte Budapests und Ungarns. Relikte aus der Römerzeit erwarten Sie im **Aquincum-Museum** und anderen Museen, etwa dem Römerlager-Museum in Óbuda.

Die bedeutendsten historischen Schätze beherbergt das **Ungarische Nationalmuseum**, darunter die Krönungsrobe aus dem 11. Jahrhundert.

Mittelalterliche Siegel und gotische Statuen zählen zu den Exponaten des **Budapester Historischen Museums**. Im **Museum für Militärgeschichte** informieren Schautafeln über die vielen ungarischen Freiheitskämpfe wie den Aufstand von 1956 (siehe S. 36).

Das **Jüdische Museum** setzt sich mit dem Holocaust auseinander und zeigt rituelle Gegenstände. Das sich an die Evangelische Kirche anschließende Evangelische Landesmuseum birgt u. a. das Testament von Martin Luther.

Musik

Zwei der hier vorgestellten Museen sind international berühmten Komponisten gewidmet: das **Franz-Liszt-Museum** und das **Zoltán-Kodály-Gedenkmuseum**. Die Wohnungen der beiden Komponisten bilden die Kulisse für Musikinstrumente, Partituren und Fotografien.

Einen allgemeinen Überblick über ungarische Musik gibt das **Museum für Musikgeschichte**, das in einem Barockpalais (Táncsics M. utca) liegt. Es dokumentiert die Entwicklung der Instrumente, der Volksmusik und der Musikgeschichte im 18. und 19. Jahrhundert. Eine Abteilung ist Béla Bartók gewidmet.

Ethnografisch-orientalisches Kunsthandwerk

Prächtige Trachten und jede Menge Alltagsgegenstände der einheimischen Volksgruppen sind in den herrlichen Innenräumen des **Ethnografischen Museums** ausgestellt. Zudem sieht man Exponate aus Nord- und Südamerika, Afrika, Asien und Australien.

Chinesische und japanische Kunst, Porzellan und Textilien sind zusammen mit Stücken aus Indonesien, Indien und Tibet im Ferenc-Hopp-Museum für Ostasiatische Kunst (Teil des Museums der Schönen Künste) und im **Ráth-György-Museum** ausgestellt. Die Sammlung des **Zelnik-István-Goldmuseums** zeigt 2000 Jahre südostasiatische Goldschmiedekunst.

Kunsthandwerk

Außergewöhnlich ist das von Ödön Lechner entworfene Gebäude, in dem das **Museum für Kunsthandwerk** (siehe S. 58) die Entwicklung des Kunsthandwerks seit dem Mittelalter präsentiert: Meißner Porzellan, orientalische Teppichen und Exponaten aus Ungarn. Imposant: die Jugendstil-Sammlung.

Bleiglasfenster im Museum für Kunsthandwerk

Die Dauerausstellung des Museums wurde schon 1872 eingerichtet. Größere Abteilungen werden jährlich verändert. Kleinere Abteilungen tauschen die Exponate manchmal sogar monatlich aus.

Besondere Museen

Das **Semmelweis-Museum für Medizingeschichte** ist dem Werk des Arztes Ignác Semmelweis gewidmet, der den Erreger des Kindbettfiebers entdeckt hat. Die Wöchnerinnen waren dem Fieber vorher hilflos ausgeliefert gewesen.

Im Gebäude des heutigen **Apothekenmuseums »Goldener Adler«** eröffnete 1681 eine Apotheke. Zu sehen ist viel altes Inventar und eine Ausstellung pharmazeutischer Gegenstände.

Eisenbahnfans begeistert das **Verkehrsmuseum** (Hermina út) mit seiner großen Sammlung an Modellbahnen und Objekten zur Entwicklung der Eisenbahn, Schifffahrt und Luftfahrt.

Highlights: Kirchen und Synagogen

Nur wenige Kirchen aus Mittelalter und Renaissance blieben in Budapest erhalten. Dies rührt daher, dass die Türken in den 150 Jahren ihrer Herrschaft alle Kirchen in Moscheen umwandelten und die Christen diese bei ihren Angriffen auf Buda und Pest zerstörten bzw. später umbauten. Im späten 17. Jahrhundert begann man, alte Kirchen zu restaurieren und neue zu bauen. Seither überwiegen im Stadtbild Barock und Klassizismus.

Kapuzinerkirche
Neben Mauerfragmenten aus dem Mittelalter blieben zwei türkische Fenster aus der Epoche erhalten, in der die Kirche als Moschee diente.

St.-Anna-Kirche
Sie gehört zu den schönsten Barockkirchen Budapests aus der Mitte des 18. Jahrhunderts. Die Figuren der Heiligen Anna und Maria zieren die Mitte ihrer Fassade.

Nördlich der Burg

Burgviertel

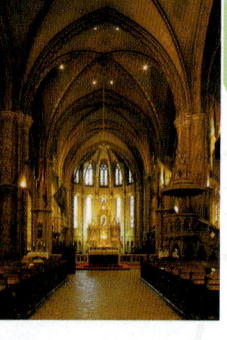

Matthiaskirche
Romanische und gotische Stilelemente schmücken die Krönungskirche der ungarischen Könige. Der neogotische Altar stammt aus dem 19. Jahrhundert.

Gellértberg und Tabán

Felsenkapelle
Mitten im Felsgestein der St.-Stephans-Höhle, auf der Südseite des Gellértbergs, ließ der Paulinerorden 1926 eine Kapelle bauen. Sie ist der Grotte von Lourdes nachempfunden.

Margit híd

MARGIT KÖRÚT

FŐ UTCA

Duna

ID. ANTALL JÓZSEF R.

ATTILA ÚT

KRISZTINA KÖRÚT

Széchenyi lánchíd

(Donau)

JANE HA

HEGYALJA ÚT

Erzs

BARTÓK BÉLA

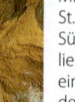

0 Meter   800

St.-Stephans-Basilika

Ein Flachrelief von Leó Feszler schmückt das Haupttympanon der St.-Stephans-Basilika. Es zeigt die Jungfrau Maria, umgeben von ungarischen Heiligen. Die imposante Kirche wurde 1851–1905 erbaut.

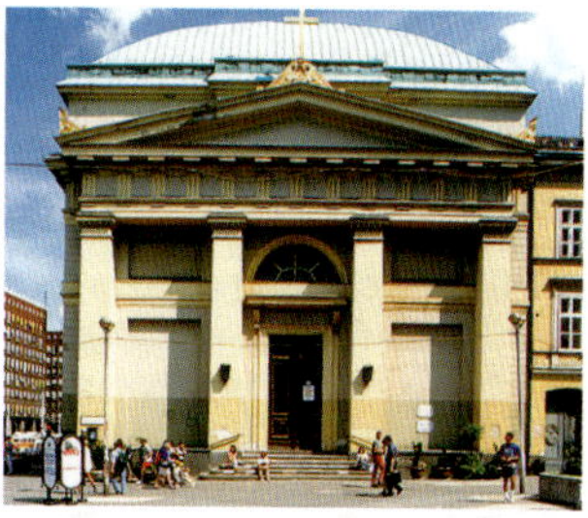

Evangelische Kirche

Die klassizistische Kirche vollendete Mihály Pollack 1808. Die eindrucksvolle Fassade fügte József Hild 50 Jahre später hinzu.

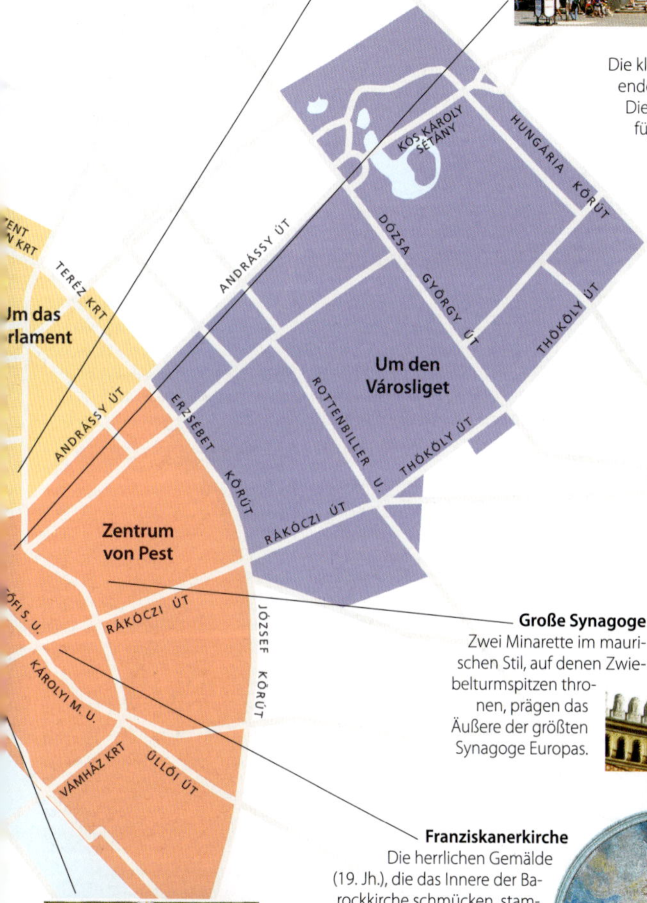

Um den Városliget

Zentrum von Pest

Um das Parlament

Große Synagoge

Zwei Minarette im maurischen Stil, auf denen Zwiebelturmspitzen thronen, prägen das Äußere der größten Synagoge Europas.

Franziskanerkirche

Die herrlichen Gemälde (19. Jh.), die das Innere der Barockkirche schmücken, stammen von Károly Lotz.

Innerstädtische Pfarrkirche

Die Kirche entstand 1046 und ist das älteste Gebäude in Pest. Seit sie den Brand von 1723 überstand, wacht Florian, der Schutzheilige gegen Feuer, an der Mauer neben dem Altar über das Gotteshaus.

Überblick: Kirchen und Synagogen

Die meisten Kirchen stehen mitten in Buda sowie im Zentrum von Pest. An den Stadträndern sind nur wenige interessante Sakralbauten zu finden. Die größte Bautätigkeit für Gotteshäuser entfaltete sich im 18. Jahrhundert, nach der endgültigen Vertreibung der Türken. Eine weitere Bauphase fand in der zweiten Hälfte des 19. Jahrhunderts statt, als zwei der größten Kultstätten Budapests entstanden: die St.-Stephans-Basilika und die Große Synagoge. Nach dem Zweiten Weltkrieg verfielen die Kirchen. Doch mit der politischen Wende gab es auch Restaurierungsprogramme. Seither erstrahlen einige Bauten wieder im früheren Glanz.

Rekonstruiertes gotisches Fenster der Maria-Magdalena-Kirche

Mittelalter

Die **Matthiaskirche** und die **Innerstädtische Pfarrkirche** stammen ursprünglich aus der Epoche Bélas IV. (13. Jh.). Reste der romanischen Epoche sind noch erkennbar, auch wenn beide Kirchen später im gotischen Stil umgebaut wurden. Nach der Plünderung durch die Türken 1526 wurde das Innere der Matthiaskirche von den Jesuiten, die sie übernommen hatten, im Barockstil gestaltet. Die Kirche gewann etwas von ihrem mittelalterlichen Erscheinungsbild zurück, als 1874–96 alle barocken Elemente systematisch entfernt wurden. Sie erhielt nun ein neogotisches Aussehen.

Die **Maria-Magdalena-Kirche** (1274) im gotischen Stil wurde 1945 fast gänzlich zerstört. Intakt ist heute nur noch der Turm (15. Jh.) mit seinen beiden Kapellen. Ein gotisches Fenster wurde rekonstruiert.

Die **Michaelskirche** wurde im 12. Jahrhundert auf der Margareteninsel errichtet und von den Türken zerstört, 1932 jedoch nach den ursprünglichen Plänen wiederaufgebaut.

Barock

Im 18. Jahrhundert entstanden 17 Kirchen in Pest, Buda und Óbuda, alle im Barockstil. Der Einfluss der italienischen Architektur ist bei vielen unübersehbar, obgleich nur die **Universitätskirche** von dem Italiener Donato Allio stammt. Während der Habsburger Regentschaft hielten sich die führenden Architekten der Stadt, András Mayerhoffer, Mátyás Nepauer und Kristóf Hamon, häufig an österreichische Vorbilder.

Die Universitätskirche und die **St.-Anna-Kirche** gelten als die schönsten Gebäude der Stadt aus jener Epoche. Die Universitätskirche entzückt Besucher mit üppigen Schnitzereien bei Gestühl und Kanzel sowie den Gemälden von Johann Bergl, die ihre Gewölbe zieren. Der ovale Grundriss der St.-Anna-Kirche mit ihrer herrlichen Fassade zeugt vom Einfluss des süddeutschen Barock. Im Inneren prangen ein prächtiger Altar sowie eine Kanzel von Károly Bebó.

Die **Franziskanerkirche** im Zentrum Budapests stammt von 1758. Sie besitzt ein großes barockes Kirchenschiff. Den Hauptaltar schuf Antal Grassalkovich.

Das Innere der Servitenkirche (1725) mit Barockaltar

Kuppeln und Türme

Die gotischen Türme der Maria-Magdalena-Kirche und die neogotischen Türme der Matthiaskirche zählen zu den Wahrzeichen Budapests. Die barocken Zwillingstürme der St.-Anna-Kirche und die hohen Türme der Kalvinistenkirche überragen Buda und die Donau. Das Ufer von Pest beherrschen die Kuppel der St.-Stephans-Basilika und die Türme der Großen Synagoge.

Gotischer Turm der Maria-Magdalena-Kirche

Barocke Türme der St.-Anna-Kirche

Turm der Kalvinistenkirche im gotischen Stil

Klassizismus und Historismus

Das Edikt von 1781, das Joseph II. erließ, gestattete in der Folge den Bau evangelischer Kirchen. Katholische Kirchen gab es bereits viele. Nun begannen die Protestanten, ihre Gotteshäuser im vorherrschenden Stil jener Epoche zu errichten: dem Klassizismus.

Als eine der ersten entstand die **Evangelische Kirche** am Deák tér. 1808 vollendete sie Mihály Pollack, ein Meister klassizistischer Architektur. Das asketisch weiße Kircheninnere mit der zweistöckigen Galerie harmonierte aufs Beste mit dem Äußeren des Gotteshauses. Die Schlichtheit des klassizistischen Stils entsprach dem eher strengen Wesen des Protestantismus. József Hild, ein weiterer Meister dieses Stils, erweiterte die Kirche später um den Portikus mit dorischen Säulen und verband sie mit dem Presbyterium und einer Schule. Der Gesamtkomplex ist eines der schönsten Beispiele klassizistischer Architektur in Budapest.

Etwas einfacher und im neogotischen Stil präsentiert sich die **Kalvinistenkirche** (1893 – 96).

Taufbecken, Evangelische Kirche

Nach den Plänen, die József Hild 1845 für die **St.-Stephans-Basilika** zeichnete, sollte sie ein Juwel klassizistischer Architektur werden. Doch verschiedene Verzögerungen, etwa der teilweise Ein-

sturz der Kuppel, machten die Umsetzung der ursprünglichen Entwürfe unmöglich. Nach Hilds Tod im Jahr 1867 führte Miklós Ybl das Projekt weiter. Ausgehend von Hilds Plänen, fügte er Elemente im Renaissance-Stil hinzu. 1905 vollendete ein dritter Architekt, József Kauser, die Basilika.

Spätes 19. und frühes 20. Jahrhundert

Die beiden schönsten Synagogen Budapests schufen Architekten aus Wien in der zweiten Hälfte des 19. Jahrhunderts.

Ludwig Förster erbaute die **Große Synagoge** 1859 im byzantinisch-maurischen Stil. Otto Wagner, ein bedeutender Sezessionsarchitekt *(siehe S. 56 – 59)*, realisierte 1872 die **orthodoxe Synagoge** in der Rumbach utca als eines seiner ersten Projekte. Sie zeigt ebenfalls maurische Elemente.

Mit dem damals modischen Wiener Sezessionsstil ist der ungarische Nationalstil eng verwandt. Er basiert auf einer einzigartigen Kombination von ethnischen Motiven und Elementen der Volkskunst. In diesem Stil sind zwei Kirchen ungarischer Architekten erbaut: Ödön Lechner, der Vater des ungarischen Nationalstils, vollendete 1900 die **Pfarrkirche von Kőbánya** am Rand Budapests. Fast zeitgleich, 1913, errichtete Aladár Árkay die **Kalvi-**

Das byzantinisch-maurische Innere der Großen Synagoge

nistenkirche am Városliget. Beide beeindrucken durch farbenfrohe Keramik, östliches Dekor und neogotische Elemente.

Kuppel der St.-Stephans-Basilika

Maurische Türme der Großen Synagoge

Highlights: Palais und historische Bauten

Budapest ist stolz auf seine historischen Bauten und Palais in großer architektonischer Vielfalt. Die meisten sind Vertreter des Klassizismus, Historismus oder des Sezessionsstils des späten 19. und frühen 20. Jahrhunderts, als die Stadt einen Bauboom erlebte. Fast alle Spuren der Gotik und Renaissance gingen 1686 verloren, als christliche Truppen Buda und Pest zerstörten, doch einige Schätze des barocken Erbes blieben erhalten. Diese Karte zeigt einige der architektonischen Highlights. Einzelheiten finden Sie auf Seite 50f.

Königspalast
Die turbulente Geschichte des Baus geht bis ins 13. Jahrhundert zurück. Heute spiegelt sein Aussehen die Opulenz des 19. Jahrhunderts wider. Er beherbergt einige der schönsten Museen der Stadt.

Häuser am Wiener-Tor-Platz
Die reizende Zeile mit vier Häusern entstand im späten 18. und frühen 19. Jahrhundert auf den Ruinen mittelalterlicher Gebäude. Dekorative Motive im Stil des Barock, Rokoko und Klassizismus zieren sie.

Palais Sándor
Die ursprünglichen Friese, die das Palais aus dem 19. Jahrhundert einst schmückten, wurden bei der Restaurierung von ungarischen Künstlern erneuert. Das Palais ist heute Amtssitz des ungarischen Präsidenten.

Várkert Palota
Den Renaissance-Pavillon (auch: Várkert Kioszk) erbaute Miklós Ybl *(siehe S. 123)* als Pumpenhaus des Königspalasts. Eine Zeit lang war hier ein Casino. Heute finden Events und Partys statt.

Ungarische Akademie der Wissenschaften
Die Fassade der Akademie zieren Statuen von Emil Wolff und Miklós Izsó – Allegorien von Recht, Naturgeschichte, Mathematik, Philosophie, Linguistik und Geschichte.

0 Meter — 800

Palais Gresham
Das herrliche Beispiel für Sezessionsarchitektur wurde 1905–07 von Zsigmond Quittner erbaut. Heute beherbergt es das Four Seasons.

KOS KÁROLY SÉTÁNY

HUNGÁRIA KÖRÚT

SZENT ISTVÁN KRT

ANDRÁSSY ÚT

DÓZSA GYÖRGY ÚT

Um das Parlament

BÁTHORY U.

ANDRÁSSY ÚT

ERZSÉBET KÖRÚT

Um den Városliget

JÓZSEF ATTILA UTCA

RÁKÓCZI ÚT

Zentrum von Pest

RÁKÓCZI ÚT

MÚZEUM KRT

JÓZSEF KÖRÚT

zsébet híd

VÁMHÁZ KRT

ÜLLŐI ÚT

BARTÓK BÉLA ÚT

Palais Pallavicini
Gustáv Petschacher baute 1882 die Renaissance-Villa am Kodály körönd. Der Innenhof ist dem des Palazzo Marini in Mailand nachempfunden.

Ervin-Szabó-Bibliothek
Das große barocke Palais, heute Sitz einer Bibliothek, wurde 1887 für die wohlhabende Familie Wenckheim erbaut.

Palais Péterffy
Die Tafel an einer der wenigen Barockvillen, die in Pest überdauerten, erinnert an das Hochwasser von 1838. Das Haus wurde 1756 erbaut.

Überblick:
Palais und historische Bauten

Von den einstigen Gotik- und Renaissance-Bauten Budapests blieben fast nur Fragmente erhalten. Einige Barockgebäude im Burgviertel von Buda und in Víziváros trotzten jedoch der Zeit. Stärker präsent ist der Klassizismus. Größere Wohnhäuser, Palais und Denkmäler wurden in diesem Stil errichtet, vor allem um die alten Befestigungswälle Pests am Ostufer der Donau. Der Historismus prägte die Architektur der zweiten Hälfte des 19. Jahrhunderts. Als Ausdruck und Verherrlichung jener euphorischen Epoche war er maßgebend bei der Vergrößerung der Stadt.

Fassade des Palais Gross, 1824 von József Hild erbaut

Barocke Palais und Gebäude

Viele Gebäude im Burgviertel und im benachbarten Víziváros rund um die Fő utca haben ihre ursprüngliche Barockfassade noch bewahrt. Der Haupteingang des **Hotels Hilton**, das im 17. Jahrhundert ein Jesuitenkolleg war, ist ein schönes Beispiel.

Herausragende Überbleibsel des Stils sind auch die vier Häuser am **Wiener-Tor-Platz**, das **Palais Batthyány** am Paradeplatz und das **Palais Erdődy** in der Táncsics M. utca, heute das Museum für Musikgeschichte. **Schloss Zichy** in Óbuda ist ein herrlicher Barockbau.

Auch die Gebäude des früheren **Trinitarierklosters**, jetzt das Kiscelli-Museum, sind bedeutende Zeugen des Baustils.

In Pest haben nur zwei barocke Denkmäler überdauert. Das **Palais Péterffy** reicht unter das heutige Straßenniveau, die Villa wurde 1755 erbaut. Das zweite Gebäude, das die Zeit unbeschadet überstand, war der erste Barockbau in Buda und Pest überhaupt: Das riesige **Rathaus**, einst ein Hospital für die Veteranen der Türkenkriege, wurde von Anton Erhard Martinelli errichtet. Kaiserin Maria Theresia war davon so beeindruckt, dass sie erklärte, der Bau sei schöner als Schloss Schönbrunn in Wien.

Klassizistische Palais und Bauten

Der Klassizismus war von der griechisch-römischen Antike beeinflusst. Die in der ersten Hälfte des 19. Jahrhunderts populäre Strömung griff den Optimismus jener Epoche des aufkeimenden Nationalgefühls und sozialer Reformen auf. Klassizistische Monumentalbauten entstanden, etwa die **Kettenbrücke**, die 1839–49 errichtet wurde. Mihály Pollack war der führende Architekt des Baustils. Er schuf das **Ungarische Nationalmuseum**.

Besondere Aufmerksamkeit verdienen zwei Gebäude: das **Palais Sándor** in Buda und das **Palais Károlyi** in Pest. Ersteres überragt den Burgberg an der Bergstation der Seilbahn und beeindruckt mit seiner harmonischen Bauweise. Das zweite Palais, heute Sitz des Petőfi-Literaturmuseums, erhielt 1834 nach Umbauten seine heutige Erscheinungsform.

Eine Gruppe attraktiver klassizistischer Häuser säumt den **József-Nádor-Platz**. Beachtenswert sind Details wie Säulen, Vorsprünge und Giebelfelder.

1808 gründete der Architekt János Hild die Verschönerungskommission zur Entwicklung Pests. Er und sein Sohn József, der 1824 das **Palais Gross** erbaute, wirkten aktiv an der Stadterneuerung mit. Beide hatten in Rom Architektur studiert und schufen Bauten im italienischen Stil.

Barocke Fassade des Museums für Musikgeschichte (Palais Erdődy)

Palais und Gebäude des Historismus

In der zweiten Hälfte des 19. Jahrhunderts löste der Historismus den Klassizismus ab und nahm – nach der Vereinigung von Buda, Óbuda und Pest 1873 – Einfluss auf die Entwicklung der Budapester Architektur. Der eklektische Stil der neuen Wohnhäuser und Palais ergab sich aus diversen Inspirationsquellen der Architekten. Miklós Ybl, der u. a. die **Ungarische Staatsoper** schuf und den **Königspalast** vergrößerte, liebäugelte mit der Renaissance. Imre Steindl schuf das neogotische **Parlamentsgebäude**. Frigyes Schuleks **Fischerbastei** vereint neogotische und romanische Elemente.

Das schöne neobarocke Innere des Palais New York

Skulpturen an der Vigadó-Fassade

Der **Vigadó**, ein von Frigyes Feszl 1859–64 erbauter Konzertsaal, zählt zu den prächtigsten Bauten des Historismus: Die Fassade ist mit Reliefskulpturen und Büsten großer Ungarn reich verziert. Doch auch der Komplex mit den drei französischen Renaissance-Bauten – Palais Festetics, Palais Károlyi und Palais Esterházy – am **Pollack-Mihály-Platz** gilt vielen als Meisterwerk.

Das **Palais Drechsler** in der Andrássy út ist ein wunderbares Beispiel des Renaissance-Stils. Das einstige Kaufhaus Párizsi Nagyáruház wies sogar einen Ballsaal (heute Café) auf, mit Fresken von Károly Lotz und Gold prachtvoll dekoriert ist.

Die als **Klotildenpalais** bekannten Zwillings-Wohnblocks schmücken spanische Barockmotive. Sie erheben sich an der Auffahrt zur Elisabethbrücke. Wohl eines der extravagantesten Bauwerke des Historismus ist das neobarocke **Palais New York** von Alajos Hauszmann. Sein luxuriöses, farbenprächtiges Inneres zieren fantasievolle Marmorsäulen.

Schmuckelemente

Die Fassaden vieler Palais und Bauwerke schmückt noch heute das reiche plastische Dekor, das für die verschiedenen Architekturstile der Stadt jeweils charakteristisch war. Zu diesen Dekorelementen zählen Medaillons, Gewölbebogen, Giebelfelder und -aufsätze, Reliefskulpturen und verzierte Fensterrahmen.

Leider haben in Budapest beinahe keine gotischen Details überlebt, doch zumindest in der Altstadt sind an den alten Wohnhäusern noch Nischen und Spitzbogen zu bewundern.

Repräsentative Gebäude wie Schloss Zichy und Palais Erdődy sind mit barocken Details verziert. Dekorative klassizistische Elemente, etwa Friese und Giebelfelder, prangen an vielen Häusern aus der ersten Hälfte des 19. Jahrhunderts.

Giebelaufsatz mit Medaillon am Palais Károlyi

Gewölbebogen an der Fassade des Staffenberg-Hauses

Relief an der Ungarischen Nationalbank (1905)

Fensterrahmen eines Hauses (József-Nádor-Straße 21)

Palais und historische Bauten

Highlights: Quellen und Bäder

Budapest gehört zu den größten Kurorten Europas. Tagtäglich sprudeln aus zahlreichen heißen Quellen über 80 Millionen Liter mineralstoffreichen Wassers empor. Am dichtesten konzentrieren sich die Mineralbrunnen in Óbuda, nahe dem Gellértberg, auf der Uferseite von Buda nahe der Margaretenbrücke und auf der Margareteninsel. Bäder gab es hier seit der Römerzeit, doch erst die Türken nutzten die natürlichen Ressourcen intensiv. Heute findet man eine große Auswahl an Bädern für Kuren und zur Erholung.

Palatinus-Strandbad
Zehn Becken, heiße Quellen, Rutschen und die ruhige Lage auf der Margareteninsel machen das Heilbad zu einem der schönsten Europas.

Árpád h

ÁRPÁD FEJEDELEM ÚTJA

Margareten-insel

Hajós-Olympiabad
Das Bad entwarf Alfréd Hajós, der erste Ungar, der olympisches Gold gewann (1896 als Schwimmer). An den Wänden der Schwimmhalle sieht man goldgeschmückte Marmortafeln mit den Namen vieler ungarischer Olympiasieger.

Margit híd

MARGIT KÖRÚT

FŐ UTCA

Duna (Donau)

ID. ANTALL J

Nördlich der Burg

Lukács-Bad
Die ganzjährig geöffneten Thermalbecken aus dem 19. Jahrhundert begeistern Urlauber ebenso wie Einheimische.

Burgviertel

ATTILA ÚT

Szécheny lánc

KRISZTINA KÖRÚT

MÉSZÁROS U.

HEGYALJA ÚT

Király-Bad
1566 wurde das Bad von den Türken erbaut. Viele osmanische Elemente sind noch erhalten.

Gellértberg und Tabán

0 Meter   900

Dagály-Strandbad
Vor 50 Jahren entdeckte man, dass das Wasser des Teichs heilkräftig war. Heute erwartet die Besucher ein riesiger Komplex im Freien mit Schwimm- und Kinderbecken, Hydrotherapie- und Fitness-Center.

Széchenyi-Bad
Das Heilbad mit Thermalwasser, das aus großer Tiefe kommt, lockt mit prächtiger neobarocker Architektur. Das Wasser ist derart warm, dass sich selbst im Winter Badegäste in den Außenbecken tummeln.

Rácz Hotel und Thermalbad
Das ursprünglich ottomanische Becken und die Kuppel verbergen sich hinter der Fassade aus dem 19. Jahrhundert – und sind heute Anhang eines Luxushotels.

Rudas-Bad
Das berühmteste türkische Bad der Stadt entstand im 16. Jahrhundert. Es wird noch heute von der alten osmanischen Kuppel über dem achteckigen Becken gekrönt.

Hotel und Thermalbad Gellért
Im größten Schwimmbecken des Spa-Hotels genießen die Badegäste das schöne Sezessionsinterieur, Marmorsäulen und bunte Mosaiken.

Um den Városliget

Um das Parlament

Zentrum von Pest

Überblick: Quellen und Bäder

Tief im Inneren der Erde brodelt das Wasser der Mineralquellen, bis es durch Spalten in den felsigen Hügeln Budas und Óbudas emporsprudelt. Dem 21 bis 78 °Celsius warmen Heilwasser verdankt die größte Kurstadt Europas ihre zunächst römisch, dann türkisch geprägte Badekultur, die selbst den Kommunismus überstand. Zumindest eines der Thermal- oder Strandbäder sollte man in Budapest besuchen. Die Anlagen mit ihren Innen- und Außenpools sind oft architektonische Kleinode, einige stammen noch aus der Türkenzeit.

Türkischer Einfluss

In Óbuda wurden die Ruinen römischer Thermalbäder aus dem 2. Jahrhundert n. Chr. entdeckt. Die Badekultur in Budapest setzte sich allerdings erst im 16. und 17. Jahrhundert *(siehe S. 28f)* unter den osmanischen Herrschern durch.

Vier prachtvolle türkische Bäder zählen zu den Zeugnissen osmanischer Architektur in Budapest. Das **Rudas-**, das **Rácz-**, das **Király-** und das **Veli-Bej-Bad** (Letzteres hieß früher Császár-Bad) entstanden im 16. Jahrhundert, sie wurden nach dem gleichen Muster erbaut. Eine Marmortreppe führt in einen Raum mit einem kuppelgekrönten, oktogonalen Thermalbecken, das wiederum kleinere kuppelgekrönte Becken flankieren. Die Temperaturen reichen von eisig kalt bis kochend heiß.

Viel Atmosphäre bietet vor allem das Rudas-Bad, gefolgt vom Király-Bad. Nach der Renovierung und Erweiterung ist das Rácz-Bad innerhalb des gleichnamigen Hotels zugänglich. Das Veli-Bej-Bad wurde in den Komplex des Lukács-Bads integriert *(siehe unten)*.

In den neueren Bädern tummeln sich Männern und Frauen. Nur im Rudas-Bad gibt es unter der Woche Männer- und Frauentage, am Wochenende ist es allerdings für beide Geschlechter geöffnet (dann ist Badekleidung obligatorisch). An den anderen Tagen wird ein Badeschurz zur Verfügung gestellt.

19. / 20. Jahrhundert

Budapests Goldenes Zeitalter war das späte 19. und das frühe 20. Jahrhundert *(siehe S. 34f)*, damals entstand eine Reihe prächtiger Bäder. Viele davon besitzen Quellwasser-Schwimmbecken.

Das 1894 eröffnete, klassizistische **Lukács-Bad** bietet zwei Außenbecken, ebenso das Veli-Bej-Thermalbad aus dem 16. Jahrhundert. Das **Széchenyi-Bad**, das 20 Jahre später auf der Pester Seite eröffnete,

ist der größte Badekomplex Europas. Neben Thermalbecken im Innenbereich gibt es Schwimmbecken im Freien, die von Sonnenterrassen umrahmt werden. Im äußeren Thermalpool dampft das wärmste Wasser der Stadt. Hier tummeln sich Gäste auch im Winter.

Neben den Thermalbecken locken in den Badeeinrichtungen Dampfräume und Saunen. Professionelle Massagen sind fast immer erhältlich. Einige Bäder bieten auch Fangopackungen und Schwefelbäder an. Sie können auch duschen und ein Nickerchen im Ruheraum machen, bevor Sie das Bad verlassen.

Stilvoll baden im Rudas-Bad

Kurhotels

An den Fuß des Gellértbergs schmiegt sich das grandiose **Hotel und Thermalbad Gellért**, das älteste und bekannteste der Budapester Luxushotels, die Schwimm- und Thermalbecken, Dampfbad, Sauna und Massagen und mittlerweile Wellness- und Schönheitsbehandlungen bieten. Das Jugendstil-Bad Gellért ist seit 1918 öffentlich zugänglich und lockt mit einem von Marmorsäulen umgebenen Innenbecken, Thermalbädern, nach Männern und Frauen getrennten FKK-Bereichen und einem Außenschwimmbecken. Im Außenpool sorgt die Wellenmaschine stündlich zehn Minuten lang für nassen Spaß.

Weitere Kurhotels entstanden in den 1970er und 1980er Jahren. Auf der Margareteninsel verbindet ein unterirdischer Durchgang das moderne, luxuriöse **Danubius Health Spa Resort Margitsziget** mit

Außenbecken im Hotel und Thermalbad Gellért

dem älteren **Danubius Grand Hotel Margitsziget**. Neben den Bädern werden hier viele verschiedene Anwendungen angeboten. Ende der 1980er Jahre entstanden zwei neue Kurhotels, das **Danubius Health Spa Resort Helia** beim Pester Donauufer und – auf der Seite von Buda – das **Aquincum Hotel**. Beide Häuser bieten eine Palette an Fitness- und Wellnesseinrichtungen, darunter Fitness-Center, Schwimmbecken, Dampfbäder, Saunen sowie verschiedene Anwendungen und Massagen.

Das Széchenyi-Bad, die größte Badeanlage Europas

Heilwasser

Die Budapester und auch alle Ungarn glauben fest an den medizinischen, aber auch entspannend-regenerierenden Nutzen der Thermalbäder. Angestellte nutzen die öffentlichen Bäder oft schon um 6 Uhr morgens als Einstimmung auf den Tag, andere kommen erst nach der Arbeit, um vor dem Abendessen noch zu entspannen. In den meisten Bädern wird man von medizinischem Personal über die geeigneten Becken und Spezialbehandlungen für bestimmte Leiden beraten. Das warme Thermalwasser verschafft bei bestimmten Beschwerden Linderung, z. B. bei posttraumatischem Stress, Gelenk- und Muskelschäden, Menstruationsproblemen und Rheumatismus. Da die Bädertickets nicht mehr wie früher staatlich subventioniert werden, sind die Eintrittspreise stark gestiegen. Sie liegen derzeit zwischen 3000 und 6000 Forint, eine 15-minütige Massage kostet ähnlich viel.

Wasserspeier, ein typisches Ornament, das man in den Budapester Bädern findet

Sportbäder

Viele Ungarn sind exzellente Schwimmer. Das Land hat bei Wassersport-Wettkämpfen zahlreiche Trophäen eingeheimst. Neben den Erholungsbädern wartet Budapest mit Sportbädern auf, etwa dem **Hajós-Olympiabad** auf der Margareteninsel. Die Anlage besteht aus drei Becken: zwei Freibecken, darunter eines mit olympischen Maßen, und ein Hallenbad. Hier trainieren Profischwimmer, daneben ziehen die Badegäste ihre Bahnen. Zudem kann man – ebenso wie im Béla-Komjádi-Schwimmstadion (Árpád Fejedelem útja) – professionelle Schwimmer und Taucher sowie Wasserball bewundern.

Strandbäder

Die zwölf Strandbäder sind ausgesprochen beliebt. Hier erleben Sie einen Tag voller Badefreuden – testen Sie unbedingt eins! Die Swimmingpools und Thermalbecken unter freiem Himmel sind von grünen Liegewiesen umgeben. Trampoline, Tischtennis- und Billardtische locken Wasserratten an Land. Eis, Bier und Würstchen sorgen für Ferienatmosphäre.
Das reizvolle **Palatinus-Strandbad** in einem Park auf der Margareteninsel bietet diverse Außenbecken. Einige sind Thermalbecken, andere Swimmingpools mit Wasserrutschen und Wellenmaschinen. Östlich der Uferstraße von Pest liegt das große, moderne **Dagály-Strandbad**. Es wurde nach dem Zweiten Weltkrieg erbaut. Heute tummeln sich in den zwölf Schwimmbecken bis zu 12 000 Badegäste. Einen Abstecher wert ist das **Római-Strandbad** in Óbuda, im Norden der Stadt. Hier wurden drei Becken auf den Ruinen römischer Bäder neu angelegt – zusammen mit einer nicht so römischen Wasserrutsche. Nördlich der Stadt, in Csillaghegy an der HÉV-Linie, finden Sie das **Csillaghegy-Strandbad** mit vier Becken in pittoreskem Ambiente. Zudem lockt hier ein beliebter FKK-Strand.

Skulptur im Római-Strandbad

Quellen und Bäder

Highlights: Sezession

Besucher sind meist von den prächtigen Budapester Gebäuden des späten 19. und frühen 20. Jahrhunderts beeindruckt. Die meisten findet man im Zentrum von Pest und um den Városliget. Die Budaer Seite war bereits so entwickelt, dass dort nur noch wenig gebaut wurde. Die Sezession ging von avantgardistischen Künstlergruppen in Paris und Wien aus, daher stammt der Begriff Sezessionsstil. In Budapest inspirierte diese Stilrichtung auch die Entwicklung des ungarischen Nationalstils. Weitere Details finden Sie auf Seite 58f.

Schule auf dem Rosenberg
Dezső Zrumeczky, ein Student des renommierten Architekten Károly Kós, ließ sich für das Gebäude in der Áldás utca von den Dörfern Siebenbürgens inspirieren.

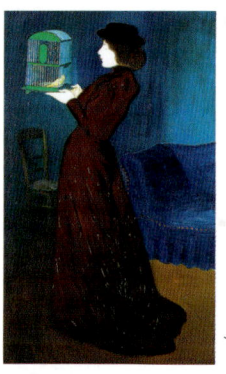

Frau mit Vogelkäfig (1892)
Die mysteriös-intime Atmosphäre des Gemäldes von József Rippl-Rónai ist typisch für die ungarische Kunst jener Epoche. Es hängt heute in der Ungarischen Nationalgalerie *(siehe S. 81).*

Schmiedeeisernes Tor, Palais Gresham
Zwei kunstvolle Pfauen, ein typisches Motiv des Sezessionsstils, zieren das schmiedeeiserne Tor am Palais Gresham, heute Sitz des Four Seasons. Das Gebäude wurde von Zsigmond Quittner und den Brüdern Vágó 1905/06 errichtet.

Lechner-Haus, Bartók Béla út
Ödön Lechner war die Galionsfigur des ungarischen Nationalstils. 1899 schuf er das abgebildete Wohnhaus für seinen Bruder Gyula (mit einem Studio für sich selbst) im vierten Stock. Das Gebäude steht in der Bartók Béla út 40.

Nördlich der Burg

Burgviertel

Gellértberg und Tabán

MARGIT KÖRÚT

FŐ UTCA

ATTILA ÚT

KRISZTINA KÖRÚT

HEGYALJA ÚT

ID. ANTALL JÓZSEF R.

JANE HANING

Margit híd

Széchenyi lánchíd

Duna

(Donau)

0 Meter   800

Postsparkasse
Die Haupttreppe des Gebäudes von Ödön Lechner zieren ein schönes Geländer, Rundleuchten und dekorative Fenster.

Eingang zum Zoo
Kornél Neuschloß-Knüsli verwendete geschickt Elemente hinduistischer Architektur für den Bau des aparten Tors, das zwei Elefanten bewachen.

Um den Városliget

Um das Parlament

Zentrum von Pest

Karten-Beschriftungen: HUNGÁRIA KRT · KÓS KÁROLY SÉTÁNY · ANDRÁSSY ÚT · DÓZSA GYÖRGY ÚT · ...JÁN KRT · TERÉZ KÖRÚT · ERZSÉBET KÖRÚT · ROTTENBILLER UTCA · THÖKÖLY ÚT · ANDRÁSSY ÚT · RÁKÓCZI ÚT · RÁKÓCZI ÚT · JÓZSEF KÖRÚT · MÚZEUM KRT · KÁROLYI M. U. · VÁMHÁZ KRT · ÜLLŐI ÚT · ...ÖK BÉLA ÚT

Sipeky-Balázs-Villa
Die reizende Villa stammt von 1905/06. Sie ist vielleicht das repräsentativste Beispiel für den Sezessionsstil in Budapest. Entworfen wurde sie von Ödön Lechner.

Blumenladen Philanthia
Der außergewöhnliche Blumenladen liegt in der Váci utca. Das Innere ist im Sezessionsstil gehalten, das Gebäude selbst ist klassizistisch.

Hotel und Thermalbad Gellért
Das von Flachbogen gestützte Glasdach bestimmt die Atmosphäre dieses Saals im berühmten Bad des Hotels Gellért. Sein Interieur im Sezessionsstil zählt zu den schönsten der Stadt.

Überblick: Sezession

Die Sezessionsbewegung beeinflusste viele Kunstrichtungen: Malerei, Kunsthandwerk und Architektur. Stilprägend sind ihre unverwechselbar bunt-fantastischen Motive. Der ungarische Nationalstil folgte diesem Trend und verschmolz ihn mit Elementen der altungarischen, insbesondere der siebenbürgischen Holzarchitektur sowie mit Volkskunst und orientalischen Details wie Minaretten, Fabeltieren und Zeltdächern.

Vase von István Sovának im Museum für Kunsthandwerk

József Rippl-Rónais _Frau mit weiß getupftem Kleid_ (1899) in der Ungarischen Nationalgalerie

János Vaszarys Werk ist stark von der deutschen und englischen Kunst geprägt. Seine schönsten Gemälde, _Das Goldene Zeitalter_ und _Adam und Eva_, sind in der Ungarischen Nationalgalerie zu sehen. Lajos Gulácsy war ein Bewunderer der Präraffaeliten und des Expressionismus. Seine Bilder sind häufig symbolisch. Viele hängen heute in der Ungarischen Nationalgalerie.

Die Künstlerkolonie von Gödöllő war ein bedeutendes Zentrum für Künstler der Sezession. Ihr Gründer, Aladár Körösfői-Kriesch, schuf zahlreiche Werke, darunter das Fresko _Der Jungbrunnen_, das in der **Franz-Liszt-Musikakademie** zu bewundern ist.

Kunsthandwerk

Neuheiten im Kunsthandwerk jener Zeit waren eng mit der Architektur verbunden. Ödön Lechner begann damit, bunte Keramikfliesen zu verwenden, die er in der Ziegelei seines Schwiegervaters im südungarischen Pécs erwarb – nicht nur für Dächer, sondern auch zur Dekoration. Der Besitzer dieser Ziegelei, Vilmos Zsolnay, erfand eine neue Methode, Fliesen und Ziegel zu glasieren. Sie war so erfolgreich, dass die Ziegelei sich auf die Herstellung von Fliesen (aus Pyrogranit) spezialisierte. So lieferte Zsolnays Firma viele der charakteristischen Fliesen und Ziegel, die die Stadthäuser im Sezessionsstil schmücken.

Zsolnay beschäftigte auch führende Designer, die Tafelgeschirr, Vasen und Kerzenleuchter entwarfen. Dafür wurde ihm bei der Weltausstellung in Paris die Goldmedaille der Ehrenlegion verliehen. Auf einer Ausstellung anlässlich der Millenniumsfeierlichkeiten in Ungarn 1896 präsentierte das Unternehmen seine schönsten Stücke.

Gemälde und Zeichnungen

Die bedeutendsten Vertreter der Sezession in Ungarn waren József Rippl-Rónai, János Vaszary und Lajos Gulácsy.

Rippl-Rónai lebte lange in Paris – zur Zeit, in der sich der Jugendstil durchzusetzen begann. Seine _Frau im weiß getupften Kleid_ (1899) war das erste ungarische Gemälde im Sezessionsstil. Eine Gobelin-Version des Bilds hängt im **Museum für Kunsthandwerk**. Viele Werke Rippl-Rónais sind in der **Ungarischen Nationalgalerie** ausgestellt.

Ödön Lechner (1845–1914)

Der einflussreichste Architekt der ungarischen Sezession studierte in Berlin. Zum Abschluss seiner Lehrjahre arbeitete er in Frankreich und Italien. Er wollte einen unverwechselbaren ungarischen Nationalstil schaffen, der Sezessionsmotive mit Elementen

Ödön Lechner

der ungarischen Volkskunst und des Hinduismus verschmolz. Sein Markenzeichen wurden die häufig von ihm verwendeten bunten Fliesen. Budapest verdankt ihm Bauwerke wie das Museum für Kunsthandwerk, die Postsparkasse und das Geologische Institut. Neben dem kunstvoll-bizarren Äußeren zeichnet Lechners Bauten das schlichte, funktionale und lichtdurchflutete Innere aus.

Das **Palais Gresham** und das **Hotel und Thermalbad Gellért** mit seinen herrlichen Wasserbecken zählen zu den vielen Gebäuden der Stadt, die schmiedeeiserne Tore, Fenstergitter und Geländer mit dekorativen Sezessionsmotiven besitzen.

Innendekoration

Ein Prunkstück jener Ära ist das Interieur des **Palais New York**. Es wurde mit Bronze und Marmor ausgestattet und hat bis heute den Glanz seiner neobarocken Ausschmückung bewahrt.

Eine Besichtigung wert sind auch die **Ungarische Nationalbank** und die **Postsparkasse** mit ihren möblierten Tresorräumen und den verzierten Tür- und Fensterrahmen. Die Gestaltung des **Blumenladens Philanthia** ist ein weiteres Beispiel des Sezessionsstils.

Vertiko im Sezessionsstil, Museum für Kunsthandwerk

Fenster von Miksa Róth in der Ungarischen Nationalbank

Attraktive Sezessionsmöbel zeigen das Museum für Kunsthandwerk und das **Nagytétény-Schlossmuseum**.

Architektur

Die ungarische Architektur des Fin de Siècle zeichnet sich nicht nur durch dekorative Formen und glasierter Keramik aus, sondern insbesondere durch die Verwendung moderner technischer Mittel. Gebaut wurde mit Stahlbeton, Stahl und Glas. So konnte man große, lichtdurchflutete Innenräume schaffen. Der Hauptsaal des Museums für Kunsthandwerk ist hierfür ein gelungenes Beispiel.

Neben Ödön Lechner prägten weitere bedeutende Architekten den Sezessionsstil. Auch Béla Lajta, Aladár Árkay, Károly Kós und István Medgyaszay schufen beachtliche Bauwerke.

Béla Lajta, ein Schüler Ödön Lechners, entwarf das **Rózsa-** **völgyi-Gebäude** mit seinen geometrischen Ornamenten am Szervita tér. Er erbaute auch das außergewöhnliche, ehemalige jüdische Altenstift in der Amerikai út 53 – 55. Die dekorativen Elemente im Stil der Volkskunst in der **Kalvinistenkirche am Városliget** schuf Aladár Árkay.

Interessant sind zudem die Arbeiten von Károly Kós. Er war von der traditionellen Architektur Siebenbürgens (ungarisch Erdély) fasziniert und zeichnete die Dorfkirchen und Gutshäuser nach, auf die er bei seinen Reisen stieß. Motive dieser Häuser wurden später beim Vogelhaus des Budapester **Zoos** und bei den Häusern der **Wekerle-Siedlung** übernommen.

Fries am Rózsavölgyi-Haus

Sezessionsstil

Dekorative Motive

Stilisierte, an Stickerei erinnernde Volkskunstmotive und orientalische Muster bereicherten das Kunsthandwerk jener Zeit. Es finden sich auch Sezessionselemente, etwa Katzenmotive nach Pariser und Wiener Vorbild.

Stilisierte Sonnenblumen zieren die Postsparkasse

Sezessionsgrafik auf dem Schild des Blumenladens Philanthia

Buntes Mosaik in der Aulich utca 3

Das Jahr in Budapest

Budapest, die Hauptstadt und zugleich die größte Stadt Ungarns, liegt an der Donau und besitzt ein kontinentales Klima mit ausgeprägten Jahreszeiten. Das ganze Jahr über gibt es in Budapest viel zu erleben – von traditionellen Veranstaltungen an Feiertagen bis hin zu Kultur- und Sportereignissen. Budapest ist Mittelpunkt vielfältiger kultureller Aktivitäten. Die Stadt pflegt die musikalische Tradition, etwa mit dem Frühlingsfestival für klassische Musik, Tanz und Ballett oder dem Sommer-Musikfestival Sziget. Im Herbst lockt das Budapester Weinfest. In vielen Hotels und in den Tourismusbüros liegen Veranstaltungsprogramme aus, die Websites der Festivals sind meist auf Englisch.

Frühling

Der Frühling hält im März seinen Einzug mit viel Sonnenschein und warmen Tagen. Budapest erblüht, das Frühlingsfestival lockt die ersten Besucher des neuen Jahrs an.

März

Revolutionstag (*15. März*). Der Nationalfeiertag gedenkt des Jahrs 1848, als die Ungarn, angeführt vom Dichter Sándor Petőfi, gegen die Habsburger rebellierten (*siehe S. 32f.*). Tausende von Menschen, gekleidet in den Nationalfarben Rot, Weiß und Grün, legen in den Straßen Kränze nieder und entzünden Kerzen. Es gibt Ansprachen und Straßentheater, vor allem vor dem Ungarischen Nationalmuseum (*siehe S. 134 – 137*).
Frühlingsfestival (*Mitte März – Mitte Apr*).
www.festivalcity.hu
Musiker aus der ganzen Welt

Umzug im Burgviertel während des Frühlingsfestivals (*März/Apr*)

treffen sich zu Wochen voller Musik und Tanz in Kirchen und Konzertsälen überall in der Stadt. Das Festival ist vor allem der Pflege klassischer Musik gewidmet, doch locken auch Volksmusik und Volkstanz sowie Pop und Jazz.

April

Ostern (*Húsvét*) ist ein bedeutendes Kirchenfest in Ungarn. Der Besuch des Ostergottesdiensts in einer der vielen Kirchen ist ein Erlebnis. Am Ostermontag besprühen junge Männer auf der Straße Freundinnen und weibliche Verwandte mit Parfüm oder Wasser: So sollen sie den Rest des Jahres schön bleiben. Zum Dank bekommen sie bemalte Eier.
Tanz-Weltfestival (*Ende Apr*). *www.nemzetitancszinhaz.hu*
Das Nationale Tanztheater und der Verband ungarischer Tanzkünstler organisieren dieses Festival alljährlich und laden dazu die wichtigsten ungarischen Tanztruppen sowie internationale Gäste ein. Veranstaltungsorte sind das Burgtheater, das Erkel-Theater, die Komische Oper und die Staatsoper.
Pferderennen (*So, Apr – Okt*). Im April beginnt die Saison der Flachrennen. Jeden Sonntag kann man auf der umtriebigen, nun renovierten Rennbahn Kincsem Park in der Albertirsai út wetten.
Internationales Buchfestival (*Ende Apr*)
www.bookfestival.hu
Das Festival in Kooperation mit der Frankfurter Buchmesse gewinnt an Bedeutung, sowohl für die Verlagsbranche wie für die lesende Öffentlichkeit. Der Veranstaltungsort ist im Millénaris-Park.

Mai

Tag der Arbeit (*1. Mai*). Die Maifeiern werden in sämtlichen öffentlichen Stadtparks mit Kunsthandwerksmärkten, Straßenkünstlern, Imbissständen und Bierzelten begangen. Ein Sprung in ein Thermalbad oder ins Strandbad (*siehe S. 52 – 55*) ist ebenfalls eine beliebte Aktion am 1. Mai.

Im Frühling blühen die Magnolien auf der Margareteninsel

◄ **Volkstanz beim Budapester Weinfest** (*siehe S. 64*)

Durchschnittliche tägliche Sonnenstunden

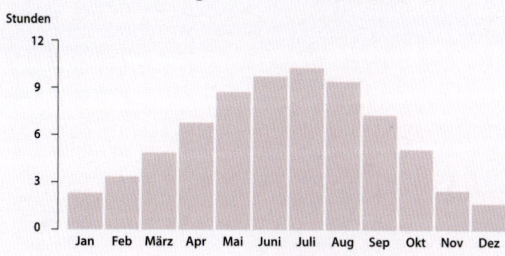

Sonnenschein

Budapest ist eine der sonnenverwöhntesten Städte Europas. Im Durchschnitt scheint die Sonne von April bis September acht Stunden am Tag. Während der schwülen Monate im Hochsommer (Juni, Juli und August) bieten die kühlen Budaer Berge willkommene Zuflucht vor der Hitze.

Sommer

An langen, heißen Sommertagen entspannt man sich auf der Margareteninsel oder in einem der Strandbäder.

Juni

Budapester Sommerfestival *(Juni – Aug).* www.eng.szabadter.hu
Das Sommerfestival ist das größte Open-Air-Event auf der Margareteninsel. Auf der Freilichtbühne der Insel finden Opern- und Ballettvorstellungen, Musicals und klassische Konzerte mit internationalen und ausgezeichneten ungarischen Interpreten statt.
Donau-Karneval *(Mitte Juni).* www.dunakarneval.hu
An verschiedenen Orten der Stadt finden Musik- und Tanzveranstaltungen statt.

Formel-1-Rennen auf dem Hungaroring *(Juli)*

Juli

Ungarischer Grand Prix *(Ende Juli).* www.hungaroring.hu
Das Formel-1-Rennen findet auf dem Hungaroring bei Mogyoród statt.
Konzerte in der St.-Stephans-Basilika *(Juli – Aug).* Die Montagabend-Orgelkonzerte in der

größten Kirche der Stadt *(siehe S. 120f)* sind ein idealer Anlass, die prächtige Innendekoration des Bauwerks zu bewundern.
Sommermusikfestival auf Burg Vajdahunyad *(Mitte Juli – Aug).* www.vajdahunyad.hu
Auf dem Open-Air-Festival wird neben klassischer Musik auch Jazz, Ragtime und Zigeunermusik gespielt.

August

Stephanstag *(20. Aug).* Szent István (hl. Stephan), dem Schutzpatron Ungarns, sind eine Messe in der St.-Stephans-Basilika und eine riesige Prozession gewidmet. Abends erleuchten Feuerwerke den Gellértberg und die Donauufer.
Festival der Volkskunst *(um den 20. Aug).* http://mestersegekunnepe.hu
Ungarische Kunsthandwerker bieten auf dem Gelände der Burg ihre Produkte feil.
Sziget-Festival *(um Mitte Aug).* www.sziget.hu
Dutzende Bühnen und ein Zeltplatz auf der Óbuda-Insel sind Schauplatz des renommierten einwöchigen Rock- und Popmusik-Festivals.

Feuerwerk auf dem Gellértberg am Stephanstag *(Aug)*

Durchschnittliche monatliche Niederschläge

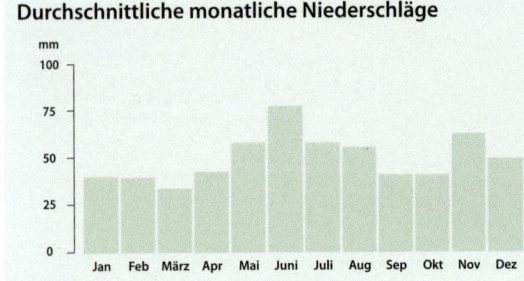

Niederschläge

Budapest ist relativ trocken. Typisch sind allerdings heftige Regengüsse für etwa zwei Tage, dann kann es wochenlang regenlos bleiben. Juni ist der feuchteste Monat. Mai, Juli, August und November sind ebenfalls relativ feucht. Der Herbst ist am trockensten. In den Wintermonaten fällt Schnee.

Herbst

Budapest leuchtet in den Farben des Herbstes auf den Märkten, die Besuchermassen verlassen die Stadt. In dieser Jahreszeit finden einige Feste und Events statt. Highlights sind das Budapester Weinfest und das Herbstfestival.

September

Jüdisches Sommerfestival *(Ende Aug – Sep).*
www.zsidonyarifesztival.hu
Multikulturelles Festival mit jüdischer Buchmesse, israelischem Filmfestival, Kunstausstellungen und kulinarischen Veranstaltungen.

Budapester Weinfest *(2. Woche im Sep).*
www.aborfesztival.hu
Auf dem Burgberg gibt es Weinproben, Gastronomie und Volkstanz *(siehe S. 73).*
Nemzeti Vágta *(Mitte Sep).*
Das Nationale Galoprennen findet auf dem Heldenplatz statt.

Oktober

Spar Budapest – Internationaler Marathon *(Okt).*
www.budapestmarathon.com
Neben dem klassischen Marathonlauf gibt es einen Staffellauf, einen Mini-Marathon, ein Familienrennen, einen Funrun – und außerdem: Konzerte.

Lebensmittelstand in einem der überdachten Budapester Märkte

Café Budapest Contemporary Arts Festival *(Anfang – Mitte Okt).* Neue Musik, Theater und Tanz an verschiedenen Orten der Stadt.
Supermarathon Wien – Bratislava – Budapest *(Okt).*
www.bbu.hu
Der Marathon feiert die offenen Grenzen, insbesondere zwischen Österreich, der Slowakei und Ungarn.
Tag der Republik *(23. Okt).*
Nationalfeiertag zum Gedenken an den Aufstand von 1956, als sowjetische Panzer durch die Straßen rollten und 200 000 Menschen ins Exil gingen. Kranzniederlegungen auf dem Städtischen Friedhof *(siehe S. 162f)* am Grab von Imre Nagy *(siehe S. 36).*

November

Budapester Weihnachtsmarkt *(26. Nov – 24. Dez).*
www.budapestinfo.hu
Der Vörösmarty tér wird zum Markt mit Werken von Künstlern und Kunsthandwerkern. Auch im Angebot: nationale Spezialitäten.

Künstler beim Budapester Sommerfestival *(Juni – Aug)*

Durchschnittliche monatliche Temperaturen

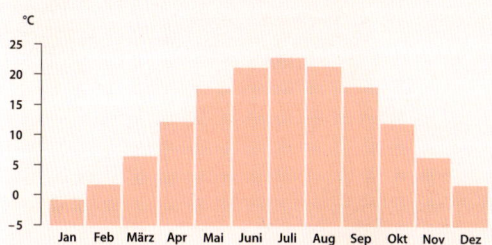

Temperaturen
Die Jahreszeiten sind in Budapest sehr ausgeprägt. Die Tagestemperaturen steigen ab März rasch an. Ab Juni klettert das Thermometer häufig auf 30 °C und mehr. Im September kühlt es ab, die Temperaturen fallen bis hin zu deutlichen Minusgraden im Januar.

Winter

Trotz der Kälte kann ein Besuch im winterlichen Budapest sehr schön sein. Eislaufen kann man ab November. Auf den Straßen locken Maroni-Buden, den Vörösmarty tér dominiert ein Christbaum.

Dezember

Silber-und-Gold-Sonntag *(die beiden letzten Adventssonntage)*. Alle Läden öffnen an den beiden Sonntagen vor Weihnachten für letzte Weihnachtseinkäufe.
Mikulás *(6. Dez)*. Die Kinder stellen ihre Schuhe aufs Fensterbrett, die der Nikolaus dann füllt.
Weihnachten *(24. – 26. Dez)*. Ab Mittag des 24. Dezember (der kein offizieller Feiertag ist) bleiben die Läden für zwei Tage geschlossen. Heiligabend gehört der Familie. Den meisten Ungarn ist das gemeinsame Essen am Abend des 24. Dezember heilig. Dann werden unter dem Weihnachtsbaum auch die Geschenke verteilt, die das Jesuskind gebracht hat.

Seit 2012 leider Vergangenheit: der traditionelle Opernball

Weihnachtsbaum auf dem Vörösmarty tér

Szilveszter *(31. Dez)*. Ganz Budapest feiert den Silvesterabend. Musik hört man auf dem Vörösmarty tér und dem Nyugati tér. Es gibt Straßenfeste und Feuerwerk. Die öffentlichen Verkehrsmittel fahren die ganze Nacht über.

Januar

Neujahrskonzert *(1. Jan)*. *www.viparts.hu*
Das traditionelle Konzert in der Oper bietet den angemessenen Rahmen für einen feierlichen Start ins neue Jahr. Bekannte ungarische und ausländische Künstler interpretieren Auszüge aus Opern, Operetten und Musicals.

Februar

Fasching *(Feb)*. Budapest feiert nach den kalten Tagen den nahenden Frühling und den *farsang* (Fasching). Am fetten Donnerstag wird noch einmal

kräftig getafelt, bevor die Fastenzeit beginnt, viele Restaurants gewähren 50 Prozent Rabatt. Maskenumzüge finden am letzten Faschingswochenende statt.

Eislaufen im Stadtwäldchen

Feiertage

Újév Neujahr *(1. Jan)*
Nemzeti ünnep Nationalfeiertag, Jahrestag der Revolution von 1848 *(15. März)*
Húsvét Ostern *(März /Apr)*
Pünkösd Pfingsten *(Mai /Juni)*
Munka ünnepe *(1. Mai)*
Szent István Stephanstag *(20. Aug)*
Nemzeti ünnep Nationalfeiertag, Gedenken an den Aufstand 1956 *(23. Okt)*
Mindenszentek Allerheiligen *(1. Nov)*
Karácsony Weihnachten *(25., 26. Dez)*

Von der Margareten- zur Elisabethbrücke

Bei einer Bootsfahrt auf der Donau genießt man herrliche Ausblicke. Auch viele andere Städte durchzieht ein Fluss, doch die Donau spielt im Fall von Budapest eine Sonderrolle: Jahrhundertelang trennte sie die beiden Städte Buda und Pest. Später verbanden Brücken die beiden Stadtteile. Alle Brücken wurden neu aufgebaut, da sie die deutsche Wehrmacht noch kurz vor dem Ende des Zweiten Weltkriegs zerstört hatte.

Vereinigungsdenkmal
Das 1973 errichtete Denkmal erinnert an die Vereinigung von Buda, Óbuda und Pest ein Jahrhundert zuvor. Es ragt auf der Margareteninsel *(siehe S. 176f)* nahe der Margaretenbrücke auf.

MARG HÍD

Elisabethkirche
Die Frontseite der Barockkirche ist von der Donau abgekehrt. Hospital und Herberge des Ordens blicken jedoch auf den Fluss *(siehe S. 105)*.

Duna (Donau)

Batthyány tér

Matthiaskirche
Der Turm der mittelalterlichen Kirche wurde mehrfach erneuert. Er überragt das Hotel Hilton und die Fischerbastei *(siehe S. 86f)*.

Die St.-Anna-Kirche
erkennt man an ihren schlanken, barocken Zwillingstürmen.

SZÉCHE LÁNCH

Die Kettenbrücke (Széchenyi lánchíd) entstand 1839–49 auf Anregung des Grafen Széchenyi *(siehe S. 33)*. Sie wurde von William Tierney Clark entworfen und von seinem Namensvetter, dem Schotten Adam Clark, gebaut. Die Brücke spannt sich, von zwei Türmen gestützt, 380 Meter weit – damals eine architektonische Meisterleistung.

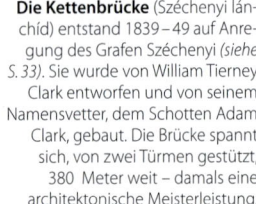

0 Meter   500

Die Margaretenbrücke (Margit híd) erbaute der französische Ingenieur Ernest Gouin an der Stelle, an der sich die Donau wieder vereinigt, nachdem sie von der Margareteninsel geteilt wurde. Errichtet wurde sie 1872–76. Die Zufahrt zur Insel wurde 1899/1900 angelegt. Skulpturen von Adolphe Thabart zieren die Brückenpfeiler.

Parlament
Die beeindruckende hohe Kuppel des Parlamentsgebäudes ist von jeder Stelle an der Donau im Zentrum Budapests sichtbar *(siehe S. 112f)*.

Am Ostufer des Flusses herrscht großteils einförmige Architektur vor. Akzente setzen Kuppel und Türme der St.-Stephans-Basilika *(siehe S. 120f)*.

Ungarische
Akademie der
Wissenschaften

Die Elisabethbrücke (Erzsébet híd) von 1897–1903 war seinerzeit die längste Hängebrücke der Welt. Nach ihrer Zerstörung 1945 baute Pál Sávolya sie in der heutigen Form wieder auf.

Den Brückenkopf der Kettenbrücke bewachen zwei Steinlöwen von János Marschalkó. Eine Anekdote erzählt, der Künstler sei untröstlich gewesen, weil er die Zungen der Löwen vergessen hatte, und habe sich daher im Fluss ertränkt. Tatsächlich sind Zungen vorhanden, wenn auch nicht leicht erkennbar.

M Vörösmarty tér

Ferenciek tere
M

Von den vielen Piers im Zentrum legen im Sommer täglich die Ausflugsschiffe ab.

ERZSÉBET
HÍD

Zeichenerklärung *siehe hintere Umschlagklappe*

Von der Elisabeth- zur Rákóczi-Brücke

So wie Paris wusste auch Budapest die Lage am Fluss ideal zu nutzen. Die wichtigsten und schönsten Bauten säumen die Donau. Hierzu zählen der Königspalast, Kirchen, historische Palais und Gebäude sowie das Hotel und Thermalbad Gellért.

Vörösmarty tér

ERZSÉBET HÍD

Ferenci te

Duna (Donau)

SZABAD HÍD

Szent Gellért tér

Königspalast
Über der Donau erhebt sich der riesige Komplex des habsburgischen Königspalasts *(siehe S. 74f)*. Vom Fluss aus sind die unteren Bereiche des Verteidigungswalls mit mittelalterlichen Fragmenten zu sehen.

Innerstädtische Pfarrkirche
Die Kirche entstand im 12. Jahrhundert auf den Ruinen der römischen Wälle von Contra-Aquincum. Diese Stelle war von alters her ein wichtiger Übergang über den Fluss *(siehe S. 128f)*.

0 Meter   500

Hotel und Thermalbad Gellért
Die Architekten des Hotels gestalteten die flussseitige Fassade so imposant wie nur möglich *(siehe S. 94f)*.

Technische Universität
Der Campus der Universität nimmt fast den ganzen Raum zwischen Freiheitsbrücke und Rákóczi-Brücke ein *(siehe S. 161)*.

Zeichenerklärung *siehe hintere Umschlagklappe*

Die Uferpromenade erstreckt sich zwischen Ketten- und Elisabethbrücke entlang der Donau am Pester Ufer. Sie ist ein beliebter Treffpunkt zum Flanieren und wird von Hotels und Cafés gesäumt.

Die kleine Prinzessin (1989), die an den Bahngleisen auf der Pester Seite der Donau sitzt, entzückte Prinz Charles bei seinem Besuch in Budapest dermaßen, dass er den Künstler László Marton einlud, seine Werke in London auszustellen.

Fővám tér
Ⓜ

Die Freiheitsbrücke (Szabadság híd) wurde 1894–99 vom ungarischen Ingenieur János Feketeházy errichtet. Kaiser Franz Joseph, nach dem sie früher benannt war, eröffnete sie. Alle ursprünglichen Details wurden beim Wiederaufbau nach dem Zweiten Weltkrieg rekonstruiert.

PETŐFI HÍD

Corvinus-Universität
Das einstige Hauptzollamt ziert eine elegante Fassade mit zehn allegorischen Figuren. Sie stammen von dem deutschen Bildhauer August Sommer.

RÁKÓCZI HÍD

Rákóczi-Brücke
Die modernste und südlichste Brücke Budapests (früher Lágymányos-Brücke) wurde 1995 für eine Weltausstellung errichtet, die nicht stattfand. Sie dient dem Durchgangsverkehr auf der Ringstraße um das Stadtzentrum.

Innenraum der St.-Stephans-Basilika *(siehe S. 120f)* ▶

DIE STADTTEILE BUDAPESTS

Burgviertel

Buda (deutsch: Ofen) breitete sich ab dem 13. Jahrhundert auf den Hügeln um Burg und Matthiaskirche aus. Die strategisch günstige Lage, gut 60 Meter über dem Westufer der Donau, und die natürlichen Ressourcen wussten bereits die frühen Bewohner zu schätzen. Im 13. Jahrhundert entstand eine größere Siedlung, als König Béla IV. nach dem Tatareneinfall eine Befestigungsanlage bauen ließ und die Hauptstadt hierherverlegte. Unter König Matthias Corvinus (15. Jh.) florierte die Stadt und wuchs weiter, doch im 16. Jahrhun-

dert fiel sie unter türkische Besatzung. Später wurde sie bei der Rückeroberung von den christlichen Heeren fast gänzlich zerstört. Im 18. und 19. Jahrhundert erlebten Buda und Pest eine neue Blütezeit und spielten unter den Habsburgern eine wichtige Rolle. Am Ende des Zweiten Weltkriegs war die Altstadt fast völlig zerstört, der Königspalast bis auf die Grundmauern niedergebrannt. In der Nachkriegszeit wurden beide rekonstruiert. Seither hat der Stadtteil seinen einstigen Charme wiedererlangt.

Sehenswürdigkeiten auf einen Blick

Kirchen
- ⓫ Matthiaskirche S. 86f
- ⓱ Evangelische Kirche in Buda
- ⓲ Maria-Magdalen-Kirche

Museen und Sammlungen
- ❶ Budapester Historisches Museum
- ❷ Széchényi-Nationalbibliothek
- ❹ Ungarische Nationalgalerie S. 78 – 81
- ❽ Apothekenmuseum »Goldener Adler«
- ❿ Felsenkrankenhaus

- ⓴ Museum für Militärgeschichte
- ㉒ Labyrinth

Historische Straßen und Plätze
- ❺ Paradeplatz
- ❾ Dreifaltigkeitsplatz
- ⓮ Hess-András-Platz
- ⓯ Táncsics-Mihály-Straße
- ⓳ Parlamentsgasse
- ㉑ Herrengasse

Palais, historische Gebäude und Monumente
- ❸ Matthiasbrunnen
- ❻ Palais Sándor
- ❼ Burgtheater
- ⓬ Fischerbastei
- ⓭ Hotel Hilton

▢ **Restaurants** siehe S. 196
1. 21 Magyar Vendéglő
2. Alabárdos
3. Café Miró
4. Café Pierrot
5. Fekete Holló Vendéglő
6. Halászbástya
7. Pest-Buda Bistro
8. Rivalda Café & Restaurant
9. Ruszwurm Cukrászda
10. Vár: a Speiz Étterem
11. Zóna Budapest

Stadtplan 1, 3 und 9

0 Meter   400

◀ UNESCO-Welterbe Matthiaskirche (siehe S. 86f)

Zeichenerklärung siehe hintere Umschlagklappe

Im Detail: Königspalast

Der Königspalast oder Burgpalast (Budavári palota) erfuhr in seiner langen Geschichte viele Änderungen. Auch heute weiß man nicht genau, wo König Béla IV. mit dem Bau begann, vermutlich nahe an der Matthiaskirche *(siehe S. 86f)*. Sigismund von Luxemburg ließ eine gotische Burg errichten. Um sie herum entstand die heutige Anlage. Im 18. Jahrhundert schufen dann die Habsburger ihren monumentalen Palast. Das heutige Bauwerk ist eine Rekonstruktion der im Februar 1945 zerstörten Anlage aus dem 19. Jahrhundert. Während der Arbeiten entdeckte man Reste der gotischen Burg (15. Jh.). Die Archäologen beschlossen, die freigelegten Verteidigungswälle und Königsgemächer in die Rekonstruktion einzufügen.

Durch ein verziertes Tor von 1903 betritt man den Königspalast von Nordwesten. Eine Bronzeskulptur des adlerähnlichen, mythischen Vogels *Turúl* wacht über die Anlage. Die Statue erinnert an die Landnahme der Magyaren 896.

❸ ★ **Matthiasbrunnen**
Im nordwestlichen Hof des Königspalasts erhebt sich der von Alajos Stróbl 1904 geschaffene Matthiasbrunnen. Dargestellt sind Matthias Corvinus (Mátyás I.) und seine geliebte Ilonka.

Das Löwentor führt in einen Innenhof des Königspalasts. Seinen Namen verdankt es den vier Löwen, die es bewachen. Die Skulpturen stammen von János Fadrusz 1901.

1255 Erste schriftliche Überlieferung, ein Brief von König Béla IV., über den Bau einer Burgfeste	**um 1400** Sigismund von Luxemburg lässt an gleicher Stelle eine gotische Burg errichten	**1541** Nach der Einnahme Budas nutzen die Türken den Königspalast als Pferdestall und Pulverkammer	**1719** Auf den Ruinen beginnt der Bau eines kleinen Palasts nach Entwürfen von Hölbling und Fortunato de Prati	**1881** Miklós Ybl *(siehe S. 123)* beginnt, den Königspalast umzubauen und zu erweitern
1200	**1400**	**1600**	**1800**	
um 1356 Ludwig I. erbaut ein Königsschloss an den Südhängen des Burgbergs	**1458** Ein Renaissance-Palast entsteht unter Mátyás I.	**1686** Christliche Soldaten stürmen den Palast und machen ihn dem Erdboden gleich	**1849** Der Königspalast wird bei einer Attacke ungarischer Aufständischer erneut zerstört	
		1749 Maria Theresia erbaut einen riesigen Palast mit 203 Zimmern		

Vogel Turúl

Hotels und Restaurants in Budapest *siehe Seiten 186–189 und 196–207*

Die Kuppel des Königspalasts wurde im klassizistischen Stil erneuert, nachdem die barocke Kuppel von Alajos Hauszmann zusammen mit der Anlage im Zweiten Weltkrieg zerstört worden war.

Zur Orientierung
Siehe Stadtplan 1, 3 und 9

Die Statue Prinz Eugens von Savoyen von József Róna wurde 1900 enthüllt. Sie erinnert an die Schlacht von Zenta 1697. Dieser Sieg war der Wendepunkt im Krieg gegen die Türken. Die Flachreliefs am Sockel stellen Szenen jener Schlacht dar. Zwei türkische Gefangene kauern zu Füßen des Prinzen.

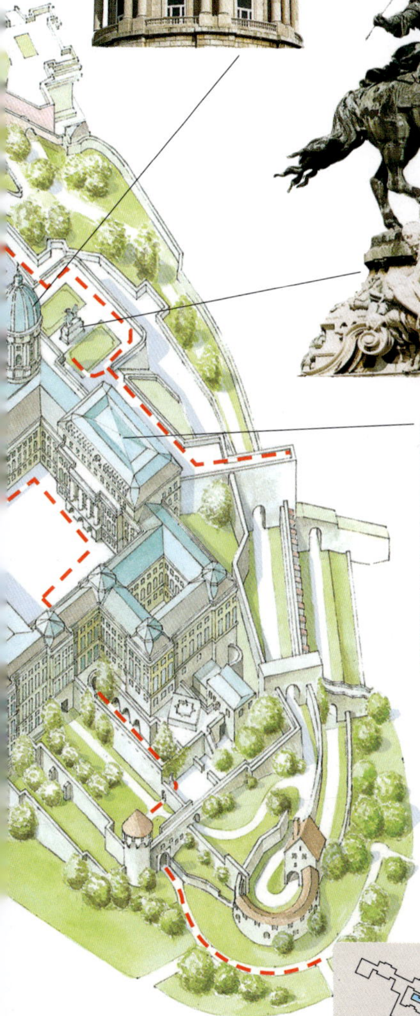

❹ ★ Ungarische Nationalgalerie
Hier gibt es Kunstwerke zur wechselvollen Geschichte Ungarns. Die Sammlung erstreckt sich über vier Palastflügel und erweckt die Epochen der Fremdherrschaft und die Zeiten ungarischer Monarchen zum Leben.

Legende

— Routenempfehlung

0 Meter — 50

Bau des Königspalasts

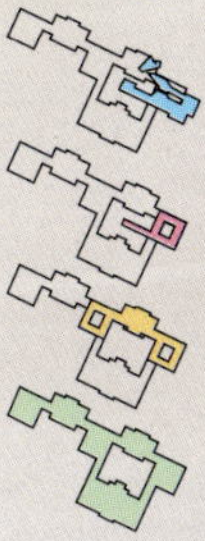

Um das Jahr 1400 entstand eine gotische Burg. 1458 ließ König Mátyás (Matthias Corvinus) sie im Renaissance-Stil erneuern. Nach der Türkenherrschaft wurde der Palast in kleinerer Form neu aufgebaut. Maria Theresia schuf einen Monumentalbau, der erst 1905 vollendet war. Nach dem Zweiten Weltkrieg wurde er in der Gestalt von 1905 rekonstruiert.

- 15. Jahrhundert
- 1719
- 1749
- 1905

Stadtplan *siehe Seiten 242–256* **Karte** *Extrakarte zum Herausnehmen*

Bei Ausgrabungen auf dem Burgberg entdeckter Renaissance-Fliesenboden (15. Jh.), ein Exponat des Budapester Historischen Museums

❶ Budapester Historisches Museum
Budapesti Történeti Múzeum

Szent György tér 2. **Stadtplan** 3 C1 (9 B4). **Karte** C6. 📞 (06-1) 487 88 00. 🚌 5, 16, 16A, 116, 178. 🚋 18. 🕐 März–Okt: Di–So 10–18 Uhr; Nov–Feb: Di–So 10–16 Uhr. ♿ 🅿 **W** btm.hu

Seit der Vereinigung Budapests 1873 werden historische Artefakte der Hauptstadt gesammelt. Viele davon sind heute im Budapester Historischen Museum (auch Burgmuseum/Vármúzeum) ausgestellt.

Bei der Rekonstruktion der im Zweiten Weltkrieg zerstörten Anlage wurden im Südflügel (Flügel E) des Königspalasts aus dem Mittelalter stammende Gemächer freigelegt. Sie sind in die heutige Struktur eingebunden und lassen die Gestalt des früheren Schlosses erahnen.

Rekonstruktionen dieser Gemächer warten im Keller des Palasts. Heute beherbergen sie die Ausstellung »Der Königspalast im mittelalterlichen Buda« mit unterschiedlichsten Artefakten aus dieser Zeit.

Im Erdgeschoss und im ersten Stock wird die Entwicklung der Stadt von 1686 bis heute nachgezeichnet. Zu sehen sind gotische Statuen und Tapisserien mit dem ungarisch-angevinischen Wappen aus dem 14. und 15. Jahrhundert. Die Ausstellung im Obergeschoss »Budapest – Licht und Schatten: Die 1000-jährige Geschichte der Stadt« präsentiert Exponate von der Römersiedlung Aquincum (siehe S. 166f) bis zu den politischen Ereignissen von 1989 (siehe S. 36f).

❷ Széchényi-Nationalbibliothek
Országos Széchényi Könyvtár

Szent György tér 6. **Stadtplan** 3 C1 (9 B4). **Karte** C6. 📞 (06-1) 224 37 00. 🚌 5, 16, 16A, 116, 178. 🚋 18. 🕐 Di–Sa 9–20 Uhr. **W** oszk.hu

Der Flügel F des Königspalasts, den Alajos Hauszmann und Miklós Ybl (siehe S. 123) 1890–1902 erbauten, beherbergt

Illuminierte Handschrift in der Széchényi-Nationalbibliothek

eine exquisite Sammlung an Manuskripten, Stichen, Fotografien und Noten. Davor war die Bibliothek Teil des Ungarischen Nationalmuseums (siehe S. 134–137).

Zu den wertvollsten Schätzen zählen die Corviniani, eine Sammlung alter Bücher und Manuskripte, die einst König Mátyás (siehe S. 26f) gehörten. Er besaß seinerzeit eine der größten Bibliotheken in ganz Europa. Ebenso bedeutend sind die ältesten erhaltenen Zeugnisse der ungarischen Sprache aus dem frühen 13. Jahrhundert.

Graf Ferenc Széchényi gründete die Bibliothek 1802. Er stiftete dafür 15 000 Bücher und 2000 Manuskripte. Die Sammlung umfasst heute neun Millionen Exemplare. Die Bibliothek veranstaltet Sonderausstellungen ihrer Schätze.

Wappen am Löwentor in einem Innenhof des Königspalasts

❸ Matthiasbrunnen
Mátyás kút

Königspalast. **Stadtplan** 1 C5 (9 B3). **Karte** C6. 🚌 5, 16, 16A, 116, 178. 🚋 18.

Der verzierte Brunnen im Nordwesthof des Königspalasts (zwischen den Flügeln A und C) wurde 1904 von Alajos Stróbl entworfen. Die Statue ist dem Renaissance-König Mátyás (Matthias Corvinus) gewidmet, um dessen Gestalt der Volksmund allerlei Sagen gesponnen hat.

Der romantische Stil der Bronzeskulpturen greift das Thema einer Ballade von Mihály Vörösmarty (19. Jh.) auf. Der Sage nach traf König Mátyás bei einer Jagd auf Ilonka, ein schönes Bauernmädchen, das sich unsterblich in den König verliebte.

Die Darstellung zeigt König Mátyás in Jägerkleidung, wie er stolz seine Beute vorführt. Ihn flankieren im mittleren Teil des Brunnens sein Erster Jäger und Jagdhunde. Links unter den Säulen sitzt Galeotto Marzio, ein italienischer Hofdichter. Die zarte Gestalt Ilonkas ist rechts unter den Säulen zu sehen.

Im Einklang mit dem Nimbus des Königs als Romantiker entstand hier ein neuer Brauch: Jeder Besucher, der Budapest wiedersehen möchte, sollte Münzen in den Brunnen werfen – dann wird er bestimmt zurückkehren.

Westfassade des klassizistischen Palais Sándor

❹ Ungarische Nationalgalerie

Siehe S. 78 – 81.

Palais Batthyány mit originaler Barockfassade am Paradeplatz

❺ Paradeplatz
Dísz tér

Stadtplan 1 B5 (9 A3). **Karte** C5. 🚌 16, 16A, 116, Várbusz.

Der Paradeplatz ist nach den Militärparaden benannt, die im 19. Jahrhundert hier abgehalten wurden. Früher fanden auch Hinrichtungen auf dem Platz statt. An seiner Nordflanke ragt das von György Zala 1893 erbaute Honvéd-Denk-

mal auf. Es gedenkt der Opfer des Aufstands von 1848.

Das Haus Nr. 3 erbaute József Giessl 1743 – 48. Das Barockpalais war bis 1945 das Heim der Familie Batthyány. Obgleich das Gebäude oft umgebaut wurde, blieb die Fassade intakt.

In einige Häuser des Platzes wurden mittelalterliche Reste integriert, zu sehen bei den Häusern Nr. 4, 5 und 11 von Venerio Ceresola. Bei Ersterem gibt es auch Sitznischen aus dem 13. Jahrhundert.

❻ Palais Sándor
Sándor palota

Szent György tér 1– 3. **Stadtplan** 1 C5 (9 A3). **Karte** C6. 🚌 16, 16A, 116. ⬛ für Besucher. 🌐 keh.hu

An der Bergstation der Seilbahn erhebt sich das große klassizistische Palais Sándor. Graf Vincent Sándor ließ die Villa 1806 von den Architekten Mihály Pollack und Johann Aman erbauen.

Die Flachreliefs am Palais stammen von Richárd Török, Miklós Melocco und Tamás Körössényi. Der Schmuck an der Westseite zeigt griechische Götter auf dem Olymp. An der Südfassade ist der Ritterschlag des Grafen Sándor abgebildet. Im Norden prangt der hl. Georg (1934) von Zsigmond Kisfaludi Stróbl.

Das Palais diente 1867–1944 als Residenz des Ministerpräsidenten. Im Zweiten Weltkrieg wurde es beschädigt, danach

komplett restauriert. Heute ist es die Residenz des ungarischen Staatspräsidenten.

❼ Burgtheater
Várszínház

Színház utca 1–3. **Stadtplan** 1 C5 (9 A3). **Karte** C6. 📞 (06-1) 201 44 07 oder 375 86 49. 🚌 16, 16A, 116. **Tickets** ⏰ tägl. 13 –18 Uhr. 🌐 nemzetitancszinhaz.hu

Eine merkwürdige Mischung von Einrichtungen befand sich einst an dieser Stelle. Im 13. Jahrhundert ragte hier die Kirche für Johannes den Täufer auf, die König Béla IV. hatte erbauen lassen. Die Türken nutzten sie als Moschee. 1686 zerstörten christliche Truppen das Gotteshaus. 1725 ließ der Karmeliterorden eine Barockkirche errichten, die 1786 unter Kaiser Joseph II. in ein Theater, das Burgtheater, umgewandelt wurde.

Der ungarische Baumeister Farkas Kempelen leitete den Umbau. Er fügte die Rokoko-Fassade an und richtete Sitzplätze für 1200 Zuschauer ein. Die ersten Theaterstücke wurden in deutscher Sprache aufgeführt. Erst 1790 feierte die ungarische Sprache hier Premiere. Eine Gedenktafel erinnert an Beethovens Konzert von 1800.

Das Gebäude erlitt im Zweiten Weltkrieg schwere Schäden und wurde 1978 restauriert. Heute beherbergt es das Staatliche Tanztheater.

❹ Ungarische Nationalgalerie

Magyar Nemzeti Galéria

Die 1957 gegründete Ungarische Nationalgalerie besitzt eine riesige Sammlung ungarischer Kunst vom Mittelalter bis heute. Seit 1839 wurde sie von verschiedenen Gruppen und Institutionen zusammengetragen. Die Exponate befanden sich zuvor im Ungarischen Nationalmuseum *(siehe S. 134–137)* und im Museum der Schönen Künste *(siehe S. 150–153)*. 1975 zog die Sammlung in den Königspalast ein und belegt heute vier Flügel. Hier kann man sechs Dauerausstellungen mit kostbarsten ungarischen Kunstwerken bewundern.

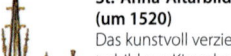

St.-Anna-Altarbild (um 1520)
Das kunstvoll verzierte Altarbild aus Kisszeben zählt zu den gotischen Meisterwerken der Nationalgalerie.

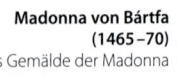

Madonna von Toporc (um 1420)
Die Figur ist ein faszinierendes Beispiel mittelalterlicher gotischer Schnitzkunst. Ursprünglich entstand sie für eine Kirche in Spiz (heute Slowakei).

Erster Stock

Madonna von Bártfa (1465–70)
Das Gemälde der Madonna mit Kind stammt aus einer Kirche in Bártfa (heute Slowakei). Vermutlich schuf es ein Maler in Krakau.

★ Die Heimsuchung (1506)
Das Gemälde des Meisters MS ist ein Werk der ungarischen Spätgotik. Es ist das Fragment eines Altarbilds aus einer Kirche in Selmecbánya (heute Slowakei).

Flügel D

Erdgeschoss

Flügel C

Haupteingang

Legende

- Steinskulpturen und -artefakte
- Gotische Kunst
- Spätgotische Altarbilder
- Renaissance- und Barockkunst
- Kunst des 19. Jahrhunderts
- Kunst des 20. Jahrhunderts
- Ungarische Werke nach 1945
- Wechselausstellungen

Luischen (1884)
Die Marmorbüste von Luischen, eine der frühesten Arbeiten des Bildhauers Alajos Stróbl, steht im ersten Stock.

Zweiter Stock

Dritter Stock

Flügel B

Flügel A

Badende (1901)
Das Gemälde von Károly Lotz – seine Fresken sind bekannter – ist ein Beispiel des Neoklassizismus. Es spiegelt Lotz' Bewunderung für den französischen Maler Ingres wider.

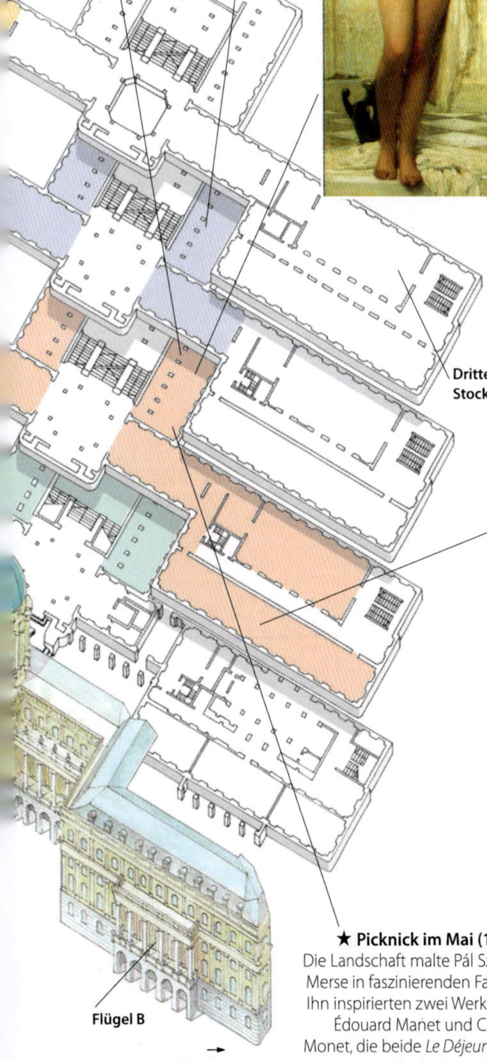

Kurzführer

Die Dauerausstellung befindet sich in den Flügeln B, C und D. Artefakte aus Stein sowie gotische Kunst sind im Erdgeschoss zu besichtigen. Spätgotik, Renaissance, Barock und Kunst des 19. Jahrhunderts teilen sich den ersten Stock. Werke des 20. Jahrhunderts findet man im zweiten, ungarische Werke nach 1945 im dritten Stock. Flügel A beherbergt Wechselausstellungen, ebenso das Erdgeschoss von Flügel C und der dritte Stock von C und D.

Frau beim Buttern (1872/73)
Das ausdrucksstarke Gemälde von Mihály Munkácsy, dem international berühmtesten ungarischen Künstler, zeigt das mühevolle, entbehrungsreiche Leben der »kleinen Leute«.

★ **Picknick im Mai (1873)**
Die Landschaft malte Pál Szinyei Merse in faszinierenden Farben. Ihn inspirierten zwei Werke von Édouard Manet und Claude Monet, die beide *Le Déjeuner sur l'herbe* betitelt sind.

Stadtplan *siehe Seiten 242 – 256* **Karte** *Extrakarte zum Herausnehmen*

Ungarische Nationalgalerie: Sammlungen

Die hier gezeigten Kunstwerke bieten einen umfassenden Einblick in die ungarische Kunst vom Mittelalter bis heute. Obgleich eineinhalb Jahrhunderte türkischer Besatzung und Kriege ihre Entfaltung unterbrachen, förderte das aufkommende Nationalbewusstsein im 19. Jahrhundert die Entwicklung einer neuen, eigenen Richtung. Zu den interessantesten Werken zählen die des späten 19. Jahrhunderts, als sich zahlreiche Stilformen durchsetzten. Zu den Sammlungen des 20. Jahrhundert gehören u. a. Gemälde, Drucke, Zeichnungen und Skulpturen.

Die Krypta mit dem Sarkophag von Erzherzog Joseph

Lapidarium

Im Erdgeschoss sind links vom Haupteingang einige Steinobjekte ausgestellt, die beim Wiederaufbau des Königspalasts *(siehe S. 74f)* entdeckt wurden. Das Lapidarium, das sich ebenfalls im Erdgeschoss befindet, birgt Skulpturen und architektonische Fragmente wie Balustraden und Fenster, die die königlichen Gemächer zu Zeiten der Anjou und der Jagiellonen *(siehe S. 20)* zierten. Hier sind auch Gegenstände aus der Renaissance ausgestellt. Am kostbarsten ist die Skulptur vom Haupt König Bélas III. (um 1200). Die erste Abteilung enthält auch zwei marmorne Flachreliefs von König Mátyás und seiner Gemahlin Beatrix, die von einem unbekannten lombardischen Renaissance-Meister stammen. Die zweite Abteilung zeigt Artefakte der Spätgotik und Renaissance aus anderen Palästen, so auch Säulen und Balustraden aus dem Palast in Visegrád und Flachreliefs aus einer Kapelle in Esztergom.

Gotische Kunst

Eine Sammlung von Altarbildern, Skulpturen und Fragmenten von Altardekorationen ist gegenüber dem Lapidarium ausgestellt. Sehenswert ist vor allem das Bildnis der *Madonna von Bártfa*, ein gotisches Juwel.

Die Skulpturen der »schönen Madonnen« sind im »weichen Stil« gehalten. Das Merkmal dieser Stilform ist, wie schon der Name sagt, die gefühlvollsanfte Bildsymbolik der Muttergottes mit dem Jesuskind.

Die Heimsuchung, ein gotisches Werk des Meisters MS, ist eigentlich nur der Hauptteil eines Altars. Der Rest befindet sich heute in Esztergom *(siehe S. 168)*.

Renaissance- und Barockkunst

Die Sammlung dieser Stilepochen eröffnen ein Stillleben von Jakab Bogdány (1660–1724) und Porträts von Ádám Mányoki (1673–1757; *siehe S. 30f*), der außerhalb Ungarns lebte. Der übermächtige Einfluss der Habsburger in jener Ära *(siehe S. 30)* führte dazu, dass beim ungarischen Barock österreichische Künstler tonangebend waren. Maler wie Joseph Dorfmeister und Franz Anton Maulbertsch sowie Bildhauer wie Georg Raphael Donner und Philipp Jakob Straub waren seinerzeit die unbestrittenen Meister jener Stilrichtungen. Jan Kupetzkys Porträts sind gleichfalls charakteristisch für diese Ära. Donners herrliche Holzskulpturen und Dorfmeisters sakrale Gemälde beschließen diesen Bereich der Nationalgalerie.

Spätgotische Altarbilder

Zu den Höhepunkten dieser Abteilung zählt ein imposantes spätgotisches Altarbild. Die Mehrzahl der riesigen Altarbilder, die den Großen Thronsaal schmücken, stammt aus dem 15. und 16. Jahrhundert. Eigentlich sind die Altarbilder gotisch, doch die sie verzieren-

Der Große Thronsaal birgt eine Sammlung von Altarbildern

den Skulpturen und Gemälde deuten auf den Einfluss der Renaissance hin. Augenfällig wird dies bei den Altären (1510–16) der hl. Anna und Johannes' des Täufers aus Kisszeben (heute das slowakische Sabinov).

Das jüngste der Altarbilder (1643) stammt aus der Kirche Unsere Jungfrau Maria in Csíkmenaság.

Bertalan Székelys *Die Frauen von Eger* (1867) zeigt die Türkenkriege

Kunst des 19. Jahrhunderts

Die beeindruckende Sammlung von Kunstwerken dieser Epoche spiegelt die Blüte der Schönen Künste im Ungarn des 19. Jahrhunderts wider.

Damals entwickelte sich der Historismus. Herausragende Vertreter dieses Stils waren Gyula Benczúr und Bertalan Székely, die die grandiosen Werke *Die Rückeroberung Budas 1686* (1896) und *Die Frauen von Eger* (1867) schufen. Letzteres Gemälde zeigt die Frauen der Stadt, wie sie die Burg von Eger gegen die Türken verteidigen.

Viktor Madarász' Werk *László Hunyadi* (1859) gedenkt der Exekution László Hunyadis durch die Habsburger 1457. Es spielt auch auf die Hinrichtung vieler Ungarn nach dem Aufstand gegen Österreich von 1848 (siehe S. 32f) an.

Die Entfaltung der Schönen Künste in Europa beeinflusste Ende des 19. Jahrhunderts auch die ungarische Malerei. Die Auseinandersetzung mit dem Impressionismus zeigt sich bei Pál Szinyei Merses *Picknick im Mai* (1873).

Weihnachten (1903) von József Rippl-Rónai

Den ungarischen Realismus greifen László Paál und der berühmte Mihály Munkácsy auf. Von Munkácsy sind die folgenden Gemälde zu sehen: *Der gähnende Geselle* (1869), *Staubige Straße* (1874), das Stillleben *Blumen* (1881) und – auf dem Zenit seines Schaffens entstanden – das *Reisig schleppende Bauernmädchen* (1870).

Auch ein Abstecher zu den klassizistischen Gemälden der Abteilung lohnt sich. Hier ist das Werk von Károly Lotz zu bewundern. Besonders bekannt ist er wohl für seine Fresken, die in Budapest und Umgebung Fassaden und Decken zieren.

Kunst des 20. Jahrhunderts

Hier sind Kunstwerke von der Sezession über Expressionismus und Surrealismus bis hin zu zeitgenössischer Kunst ausgestellt – ein umfassender Überblick über die ungarische Kunst des 20. Jahrhunderts.

József Rippl-Rónai lernte in Frankreich von Toulouse-Lautrec und Gauguin. Sein Werk zeigt den Einfluss des Sezessionsstils, etwa in den Arbeiten *Der Palast in Körtyvélyes* und *Frau mit Vogelkäfig*. Einer der faszinierendsten Künstler des frühen 20. Jahrhunderts ist jedoch Károly Ferenczy, dessen Bild *Die Malerin* (1923) die Heiterkeit seines Schaffens zum Ausdruck bringt.

Dem Maler Tivadar Kosztka Csontváry lag jede Konvention fern – sogar Picasso verehrte ihn. Das Bild *Ruinen des griechischen Amphitheaters in Taormina* (1905) spiegelt seine abstrakte Interpretation der Welt wider.

»Die Acht«, eine Künstlergruppe und die erste Avantgardeschule Ungarns, war zwischen den Weltkriegen aktiv. Bemerkenswert sind die Werke *Junges Mädchen mit Bogen* von Béla Czóbel, *Frau mit Kontrabass* von Róbert Berény, *Die Ruderer* von Ödön Marffy, *Landschaft* von Lajos Tihanyi und *Reiter am Ufer* von Károly Kernstok.

Exemplarische Beispiele des ungarischen Expressionismus stellen *Entlang dem Pfad*, *Für Brot* und *Generationen* von Gyula Derkovits dar.

Zu den interessantesten Skulpturen gehören *Selbstaufrichtung* und *Der Sämann* von Ferenc Medgyessy sowie *Stehendes Mädchen* von Béni Ferenczy. Eine Sammlung zeitgenössischer Kunst ergänzt diese Abteilung.

Die Malerin von Károly Ferenczy (1923), ein heiteres Werk

Im Detail: Altstadt

Budas Altstadt ist ein Spiegel der Geschichte. Ab dem
13. Jahrhundert breitete sich Buda nördlich des Königspalasts aus. Unter König Sigismund blühte die Stadt auf.
Deutsche Kaufleute belieferten von ihren Läden in der
Herrengasse (Úri utca) den Hof. Später zerstörten die
Türken das Viertel, danach deren Bezwinger, die christlichen Armeen. Nach dem Zweiten Weltkrieg wurde
Buda wiederaufgebaut, doch in den Gassen kann man
noch Relikte vergangener Zeiten entdecken.

⓯ Táncsics-Mihály-Straße
Im Mittelalter lebten hier Juden. Das
Museum im Haus Nr. 26, an der Stelle
der alten Synagoge, zeigt u. a. Grabsteine.

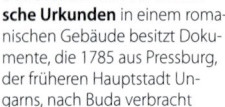

**Das Staatsarchiv für histori-
sche Urkunden** in einem romanischen Gebäude besitzt Dokumente, die 1785 aus Pressburg,
der früheren Hauptstadt Ungarns, nach Buda verbracht
wurden.

BÉCSI
KAPU
TÉR

FORTUN

ÚRI UTCA

ORSZÁGHÁZ UTCA

Verteidigungs-
wall

Maria-Magadalena-Kirche
Der rekonstruierte Barockturm ist das einzige Überbleibsel der Kirche aus dem
13. Jahrhundert. Hier wurde 1792 Franz I.
zum ungarischen König gekrönt.

Legende
━━ Routenempfehlung

㉑ ★ Herrengasse
Die einstigen Häuser der
Aristokraten und Kauf-
leute in dieser Straße besitzen mittelalterliche
Fundamente und oft
auch Innenhöfe. Viele
zieren gotische Details.

⑪ ★ Matthiaskirche

Obwohl einige Teil der Kirche älteren Datums sind, ist der Großteil eine neogotische Rekonstruktion aus den Jahren 1874 – 96. Das pittoreske Vestibül an der Südseite schmückt ein original erhaltenes gotisches Portal (14. Jh.)

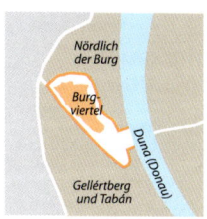

Zur Orientierung
Siehe Stadtplan 1 und 9

Die Statue des hl. Stephan
(István bzw. Stephan I.), des ersten Königs von Ungarn (siehe S. 24f), wurde 1906 errichtet. Den Sockel umläuft ein Flachrelief mit Szenen aus dem Leben des Herrschers und Heiligen.

⑫ Fischerbastei

Das von Frigyes Schulek 1895 errichtete Bauwerk diente trotz seines Namens nie zur Verteidigung. Es wird als Aussichtsterrasse genutzt. Die konischen Türme sind eine Reminiszenz an die Zelte der frühen Magyarenstämme.

⑨ Dreifaltigkeitsplatz

1713, nachdem eine Pestepidemie in der Stadt gewütet hatte, errichtete man auf diesem Platz eine Säule, die die heilige Dreifaltigkeit darstellt.

0 Meter   50

⑧ Apothekenmuseum »Goldener Adler«

Ab dem 18. Jahrhundert beherbergte das mittelalterliche Haus eine Apotheke namens »Unter dem goldenen Adler«. Heute ist es ein Museum.

❽ Apotheken-museum »Goldener Adler«

Aranysas Patikamúzeum

Tárnok utca 18. **Stadtplan** 1 B5 (9 A2). **Karte** B5. 📞 (06-1) 375 97 72. 🚌 16, 16A, 116. 🅾 März–Okt: Di–So 10–17.30 Uhr; Nov–Feb: Di–Fr 10.30–15.30, Sa, So 10–17.30 Uhr. 🆆 semmelweismuseum.hu

Die 1688 eröffnete Apotheke von Ferenc Ignác Bösinger firmierte ab 1740 unter dem Namen »Goldener Adler«. Im 18. Jahrhundert zog sie in das ursprünglich gotische Gebäude mit Barockinterieur und klassizistischer Fassade ein. Das heutige Museum zeigt pharmazeutische Exponate aus Renaissance und Barock.

❾ Dreifaltigkeits-platz

Szentháromság tér

Stadtplan 1 B4 (9 A3). **Karte** B5. 🚌 16, 16A, 116.

Auf dem Platz schlägt das Herz der Altstadt. Er verdankt seinen Namen der barocken Dreifaltigkeitssäule, die Philipp Ungleich 1710–13 schuf. Die 1967 restaurierte Säule erinnert an die Opfer zweier Pestepidemien, die die Einwohner Budas 1691 und 1709 dahinrafften. Den Säulensockel umlaufen Flachreliefs von Anton Hörger. Weiter oben ragen Heiligenfiguren auf, an der Spitze befindet sich eine Komposition mit Figuren der Dreifaltigkeit. Den Mittelteil der Säule zieren von Wolken umgebene Engel.

Das Alte Rathaus Budas, ein Barockgebäude mit zwei Innenhöfen, wurde ebenfalls zu Beginn des 18. Jahrhunderts an diesem Platz erbaut. Der Entwurf stammt vom kaiserlichen Hofarchitekten Venerio Ceresola, dessen Planung die Reste mittelalterlicher Häuser mit einbezog. 1770–74 wurden der Ostflügel sowie Erkerfenster und eine Steinbalustrade mit Rokoko-Urnen von Mátyás Nepauer angefügt. Die Ecknische gegenüber der Matthiaskirche birgt eine kleine Statue der Pallas Athene von Carlo Adami.

❿ Felsenkranken-haus

Sziklakórház

Lovas út 4/c. **Stadtplan** 1 A4. **Karte** B5. 📞 06-70 701 01 01. 🚌 16, 16A, 116. 🅾 tägl. 10–20 Uhr. 📷 📷 🆆 sziklakorhaz.eu

Das Labyrinth unter dem Burgberg schützte im Zweiten Weltkrieg Tausende von Menschen. 1944/45 gab es hier auch ein Hospital. Nach dem Krieg wurde die Anlage als geheimes Krankenhaus und Atombunker weiterbetrieben. In den 1960er Jahren wurde alles modernisiert, bis 2004 dienten die Räume als Phantomkrankenhaus für den Super-GAU. Heute kann man die OP-Räume mit Wachspuppen als Personal besichtigen.

⓫ Matthiaskirche

Siehe S. 86f.

Statue des hl. Stephan (István), Fischerbastei

⓬ Fischerbastei

Halászbástya

Szentháromsag tér. **Stadtplan** 1 B4 (9 A2). **Karte** BC5. 🚌 16, 16A, 116. 🅾 Mitte März–Apr: tägl. 9–19 Uhr; Mai–Mitte Okt: tägl. 9–20 Uhr. 📷

Frigyes Schulek entwarf das neoromanische Monument 1895 für die Fischergilde. Es erhebt sich an der Stelle des mittelalterlichen Fischmarkts und der einstigen Burgmauern von Buda. Vom Bau aus genießt man einen herrlichen Blick auf die Donau und über Pest. Vor der Bastei thront eine Statue des hl. Stephan, des Königs, der das Christentum in Ungarn einführte.

Am Dreifaltigkeitsplatz: Budas Altes Rathaus, dessen Uhrturm eine Zwiebelkuppel krönt

Das Flachrelief an der Fassade des Hilton stellt König Mátyás dar

⓭ Hotel Hilton

Hilton Szálló

Hess András tér 1–2. **Stadtplan** 1 B4 (9 A2). **Karte** B5. ☎ (06-1) 889 66 00. 🚌 16, 16A, 116. 🔗 🌐 hilton.com

Das 1976 erbaute Hilton ist ein seltenes Beispiel moderner Architektur in der Budaer Altstadt. Das anfangs umstrittene Konzept des ungarischen Architekten Béla Pintér verbindet die historischen Ruinen der Stätte mit modernen Materialien und Bauweisen.

Ab 1254 stand hier eine Dominikanerkirche, der später ein Turm hinzugefügt wurde. Dann folgte ein spätbarockes Jesuitenkloster. Die Überbleibsel beider Bauten wurden in den Entwurf integriert. Die Reste der mittelalterlichen Kirche, die 1902 bei Ausgrabungen zutage kamen, sind Teil des Dominikaner-Innenhofs, in dem im Sommer Konzerte und Operetten aufgeführt werden.

Auch die Hauptfassade besteht teilweise aus der Fassade des Jesuitenklosters. Links des Eingangs ragt der Nikolausturm auf. 1930 wurde ihm ein Flachrelief (15. Jh.) von König Mátyás hinzugefügt, das dem König wie aus dem Gesicht geschnitten sein soll.

⓮ Hess-András-Platz

Hess András tér

Stadtplan 1 B4 (9 A2). **Karte** B5. 🚌 16, 16A, 116.

Namenspatron des Platzes war der Drucker, der das erste ungarische Buch, die *Chronica Hungarorum*, 1473 im Haus Nr. 4 druckte. Das Haus wurde Ende des 17. Jahrhunderts als Verbund dreier mittelalterlicher Häuser restauriert, mit vierfachen Sitznischen, Kellern mit Tonnengewölben und verzierten Toren. Die einstige Herberge in Nr. 3 wurde 1696 »Roter Igel« getauft. Den einstöckigen Bau zieren gotische und barocke Elemente.

Den Platz überragt eine Statue (1930) von Papst Innozenz XI. von József Damkó. Der Papst wirkte bei der Mobilisierung der Truppen mit, die Buda von den Türken befreiten.

Igel an der Fassade des Hauses Hess-András-Platz 3

⓯ Táncsics-Mihály-Straße

Táncsics Mihály utca

Stadtplan 1 B4 (9 A2). **Karte** B4 – 5. 🚌 16, 16A, 116. **Museum für Musikgeschichte** ☎ (06-1) 214 67 70. 🕐 Di – So 10 – 16 Uhr. ♿

Haus Nr. 7 ist das Palais Erdődy, das 1750 – 69 von Mátyás Nepauer, dem seinerzeit führenden Architekten, für die Familie Erdődy erbaut wurde. Wie viele seiner Nachbarhäuser entstand es auf den Ruinen mittelalterlicher Bauten. Prachtvolle Barockfassaden zieren die auf die Donau, den Hof und die Straße gerichteten Fronten.

1800 hielt sich Ludwig van Beethoven hier auf, der in Budapest einige Konzerte gab. Das Palais beherbergt heute das Museum für Musikgeschichte und das Béla-Bartók-Archiv. Eine Dauerausstellung dreht sich um die Budapester Musik des 18. bis 20. Jahrhunderts, einschließlich der ältesten erhaltenen ungarischen Musikinstrumente.

Gebäude Nr. 9 war im Mittelalter die Königliche Münze. 1810 wurde hier die Josephkaserne errichtet. Später nutzten sie die Habsburger als Gefängnis für die Anführer des Aufstands von 1848.

Die Fassade des Hauses Nr. 16 ziert ein Wandbild von etwa 1700. Es stellt Christus und Maria umgeben von Heiligen dar. Die Flachreliefs auf dem Torbogen stammen aus einer venezianischen Kirche. Auch Reste des jüdischen Erbes sind zu finden. Die Ruinen einer Synagoge (15. Jh.) schlummern im Garten einer Villa (Nr. 23). Bei archäologischen Grabungen stieß man zudem auf Gräber und sakrale Gegenstände im Hof des Hauses Nr. 26.

Museum für Musikgeschichte in der Táncsics-Mihály-Straße

Stadtplan *siehe Seiten 242 – 256* **Karte** *Extrakarte zum Herausnehmen*

⓫ Matthiaskirche

Mátyás templom

Als Liebfrauenkirche war das UNESCO-Welterbe vom 13. bis 15. Jahrhundert erbaut worden. Einige Architekturelemente stammen noch aus der Zeit Sigismunds von Luxemburg. Der Name der Kirche ehrt Matthias Corvinus (Mátyás I.), der sie vergrößern und verschönern ließ. Viele Originaldetails gingen verloren, als die Türken die Kirche 1541 zur Großen Moschee umwandelten. Nach der Befreiung Budas wurde das zerstörte Gotteshaus von den Jesuiten im Barockstil neu errichtet. 1723 wurde die Kirche erneut beschädigt und 1873–96 von Frigyes Schulek im neogotischen Stil gestaltet. In den Béla-Sälen befindet sich das Museum für sakrale Kunst.

Fensterrosette
Frigyes Schulek kopierte getreu das mittelalterliche Bleiglasfenster, das in der Frühgotik diese Stelle einnahm.

Béla-Turm
Der Turm ist nach dem Gründer der Kirche, König Béla IV., benannt. Einige originale gotische Elemente blieben erhalten.

★ **Barocke Madonna**
Angeblich wurde die Originalstatue während der türkischen Besatzung in die Wand der Kirche eingelassen. Als diese 1686 zerstört wurde, tauchte die Madonna wunderbarerweise wieder auf. Die Türken deuteten dies als Omen ihrer Niederlage.

Hauptportal
Über dem gewölbten Westeingang prangt ein Flachrelief der Madonna mit Kind (19. Jh.) zwischen zwei Engeln. Das Relief besteht aus Zsolnay-Keramik, die in Pécs hergestellt wurde *(siehe S. 58)*.

Außerdem

① **Das Dach** schmücken bunte glasierte Ziegel.

② **Den Hauptaltar** schuf Frigyes Schulek nach dem Vorbild gotischer Triptychen.

★ Grab von König Béla III. und Anne de Châtillon

Die sterblichen Überreste des Königspaars wurden 1860 aus der Kathedrale von Székesfehérvár in die Matthiaskirche überführt. Sie ruhen unter einem Steinbaldachin der Dreifaltigkeitskapelle.

Infobox

Information
Szentháromság tér 2. **Stadtplan** 1 B4. **Karte** B5. (06-1) 355 56 57. Mo – Fr 9 –17, Sa 9 –13, So 13 –17 Uhr. Museum. matyas-templom.hu

Anfahrt
16, 16A, 116.

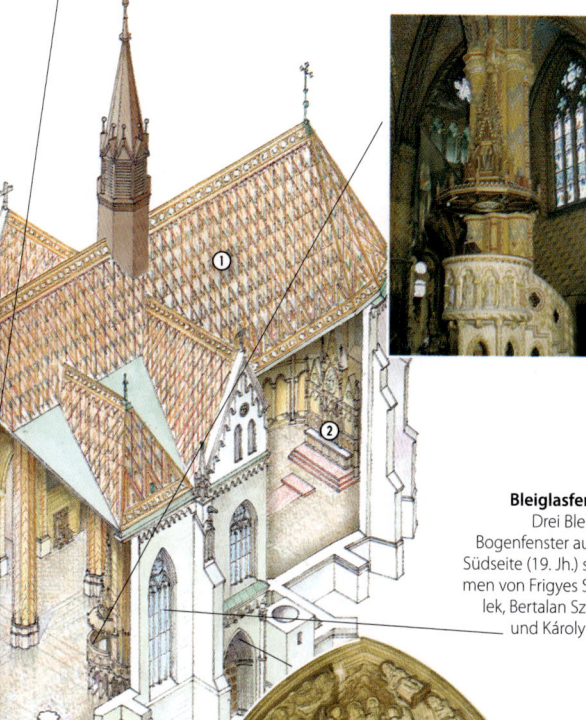

Kanzel

Die reich dekorierte Kanzel zieren Steinfiguren der vier Kirchenväter und der vier Evangelisten.

Bleiglasfenster

Drei Bleiglas-Bogenfenster auf der Südseite (19. Jh.) stammen von Frigyes Schulek, Bertalan Székely und Károly Lotz.

★ Marienportal

Die Himmelfahrt der Heiligen Jungfrau ist das großartigste Beispiel gotischer Bildhauerkunst in Ungarn. Frigyes Schulek rekonstruierte das Portal aus Fragmenten.

1250	1350	1450	1550	1650	1750	1850	1950	2050

1370 Umbau in eine gotische Hallekirche unter Ludwig dem Großen

1476 König Mátyás heiratet Beatrix von Aragón

1541 Umbau in eine türkische Moschee

1686 Nach der Befreiung Budas von den Türken ist die Kirche fast zerstört, ein neuer Bau mit Barockinterieur entsteht

Heiligenfiguren der Kanzel

2004 – 2014 Vollständige Rekonstruktion

1309 Krönung des Anjou-Königs Karl I. Robert

1255 Gründung der Kirche unter König Béla IV. nach dem Mongolensturm

1526 Die Bau brennt beim ersten Angriff der Türken nieder

1470 Vollendung des Matthiasturms nach seinem Einsturz 1384

1896 Frigyes Schulek vollendet die erneut aufgebaute Kirche im neogotischen Stil

1945 Im Zweiten Weltkrieg wird die Kirche schwer beschädigt

1970 Abschluss des Nachkriegs-Wiederaufbauprogramms

Stadtplan *siehe Seiten 242 – 256* **Karte** *Extrakarte zum Herausnehmen*

Das 1936 wiedererrichtete Wiener Tor erinnert an die Befreiung Budas

⓰ Wiener-Tor-Platz
Bécsi Kapu tér

Stadtplan 1 B4. Karte B4. 🚌 16, 16A, 116.

Der Platz ist nach dem Tor benannt, durch das die Reisenden einst aus Budas Mauern hinaus gen Wien fuhren. Da das alte Tor mehrfach beschädigt worden war, wurde es 1896 abgerissen. Das heutige Tor wurde 1936 nach historischer Vorlage zum 250. Jahrestag der Befreiung Budas von den Türken errichtet.

Den Platz säumen sehenswerte Häuser. Nr. 5, 6, 7 und 8 entstanden an den Standorten mittelalterlicher Wohnhäuser. Die Häuser im Barock- und Rokoko-Stil zieren Skulpturen und Flachreliefs. An der Fassade von Nr. 7 sind Medaillons mit den Porträts bedeutender Philosophen und Dichter angebracht. Thomas Mann logierte 1935/36 hier. An Gebäude Nr. 8 fallen die Erkerfenster, die Mäuerchen und die restaurierten mittelalterlichen Wandgemälde an der Fassade ins Auge.

Linker Hand des Platzes erhebt sich ein großes neoromanisches Gebäude mit einem farbenfrohen Dach, das Samu Pecz 1913–20 erbaute. Es beherbergt das Nationalarchiv mit Dokumenten aus der Zeit vor der Schlacht von Mohács 1526 und der Aufstände von Rákóczi und Kossuth (siehe S. 27, 30 und 32f).

Hinter dem Wiener-Tor-Platz erinnert ein Denkmal an Mihály Táncsics, den Führer des Herbstaufstands. Enthüllt wurde es 1970.

⓱ Evangelische Kirche in Buda
Budavári Evangélikus templom

Bécsi kapu tér. Stadtplan 1 B4. Karte B4. 📞 (06-1) 356 97 36. 🚌 16, 16A, 116.

Gegenüber dem Wiener Tor steht die klassizistische Evangelische Kirche (1896) des Architekten Mór Kallina. Eine Tafel gedenkt des Pfarrers Gábor Sztéhló, der im Zweiten Weltkrieg 2000 Kinder rettete.

Einst schmückte das Gemälde Christus segnet das Brot von Bertalan Székely den Altar. Während des Zweiten Weltkriegs wurde es zerstört.

⓲ Maria-Magdalena-Kirche
Mária Magdolna templom tornya

Kapisztrán tér 6. Stadtplan 1 A4. Karte B4. 🚌 16, 16A, 116.

Die heute verfallene Kirche entstand in der Mitte des 13. Jahrhunderts. Im Mittelalter diente sie den Ungarn als Gotteshaus – die Matthiaskirche war der deutschen Gemeinde vorbehalten.

Erst in der zweiten Hälfte der Türkenherrschaft wurde sie in eine Moschee umgewandelt, allerdings bei der Befreiung Budas 1686 schwer beschädigt. Die Franziskaner errichteten später eine Barockkirche mit

Rekonstruierter Barockturm der Maria-Magdalena-Kirche

Turm. Nach dem Zweiten Weltkrieg wurde die Kirche bis auf den Turm und das Tor abgerissen. Diese Überreste – Turm und Tor – stehen nun zusammen mit einem rekonstruierten gotischen Fenster in einem Garten.

⓳ Parlamentsgasse
Országház utca

Stadtplan 1 AB4. Karte B4–5.

Die Straße bewohnten einst Kunsthandwerker aus Florenz, die für König Mátyás (Matthias Corvinus) am Königspalast (siehe S. 74f) arbeiteten. Damals hieß sie noch Italienische Gasse. Der heutige Name spielt auf das Gebäude Nr. 28 an: Dort kam von 1790 bis 1807 das Parlament zusammen. Das Gebäude war im 18. Jahrhundert vom Architekten Franz Anton Hillebrandt als Klarissenkonvent entworfen worden. Joseph II. löste den Orden jedoch auf, bevor der Bau vollendet war.

Viele Häuser in der Parlamentsgasse weisen sehenswerte gotische und barocke Elemente auf. In Haus Nr. 2, heute mit klassizistischer Fassade, residiert jetzt das Restaurant Alabárdos (siehe S. 196). Die Geschichte des Hauses reicht bis ins späte 13. Jahrhundert zurück. Im 15. Jahrhundert ließ Sigismund von Luxemburg hier ein gotisches Stadthaus errichten. Einige Details – etwa die Kolonnade im Hof und Wandmalereien im zweiten Stock – sind erhalten geblieben. Im Eingangsbereich zu Nr. 9 gibt es filigrane gotische Sitznischen, wie sie einst in Buda beliebt waren.

Vor dem klassizistischen Haus Nr. 21 ersteht die Statue von Márton Lendvay (1807–1858), dem berühmten ungarischen Schauspieler und Mitglied des Nationaltheaters.

⑳ Museum für Militärgeschichte

Hadtörténeti Múzeum

Tóth Árpád sétány 40. **Stadtplan** 1 A4.
📞 (06-1) 325 16 00. 🚌 16, 16A, 116.
🕐 Apr – Sep: Di – So 10 – 18 Uhr;
Okt – März: Di – So 10 – 16 Uhr. ♿
🌐 **militaria.hu**

Das Museum nimmt einen Flügel der früheren Pfalzkaserne ein. Es zeigt zahlreiche militärische Exponate aus den Kriegen, in die Budapest von der vortürkischen Epoche bis ins 20. Jahrhundert verwickelt war. Uniformen, Flaggen, Waffen, Karten und Munition ab dem 11. Jahrhundert gewähren einen Einblick in die turbulente Geschichte der Stadt.

Interessant ist die Ausstellung über den Aufstand von 1956. Fotos veranschaulichen die 13-tägigen Demonstrationen, die mit dem Einmarsch der Roten Armee und über 3000 Toten endeten.

㉑ Herrengasse

Úri utca

Stadtplan 1 A4, 1 B4 und 1 B5 (9 A2).
Karte B5. 🚌 16, 16A, 116.
Telefonmuseum 📞 (06-1) 26 968 38.
🕐 Di – So 10 – 16 Uhr.
🌐 **postamuzeum.hu**

Die Gebäude in der Herrengasse wurden erst 1686 und nochmals 1944 zerstört. Der Wiederaufbau 1950 – 60 brachte ihren mittelalterlichen Charakter zum Vorschein. Fast alle Häuser besitzen Reste eines gotischen Tors oder Saals, die Fassaden präsentieren sich barock oder klassizistisch.

Eine schöne gotische Front ist am Hölbling-Haus (Nr. 31) zu sehen. Genügend Originalelemente überstanden diverse Kriege und Umbauten, sodass die Architekten die Fassade recht detailgetreu rekonstruieren konnten. Beeindruckend ist das gotische Fenster im ersten Stock. Die gegenüberliegenden Häuser wurden ebenfalls restauriert.

Das Gebäude Nr. 53 wurde 1701 – 22 in ein Franziskanerkloster umgebaut, 1789 ließ es Kaiser Joseph II. jedoch für seine eigenen Zwecke umgestalten. Im Jahr 1795 wurden hier Jakobiten mit ihrem Führer Ignác Martinovics eingekerkert, daran erinnert eine Gedenktafel. Ein Brunnen mit der Kopie einer Skulptur der Artemis, der griechischen Göttin der Jagd, von Praxiteles wurde 1873 vor dem Haus errichtet.

Zwei Museen befinden sich in der Herrengasse: Das Telefonmuseum (Nr. 49) ist eines der amüsantesten Museen Budapests. Nr. 9 gewährt Zugang zum Labyrinth.

Im uralten unterirdischen Labyrinth unter dem Burgberg

㉒ Labyrinth

Budavári Labirintus

Úri utca 9. **Stadtplan** 1 B5. **Karte** B5.
📞 (06-1) 212 02 07. 🚌 16, 16A, 116.
🕐 tägl. 10 – 19 Uhr. 🔦 tägl. ab 18 Uhr.
♿ 🌐 **labirintusbudapest.hu**

Das Labyrinth entstand vor etwa 500 000 Jahren. Die Höhlen bildeten sich durch die erosiven Kräfte des Thermalwassers und wurden wohl im Mittelalter miteinander verbunden. Der etwa 1200 Meter lange zugängliche Abschnitt mit Höhlen, Kellern, Verliesen und Quellen unter dem Burgberg verläuft zehn bis 15 Meter unter der Straßenoberfläche.

Das Labyrinth diente einst als Weinkeller, Folterkammer, Gefängnis, Versteck – und während des Zweiten Weltkriegs als Luftschutzbunker. Vlad Tepes (»Graf Dracula«) war hier inhaftiert. Matthias Corvinus hatte ihn 1462 in Transsylvanien gefangen genommen und nach Buda transportiert, wo er zu zehn Jahren Gefängnis verurteilt wurde. Besucher können die Folterkammer, rote Marmorgrabsteine, mittelalterliche Handschellen und Puppen, die Draculas Opfer darstellen, besichtigen.

Ab 18 Uhr wird das Labyrinth von Öllampen schemenhaft erleuchtet. Im »Irrgarten der Dunkelheit« herrscht sogar völlige Dunkelheit, nur ein Seil dient der Orientierung.

Die Herrengasse zieht sich durch die gesamte Altstadt

Stadtplan siehe Seiten 242 – 256   **Karte** Extrakarte zum Herausnehmen

Gellértberg und Tabán

Der Gellértberg (Gellért-hegy) erhebt sich steil über der Donau – einer der malerischsten Orte der Stadt. Vom Gipfel aus hat man einen schönen Blick über Budapest. An seinem Nordhang gründeten die keltischen Erawisken – noch vor den Römern – eine Siedlung *(siehe S. 98)*. Einst wurde der Gellértberg schlicht »Alter Berg« genannt, Aberglaube und Sagen ranken sich um ihn. 1046

sperrten einheimische »Heiden« Bischof Gellért, der sie zum Christentum bekehren wollte, in ein Fass und stürzten ihn darin den Berg hinab in den Tod. Später wurde der Berg nach dem Märtyrer benannt. Der Gellértberg erstreckt sich fast bis zur Donau, die sich an dieser Stelle verengt. Hier war ein wichtiger Flussübergang, um den die Siedlung Tabán entstand.

Sehenswürdigkeiten auf einen Blick

Museum
- 12 Semmelweis-Museum für Medizingeschichte

Kirchen
- 2 Felsenkapelle
- 10 Pfarrkirche von Tabán

Historische Gebäude
- 4 Zitadelle
- 13 Haus zum Goldenen Hirschen

Hotels und Bäder
- 1 Hotel und Thermalbad Gellért *S. 94f*
- 6 Rudas-Bad
- 9 Rácz Hotel und Thermalbad

Historische Viertel, Plätze und Monumente
- 3 Freiheitsdenkmal
- 5 Gellértdenkmal
- 7 Kaiserin-Elisabeth-Denkmal
- 8 Tabán
- 11 Ybl-Miklós-Platz

☐ **Restaurants** *siehe S. 196f*
1 Aranyszarvas Vendéglő
2 Búsuló Juhász Étterem
3 Café Déryné
4 Gellért Eszpresszó
5 Hadik Kávéház Café
6 Hemingway
7 János Étterem
8 Marcello
9 Márványmenyasszony Étterem
10 Szeged Vendéglő
11 Tabáni Gösser Restaurant
12 Vinopolis Naphegy

Stadtplan *1, 3, 4, 9 und 10*

◀ Brunnen mit Mosaikhintergrund im Gellért *(siehe S. 94f)*

Zeichenerklärung *siehe hintere Umschlagklappe*

Im Detail: Gellértberg

Der Berg südlich des Burgbergs galt lange Zeit als verrufene Ecke. Im 11. Jahrhundert wiegelte Prinz Vata, der Bruder König Istváns, die »Heiden« hier zu einer Rebellion auf, der Bischof Gellért zum Opfer fiel. Im Mittelalter hieß es gar, dass auf dem Berg Hexensabbate gefeiert würden. Unter den Türken entstand auf dem Hügel erstmals eine Festung zur Verteidigung Budas. 1851 errichteten die Österreicher hier eine abweisende Zitadelle. Erst gegen Ende des 19. Jahrhunderts begann man, den Gellértberg mit anderen Augen zu sehen, er wurde ein Ausflugsziel. 1967 legte man auf dem Areal um die Zitadelle einen attraktiven Park an.

❼ Kaiserin-Elisabeth-Denkmal
Bei der Elisabethbrücke erhebt sich die Statue der Gemahlin Kaiser Franz Josephs, die in Ungarn hochverehrt wurde.

❺ ★ Gellért-denkmal
Mit erhobenem Kreuz segnet Bischof Gellért die Stadt. Der Märtyrer ist der Schutzpatron Budapests.

❹ Zitadelle
Der einstige Ort des Schreckens zieht nun Besucher an, die die alten Verteidigunswälle erkunden und die fantastische Aussicht auf die Stadt genießen.

Legende

— Routenempfehlung

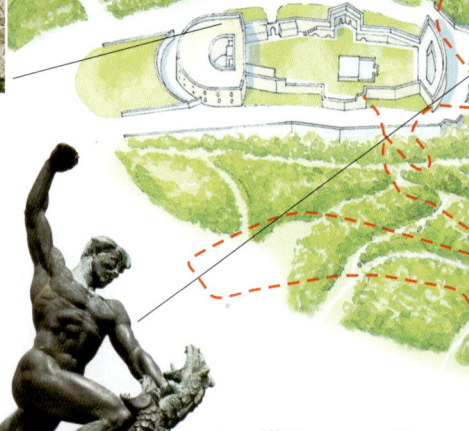

❸ Freiheitsdenkmal
Am Fuß des Freiheitsdenkmals sieht man zwei Skulpturen. Die hier abgebildete verkörpert den Kampf gegen das Böse.

HEGYALJA ÚT

0 Meter   500

❻ Rudas-Bad
Das berühmte türkische Bad aus dem 16. Jahrhundert ziert eine charakteristische osmanische Kuppel.

Zur Orientierung
Siehe Stadtplan 3, 4 und 9

Die Aussichtsterrassen auf dem Gellértberg belohnen den Aufstieg mit einem herrlichen Ausblick über den Südteil von Buda und über ganz Pest.

Reservoir
1978 wurde auf dem Gellértberg ein Trinkwasserreservoir nahe dem Uránia-Observatorium eingerichtet. Seine Oberseite ist überdacht. Von hier aus hat man einen guten Blick auf den Königspalast *(siehe S. 74f)* im Norden. Eine Skulptur von Márta Lessenyei, die die Vereinigung von Buda und Pest darstellt, schmückt die Konstruktion.

❷ ★ Felsenkapelle
Die Kapelle wurde 1926 in einer heiligen Grotte erbaut. Unter den Kommunisten war der Paulinerorden gezwungen, sie aufzugeben. 1989 wurde sie wiedereröffnet.

Skulptur von Márta Lessenyei am Reservoir des Gellértbergs

❶ Hotel und Thermalbad Gellért
Das prächtige Kurhotel mit Badeanlage wurde zu Beginn des 20. Jahrhunderts hier errichtet, um die natürlichen heißen Quellen zu nutzen.

S Z E N T   G E L L É R T   R A K P A R T

❶ Hotel und Thermalbad Gellért

Gellért Szálló és Fürdő

Von 1912 bis 1918 wurde das Kurhotel mit Bad (Gellért Szálló és Fürdő) von den Architekten Ármin Hegedűs, Artúr Sebestyén und Izidor Sterk im Sezessionsstil *(siehe S. 56–59)* am Fuß des Gellértbergs erbaut. Frühe Hinweise auf die hiesigen Heilquellen stammen aus dem Mittelalter: Im 13. Jahrhundert, zu Zeiten von König András II., stand hier ein Hospital. Der seinerzeit bekannte türkische Reiseliterat Evliya Çelebi berichtet später von Bädern der Osmanen. 1945 wurde das Hotel zerstört, nach dem Zweiten Weltkrieg wiederaufgebaut und modernisiert. Es bietet diverse Restaurants und Cafés sowie das Institut für Hydrotherapie mit Sezessionsinterieur und modernen Anlagen.

Wellenbad im Freien
Das Schwimmbecken mit Wellenmaschine stammt von 1927. Es liegt auf der Rückseite des Hotelkomplexes zum Gellértberg hin.

★ Bäder
Das Gellért besitzt zwölf Becken. Im Heilbadbereich befinden sich acht Thermalbecken. Ihre Sezessionsarchitektur ist anziehend.

Balkone
Die Balkone vor den Hotelzimmern schmücken Sezessionsbalustraden, die Leier- und Vogelmotive zieren.

★ Eingangshalle
Im Inneren des Hotels blieb, ebenso wie in den Bädern, das Sezessionsdekor erhalten: kunstvolle Mosaiken, Bleiglasfenster und Statuen.

Sonnenterrassen
Die Terrassen nutzen die sonnigsten Winkel. Im Sommer sind sie ein beliebter »Trockenplatz«.

Infobox

Information
Szent Gellért tér. **Stadtplan** 4 E3.
Karte E9. ☎ (06-1) 466 61 66.
🚻 🖥 🚻 🏊 **Bäder** Kelenhegyi
út 4. ⏱ tägl. 6 – 20 Uhr. 🅿 🚭
♿ 🌐 spabudapest.hu

Anfahrt
🚌 7, 86. 🚋 18, 19, 47, 49.
Ⓜ Szent Gellért tér.

**Pool mit heißem
Thermalwasser**

Türme im orientalischen Stil
Die Architekten verliehen den Türmen und Erkern des Hotels eine zylindrische, typisch orientalische Form.

Haupttreppe
Die Absätze der Haupttreppe zieren die 1933 eingefügten Bleiglasfenster von Bózó Stanisits. Sie spielen auf die alte Sage von einem Zauberhirsch an.

Restaurantterrasse
Auf der Terrasse im ersten Stock speist man mit herrlichem Blick auf Budapest. Im Erdgeschoss und im ersten Stock gibt es insgesamt vier Cafés und Restaurants.

★ Hauptfassade
Hinter der imposanten Hotelfassade warten attraktive Erholungseinrichtungen und ein Heilbad, das auch Nichtgästen offensteht. Der Bädereingang befindet sich rechts vom Haupteingang in der Kelenhegyi út.

Stadtplan *siehe Seiten 242 – 256* **Karte** *Extrakarte zum Herausnehmen*

❷ Felsenkapelle
Sziklatemplom

Gellért rakpart 1a. **Stadtplan** 4 E3.
Karte E9. ☎ (06-2) 077 52 472.
🕐 Mo – Sa 9.30 – 19.30 Uhr. 🚌 7, 86.
🚋 18, 19, 47, 49. Ⓜ Szent Gellért tér.

Der Eingang zur Höhlenkirche
liegt am Südhang des Gellértbergs – nur einen Katzen-
sprung vom Hotel Gellért entfernt. Kálmán Lux erbaute die
Kapelle 1926 nach dem Vorbild
des Heiligtums in Lourdes.

Genutzt wurde sie von den
Mönchen des Paulinerordens,
der im 13. Jahrhundert von
Eusebius von Esztergom gegründet wurde. Im Jahr 1934,
150 Jahre nachdem Joseph II.
den Orden in Ungarn aufgelöst
hatte, kehrten 15 Patres aus
dem polnischen Exil zurück. Sie
blieben bis in die späten
1950er Jahre: Dann verboten
die Kommunisten den Orden
erneut und versiegelten den
Eingang zur Grotte.

Die Kirche und das angrenzende Kloster öffneten ihre
Pforten erst 1989 wieder. Ihren
neuen Granitaltar von Győző
Sikota segnete der Papst. Links
wachen in der Grotte eine
Kopie der *Schwarzen Madonna
von Tschenstochau* und ein Ab-
bild des polnischen Adlers.
Auch ein Gemälde von Maximilian Kolbe ist zu bewundern.
Der polnische Mönch opferte
sein Leben, um Mitinsassen im
KZ Auschwitz zu retten.

Am Eingang zur Kapelle
steht eine Statue des hl. Stephan (Szent István), des ersten
ungarischen Königs. Er führte

das Christentum im Land. In
der Stephanskapelle der Kirche
sollte man einen Blick auf die
exquisiten Holzschnitzarbeiten
von Béli Ferenc werfen.

In die Felsenkapelle gelangt
man durch das Besucherzentrum der Pauliner (äußere Grotte). Im Eintrittspreis sind ein
Audioführer und ein kurzer
Film enthalten. Das Kloster
kann nicht besichtigt werden.

❸ Freiheitsdenkmal
Felszabadulási emlékmű

Stadtplan 4 D3. **Karte** E8. 🚌 27.

Das imposante Freiheitsdenkmal auf dem Gellértberg überragt die gesamte Stadt. Geschaffen hat es der herausragende ungarische Bildhauer
Zsigmond Kisfaludi Stróbl. Es
erinnert an die Befreiung Budapests durch die Rote Armee
im Jahr 1945 *(siehe S. 36)*. Ursprünglich soll das Denkmal
István, dem Sohn des ungarischen Staatsoberhaupts Miklós
Horthy, gewidmet gewesen
sein, der 1943 an der Ostfront
verschollen war. Doch nach
der Befreiung der Stadt durch
die russischen Truppen erblickte es Marschall Kliment Woros-
zylow in der Werkstatt des Bildhauers und nutzte es für seine
eigenen Zwecke.

Mittelpunkt der Anlage ist
eine Frauenfigur, die einen
Palmwedel hochhält. Sie reckt
sich stolze 14 Meter in die
Höhe. Den Fuß des Denkmals
zieren zwei allegorische Skulpturen, die den Fortschritt und

**Das Freiheitsdenkmal erhebt sich
auf der Spitze des Gellértbergs**

den Kampf gegen das Böse
verkörpern.

Der Einzug der Russen in
Budapest bedeutete einerseits
Befreiung, andererseits den Be-
ginn der Sowjetherrschaft.
Nach dem Ende der UdSSR
wurde die Figur des russischen
Soldaten vom Denkmal ent-
fernt. Sie fand im Memento-
Park *(siehe S. 164)* einen neuen
Platz.

❹ Zitadelle
Citadella

Stadtplan 4 D3. **Karte** D8. 🚌 27.
Zitadelle 🕐 tägl. 📷

Nachdem der Aufstand von
1848/49 *(siehe S. 32f)* niedergeschlagen war, beschlossen die
Habsburger, an dieser Stelle
eine Festung zu errichten. Die
1850 – 54 erbaute Zitadelle war
mit 60 Kanonen bestückt, die
jederzeit auf die Stadt feuern
konnten. Doch in Wahrheit
diente die Anlage von Anfang
an keinerlei militärischen Zwe-
cken, sondern eher zur Ein-
schüchterung.

Die Zitadelle ist 220 Meter
lang und 60 Meter breit. Ihre
massiven Mauern ragen vier
Meter in die Höhe. Nach dem
Friedensschluss mit den Habsburgern forderten die Ungarn
immer wieder ihre Zerstörung,
doch erst 1897 gab die österreichische Armee sie auf. Ein
Teil des Eingangstors wurde
symbolisch herausgerissen.

Nach kontroversen Diskussionen in den 1960er Jahren
wurde die Zitadelle in einen
Freizeitkomplex umgewandelt.

Eingang zur Felsenkapelle des Paulinerordens

Hotels und Restaurants in Budapest *siehe Seiten 186 – 189 und 196 – 207*

Derzeit ist die Anlage geschlossen, doch Zitadelle und Freiheitsdenkmal sind noch öffentlich zugänglich. Vom alten Verteidigungswall aus genießt man einen fantastischen Blick über die Stadt.

❺ Gellértdenkmal
Szent Gellért emlékmű

Stadtplan 4 D2. **Karte** D8. 🚌 27 plus längerer Spaziergang. Nehmen Sie die Treppe bei der Elisabethbrücke.

Im Jahr 1904 wurde an der Stelle, an der Bischof Gellért im 11. Jahrhundert vom sich der Christianisierung widersetzenden Mob in einem verschlossenen Fass in die Donau gerollt worden sein soll, ein großes Denkmal errichtet. Das Denkmal zeigt den Märtyrerbischof, wie er ein Kreuz in der ausgestreckten Hand hält. Ein bekehrter Ungar kniet zu seinen Füßen.

Eine türkische Kuppel krönt das Becken im Rudas-Bad

Die Statue schuf Gyula Jankovits, die halbrunde Kolonnade dahinter stammt von Imre Francsek. Der Brunnen wird von einer Quelle gespeist. Das Denkmal, das die Elisabethbrücke überragt, ist von vielen Orten der Stadt aus zu sehen. Einen besonders imposanten Anblick bietet es nachts, wenn es beleuchtet wird.

❻ Rudas-Bad
Rudas Gyógyfürdő

Döbrentei tér 9. **Stadtplan** 4 D2 (9 C5). **Karte** D8. 🚋 18, 19. 📞 (06-1) 356 13 22. **Kurbereich** ⏰ tägl. 6–20, Fr, Sa 22–4 Uhr. **Schwimmbecken** ⏰ Mo–Mi 6–18, Do–So 6–20, Fr, Sa 22–4 Uhr. 🌐 heilbaederbudapest.com

Das 1550 erbaute Bad wurde 1566 vom türkischen Pascha Sokoli Mustafa erweitert. Der größte Teil der Anlage stammt noch aus jener Zeit. Hier gibt es ein oktogonales Becken und vier kleinere Eckpools mit verschieden temperiertem Wasser. Das mittlerweile modernisierte Bad bietet nun auch ein Schwimmbecken für Männer und Frauen an. Die Thermalwasserbecken sind am Wochenende für beide Geschlechter, dienstags nur für Frauen, sonst nur für Männer zugänglich.

❼ Kaiserin-Elisabeth-Denkmal
Erzsébet Királyné szobra

Döbrentei tér. **Stadtplan** 4 D2 (9 C5). **Karte** D7.

Das Denkmal der Kaiserin Elisabeth (»Sisi«), der Gemahlin von Kaiser Franz Joseph, wurde von György Zala errichtet. Seit 1986 hat die Statue ihren Platz nahe der Elisabethbrücke (siehe S. 67), die ebenfalls nach der Kaiserin benannt ist. 1932–47 stand das Denkmal auf der anderen Flussseite – dann ließen es die Kommunisten entfernen.

Das Gellértdenkmal blickt auf Donau und Elisabethbrücke

❽ Tabán

Stadtplan 3 C1, C2, C3 (9 B5). **Karte** CD7–8. 🚌 5, 112, 178. 🚋 18, 19.

Der Stadtteil Tabán besteht heute aus einem hübschen Park und historischen Gebäuden – das war nicht immer so. Das Gebiet zwischen Burgberg und Gellértberg war im frühen 20. Jahrhundert ein Slum, der im Zug eines Stadtentwicklungsplans abgerissen wurde. Nur wenige Gebäude, darunter die Pfarrkirche, blieben stehen. Dank seiner natürlichen Vorzüge gehörte das Areal zu den ersten der Gegend, auf denen sich Menschen ansiedelten.

Die keltischen Erawisken gründeten hier eine Siedlung. Später errichteten die Römer einen Wachturm, von dem aus sie den Fluss beobachteten. Der erste Hinweis auf heilsame Thermalbäder in Tabán stammt aus dem 15. Jahrhundert. Die Türken wussten diese Gabe der Natur zu nutzen und ließen hier zwei herrliche Bäder errichten, das Rácz- und das Rudas-Bad *(siehe S. 53 und 97)*. Um sie herum entwickelte sich ein blühendes Städtchen. Bei der Rückeroberung Budas 1686 *(siehe S. 29)* wurde beinahe alles zerstört – nur die Bäder blieben erhalten.

Im späten 17. Jahrhundert zogen zahlreiche Serben auf der Flucht vor den Türken nach Tabán. Ihnen folgten Griechen und Roma. Zu jener Zeit waren zahlreiche Einwohner von Tabán Gerber oder lebten vom Fluss. Am Berghang oberhalb wurde Wein angebaut.

Zu Beginn des 20. Jahrhunderts verfügte das malerische Viertel noch immer nicht über eine ordentliche Kanalisation. Das alte, verfallene Tabán mit seinen unzähligen Bars und Spielhöllen wurde schließlich abgerissen. An seiner Stelle entstanden die heutigen Grünanlagen.

Die Gärten mit Terrassen, dekorativen Treppen und Arkaden wurden von Miklós Ybl errichtet, um eine adäquate Verbindung zwischen Königspalast *(siehe S. 74f)* und Donauufer zu schaffen

Die Statue von Miklós Ybl, dem bekannten Architekten des 19. Jahrhunderts, schuf Ede Mayer 1894.

Y B L   M I K L Ó S   T É R

F R I E D R I C H   B O R N   R A K P A R T

D Ö B R E N T E I   U T C A

Á R P Á D   U T C A

Haus zum Goldenen Hirschen

Osmanische Grabsteine sind die Überreste eines Friedhofs, auf dem Türken, die bei der Verteidigung Budas 1686 ihr Leben ließen, begraben wurden.

0 Meter   150

❾ Rácz Hotel und Thermalbad
Rácz Szálloda és Gyógyfürdő

Hadnagy utca 8–10. **Stadtplan** 4 D2 (9 B5). **Karte** D7. ☎ (06-1) 487 03 13. 🚌 5, 178. 🚋 18, 19. 🕐 tägl. 7–22 Uhr.

Die Anlage des Bads stammt noch aus türkischer Zeit *(siehe S. 28f)*, was von außen nicht zu sehen ist, denn das Bad wurde 1869 nach Plänen von Miklós Ybl erneuert. Das Innere birgt allerdings noch osmanische Elemente. Das Rácz-Bad ist in einen modernen Hotel-Spa-Komplex umgewandelt worden, u. a. mit 21 Räumen für diverse Anwendungen, 13 Pools sowie Saunen.

Ybl-Kuppel mit Becken im Rácz-Bad

❿ Pfarrkirche von Tabán
Tabáni Plébániatemplom

Attila út 11. **Stadtplan** 4 D1 (9 C5). **Karte** D7. ☎ (06-1) 375 54 91. 🚋 18, 19.

Ein Tempel soll bereits zu Zeiten des Großfürsten Árpád an dieser Stelle gestanden haben. Im Mittelalter erbaute man eine Kirche, die von den Türken in eine Moschee umgewandelt und später zerstört wurde. 1728–36, nachdem die Stadt an die Habsburger gefallen war, wurde eine zweite Kirche nach dem Entwurf von Keresztély Obergruber errichtet. Mátyás Nepauer fügte Mitte des 18. Jahrhunderts den Turm hinzu. 1881 wurde die Fassade erweitert und der Turm mit einer neobarocken Kuppel gekrönt. Im Inneren, rechts unter der Chorgalerie, prangt die

Die Pfarrkirche von Tabán mit ihrem neobarocken Kuppelturm

Kopie einer Schnitzerei aus dem 12. Jahrhundert namens *Christus von Tabán* – das Original ist heute im Budapester Historischen Museum *(siehe S. 76)* zu sehen. Altar, Kanzel und Wandgemälde stammen aus dem 19. Jahrhundert.

⓫ Ybl-Miklós-Platz
Ybl Miklós tér

Stadtplan 4 D1 (9 C4). **Karte** D7. 🚋 19.

Es ist kein Zufall, dass dem berühmten Architekten Miklós Ybl *(siehe S. 123)* eine Statue auf diesem Platz, in der Nähe vieler seiner Bauwerke, gewidmet ist. Zu Ybls größten Projekten zählen die Ungarische Staatsoper *(siehe S. 122f)*, die St.-Stephans-Basilika *(siehe S. 120f)* und die Erneuerung des Königspalasts *(siehe S. 74f)*.

Den Várkert Palota erbaute ebenfalls Ybl. Ursprünglich befand sich darin eine Pumpe, die Wasser zum Königspalast hochpumpte, 1903 zog ein Café ein, 1992 ein Spielcasino. Heute wird der Bau als Veranstaltungsort genutzt.

⓬ Semmelweis-Museum für Medizingeschichte
Semmelweis Orvostörténeti Múzeum

Apród utca 1–3. **Stadtplan** 4 D1 (9 B4). **Karte** D7. ☎ (06-1) 375 35 33. 🚋 18, 19. 🕐 März–Okt: tägl. 10.30–18 Uhr; Nov–Feb: tägl. 10.30–16 Uhr. 🌐 semmelweismuseum.hu

Das Museum liegt in dem Haus (18. Jh.), in dem Ignác Semmelweis 1818 geboren wurde. Der Arzt ging in die Geschichte ein, weil er den Erreger des Kindbettfiebers entdeckte.

Das Museum dokumentiert Medizingeschichte vom alten Ägypten bis heute. Sehenswert ist der Nachbau einer Apotheke aus dem 19. Jahrhundert und das Sprechzimmer von Semmelweis mit Originalmöbeln. Den Hof ziert das Denkmal *Mutterschaft* von Miklós Borsos.

⓭ Haus zum Goldenen Hirschen
Szarvas ház

Szarvas tér 1. **Stadtplan** 3 C1 (9 B4). **Karte** D7. ☎ (06-1) 375 64 51. 🚋 18, 19. 🌐 aranyszarvas.hu

Das Haus (frühes 19. Jh.) am Fuß des Burgbergs ist ein Blickfang. Seinen Namen verdankt es dem Gasthof »Unter dem Goldenen Hirschen«. Über dem Eingang ist ein Flachrelief zu sehen, auf dem zwei Jagdhunde einen Hirsch verfolgen. Das Gebäude beherbergt heute das Lokal Aranyszarvas *(siehe S. 197)*, das internationale Küche sowie einige Wildgerichte serviert.

Flachrelief über dem Eingang des Hauses zum Goldenen Hirschen

Stadtplan *siehe Seiten 242–256* **Karte** *Extrakarte zum Herausnehmen*

Nördlich der Burg

Zwischen dem Burgberg von Buda und dem Westufer der Donau erstreckt sich nördlich der Kettenbrücke in Richtung Margit körút der Stadtteil Víziváros (»Wasserstadt«). Der Name stammt noch aus dem Mittelalter, als dieser Bereich der Stadt ständig überflutet wurde. Früher wohnten in dem Areal vor allem Handwerker und Fischer, zum Teil in großer Armut. Die Fischerbastei steht bekanntlich an der Stelle des einstigen Fischmarkts. Heute bieten die Kirchtürme von

Víziváros entlang dem Westufer der Donau einen malerischen Anblick.

Im Mittelalter und während der 150-jährigen Türkenherrschaft war das Viertel nördlich des Burgbergs mit Wällen befestigt. An der Margit körút 66 ist noch heute ein kurzer Abschnitt der einstigen Anlagen zu sehen. Eine Gedenktafel informiert über die Geschichte. Nördlich davon steht das Grab des türkischen Derwischs Gül Baba, eines der wenigen Monumente aus osmanischer Zeit.

Sehenswürdigkeiten auf einen Blick

Kirchen

② Kapuzinerkirche
③ Kalvinistenkirche
④ St.-Anna-Kirche *S. 106f*
⑥ Elisabethkirche

Historische Gebäude und Monumente

① Tunnel
⑧ Grab des Gül Baba

Platz

⑤ Batthyány-Platz

Bäder

⑦ Király-Bad
⑨ Lukács-Bad

☐ **Restaurants** *siehe S. 197f*

1 Arany Kaviár Étterem
2 Arriba
3 Carne di Hall
4 Csalogány 26
5 Dunaparti Matróz Kocsma
6 Gusto Café
7 Horgásztanya Vendéglő
8 Kacsa Vendéglő
9 Mandragóra
10 Nagyi Palacsintázója
11 Pavillon de Paris
12 Róma Ételbár
13 Trófea Grill
14 Vigadó Söröző

Stadtplan *1 und 9*

◀ Die Kalvinistenkirche mit bunten Keramikziegeln *(siehe S. 104)*   Zeichenerklärung *siehe hintere Umschlagklappe*

Im Detail: Vízìváros

Fő utca, die Hauptstraße von Ví-
zìváros, verläuft über die ganze
Länge des Viertels. Hauptplatz
der »Wasserstadt« ist der Batthyány tér. Viele Cafés und Restaurants, grandiose barocke Denkmäler und die Donaupromenade
verleihen dem Viertel ein reizvolles Flair. Einige schöne Kirchen
mit interessanter Architektur
spiegeln die Geschichte dieses
Areals seit dem Mittelalter. Von
der Donaupromenade schweift
der Blick auf das gegenüber-
liegende Pest mit dem Parlamentsgebäude *(siehe S. 112f)* als
dominanter Kulisse.

❻ ★ Elisabethkirche
Franziskaner schufen die barocke
Kanzel. Das Gotteshaus wurde
Mitte des 18. Jahrhunderts für
den Orden erbaut.

**BATTHY[ÁNY]
TÉR**

FŐ UTCA

Das Hikisch-Haus
entstand auf mittel-
alterlichen Funda-
menten. Die Fassade
von 1795 schmücken
Flachreliefs mit Cheru-
bim, die verschiede-
nen Tätigkeiten nach-
gehen. Weitere Reliefs
stellen Allegorien der
vier Jahreszeiten dar.

**Das Gasthaus Weißes
Kreuz**, eines der ältes-
ten Weinlokale der
Stadt, besteht seit 1770.
Die asymmetrische Fas-
sade resultiert aus der
Verbindung zweier
Häuser. Hier stiegen
einst illustre Gäste ab,
etwa Kaiser Joseph II.
und Casanova.

❺ ★ Batthyány-Platz
Das Denkmal Ferenc Kölcseys
(1790–1838) überragt den
Batthyány tér. Der Literaturkriti-
ker und politische Kolumnist
des frühen 19. Jahrhunderts
schrieb das Gebet *Herr, segne
Ungarn*, das als Text für die
ungarische Nationalhymne
verwendet wurde.

0 Meter   100

Legende

— Routenempfehlung

Hotels und Restaurants in Budapest *siehe Seiten 186–189 und 196–207*

❹ ★ St.-Anna-Kirche
Der beeindruckende Innenraum der Kirche birst über von spätbarocker Pracht. Das Hauptportal zieren allegorische Skulpturen: Glaube, Hoffnung und Barmherzigkeit.

Zur Orientierung
Siehe Stadtplan 1 und 9

❸ Kalvinistenkirche
Das Dach der 1893 – 96 erbauten Kirche bedecken farbenfrohe Keramikziegel aus der Ziegelei von Vilmos Zsolnay *(siehe S. 58)*. Sie stechen im Panorama Budas hervor.

Ein Samu Pecz gewidmetes Denkmal ragt neben der Kalvinistenkirche auf. Pecz war ein Anhänger der neogotischen Stilrichtung. Die Stadt hat ihm viele bedeutende Bauwerke zu verdanken.

❷ Kapuzinerkirche
Die mittelalterliche Kirche wurde von den türkischen Herrschern in eine Moschee umgewandelt. Viele gotische Elemente haben jedoch überdauert. Seine heutige Form erhielt der Bau 1854 – 56.

Zum Clark Ádám tér und zur Kettenbrücke

Das Kapisztory-Haus
in der Fő utca 20 wurde 1811 für den griechischen Kaufmann Joseph Kapisztory erbaut. Es fällt durch sein ungewöhnliches zylindrisches Erkerfenster auf.

Stadtplan *siehe Seiten 242 – 256* **Karte** *Extrakarte zum Herausnehmen*

Imposante Tunneleinfahrt am Clark Ádám tér

❶ Tunnel

Alagút

Clark Ádám tér. **Stadtplan** 1 C5 (9 B3). **Karte** C6. 🚌 16, 105, 116.

Der schottische Ingenieur Adam Clark ließ sich nach dem Bau der Kettenbrücke *(siehe S. 66)* in Ungarn nieder. Eines seiner späteren Projekte war 1853–57 der Bau des Tunnels durch den Burgberg, der den Clark Ádám tér mit Krisztina-város verbindet. Der Tunnel ist 350 Meter lang, neun Meter breit und elf Meter hoch.

Den Eingang am Clark Ádám tér flankieren zwei dorische Säulenpaare. Der Platz ist Mittelpunkt der Stadt, denn hier thronen die beiden Null-Kilometer-Steine, von denen aus alle Entfernungen in Budapest gemessen werden.

Die Westeinfahrt schmückten ägyptische Motive. Nach ihrer Zerstörung im Zweiten Weltkrieg wurde sie ohne diese Details wiederaufgebaut.

❷ Kapuzinerkirche

Kapucinus templom

Fő utca 32. **Stadtplan** 1 C4 (9 B2). **Karte** C5. 📞 (06-1) 201 47 25. 🕐 nach Vereinbarung.

Die Ursprünge der Kirche reichen ins 14. Jahrhundert zurück, als Königin Elisabeth, die Mutter Ludwigs I., hier ein Gotteshaus erbauen ließ. An der Nordfassade blieben Mauerfragmente aus jener Zeit erhalten. Während der Türkenherrschaft *(siehe S. 28f)* diente die Kirche als Moschee. Zeugen

jener Zeit sind etwa die Fensteröffnungen und das Portal an der Südseite. 1703–15 wurde die Kirche nach den Entwürfen eines Kapuzinerpaters im Barockstil erneuert. 1856 bauten Ferenc Reitter und Pál Zsumrák die Kirche erneut um: Sie verbanden die Fassaden mit ihren verschiedenen Stilrichtungen zu einer harmonischen Einheit. Die Statue der hl. Elisabeth an der »romantischen« Fassade stammt ebenfalls von 1856.

Altar der Kapuzinerkirche

❸ Kalvinistenkirche

Református templom

Szilágyi Dezső tér 3. **Stadtplan** 1 C4 (9 B2). **Karte** C4. 📞 (06-1) 457 01 09.

Die Kalvinistenkirche, eine der ungewöhnlichsten Kirchen der Stadt, wurde von Samu Pecz 1893–96 an der Stelle eines mittelalterlichen Markts erbaut. Trotz der modernen Dachziegel ist sie vom Stil her neogotisch. Bemerkenswert ist, dass Pecz bei der Kalvinistenkirche die traditionelle Form katholi-

scher Sakralbauten des Mittelalters verwendete, die ganz andere liturgische Zwecke erfüllte.

❹ St.-Anna-Kirche

Siehe S. 106f.

❺ Batthyány-Platz

Batthyány tér

Stadtplan 1 C3 (9 B1). **Karte** C4. 🚊 H5. 🚌 11. 🚋 19. Ⓜ Batthyány tér.

Der Batthyány-Platz zählt zu den interessantesten Plätzen am Westufer der Donau. Von hier aus hat man einen herrlichen Blick auf das Parlament und auf Pest. Im Jahr 1905 wurde der Platz nach Graf Lajos Batthyány benannt, dem Ministerpräsidenten während des Aufstands von 1848 *(siehe S. 32f)*.

Den Platz säumen Gebäude in unterschiedlichsten Stilrichtungen. Das Hikisch-Haus (Nr. 3) aus dem späten 18. Jahrhundert ist spätbarock. Bemerkenswert sind die Flachreliefs an der Fassade, die die vier Jahreszeiten darstellen. Ebenfalls im spätbarocken Stil präsentiert sich das Gasthaus Weißes Kreuz (Nr. 4) mit seinen Rokoko-Dekors.

Auf der Westseite des Platzes liegt der erste überdachte Markt Budas von 1902. Er wurde im Zweiten Weltkrieg zerbombt, zeigt sich heute aber wieder in seiner alten Form.

Die Flachreliefs am Hikisch-Haus stellen die vier Jahreszeiten dar

❻ Elisabethkirche
Erzsebet Apácák temploma

Fő utca 41–43. **Stadtplan** 1 C3 (9 B1).
Karte C4. ☎ (06-1) 201 80 91. 🚋 H5.
🚌 11. 🚎 19. Ⓜ Batthyány tér.

Die Kirche (auch Kirche der
Wunden des hl. Franziskus)
entstand 1731–57 nach dem
Entwurf von Hans Jakab auf
den Überresten einer Moschee.
Sie wurde für die Franziskaner
errichtet. 1785 löste Kaiser Joseph II. den Franziskanerorden
auf und überließ die Kirche
dem Elisabethkonvent.

Das barocke Innere zieren
Fresken aus dem späten
19. Jahrhundert. Ein Bildnis
stellt den hl. Florian dar, wie er
1810 die Christen vor Feuer be-
schützt. Die von den Mönchen
geschnitzten Bänke samt Kanzel blieben intakt. Im frühen
19. Jahrhundert errichtete man
neben der Kirche ein Hospital
und eine Herberge.

❼ Király-Bad
Király Gyógyfürdő

Fő utca 84. **Stadtplan** 1 C2. **Karte** C3.
☎ (06-1) 202 36 88. Ⓜ Batthyány tér.
🕐 tägl. 9–21 Uhr. ♿
🌐 budapestspas.hu

Das Király-Bad ist eines der vier
erhaltenen türkischen Bäder
(*siehe S. 52–55*). Es wurde
1566–70 von Arslan, dem Pascha von Buda, erbaut und im
19. Jahrhundert mit neoklassi-
zistischem Dekor ergänzt, sodass viele der originalen Merk-
male überlagert werden. Die
Kuppelhalle mit dem achteckigen Becken ist imposant. Um
sie sind die kleineren Becken,
Dampfbäder und Saunen an-
geordnet.

Am Ende der Fő utca steht
das Denkmal des polnischen
Generals József Bem am
gleichnamigen Platz. Der Held
des Aufstands von 1848 trägt
seinen Arm in einer Schlinge.
So feuerte er in der Schlacht
von Pisk die ungarischen Truppen zur Attacke auf die Brücke
an: Sie siegten über die Armee
der Habsburger. Am Sockel des
Denkmals ist seine Ansprache
während der Schlacht ein-
graviert.

Fliesen am Grabmal Gül Babas

❽ Grab des Gül Baba
Gül Baba türbéje

Mecset utca 14. **Stadtplan** 1 B1. **Karte**
C2. 🚌 91. 🕐 März–Okt: tägl. 10–
18 Uhr; Nov–Feb: tägl. 10–16 Uhr. ♿

Gül Baba, ein muslimischer
Derwisch des Bektaschi-
Ordens, starb 1541, kurz nach
der Einnahme Budas. Er war
einer der wenigen Türken, den
die Ungarn respektierten und
verehrten. Seine sterblichen
Überreste ruhen in einem
1543–48 erbauten Grabmal.

Gül Baba soll die Rosen in
Budapest eingeführt haben.
Daher stammen der Name der
Gegend (»Rózsadomb« = »Ro-
senhügel«) und auch sein eigener (»Vater der Rosen«). Passen-
derweise ist sein Grabmal von
einem hübschen Rosengarten
umgeben. Eine 400 Jahre alte
Kuppel thront auf dem oktogonalen Bau. Das Grab ist eine Pil-
gerstätte für Muslime.

❾ Lukács-Bad
Lukács Gyógyfürdő

Frankel Leo út 25–29. **Stadtplan** 1 C1.
Karte C1. ☎ (06-1) 326 16 95.
🕐 tägl. 6–20 Uhr. ♿ 🚋 86. 🚌 19,
41, 61. 🌐 **budapestspas.hu**
Veli-Bej-Bad Árpád Fejedelem útja 7.
☎ (06-1) 438 86 41. 🕐 tägl. 6–12,
15–21 Uhr (Eintritt nur für über
14-Jährige; Personalausweis erforderl.).

Namenspatron des berühmten
Heilbads war der hl. Lukas. Die
klassizistische Anlage entstand
1894, doch das Lukács-Bad
gehört zu den Bädern (*siehe
S. 52–55*), die immer noch in
Betrieb sind. Die beiden Pools
im Freien liegen idyllisch.
Warme Quellen heizen die Becken das ganze Jahr über auf,
sodass man auch im Winter angenehm baden kann.

Sehenswert ist auch der
Innenhof, in dem man eine
Statue des hl. Lukas von 1760
findet – mit Gedenktafeln voller Dankesschriften von Bade-
gästen, deren Gebrechen das
Heilwasser linderte.

Das nahe Veli-Bej-Bad (Csá-
zár-Bad), ein Thermalbad, wurde 1574/75 errichtet. Es ist das
älteste türkische Bad Budapes-
ten – und eines der schönsten. Das Bad wurde vom Ordo
Hospitalarius (Barmherzige
Brüder vom heiligen Johannes
von Gott) als Teil ihres Kranken-
hauses restauriert, ist aber
auch öffentlich zugänglich.
Gäste können zwischen vier
unterschiedlich temperierten
Becken wählen.

Das Lukács-Bad steht im Schatten prächtiger alter Platanen

Stadtplan *siehe Seiten 242–256* **Karte** *Extrakarte zum Herausnehmen*

❹ St.-Anna-Kirche

Szent Anna templom

Budapest ist eine Stadt mit vielen Kirchen, eine der schönsten ist die barocke Pfarrkirche von Víziváros. Der Baumeister der einstigen Jesuitenkirche ist unbekannt. Kristóf Hamon begann 1740 mit dem Bau der Barockkirche, die Mátyás Máté Nepauer nach dessen Tod vollendete. 1763 beschädigte ein Erdbeben den Bau schwer. Die Auflösung des Jesuitenordens verzögerte die Fertigstellung weiter. So kam es, dass die Kirche erst 1805 geweiht wurde.

Die Zwillingstürme werden von barocken Spitzen gekrönt.

Fassade
In der Mitte des Tympanons prangt das Wappen Budapests. Darüber steht die Dreifaltigkeit, ihr zur Seite: zwei betende Engel.

★ Kanzel
Die spätbarocke Kanzel (1773) stammt von Károly Bebó. Sie ist teilweise vergoldet und mit Engeln verziert, die die christlichen Tugenden verkörpern. Die Reliefs wurden später hinzugefügt.

Haupteingang

Orgel
Die Orgel aus dem früheren Karmeliterkloster auf dem Burgberg wurde Ende des 18. Jahrhunderts, nach der Auflösung des Ordens durch Kaiser Joseph II., in die Kirche gebracht.

★ Deckengemälde

Das Deckengemälde in der Kuppel des Altarraums stellt die Dreifaltigkeit dar. Gergely Vogl schuf es 1771. Neobarocke Fresken von 1938 zieren das Kirchenschiff.

Infobox

Information
Batthyány tér 7. **Stadtplan** 1 C3 (9 B1). **Karte** C4. ☎ (06-1) 201 63 64. ⬛ nur zu Gottesdiensten. ✝ tägl.
Café Angelika ☎ (06-1) 225 16 53. ⬛ tägl. 9 – 23 Uhr.

Anfahrt
🚊 H5. 🚌 11. 🚋 19, 41. Ⓜ Batthyány tér.

★ Hochaltar

Die Skulpturengruppe zeigt die Muttergottes als Kind. Die hl. Anna, ihre Mutter, bringt sie in den Jerusalemer Tempel. Die 1773 vollendete Arbeit gilt als eines der schönsten Werke von Károly Bebó.

Kirchenbänke

Die Bänke des Chors zieren kunstvolle Schnitzereien. Sie stellen symbolische Szenen dar.

Taufbecken

Hinter einer Säule verbirgt sich das Taufbecken mit Sockel und einem schlichten, aber schön verzierten Aufsatz.

Seitenaltar

Den spätbarocken Altar des hl. Franziskus (1768) schuf, ebenso wie den Altar des Heiligen Kreuzes auf der anderen Seite der Kirche, Antal Eberhardt. Das Gemälde in seiner Mitte stammt von Franz Wagenschön.

Stadtplan *siehe Seiten 242 – 256* **Karte** *Extrakarte zum Herausnehmen*

Sehenswürdigkeiten auf einen Blick

Historische Gebäude und Palais

◄ Reich verzierter Sitzungssaal im ungarischen Parlament *(siehe S.112f)*

Um das Parlament

Gegen Ende des 18. und während des 19. Jahrhunderts erlebte Pest gewaltige Veränderungen. 1838 zerstörte eine Überschwemmung die meisten ländlichen Häuser. Die Vereinigung von Buda, Óbuda und Pest 1873 und das tausendjährige Jubiläum der Landnahme der Magyaren 1896 gaben der Entwicklung ebenfalls starke Impulse. Pests mittelalterliche Grenzen wurden im Lauf der Urbanisierung überschritten. Damals entstanden viele der bedeutendsten Bauten, darunter die St.-Stephans-Basilika, das neogotische Parlamentsgebäude und die imposante Akademie der Wissenschaften, in denen alte Baustile wieder auflebten. Zudem wurden viele klassizistische Wohnhäuser errichtet, beispielsweise in der Nádor utca, Akadémia utca und Október 6 utca.

Stadtplan *2, 5 und 10*

Zeichenerklärung *siehe hintere Umschlagklappe*

Im Detail: Kossuth-Lajos-Platz

Der Kossuth Lajos tér ist ein Paradebeispiel für Glanz und Gloria der Pester Gründerzeit im 19. und frühen 20. Jahrhundert. Zur Donau hin beherrscht der Prachtbau des Parlaments den Platz. Gleichermaßen imposant sind das Landwirtschaftsministerium und das Ethnografische Museum. Einige Denkmäler erinnern an national gesonnene Führer und damit an die Geschichte Ungarns.

❷ ★ Ethnografisches Museum
Unter den 250 000 hier zusammengetragenen Exponaten sticht die faszinierende Sammlung von Trachten der verschiedenen Nationalitäten und ethnischen Gruppen Ungarns hervor.

❶ ★ Parlament
Das Bauwerk gilt als Symbol der ungarischen Demokratie – trotz des roten Sterns, der in kommunistischer Zeit auf die Kuppel gesetzt wurde. Vor dem Gebäude ist die SMS *Leitha* verankert, ein restauriertes Kriegsschiff von 1871, das nun als Museum dient.

Attila József war ein radikaler Poet, der in seinem Werk das menschliche Leben einfühlsam beschrieb. 1937 beging er mit 32 Jahren Selbstmord. Die Statue schuf László Marton 1980.

Lajos Kossuth (1802–1894)

Lajos Kossuth wird von den Ungarn verehrt und gilt als Nationalheld. Er führte den Aufstand von 1848 gegen die Österreicher *(siehe S. 32f)* an und war einer der herausragenden Politiker Ungarns. Während der Revolution gehörte er der ersten demokratischen Regierung an. Er leitete sie auch kurze Zeit, bevor die Erhebung 1849 niedergeschlagen und Kossuth verbannt wurde.

Bleiglasfenster mit dem Bildnis Lajos Kossuths

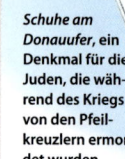

Schuhe am Donauufer, ein Denkmal für die Juden, die während des Kriegs von den Pfeilkreuzlern ermordet wurden

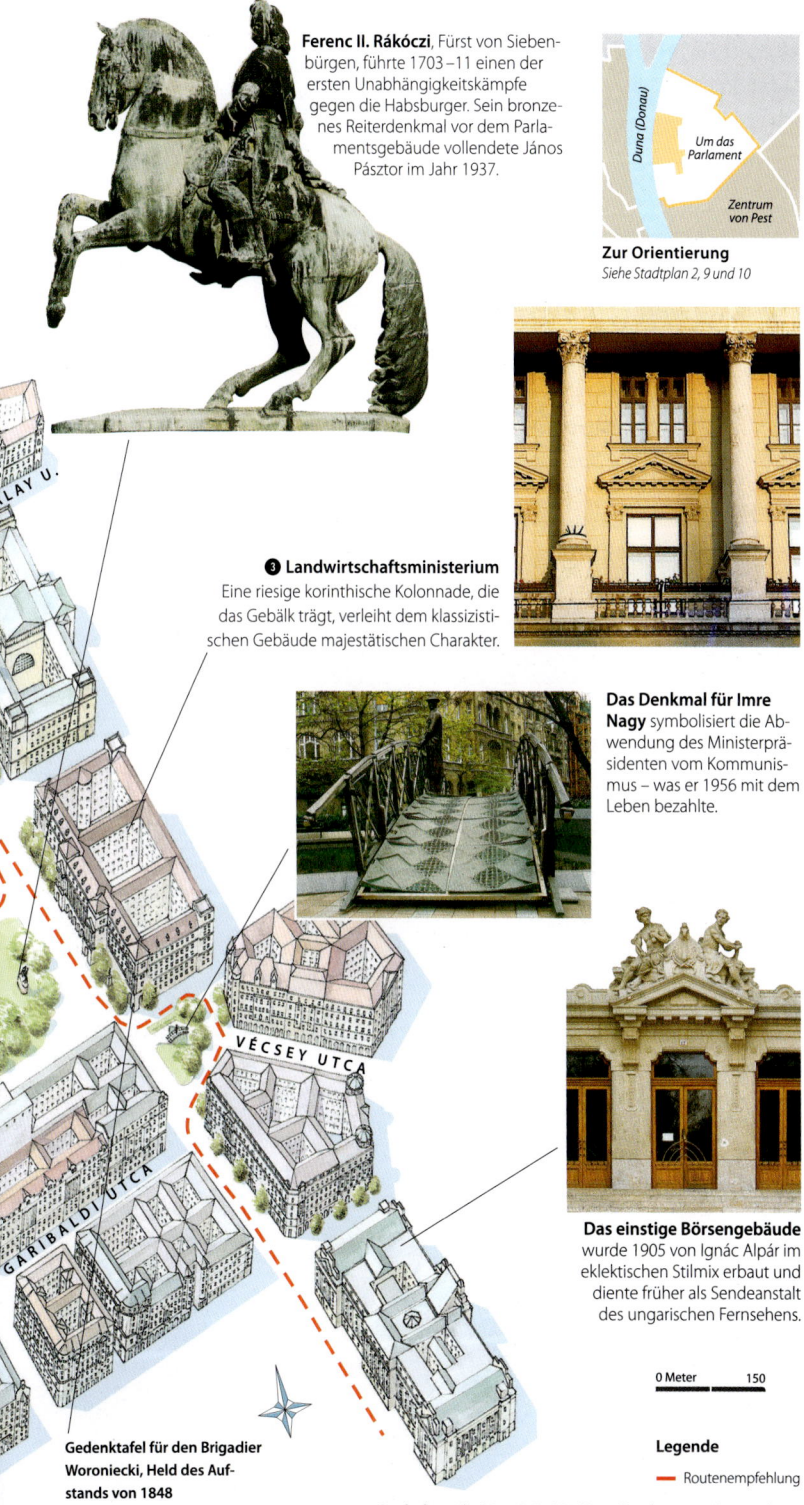

Ferenc II. Rákóczi, Fürst von Siebenbürgen, führte 1703–11 einen der ersten Unabhängigkeitskämpfe gegen die Habsburger. Sein bronzenes Reiterdenkmal vor dem Parlamentsgebäude vollendete János Pásztor im Jahr 1937.

Zur Orientierung
Siehe Stadtplan 2, 9 und 10

Um das Parlament

Zentrum von Pest

Duna (Donau)

❸ **Landwirtschaftsministerium**
Eine riesige korinthische Kolonnade, die das Gebälk trägt, verleiht dem klassizistischen Gebäude majestätischen Charakter.

Das Denkmal für Imre Nagy symbolisiert die Abwendung des Ministerpräsidenten vom Kommunismus – was er 1956 mit dem Leben bezahlte.

ALAY U.

VÉCSEY UTCA

GARIBALDI UTCA

Das einstige Börsengebäude wurde 1905 von Ignác Alpár im eklektischen Stilmix erbaut und diente früher als Sendeanstalt des ungarischen Fernsehens.

0 Meter — 150

Legende
— Routenempfehlung

Gedenktafel für den Brigadier Woroniecki, Held des Aufstands von 1848

Stadtplan *siehe Seiten 242–256* **Karte** *Extrakarte zum Herausnehmen*

❶ Parlament
Országház

Das ungarische Parlament (Országház), der größte Bau des Landes, ist zu einem Symbol Budapests geworden. Im Wettbewerb siegte Imre Steindls neogotischer Entwurf nach dem Vorbild der Londoner Houses of Parliament. Er wurde 1885 – 1902 in die Tat umgesetzt. Charles Barry vollendete das Gebäude 1935/36. Es ist 268 Meter lang, 96 Meter hoch und hat 691 Räume.

Fassade
Die Kuppel ragt in der Mitte des Gebäudes empor. Die Fassade ist pure Neogotik, doch der Grundriss folgt barocken Vorgaben.

★ Kuppelsaal
Die massiven Pfeiler, die die zentrale Kuppel des Parlaments stützen, zieren Figuren ungarischer Herrscher.

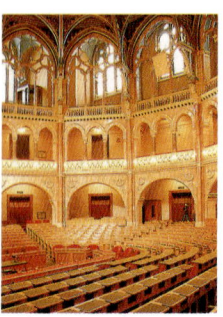

★ Sitzungssaal
Im Saal des ehemaligen Unterhauses tritt heute die Nationalversammlung zusammen. Zwei Gemälde von Zsigmond Vajda hängen zu beiden Seiten des Rednerpults.

Giebel
Nahezu sämtliche Ecken des Gebäudes schmücken Giebel mit Fialen, die auf neogotischen Skulpturen ruhen.

Lobbys
Auf den Korridoren gibt es Lobbys mit Bleiglasfenstern – Orte für politische Diskussionen.

Kuppel

Die Decke der 96 Meter hohen Kuppel ist ein neogotisches Kunstwerk par excellence. Sie zeigt Wappendekor mit Vergoldungen.

Infobox

Information

Kossuth Lajos tér. **Stadtplan** 2 D3 (9 C1). **Karte** D4. 🕿 (06-1) 441 49 04. 🕐 10, 13, 14 Uhr (deutsch). Tickets (für Gruppen) bitte online buchen, begrenzte Anzahl von Tickets im Besucherzentrum erhältlich. 🎫 50 % Rabatt für EU-Bürger. ♿ 🖥 **parlament.hu**

Anfahrt

🚌 70, 78. 🚋 2. Ⓜ Kossuth tér.

Gobelinsaal

Der Saal ist mit Gobelins dekoriert, die Árpád mit sieben unter seinem Kommando stehenden Magyarenführern beim Friedensvertrag und Blutschwur zeigen.

Kongresssaal

Der riesige Saal des früheren Oberhauses ist nahezu ein Spiegelbild des Sitzungssaals. Beide Säle sind hufeisenförmig angelegt und von einer Zuhörergalerie umgeben. Heute finden hier internationale Konferenzen statt.

Haupteingang am Kossuth Lajos tér

Außerdem

① **Südflügel**

② **Fassade zur Donauseite hin**

③ **Nordflügel**

④ **Die königlichen Insignien**, mit Ausnahme des Krönungsmantels (*siehe S. 136*), sind in der Kuppelhalle ausgestellt.

Haupttreppe

Die besten Künstler jener Zeit wirkten bei der Gestaltung des Interieurs mit. Die prachtvolle Haupttreppe schmücken Deckenfresken von Károly Lotz und Skulpturen von György Kiss.

Stadtplan *siehe Seiten 242–256* **Karte** *Extrakarte zum Herausnehmen*

Die prunkvolle Fassade des
Ethnografischen Museums

❷ Ethnografisches Museum

Néprajzi Múzeum

Kossuth Lajos tér 12. **Stadtplan** 2 D3
(9 C1). **Karte** E3–4. 📞 (06-1) 473 24
00. 🚋 2. Ⓜ Kossuth Lajos tér.
🕐 Di–So 10–18 Uhr. 🅿 📷 🎥 🛒
🌐 neprajz.hu

Das von Alajos Hauszmann
entworfene und 1893–96 erbaute Gebäude diente zu-
nächst als Justizpalast, bis 1945
war es Sitz des Obersten Gerichts.

Der Baustil des Gebäudes
verbindet Renaissance-, Ba-
rock- und klassizistische Elemente. Ein breiter Portikus, den
zwei Türme flankieren, beherrscht die Fassade. Den Giebel krönt Károly Senyeis Figur
der römischen Göttin Justitia in
einem von drei Pferden gezo-
genen Wagen. Die große Halle
hinter dem Haupteingang wartet mit einem herrlichen Treppenaufgang und Fresken von
Károly Lotz auf.

Das Gebäude wird seit 1957
als Museum genutzt und beherbergte erst die Ungarische
Nationalgalerie (siehe S. 78–81),
die später in den Königspalast
umzog. Seit 1973 residiert hier
das Ethnografische Museum.

Die Sammlung wurde 1872
als Ethnografische Abteilung
des Ungarischen Nationalmuseums (siehe S. 134–137) gegründet. Heute besitzt sie rund
250 000 Exponate.

Zur Sammlung gehören Ar-
tefakte der bäuerlichen Kultur
Ungarns vom 18. bis zum

20. Jahrhundert. Eine Karte
(1909) zeigt die Siedlungsge-
biete der Volksgruppen, die
sich in Ungarn niederließen. In
Wechselausstellungen sind
Objekte dieser Gruppen sowie
Exponate der Ureinwohner
Nord- und Südamerikas, Afri-
kas, Asiens und Australiens zu
sehen.

Die Dauerausstellung wid-
met sich der traditionellen Kultur Ungarns.

❸ Landwirtschafts-ministerium

Földművelésügyi Minisztérium

Kossuth Lajos tér 11. **Stadtplan** 2 D3
(9 C1). **Karte** E4. 🚋 2. Ⓜ Kossuth
Lajos tér.

An der Südostseite des Kossuth
Lajos tér ragt ein mächtiges
Gebäude auf, das an allen vier
Seiten von Straßen umgeben
ist. Gyula Bukovics erbaute den
Komplex gegen Ende des
19. Jahrhunderts für das Land-
wirtschaftsministerium. Die
Fassade ist typisch für den
Späthistorismus. Klassizistische
Motive dominieren. Die Säulen
der Kolonnade wiederholen
sich in der Fensteranordnung
über den Giebelfenstern.

An der Mauer zur Rechten
des Bauwerks sind zwei Gedenktafeln angebracht. Die
erste ist dem befehlshabenden
Offizier der polnischen Legion
gewidmet, der sich im Aufstand von 1848 heldenhaft
hervortat (siehe S. 32f). Den
tapferen Brigadier M. Woroniecki erschossen die Österreicher
1849 an dieser Stelle. Die zweite Tafel gedenkt Endre Ságváris,
eines Helden der Widerstands-

bewegung, der 1944 im Kampf
gegen die Faschisten fiel.

Die Skulpturen vor dem Gebäude – Der junge Schnitter
(1956) und Die Landwirtschafts-
arbeiterin (1954) – schuf Árpád
Somogyi.

Die Einschusslöcher, die man
immer noch in den Mauern
sieht, erinnern an die zivilen
Opfer vom 25. Oktober 1956
auf dem Kossuth tér, als es bei
einer zunächst friedlichen De-
monstration des damaligen
ungarischen Volksaufstands zu
Ausschreitungen kam.

❹ Freiheitsplatz

Szabadság tér

Stadtplan 2 E4 (10 D1). **Karte** E4.
Ⓜ Kossuth Lajos tér, Arany János
utca.

Nach dem Abriss der riesigen
Neugebäude-Kaserne 1886
wurde an dieser Stelle der Freiheitsplatz angelegt. Die für die
österreichische Armee erbaute
Kaserne beherrschte einst den
Südteil von Lipótváros (Leo-
poldstadt). Hier wurde auch
der erste unabhängige Ministerpräsident Ungarns, Graf
Lajos Batthyány, am 6. Oktober
1849 hingerichtet. Seit 1926
brennt eine ewige Flamme
(siehe S. 33) an der Ecke Aulich
utca, Hold utca und Báthory
utca – zum Gedenken an alle
damaligen Opfer.

Besonders beeindruckend
sind die beiden Gebäude von
Ignác Alpár, die sich auf dem
Platz gegenüberstehen. Die
frühere Börse von 1905 ist
deutlich vom Sezessionsstil geprägt. Die Ungarische Nationalbank (Magyar Nemzeti Bank)
wurde ebenfalls 1905 erbaut

Flachreliefs an der früheren Börse

Sezessionsinterieur der nicht mehr zugänglichen Postsparkasse

und verbindet den Sezessionsstil mit Elementen des Historismus.

Am Nordende des Platzes ragt ein Obelisk von Károly Antal auf. Er ist den Soldaten der Roten Armee gewidmet, die während der Belagerung Budapests 1944/45 fielen. Eine zweite Statue stellt Harry Hill Bandholtz dar. Der US-General verhinderte, dass rumänische Truppen das Nationalmuseum plünderten. Auch eine Statue von Ronald Reagan von István Máté steht hier. Sie wurde zum 100. Geburtstag Reagans errichtet, um an die Rolle der amerikanischen Regierung beim Zusammenbruch des Kommunismus zu erinnern.

❺ Postsparkasse
Postatakarék-pénztár

Hold utca 4. **Stadtplan** 2 E4 (10 D1). **Karte** E4. Ⓜ Kossuth Lajos tér.

Ödön Lechners Meisterwerk wurde 1900/01 errichtet. Lechner, der in erster Linie Sezessionsarchitekt war *(siehe S. 58)*, kombinierte für das Gebäude die verschnörkelten Motive der Sezession mit solchen der ungarischen Volkskunst zu einem unverwechselbaren Stil.

Nähert man sich der Postsparkasse, entdeckt man erst die Details, die dieses Gebäude zu einer der ausgefallensten Attraktionen Pests machen. Bauart, Innendesign und äußere Verzierung sind exquisit.

Lechner gab die verwendeten Fliesen einschließlich der bunten Dachziegel bei der Zie-gelei Zsolnay *(siehe S. 58)* in Auftrag. Die Fassaden zieren Blumenranken und stilisierte Naturmotive. Die Bienen an den Giebeln symbolisieren das Bankenwesen, die Bienenstöcken ähnelnden Fialen die Anhäufung von Spargeldern. Diese Dekorationen sollten den Menschen die Funktionen einer Bank klarmachen.

Das Gebäude, heute Teil der Nationalbank, ist nicht öffentlich zugänglich.

❻ Central European University
Közép-Európai Egyetem

Nádor utca 9. **Stadtplan** 2 E5 (10 D2). **Karte** E5. Ⓒ (06-1) 327 30 00. Ⓜ Kossuth Lajos tér. Ⓦ ceu.hu

Den klassizistischen Bau in der Nádor utca (Richtung Széchenyi-Platz) errichtete Mihály Pollack 1826 für den Fürsten Antal Festetics. Seit 1993 beherbergt er die Central European University.

Die von dem in Budapest geborenen Financier George Soros gegründete Privatuniversität bietet Postgraduierten-Studiengänge in verschiedenen Fächern, u. a. Jura, Politik, Geschichte und Umweltwissenschaften. Die Studenten kommen aus über 100 Ländern, die CEU unterhält Kontakte und Austauschprogramme mit Universitäten weltweit.

Amerikanische Botschaft

Das schöne Gebäude am Freiheitsplatz 12 entwarfen Aladár Kálmán und Gyula Ullmann. Erbaut wurde es 1899–1901. Die Fassade zieren prachtvolle Flachreliefs, die typische Motive des Sezessionsstils aufgreifen.

Am Eingang der Botschaft befindet sich eine Gedenktafel, die den katholischen Primas, Kardinal József Mindszenty (1892–1975), zeigt. Nach dem Zweiten Weltkrieg schloss er sich der ungarischen Widerstandsbewegung gegen den Kommunismus an. 1949 kerkerte ihn das Regime ein. Viele Jahre lang wurde er misshandelt. Nach dem Aufstand von 1956 kam er frei und bat in der Botschaft um Asyl. 15 Jahre lang lebte er hier im inneren Exil, bis ihn der Vatikan 1971 überzeugen konnte, Ungarn zu verlassen.

Gedenktafel für Kardinal József Mindszenty

Stadtplan *siehe Seiten 242–256* **Karte** *Extrakarte zum Herausnehmen*

Im Detail: Széchenyi-István-Platz

1867 wurde hier für die Krönung Franz Josephs zum König von Ungarn ein Zeremonienhügel mit Erde aus allen Teilen Ungarns aufgeschüttet. Heute ist der Platz, der ab 1947 Roosevelt tér hieß, abgesenkt. Er liegt am Ende der Kettenbrücke am östlichen Donauufer und wird von einigen sehr schönen Gebäuden gesäumt, etwa der Ungarischen Akademie der Wissenschaften im Norden und dem Palais Gresham im Osten. Der Platz wurde 2011 nach dem ungarischen Staatsreformer István Széchenyi (1791–1860) umbenannt.

❽ ★ Palais Gresham
Das Palais von 1907, nun das Four Seasons, gehört zu den schönsten Sezessionsbauten Budapests.

Akadémia utca 1 ist ein klassizistischer Bau (1835) von Mátyás Zitterbarth d. J. Eine Gedenktafel erinnert daran, dass im November 1848 General József Bem *(siehe S. 105)* hier logierte, als das Gebäude noch ein Hotel war.

❾ ★ Ungarische Akademie der Wissenschaften
Den Debattiersaal der Ungarischen Akademie der Wissenschaften schmücken Skulpturen von Miklós Izsó und Deckengemälde von Károly Lotz.

Von József Hild 1836 entworfenes Haus

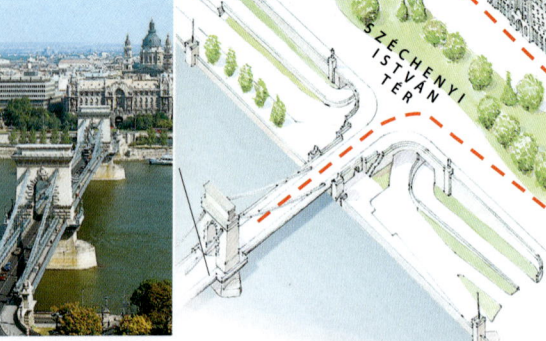

Die Kettenbrücke *(siehe S. 66)* wurde 1839–49 errichtet. Sie war der erste dauerhafte Flussübergang der Stadt. Im Zweiten Weltkrieg wurde sie von den Deutschen zerstört. 1949, 100 Jahre nach ihrer Fertigstellung, wurde sie wiedereröffnet.

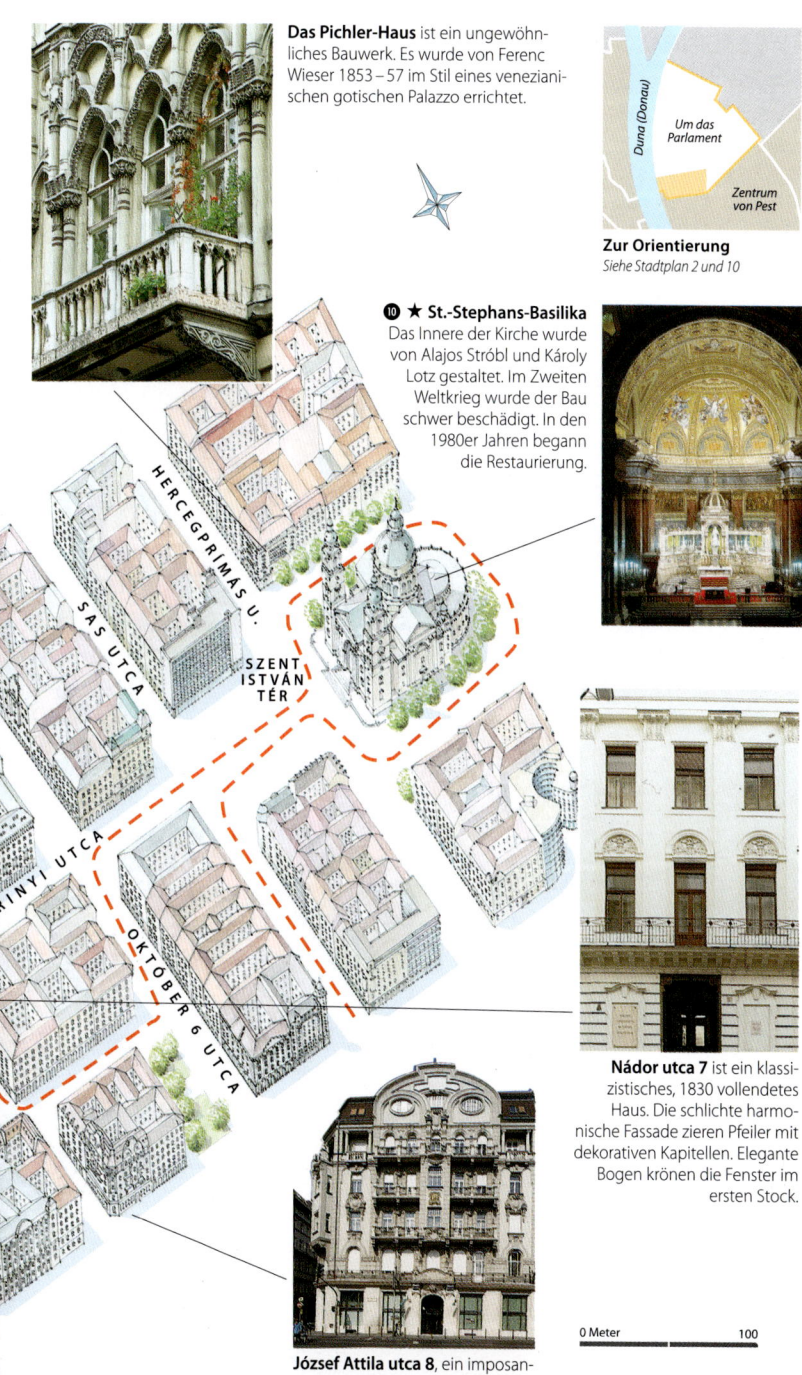

Das Pichler-Haus ist ein ungewöhnliches Bauwerk. Es wurde von Ferenc Wieser 1853–57 im Stil eines venezianischen gotischen Palazzo errichtet.

Duna (Donau)

Um das Parlament

Zentrum von Pest

Zur Orientierung
Siehe Stadtplan 2 und 10

🔟 ★ **St.-Stephans-Basilika**
Das Innere der Kirche wurde von Alajos Stróbl und Károly Lotz gestaltet. Im Zweiten Weltkrieg wurde der Bau schwer beschädigt. In den 1980er Jahren begann die Restaurierung.

HERCEGPRIMÁS U.

SAS UTCA

SZENT ISTVÁN TÉR

RINYI UTCA

OKTÓBER 6 UTCA

Nádor utca 7 ist ein klassizistisches, 1830 vollendetes Haus. Die schlichte harmonische Fassade zieren Pfeiler mit dekorativen Kapitellen. Elegante Bogen krönen die Fenster im ersten Stock.

József Attila utca 8, ein imposantes fünfstöckiges Bürogebäude, wurde 1898 von Artúr Meinig errichtet. Es ist ein gelungenes Beispiel für den ungarischen Sezessionsstil *(siehe S. 56–59)*.

0 Meter   100

Legende

— Routenempfehlung

Stadtplan *siehe Seiten 242–256* **Karte** *Extrakarte zum Herausnehmen*

Denkmal Ferenc Deáks auf dem
Széchenyi-István-Platz

❼ Széchenyi-István-Platz

Széchenyi István tér

Stadtplan 2 D5 (9 C3). **Karte** D5.
🚌 105, 116. 🚋 2.

Früher war der Platz unter folgenden Namen bekannt:
Franz-Joseph-Platz, Entladeplatz und von 1947 bis Mai 2011 Roosevelt-Platz. Er schließt sich in Pest ans Ende der Kettenbrücke an.

Zu Beginn des 20. Jahrhunderts säumten Hotels, das Dianabad und das von József Hild entworfene Palais Lloyd den Platz. Aus dem 19. Jahrhundert ist nur die Ungarische Akademie der Wissenschaften erhalten, alle anderen Bauten wurden abgerissen. Es entstanden das Palais Gresham und die Bank von Ungarn an der Ecke Attila József utca. Zwei Hotels, das Sofitel Budapest Chain Bridge (siehe S. 188) und das InterContinental, nehmen die Südseite des Platzes ein.

Eine Statue von Baron József Eötvös (1813–1871), einem Reformer des Bildungswesens, thront vor dem InterContinental. Auf dem Platz erinnern zwei Denkmäler an Politiker unterschiedlicher Richtungen: eins an Graf István Széchenyi (1791–1860), den führenden sozialpolitischen Reformer seiner Zeit, das andere an Ferenc Deák (1803–1876), der am Ausgleich von 1867 beteiligt war – was zur Doppelmonarchie (siehe S. 34) führte.

❽ Palais Gresham

Gresham palota

Széchenyi István tér 5 –7. **Stadtplan**
2 D5 (9 C3). **Karte** E5. 📞 (06-1) 268 60 00. 🚌 105, 116. 🚋 2.
🌐 fourseasons.com/budapest

Das Palais im Sezessionsstil erhielt seit seiner Errichtung viel Lob und Tadel. Es zählt zu den Wahrzeichen Budapests und wurde von der Gresham Life Assurance Company aus London bei Zsigmond Quittner und den Brüdern József und László Vágó in Auftrag gegeben. 1907 wurde es vollendet.

Das imposante Gebäude breitet sich gegenüber der Kettenbrücke aus. Die Fassade zieren typische Sezessionsmotive (siehe S. 56–59), darunter verschnörkelte Formen und Pflanzen. Die kunstvoll gemeißelten Fensterumrandungen wirken, als würden sie an den Mauern hervorspringen, und verschmelzen doch nahtlos mit der Architektur.

Die Fassade ziert eine Büste von Ede Telcs. Sie stellt Sir Thomas Gresham dar, den Gründer der Londoner Börse und Urheber des Gresham-Gesetzes: »Schlechtes Geld vertreibt gutes.« Auf den Simsen des Baus thronen Steinskulpturen, Türmchen und Alkoven.

Im Erdgeschoss des Palais öffnet sich eine T-förmige, mit bunt glasierten Ziegeln überdachte Arkade. Den Eingang zur Arkade weist ein schönes schmiedeeisernes Tor, das

Büste von Sir Thomas Gresham am
Palais Gresham

Pfauenmotive schmücken. Es ist in seinem ursprünglichen Zustand erhalten und ein herausragendes Beispiel für den Sezessionsstil. Im zweiten Stock oberhalb der Kossuth-Treppe leuchtet ein Bleiglasfenster von Miksa Róth mit einem Porträt von Lajos Kossuth (siehe S. 110).

2004 wurde das Palais umfassend restauriert und als erstes Four Seasons Hotel in Ungarn wiedereröffnet.

Skulpturen von Miklós Izsó, Ungarische Akademie der Wissenschaften

❾ Ungarische Akademie der Wissenschaften

Magyar Tudományos Akadémia

Széchenyi István tér 9. **Stadtplan** 2 D4 (9 C2). **Karte** D5. 📞 (06-1) 411 61 00. 🚌 16, 105, 116. 🚋 2. ⏰ Mo –Fr 11 –16 Uhr (nach Anmeldung). 🎫 nach Anmeldung. 🌐 mta.hu

Die Akademie wurde 1862 – 64 (Entwurf: Friedrich August Stüler) im Stil der Renaissance erbaut. Die Fassadenstatuen von Emil Wolff und Miklós Izsó stellen die sechs Wissensdisziplinen Recht, Geschichte, Mathematik, Naturwissenschaften, Philosophie und Linguistik dar. Donauseitig finden sich Allegorien der Poesie, Astronomie und Archäologie, an den Ecken Statuen von Denkern wie Newton, Descartes und Miklós Révay. Die Bibliothek im Erdschoss besitzt wertvolle akademische Werke aus mehreren Jahrhunderten.

Die Neorenaissance-Fassade des Palais Drechsler

⑩ St.-Stephans-Basilika

Siehe S. 120f.

⑪ Ungarische Staatsoper

Siehe S. 122f.

⑫ Palais Drechsler
Drechsler palota

Andrássy út 25. **Stadtplan** 2 F4 (10 E2). **Karte** F5. Ⓜ Opera.

Das Palais Drechsler wurde 1883 als Neorenaissance-Mietshaus für den ungarischen Eisenbahn-Rentenfonds erbaut. Später beherbergte es das Staatliche Ballettinstitut. Gyula Pártos und Ödön Lechner konzipierten den Bau dergestalt, dass er mit der Fassade der gegenüberliegenden Ungarischen Staatsoper *(siehe S. 122f)* harmoniert.

Seinen Namen verdankt das Palais dem Café Drechsler, das sich um 1900 im Erdgeschoss befand. Einst zierte das Porträt der Besitzer viele Postkarten.

⑬ Hotel Radisson Blu Béke
Radisson Blu Béke Hotel

Teréz körút 43. **Stadtplan** 2 F3. **Karte** F3. Ⓒ (06-1) 889 39 00. 🚋 4, 6. Ⓜ Oktogon. Ⓦ radissonblu.com

Das elegante Hotel wurde 1896 als Wohnhaus erbaut. 1912 gestaltete es Béla Málnai zum Hotel Brittania um. Ein Fassadenmosaik von György

Szondi zeigt einen ungarischen Hauptmann, der im 16. Jahrhundert gegen die Türken kämpfte.

1978 restaurierte die Radisson-Gruppe das üppig dekorierte Innere. Bemerkenswert sind die Bleiglasfenster im Restaurant Szondi von Jenő Haranghy mit Szenen aus den Werken Richard Wagners. Der Konferenzraum »Romeo und Julia« und das Restaurant Shakespeare sind nach den Wandgemälden der Räume benannt. Im Café genießt man Kaffee und Kuchen von Porzellan aus Pécs *(siehe S. 58).*

⑭ Budapester Operettentheater
Budapesti Operettszínház

Nagymező utca 17. **Stadtplan** 2 F4 (10 F1). **Karte** FG4. Ⓒ (06-1) 472 20 30. 🚋 4, 6. Ⓜ Oktogon, Opera. Ⓦ operettszinhaz.hu

Budapest genießt einen guten Ruf, was musikalische Unterhaltung angeht. Die Operettenszene *(siehe S. 216)* ist über 100 Jahre alt. Operetten wurden zuerst im Orfeum-Theater aufgeführt, das die Wiener Architekten Fellner und Helmer 1898 im neobarocken Stil erbauten. Das Projekt finanzierte der Impresario Károly Singer-Somossy. 1922 sanierte der amerikanische Unternehmer Ben Blumenthal das Gebäude und eröffnete das Hauptstädtische Operettentheater. Seit 1936 ist dies das einzige Theater Budapests, an dem Operetten aufgeführt werden.

Das Repertoire umfasst Werke aller bekannten Operettenkomponisten, darunter Franz (Ferenc) Lehár, Paul (Pál) Abraham (Ábráham) und Emmerich (Imre) Kálmán.

Eingang zum Budapester Operettentheater in der Nagymező utca

Stadtplan *siehe Seiten 242 – 256* **Karte** *Extrakarte zum Herausnehmen*

⑩ St.-Stephans-Basilika

Szent István Bazilika

Die dem hl. Stephan (István), dem ersten christlichen König Ungarns *(siehe S. 24)*, gewidmete Kirche entwarf József Hild im klassizistischen Stil. Den Grundriss bildet ein griechisches Kreuz. 1851 begann man mit den Bauarbeiten, ab 1867 übernahm sie Miklós Ybl *(siehe S. 123)*. Er fügte die Neorenaissance-Kuppel hinzu, nachdem die frühere Kuppel 1868 eingestürzt war. József Kauser vollendete die Kirche 1905. 1931 erhielt sie den Titel »Basilica Minor«, seit 1987 gehört sie zum UNESCO-Welterbe.

Kuppel
Die 96 Meter hohe Kuppel ist in ganz Budapest zu sehen.

Matthäus-Statue
Matthäus, einer der vier Evangelisten, thront in einer der Außennischen der Kuppel. Die Skulpturen stammen alle von dem Bildhauer Leó Feszler.

Turm
Hier schlägt eine über neun Tonnen schwere Glocke. Deutsche Katholiken stifteten sie als Ersatz für die ursprüngliche Glocke, die die Nationalsozialisten 1944 raubten.

Hauptportal
Die Eichentür zieren Schnitzereien von den Häuptern der zwölf Apostel.

Mosaiken
Die Kuppel der Basilika zieren Mosaiken von Károly Lotz. Weitere Mosaiken von Gyula Benczúr findet man im Altarraum.

Infobox

Information
Szent István tér. **Stadtplan** 2 E4 (10 D2). **Karte** EF5. ☎ (06-1) 338 21 51. **Schatzkammer** ⏰ Mo – Fr 9 – 17 Uhr (Sa bis 13, So 13 – 17 Uhr). 🚌 📷 10 – 14 Uhr. ♿

Anfahrt
Ⓜ Deák Ferenc tér.

★ Hauptaltar
Inmitten des Altars prangt eine Marmorstatue des hl. Stephan von Alajos Stróbl. Szenen aus dem Leben des Königs sind hinter dem Altar zu bewundern.

★ Heilige rechte Hand
Eine recht skurrile Reliquie ist der mumifizierte Unterarm des hl. Stephan. Er wird in der Kapelle der heiligen rechten Hand aufbewahrt.

Hl. Gellért und hl. Emericus
Die Skulpturen der beiden Heiligen Gellért und Emericus (Szent Imre) schuf Alajos Stróbl.

★ Gemälde von Gyula Benczúr
Da König Stephan keinen Thronfolger hatte, weihte er – wie hier dargestellt – Ungarn der Jungfrau Maria. Sie wurde *Patrona Hungariae*, die Schutzpatronin des Landes.

Außerdem

① **Aussichtsplattform**

② **Die Ballustrade der Kuppel** (erreichbar über 297 Stufen oder per Aufzug) ermöglicht einen Panoramablick auf die Stadt.

③ **Figuren der zwölf Apostel** von Leó Feszler krönen die äußere Kolonnade auf der Rückseite der Kirche.

Stadtplan siehe Seiten 242 – 256 **Karte** Extrakarte zum Herausnehmen

⓫ Ungarische Staatsoper

Magyar Állami Operaház

Im September 1884 wurde das Opernhaus als Budapester Pendant zu den Bühnen von Paris, Wien und Dresden eröffnet. Seine herrliche Architektur und die opulente Innenausstattung waren das Lebenswerk des großen ungarischen Architekten Miklós Ybl. Man findet auch Ornamentik von ungarischen Künstlern wie Alajos Stróbl und Károly Lotz. Hier wirkten einige einflussreiche Dirigenten als musikalische Leiter, darunter Ferenc Erkel, der Komponist der ungarischen Oper *Bánk Bán*, Gustav Mahler und Otto Klemperer.

Fassade
Der Figurenschmuck der symmetrischen Fassade bezieht sich auf Musik. In den Nischen rechts und links des Haupteingangs stehen die ungarischen Komponisten Ferenc Erkel und Franz (Ferenc) Liszt *(siehe S. 148)*. Die Skulpturen stammen von Alajos Stróbl.

Wandgemälde
Das Deckengewölbe im Foyer schmücken Fresken von Bertalan Székely und Mór Than. Sie stellen die neun Musen dar.

★ Foyer
Das Foyer mit seinen Marmorsäulen, den vergoldeten Deckengewölben und Kronleuchtern verleiht dem Opernhaus einen überaus prunkvollen Anstrich.

Haupteingang
Gusseiserne Laternen bestrahlen die breite Steintreppe und den Haupteingang.

★ Haupttreppe
Ein Opernbesuch war im 19. Jahrhundert ein gesellschaftliches Ereignis. Die ausladende Treppe war ein wichtiger Teil davon, führten doch hier die Damen ihre neuen Roben vor.

Kronleuchter
Über der Haupthalle schwebt ein bronzener Lüster mit einem Gewicht von über zwei Tonnen. Er bestrahlt ein herrliches Fresko von Károly Lotz mit den Göttern des Olymps.

Infobox

Information
Andrássy út 22. **Stadtplan** 2 F4 (10 E2). **Karte** F5. ☎ (06-1) 332 81 97 oderr 353 01 70 (Tickets). 🖼 ✉ bei Vorstellungen. ♿ 🏠 🕓 15, 16 Uhr. W **opera.hu** W **operavisit.hu**

Anfahrt
Ⓜ Opera.

Bühne
Die Bühne mit Vorbühne verfügt über modernste Technik, etwa über eine Drehbühne und eine hydraulische Bühnenmaschinerie.

Der Seiteneingang
besitzt eine Loggia, die den Entwurf des Hauptportals widerspiegelt.

★ Königsloge
Die Königsloge im Zentrum des dreistöckigen Runds ist mit Skulpturen dekoriert, die die vier Stimmlagen symbolisieren: Sopran, Alt, Tenor und Bass.

Miklós Ybl (1814–1891)

Miklós Ybl war in der zweiten Hälfte des 19. Jahrhunderts der berühmteste Architekt Ungarns und hatte einen enormen Einfluss und großen Anteil an der Entwicklung Budapests. Er war ein Anhänger des Historismus und verwendete gern Renaissance-Formen. Die Ungarische Staatsoper und die Kuppel der St.-Stephans-Basilika sind Musterbeispiele seines Werks. Ybl erbaute auch Wohnblocks und Adelspalais in diesem Stil. Eine Statue des Architekten steht am Westufer der Donau auf dem Ybl-Miklós-Platz *(siehe S. 99)*.

Büste von Miklós Ybl

Stadtplan *siehe Seiten 242–256* **Karte** *Extrakarte zum Herausnehmen*

Reich verziert: Fassade in der Váci-Straße, der Fußgängerzone von Pest *(siehe S. 131)*

Sehenswürdigkeiten auf einen Blick

Zentrum von Pest

Am Ende des 17. Jahrhunderts lag Pest großteils in Ruinen. In den folgenden Jahrzehnten entstanden neue Wohnviertel, die sich heute um das Zentrum ausbreiten. Im 19. Jahrhundert wurde viel saniert. Villen und Miethäuser wurden erbaut. Einige Wohnblocks wurden mit Läden und Cafés ausgestattet. Zeitgleich entstanden viele öffentliche Ge-

bäude. Der bekannteste Bau der Epoche ist das Ungarische Nationalmuseum. Damals überflügelte das auf der flachen Seite der Donau gelegene Pest das ältere Buda als Zentrum für Handel und Industrie. Teilweise war dies auch der jüdischen Gemeinde zu verdanken, welche die Stadtentwicklung nachhaltig unterstützte.

Stadtplan 4, 7 und 10

Zeichenerklärung *siehe hintere Umschlagklappe*

Im Detail: Váci-Straße

Die Váci-Straße (Váci utca) ist seit dem frühen 19. Jahrhundert eine schicke Gegend zum Flanieren, in der Cafés und elegante Boutiquen locken. Auf der reizvollen Promenade, die nachts stilvoll erleuchtet ist, lässt sich ein vergnüglicher Abend verbringen.

Der Vigadó-Konzertsaal ist ein Paradebeispiel für den Historismus *(siehe S. 51).*

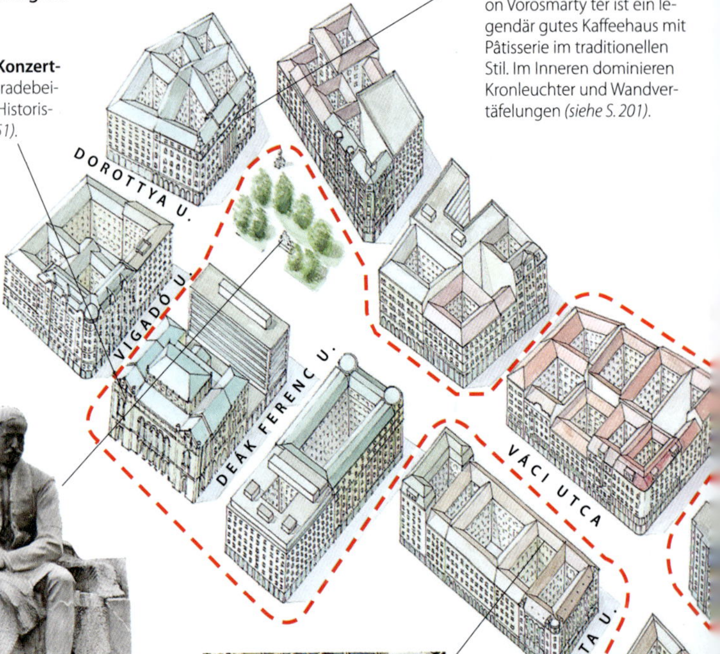

Die Gerbeaud Cukrászda gegenüber der U-Bahn-Station Vörösmarty tér ist ein legendär gutes Kaffeehaus mit Pâtisserie im traditionellen Stil. Im Inneren dominieren Kronleuchter und Wandvertäfelungen *(siehe S. 201).*

DOROTTYA U.

VIGADÓ U.

DEÁK FERENC U.

VÁCI UTCA

RÉGIPOSTA U.

PESTI U.

❹ Vörösmarty-Platz
Ein Marmordenkmal des Dichters Mihály Vörösmarty von Ede Telcs steht auf dem Platz. Es beschreibt die Einheit der ungarischen Nation in des Dichters Worten: »Diene unerschütterlich Deiner Heimat Ungarn.«

Das Thonet-Haus wurde von Ödön Lechner *(siehe S. 58)* und Gyula Pártos 1888–90 erbaut. Es ist im Originalzustand mit Zsolnay-Fliesen aus Pécs erhalten.

Das Palais Péterffy ist das einzige Pester Barockhaus. András Mayerhoffer baute es 1755 für den Richter János Péterffy. Über dem Torbogen wölbt sich ein schöner Balkon, den Atlanten stützen.

Ruinen von Contra-Aquincum *(siehe S. 23)*

Legende

— Routenempfehlung

⑩ Servitenkirche
Heiligenfiguren zieren
die Fassade (19. Jh.) der
barocken Kirche.

Zur Orientierung
Siehe Stadtplan 2, 4 und 10

❺ ★ Váci-Straße
Budapests eleganteste Fla-
nier- und Shopping-Meile
wird von Boutiquen, Cafés,
Brunnen und Statuen ge-
säumt. Rechts und links der
Straße liegen alte Innenhöfe
und Einkaufspassagen.

❻ ★ Klotildenpalais
Die beiden symmetrischen Häu-
serblocks flankieren majestätisch
die Auffahrt zur Elisabethbrücke.

**❶ ★ Innerstädtische
Pfarrkirche**
Ihr Tabernakel aus weißem
Kalkstein und rotem Mar-
mor stammt aus dem
frühen 16. Jahrhundert.

0 Meter   50

Stadtplan *siehe Seiten 242 – 256* **Karte** *Extrakarte zum Herausnehmen*

❶ Innerstädtische Pfarrkirche

Belvárosi Plébániatemplom

Der älteste Pester Kirchenbau entstand unter Stephan I. *(siehe S. 24f)* auf dem Grab des Märtyrers Gellért. Im 14. Jahrhundert wurde eine gotische Kirche errichtet, die unter den Türken als Moschee diente. Beim Brand von 1723 wurde sie beschädigt. György Pauer baute sie 1725–39 im Barockstil wieder auf. Innen sieht man neben klassizistischen Elementen von János Hild Werke aus dem 20. Jahrhundert. Im Mai 2014 begannen hier archäologische Ausgrabungsarbeiten, in der Folge können einige Teile der Kirche nicht zugänglich sein.

★ Kanzel

Die neogotische Kanzel zieren schöne Holzschnitzereien. Fülöp Ungradt schuf sie 1808.

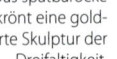

Hauptportal

Das spätbarocke Portal krönt eine goldverzierte Skulptur der Dreifaltigkeit.

Kirchenschiff

Das Kircheninnere ist im Stil der damaligen Epoche gotisch und barock gehalten. Das westliche Kirchenschiff ist reiner Barock.

Außerdem

① **Ein Mauerfragment** der romanischen Kirche ist noch im unteren Teil der Fassade zu sehen.

② **In den Südturm** wurde ein Mauerstück der einstigen romanischen Kirche integriert.

③ **Rekonstruiertes gotisches Tabernakel**

④ **Die türkische Gebetsnische** (Mihrab), die in Richtung Mekka zeigt, gehört zu den wenigen Überresten aus der Zeit der türkischen Besatzung *(siehe S. 28f)*.

★ Fresco
Das Freskenfragment im italienischen Stil (15. Jh.) stellt die Kreuzigung Christi dar. Es wurde vom Kreuzgang in den Chorraum versetzt.

Infobox

Information
Március 15 tér 2. **Stadtplan** 4 E1 (10 D5). **Karte** E7. 📞 (06-1) 318 31 08. ⭕ tägl. 9–19 Uhr. 🕆 tägl.

Anfahrt
🚋 2. Ⓜ Ferenciek tere.

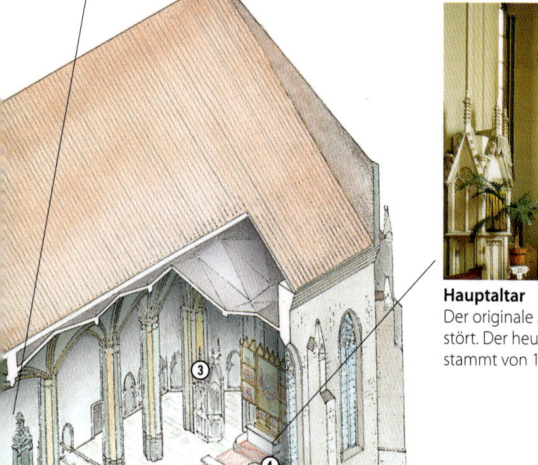

Hauptaltar
Der originale Altar wurde im Zweiten Weltkrieg zerstört. Der heutige von Károly Antal und Pál C. Molnár stammt von 1948.

★ Gotische Kapelle
Die gewölbte Kapelle betritt man durch einen bemalten Bogengang. Nachgebildete Maßwerkfenster zieren sie.

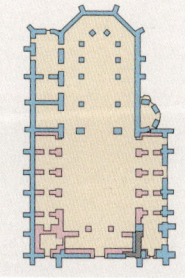

Pester Wappen
Das Pester Wappen schmückt den Sockel eines Renaissance-Tabernakels – das Werk eines italienischen Künstlers –, das der Pester Stadtrat 1507 in Auftrag gab.

Historischer Grundriss der Kirche

Vom Originalbau ist nichts erhalten: Die ältesten Rudimente stammen vom romanischen Bau (12. Jh.).

Legende

🟫 Romanische Kirche
🟦 Gotische Kirche
🟪 Barocke Kirche

Stadtplan *siehe Seiten 242 – 256* **Karte** *Extrakarte zum Herausnehmen*

Die prächtige Fassade des Vigadó-Konzertsaals schmücken Figuren und Büsten von Herrschern, Staatsmännern und berühmten Ungarn

❷ Vigadó-Platz
Vigadó tér

Stadtplan 4 D1 (10 D4). **Karte** E6.
🚋 2. ☎ (06-1) 235 4200. ⏰ Di – So 10 –18 Uhr. 🌐 vigado.hu

Eine Mischung von Stilformen prägt den Platz, der vom Konzertsaal dominiert wird. Der Bau wurde von Frigyes Feszl entworfen und unter dem Namen Vigadó (Redoute) 1865 eröffnet. Seine Fassade zieren volkstümliche Motive sowie Büsten ungarischer Persönlichkeiten. In der Mitte prangt ein altes ungarisches Wappen. Der Konzertsaal wird von der Ungarischen Akademie der Künste gemanagt.

Das Hotel Marriott *(siehe S. 188)* auf einer Seite des Platzes wurde 1969 von József Finta errichtet. Es war eines der ersten modernen Hotels der Stadt. An der Uferpromenade fällt eine auf dem Geländer sitzende kindliche Figur ins Auge: *Die kleine Prinzessin (siehe S. 69)* von László Marton.

Den Platz säumen viele Cafés, Restaurants sowie Stände für Kunsthandwerk.

❸ József-Nádor-Platz
József Nádor tér

Stadtplan 2 E5 (10 D3). **Karte** E6.
🚌 105. Ⓜ Vörösmarty tér.

Erzherzog Joseph, nach dem der Platz benannt ist, wurde 1796 mit nur 20 Jahren zum Palatin (kaiserlichen Stellvertreter) von Ungarn ernannt. 51 Jahre lang regierte er das Land bis zu seinem Tod 1847. Als einer der wenigen Habs-

burger, die den Ungarn wohlgesonnen waren, förderte er die Entwicklung von Buda und Pest und setzte 1808 die Verschönerungskommission *(siehe S. 32f)* ein.

Eine Statue des Erzherzogs von Johann Halbig ragt seit 1869 inmitten des Platzes auf. Einige Häuser rund um den Platz verdienen besondere Erwähnung. Das klassizistische Palais Gross (Nr.1; *siehe S. 50)* wurde 1824 von József Hild errichtet. In das einstige Café ist inzwischen eine Bank eingezogen. Das Gebäude Nr. 55 – 56 (1859) am Südende des Platzes stammt von Hugó Máltás. Den Laden in Nr. 11 führt die Firma Herend *(siehe S. 212)*,

die seit nahezu 200 Jahren weltweit bekanntes Porzellan herstellt.

❹ Vörösmarty-Platz
Vörösmarty tér

Stadtplan 2 E5 (10 D3). **Karte** E6.
Ⓜ Vörösmarty tér.

In der Mitte des Platzes erhebt sich das Denkmal des Dichters Mihály Vörösmarty (1800 – 1855). Die 1908 enthüllte Skulptur schuf Ede Telcs. Dahinter, auf der Ostseite des Platzes, liegt das ehemalige Kaufhaus Luxus in einem Bau der Jahrhundertwende. Es machte allerdings im Jahr 2005 Konkurs.

Auf der Nordseite lockt eine renommierte Pâtisserie mit Kaffeehaus, die Henrik Kugler 1858 eröffnete. Der Schweizer Zuckerbäcker Emil Gerbeaud übernahm das Establissement. Von ihm stammt auch das üppige Dekor, das man noch heute bewundern kann. Hier erwartet Sie eine verführerische Auswahl an Gebäck und Desserts. Im Sommer kann man auch angenehm auf der Terrasse sitzen.

Skulptur am Vigadó-Platz

Das elegante Innere der Gerbeaud Cukrászda am Vörösmarty-Platz

Am Thonet-Haus in der Váci-Straße 11 leuchten Zsolnay-Fliesen

❺ Váci-Straße

Váci utca

Stadtplan 4 E1–F2 (10 E5). **Karte** EF7–8. **M** Ferenciek tere.

Einst gab es hier zwei Straßen. Anfang des 18. Jahrhunderts wurden sie zu einer vereint. Gleichwohl hat die Straße zwei unterschiedliche Bereiche: Der nördliche Abschnitt der Váci utca ist eine elegante Shopping-Meile mit Luxusläden, der südliche Abschnitt besitzt mehr Restaurants und kleinere Geschäfte.

Die meisten Gebäude der Straße stammen aus dem 19. und frühen 20. Jahrhundert. Heute findet man Kaufhäuser, Banken und moderne Einkaufspassagen zwischen den altehrwürdigen Häusern.

Philanthia, der 1905 eröffnete Blumenladen im Sezessionsstil, nimmt heute einen Teil des klassizistischen Gebäudes Nr. 9 ein, das József Hild 1840 erbaute. Dort findet man auch das Pester Theater, in dem klassische Stücke, etwa von Tschechow, zur Aufführung kommen. Einst vergnügte man sich hier im großen Ballsaal eines Gasthauses. Franz Liszt gab im zarten Alter von zwölf Jahren ein Konzert.

Das Thonet-Haus (Nr. 11) ist wegen der Zsolnay-Fliesen (siehe S. 58) aus Pécs, die die Fassade schmücken, sehenswert. Haus Nr. 13 von 1805 ist das älteste Gebäude der Váci utca. Kontraste setzt Nr. 16, das

1984 erbaute postmoderne Kaufhaus Fontana. Vor dem Gebäude erhebt sich ein bronzener Brunnen, der von einer Hermesfigur (Mitte 19. Jh.) geziert wird.

Wahrzeichen des ehemaligen Hotels Nádor (Nr. 20) war eine Statue von Erzherzog Joseph vor dem Eingang. Es wurde vom 1987 eröffneten Hotel Mercure (siehe S. 188) abgelöst, das József Finta erbaute.

In der Régiposta utca, einer Seitenstraße der Váci utca, kommt man zu einem modernistischen Gebäude in einem vom Bauhaus inspirierten Stil (Nr. 13). Es wurde 1937 von Lajos Kozma errichtet.

❻ Klotildenpalais

Klotild paloták

Váci utca 34. **Stadtplan** 4 E1 (10 E5). **Karte** E7. **M** Ferenciek tere.

Die Szabad sajtó út an der Zufahrt zur Elisabethbrücke flankieren zwei Palais von 1902. Erzherzogin Klotilde, eine Schwiegertochter von Palatin Jószef, ließ die nach ihr benannten Gebäude errichten. Flóris Korb und Kálmán Giergl entwarfen sie im Stil des Historismus, der durch Rokoko-Elemente aufgelockert wird.

Das Palais rechts vor der Brücke ist ein Apartmenthaus mit dem Buddha-Bar Hotel (siehe

Das linke der beiden Klotildenpalais von 1902 – an der Zufahrt zur Elisabethbrücke (siehe S. 67)

S. 187), das linke Gebäude beherbergt ein Restaurant und ein Café.

❼ Bezirksratsgebäude

Pest Megye Önkormányzat

Városház utca 7. **Stadtplan** 4 F1 (10 E4). **Karte** F6–7. **C** (06-1) 233 68 00. **M** Ferenciek tere. **O** Mo–Do 8–16.30, Fr 8–14 Uhr.

In verschiedenen Bauphasen entstand hier eines der schönsten öffentlichen Gebäude in monumental klassizistischem Stil. Errichtet wurde es im 19. Jahrhundert im Rahmen des Verschönerungsplans für die Stadt.

Der Pester Bezirksrat hatte seit Ende des 17. Jahrhunderts an dieser Stelle seinen Sitz. Im Jahr 1811 gehörten zwei Konferenzsäle sowie ein Gefängnis mit Kapelle zum Gebäude. 1829–32 wurde an der Semmelweis utca ein von József Hofrichter entworfener Flügel angebaut, in dem Angestellte des Bezirksrats untergebracht wurden.

1838 startete ein weiteres Stadtsanierungsprogramm, diesmal nach den Plänen von Mátyás Zitterbarth d. J., einem Exponenten klassizistischer Architektur. Das 1842 vollendete Bauwerk mit seiner eindrucksvollen Fassade blickt über die Városház utca hinweg. Den Portikus zieren sechs korinthische Säulen, die einen Tympanon tragen.

Im Krieg wurde das Bezirksratsgebäude zerstört, beim anschließenden Wiederaufbau vergrößert. Man fügte drei Innenhöfe an. Der erste besitzt einen reizvollen Kreuzgang. Dank der guten Akustik finden dort im Sommer häufig Konzerte statt.

Auf dem Kamermayer Károly tér zwischen dem Bezirksratsgebäude und dem Rathaus (siehe S. 132) erinnert ein Denkmal (1942) von Béla Szabados an Károly Kamermayer (1829–1897), den ersten Bürgermeister Budapests, der 1873 nach der Vereinigung von Óbuda, Buda und Pest sein Amt antrat.

❽ Rathaus
Fővárosi Önkormányzat

Városház utca 9 –11. **Stadtplan** 4 E1 – F1 (10 E4). **Karte** F6. ☎ (06-1) 327 10 00. Ⓜ Ferenciek tere. ⧗ Mo – Do 8 –16.30, Fr 8 –12.30 Uhr.
Ⓦ budapest.hu

Das Rathaus ist das größte Barockgebäude in Budapest. Vollendet wurde es 1735 nach Entwürfen von Anton Erhard Martinelli. Ursprünglich diente der Bau (Ende 17. Jh.) als Hospital für die Veteranen des Kriegs zwischen Christen und Türken *(siehe S. 28f)*.

1894 erwarb die Stadtverwaltung das Gebäude, um hier den Stadtrat unterzubringen. Ármin Hegedűs erhielt den Auftrag, das neue Rathaus zu verschönern.

Bemerkenswert sind die Flachreliefs der Tore zur Városház utca. Sie stellen Szenen aus dem Krieg gegen die Türken *(siehe S. 75)* dar. Auf ihnen sieht man den siegreichen Karl III. *(siehe S. 21)* und Prinz Eugen von Savoyen. Die Reliefs sollen das Werk des Wiener Bildhauers Johann Christoph Mader sein.

❾ Türkische Bank
Török Bankház

Szervita tér 3. **Stadtplan** 4 E1 (10 D4). **Karte** E6. Ⓜ Deák Ferenc tér.

Das 1906 nach den Plänen Henrik Böhms und Ármin Hegedűs' entstandene Gebäude der einstigen Türkischen Bank ist ein Musterbeispiel des Sezessionsstils.

Außen wurde in moderner Bauweise eine Glasfassade geschaffen, die in Stahlbeton eingebettet ist. Im Giebel über der Fensterzeile prangt ein grandioses farbenfrohes Mosaik von Miksa Róth mit dem Titel *Ungarns Glorie*. Es stellt Ungarn bei der Verehrung Mariä – der *Patrona Hungariae (siehe S. 121)* – dar. Engel und Schäfer flankieren die Heilige Jungfrau zusammen mit politischen Helden wie Fürst Ferenc II. Rákóczi *(siehe S. 30)*, István Széchenyi *(siehe S. 32f)* und Lajos Kossuth *(siehe S. 110)*.

Ungarns Glorie, Mosaik an der Fassade der Türkischen Bank

❿ Servitenkirche
Szervita templom

Szervita tér 7. **Stadtplan** 4 E1 (10 D4). **Karte** E6. Ⓜ Deák Ferenc tér.

Die Barockkirche wurde 1725 – 32 nach den Plänen von János Hölbling und György Pauer erbaut. 1871 wurde die Fassade erneuert und der Turm mit einem neuen, von József Diescher entworfenen Dach versehen. Über dem Türbogen wachen Heilige: Peregrin und Anna, darüber sitzen Philipp und Augustinus. Rechter Hand des Eingangs prangt ein Flachrelief (1930) von János Istók. Es ist den Soldaten des Siebten Husarenregiments gewidmet, die im Ersten Weltkrieg fielen.

⓫ Evangelische Kirche
Evangélikus templom

Deák tér 4. **Stadtplan** 2 E5 (10 E3). **Karte** F6. ☎ (06-1) 317 34 13. Ⓜ Deák Ferenc tér. ♿ **Nationalmuseum der Evangelischen Kirche** ☎ (06-1) 483 21 50. ⬤ derzeit geschlossen, Wiedereröffnung voraussichtlich bis Ende 2015 (siehe Website). 🎫 🎫 nach Vereinbarung.
Ⓦ evangelikusmuzeum.hu

Mihály Pollack entwarf die klassizistische Kirche (1799 –1808). Den Portikus mit dem von dorischen Säulen getragenen

Tympanon fügte József Hild 1856 hinzu. Charakteristisch ist die für protestantische Kirchen übliche Schlichtheit. Über dem Hauptaltar hängt eine Kopie von Raffaels *Verklärung Jesu* von Franz Sales Lochbihler (1811). Aufgrund der guten Akustik finden hier Orgelkonzerte statt.

Neben der Kirche erhebt sich ein weiteres klassizistisches Gebäude Pollacks. Die einstige Evangelische Schule beherbergt heute das Nationalmuseum der Evangelischen Kirche. Es führt durch die Geschichte der ungarischen Reformation. Sehenswert: eine Kopie des Testaments von Martin Luther. Das Originaldokument von 1542 wird im Archiv verwahrt.

Klassizistischer Hauptaltar in der Evangelischen Kirche

Miklós Ybls Donaubrunnen (1880–83)

⑫ Donaubrunnen
Danubius kút

Erzsébet tér. **Stadtplan** 2 E5 (10 D3). **Karte** E6. Ⓜ Deák Ferenc tér.

Der Brunnen, der einst auf dem Kálvin tér stand, wurde von Miklós Ybl *(siehe S. 123)* 1880–83 entworfen und erbaut. Ihn zieren Dezső Győris Kopien der Originalskulpturen von Béla Brestyánszky und Leó Feszler, die im Zweiten Weltkrieg beschädigt wurden. Ganz oben thront Danubius, der die Donau symbolisiert. Die drei weiblichen Figuren darunter verkörpern drei wichtige Nebenflüsse der Donau: Tisza (Theiß), Dráva (Drau) und Száva (Save).

⑬ Neues Theater
Új Színház

Paulay Ede utca 35. **Stadtplan** 2 F4 (10 E2). **Karte** F5. Ⓒ (06-1) 269 60 21. Ⓜ Opera. Ⓦ ujszinhaz.hu

Der von Béla Lajta im Sezessionsstil gestaltete Bau (1909) erfuhr viele Veränderungen. Als Domizil der Pariser Cabaret-Truppe Mulató wurde er zum Hort der Frivolität. László Vágó baute ihn 1921 zum Bühnentheater um. Nach dem Zweiten Weltkrieg bekam er eine Fassade aus Glas und Stahl und beherbergte ein Kindertheater.

1988–90 erhielt das Gebäude seine ursprüngliche Form nach den Plänen Lajtas zurück. Nun zieren wieder Vergoldungen, Bleiglas und Marmor das ungewöhnliche Bauwerk, in dem heute das Neue Theater zu Hause ist.

⑭ Franz-Liszt-Musikakademie
Liszt Ferenc Zeneakadémia

Liszt Ferenc tér 8. **Stadtplan** 7 A1 (10 F2). **Karte** G4–5. Ⓒ (06-1) 462 46 00. 🚊 4, 6 bis Király utca. 🕐 nach Vereinbarung. Ⓦ lisztacademy.hu

Sitz der Akademie, zu deren Professoren u. a. Béla Bartók (Klavier) und Zoltán Kodály gehörten, ist ein Palais des Späthistorismus, das 1904–07 von Kálmán Giergl und Flóris Korb erbaut wurde. Über dem Haupteingang thront eine Statue von Franz (Ferenc) Liszt von Alajos Stróbl. Die sechs Flachreliefs von Ede Telcs sind der Musikgeschichte gewidmet. Der Große Saal der Akademie (860 Plätze) ist eine Apotheose des Jugendstils und als Konzertsaal weltberühmt. Der 2013 nach Sir Georg Solti umbenannte Kammerkonzertsaal (300 Plätze) dient mittlerweile auch als Bühne für Kammeropern.

⑮ Palais New York
New York palota

Erzsébet körút 9–11. **Stadtplan** 7 B2. **Karte** H6. Ⓒ (06-1) 886 61 11. 🚊 4, 6. Ⓜ Blaha Lujza tér. ✂ 💻 Ⓦ boscolohotels.com

Das 1891–95 nach den Plänen von Alajos Hauszmann errichtete Palais beherbergte anfangs eine amerikanische Versicherung. Der fünfstöckige Bau wartet mit einer Mischung aus Barock- und Sezessionsmotiven auf. Die Skulpturen der Fassade stammen von Károly Senyei.

Im Erdgeschoss befindet sich das elegante New York Café *(siehe S. 204)*. Das reich vergoldete Interieur im barocken Stil mit prächtigen Lüstern und Marmorsäulen, in dem sich einst Künstler und Literaten trafen, erstrahlt im alten Glanz. Das Boscolo Budapest Hotel *(siehe S. 187)* mit Spa und einem edlen Restaurant belegt den Rest des Gebäudes.

Großer Saal der Franz-Liszt-Musikakademie

⑳ Ungarisches Nationalmuseum

Magyar Nemzeti Múzeum

Das Ungarische Nationalmuseum birgt die kostbarsten Sammlungen an Kunst und Artefakten aus der turbulenten Geschichte Ungarns. Es wurde 1802 dank einer Initiative des Grafen Ferenc Széchényi gegründet, der hierfür seine Münz-, Bücher- und Dokumentensammlung dem Staat vermachte. Den Rahmen für die Exponate bietet das imposante klassizistische Hauptgebäude (1837–47) von Mihály Pollack.

Grundsteinlegung (1864)
Das Gemälde von Miklós Barabás bildet die Zeremonie ab, die zu Baubeginn der Kettenbrücke *(siehe S. 66)* 1842 stattfand.

Kriegstruhe
Die barocke Kriegstruhe ziert das Wappen Ungarns. Sie stammt aus der Zeit des Aufstands unter Ferenc II. Rákóczi *(siehe S. 30)*.

Lehnstuhl
Bunte Früchte und Blumenornamente schmücken den Lehnstuhl aus dem frühen 18. Jahrhundert. Er stammt von Ferenc II. Rákóczi, der im türkischen Exil das Tischlerhandwerk erlernte.

★ Krönungsmantel
Das Meisterstück aus byzantinischer Seide schenkte der hl. Stephan (István I.) der Kirche in Székesfehérvár 1031. Im 12. Jahrhundert diente es als Krönungsmantel.

Legende

- ⬜ Krönungsmantel
- ⬜ Archäologische Sammlung
- ⬜ 11.–17. Jahrhundert
- ⬜ 18./19. Jahrhundert
- ⬜ 20. Jahrhundert

Kurzführer

Im ersten Stock sind der Krönungsmantel und die archäologische Sammlung zu sehen. Der zweite Stock präsentiert Artefakte vom 11. Jahrhundert bis zur Gegenwart. Das Lapidarium liegt im Untergeschoss.

Haupteingang

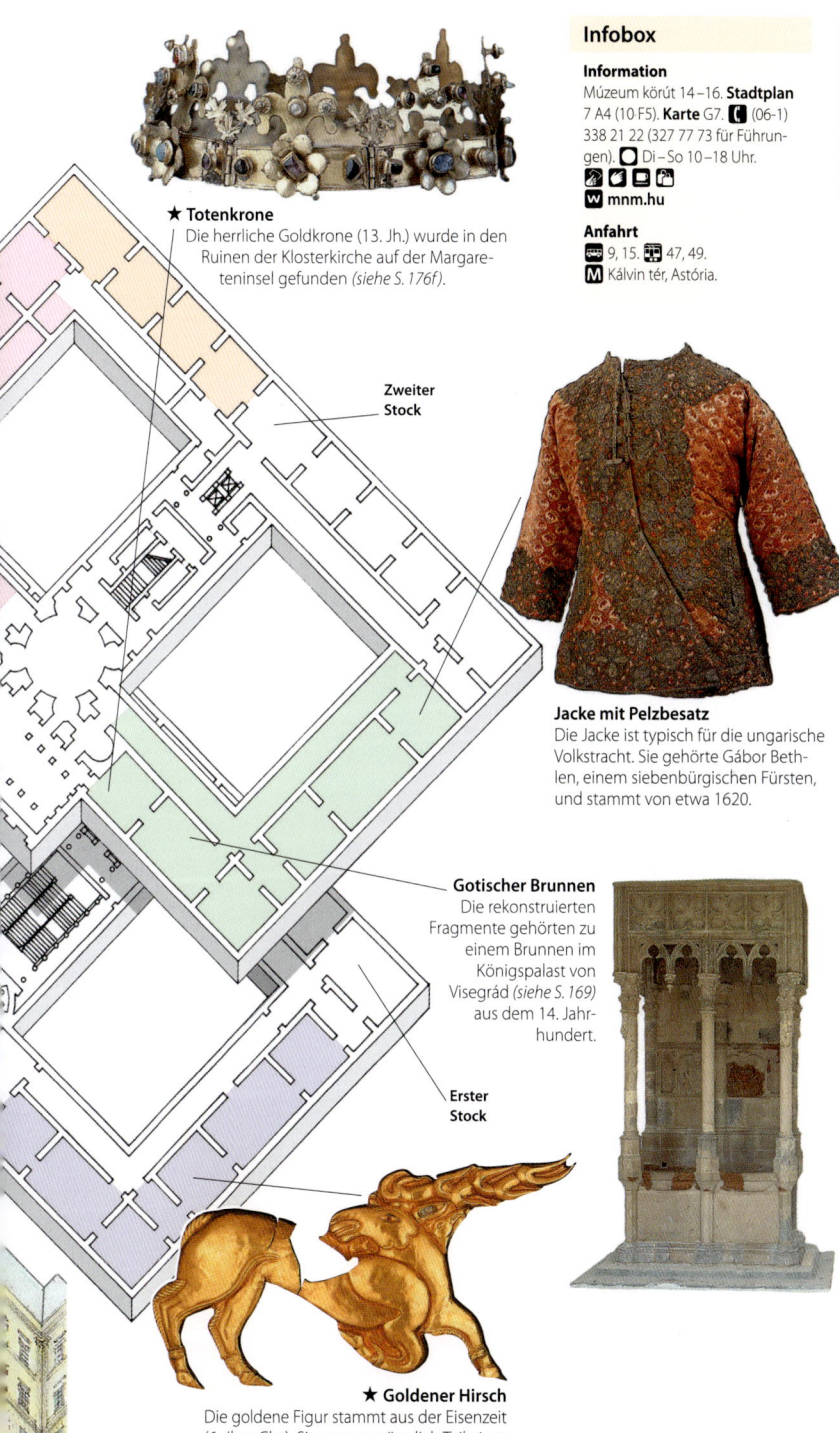

★ Totenkrone
Die herrliche Goldkrone (13. Jh.) wurde in den Ruinen der Klosterkirche auf der Margareteninsel gefunden *(siehe S. 176f)*.

Zweiter Stock

Infobox

Information
Múzeum körút 14–16. **Stadtplan** 7 A4 (10 F5). **Karte** G7. ☎ (06-1) 338 21 22 (327 77 73 für Führungen). ⚪ Di–So 10–18 Uhr.
🖼 📷 ♿ ☕
w mnm.hu

Anfahrt
🚌 9, 15. 🚊 47, 49.
Ⓜ Kálvin tér, Astória.

Jacke mit Pelzbesatz
Die Jacke ist typisch für die ungarische Volkstracht. Sie gehörte Gábor Bethlen, einem siebenbürgischen Fürsten, und stammt von etwa 1620.

Gotischer Brunnen
Die rekonstruierten Fragmente gehörten zu einem Brunnen im Königspalast von Visegrád *(siehe S. 169)* aus dem 14. Jahrhundert.

Erster Stock

★ Goldener Hirsch
Die goldene Figur stammt aus der Eisenzeit (6. Jh. v. Chr.). Sie war ursprünglich Teil eines skythischen Schilds.

Stadtplan *siehe Seiten 242–256* **Karte** *Extrakarte zum Herausnehmen*

Ungarisches Nationalmuseum: Sammlungen

Die Treppen des Baus bildeten die Kulisse für die Revolution von 1848/49: Hier verlas der Dichter Sándor Petőfi 1848 erstmals sein *Nationallied*, das den Aufstand gegen die Habsburger entfachte *(siehe S. 32f)*. Am 15. März jeden Jahres wird das historische Ereignis gefeiert: Dann putzt sich das Museum in den Nationalfarben heraus, die Szene wird nachgestellt. Die Exponate des Museums, darunter historische Dokumente, Fotos, Artefakte und Kunsthandwerk, lassen Ungarns Geschichte lebendig werden.

Denkmal des Dichters János Arany vor dem klassizistischen Museumsbau

Museumsgebäude

Das 1837–47 nach einem Entwurf von Mihály Pollack erbaute klassizistische Gebäude ist eines der gelungensten jener Epoche.

Der Fassade ist ein monumentaler Portikus vorgelagert, den ein Tympanon von Raffael Ponti krönt. Die Komposition zeigt die Figur der Pannonia *(siehe S. 22)*, des römischen Pannonien, nebst Allegorien der Künste und Wissenschaften.

Den Park um das Museum zieren Statuen berühmter Persönlichkeiten aus Literatur, Wissenschaft und Kunst. Ein Denkmal des Dichters János Arany, des Autors der *Toldi*-Trilogie, weist den Weg zum Haupteingang. Die Bronze-Kalkstein-Skulptur schuf Alajos Stróbl 1893. Im Hauptsaal sind die herrlichen Gemälde von Mór Than und Károly Lotz zu bestaunen. Ein römisches Mosaik (3. Jh.) ist in den Boden des Kuppelsaals eingelassen.

Krönungsmantel

In einem separaten Saal des Museums kommt einer der bedeutendsten Schätze Ungarns, der Krönungsmantel der Árpáden *(siehe S. 24f)*, zur Geltung. Das prächtige Gewand aus byzantinischer Seide wurde der Kirche einst vom hl. Stephan (István) geschenkt. Im 13. Jahrhundert wurde es umgearbeitet. Obwohl es heute stark ausgebleicht ist, besticht es immer noch durch die kunstvollen Stickereien mit feinen Goldfäden und Perlen.

Erstaunlicherweise haben die Krönungsinsignien durch alle Wirren der ungarischen Geschichte hindurch überdauert. US-Truppen entdeckten sie im Zweiten Weltkrieg und brachten sie ins amerikanische Fort Knox. 1978 kehrten sie nach Ungarn zurück. 2000 wurden die Insignien bis auf den Mantel in den Kuppelsaal des Parlaments *(siehe S. 112f)* verlegt, wo sie heute zu bewundern sind.

Archäologische Sammlung

Die archäologische Sammlung wurde 2002 anlässlich des 200-jährigen Jubiläums des Museums eröffnet. Die Ausstellung führt Besucher durch eine frühe Epoche der ungarischen Geschichte – von 400 v.Chr. bis 840 n.Chr., von den ersten Siedlern bei Vértesszőlős bis zum Ende des Frühmittelalters, das in die ungarischen Eroberungen mündete.

Zu sehen sind einige der jüngsten und wichtigsten archäologischen Funde Ungarns, die die Vergangenheit beleuchten.

11. – 17. Jahrhundert

Die ältesten Exponate des Museums stammen aus der Zeit der Árpáden. In diesem Museumsbereich befindet sich auch eines der wertvollsten Stücke: die Krone von Konstantin IX. Monomachus mit Emaildekor. Ebenfalls zu sehen sind die Grabbeigaben von Béla III., Gefäße aus romanischer Zeit, Waffen und eine Münzsammlung sowie Geräte zur Münzprägung.

Verzierungen am Fuß eines Kelchs aus dem 15. Jahrhundert

Die Ära der Anjou-Herrscher (*siehe S. 20*) überschneidet sich mit dem Aufkommen der Gotik, die hier mit wundervollen Goldschmiedearbeiten vertreten ist. In den beiden nächsten Sälen entdeckt man das Reich Sigismunds von Luxemburg (*siehe S. 26*) und die Errungenschaften János Hunyadis (*siehe S. 26*). Hier findet man zudem die Kopien von Albrecht Dürers Porträt des Königs Sigismund und den Zeremonialsattel. Auch Platin- und Goldstücke, Handschriften und Dokumente sind ausgestellt. Das Leben der Bauern in jener Epoche wird ebenso lebendig wie die Geschichte des Königshofs.

Druckerpresse, auf der 1848 nationalistische Flugblätter gedruckt wurden

Die Herrschaft von König Mátyás I. (*siehe S. 26f*) und die Jagiellonen-Dynastie (*siehe S. 20*) markieren das Ende der Gotik und den Beginn der Renaissance. Aus dieser Epoche stammen ein Glaskelch (15. Jh.) von Mátyás I., spätgotische Kirchenbänke aus Bártfa, Rüstungen und Waffen sowie ein Gewand von Maria von Habsburg (16. Jh.).

Es folgen herrliche Skulpturen, Kunstwerke und Artefakte aus dem 16. und 17. Jahrhundert. Interessant sind die Exponate aus der Zeit der Türkenherrschaft (*siehe S. 28f*), vor allem die Alltagsgegenstände und die Waffen.

Ein eigener Saal ist Siebenbürgen und seiner wichtigen historischen Rolle gewidmet. Zu sehen sind kunstvoller Schmuck, aus Gold gefertigte Gefäße, Trachten (17. Jh.) und Keramik der Habaner (Angehörige der Täuferbewegung), die hier im frühen 17. Jahrhundert siedelten. Der letzte Bereich der Abteilung endet 1686, dem Jahr der Befreiung Budas von der Türkenherrschaft durch die christlichen Heere. Dieser Teil des Museums präsentiert auch zahlreiche Porträts einflussreicher Ungarn jener Epoche sowie eine faszinierende Schmucksammlung aus dem 17. Jahrhundert.

Brosche aus dem 18. Jahrhundert

18. / 19. Jahrhundert

Die Abteilung präsentiert die Epoche der Regentschaft der Habsburger – eine Zeit ständiger Volksunruhen. Mit dem Aufstand Rákóczis 1703–11 (*siehe S. 30f*) beginnt der Rundgang: Zu sehen sind Waffen und Möbel aus dem Palais von Ferenc II. Rákóczi. Ein Blickfang ist der Lehnstuhl, den Rákóczi selbst tischlerte.

Der nächste Saal ist der ungarischen Kunst und Kultur des 18. Jahrhunderts gewidmet. Die folgenden Räume dokumentieren die Geschichte Ungarns in der ersten Hälfte des 19. Jahrhunderts. Zu bestaunen sind hier eine Anzahl von Kunstwerken, darunter herrliche Porträts und historische Gemälde, etwa die *Grundsteinlegung der Ketten-*

Gildetruhe aus dem 17. Jahrhundert

brücke, sowie wichtige Dokumenten und Memorabilien aus jener Zeit.

Der Zentralbereich ist dem Aufstand von 1848 (*siehe S. 32f*) gewidmet. Auf der gezeigten Druckerpresse wurden die Flugblätter mit den zwölf Forderungen der Ungarn an die Habsburger hergestellt.

Aus der zweiten Hälfte des 19. Jahrhunderts stammen die Exponate der Freimaurer: Orden, Münzen und historische Manuskripte. Auch Memorabilien anlässlich der Krönung Franz Josephs 1867 und der Millenniumsfeier 1896 sind zu sehen.

20. Jahrhundert

Die technischen Errungenschaften des 20. Jahrhunderts und die jüngste ungarische Geschichte werden hier anhand von Fotos und Dokumenten lebendig. Neben Exponaten aus dem Ersten Weltkrieg und der Revolutionszeit zwischen den beiden Kriegen sind erschütternde Dokumente aus dem Zweiten Weltkrieg zu sehen. Die Nachkriegsära wird hauptsächlich aus politischer Sicht dargestellt. Hervorgehoben sind etwa der Aufstand von 1956 und die Ereignisse von 1989, die das Ende des Kommunismus in Osteuropa einläuteten (*siehe S. 37*).

⑯ Jüdisches Viertel

Zsidó Negyed

Király utca, Rumbach Sebestyén utca, Dohány utca u. Akácfa utca. **Stadtplan** 2 F5 u. 7 A2 (10 F3). **Karte** FG6. 🚋 47, 49. Ⓜ Deák Ferenc tér, Astoria.

Die ersten Juden kamen im 13. Jahrhundert nach Ungarn und siedelten sich in Buda und Óbuda, im 15. Jahrhundert (und im 19. Jahrhundert wieder) in Pest an. Im 19. Jahrhundert bildete sich zudem eine größere jüdische Gemeinde in Erzsébetváros außerhalb der Stadtgrenzen von Pest.

Holocaust-Denkmal

Die Skulptur einer Trauerweide von Imre Varga wurde 1991 enthüllt. Sie gedenkt der 600 000 ungarischen Juden, die unter den Nationalsozialisten ermordet wurden. Der Schauspieler Tony Curtis finanzierte das Denkmal mit.

Fenster der Großen Synagoge

1251 gewährte König Béla IV. den Juden von Buda Religionsfreiheit. Die jüdische Gemeinde integrierte sich hervorragend in die ungarische Gesellschaft, bis Admiral Miklós Horthy 1941 eine Reihe antisemitischer Gesetze erließ. 1944 wurde das Pester Ghetto um die Große Synagoge eingerichtet, Tausende von Juden wurden deportiert.

Nach schweren Schlachten zwischen der deutschen Wehrmacht und der Roten Armee befreiten die Russen das jüdische Ghetto am 18. Januar 1945. Etwa 600 000 ungarische Juden waren Opfer des Holocaust geworden. Daran erinnert eine Gedenktafel an der orthodoxen Synagoge in der Rumbach utca.

Gegen Ende des 19. Jahrhunderts gab es in Budapest drei Synagogen. Koschere Einrichtungen wie die Metzgerei in der Kazinczy utca 41 gehörten zum Stadtbild. Die Läden werden heute rekonstruiert, um den alten Charakter des Viertels wiederherzustellen.

⑰ Große Synagoge

Nagy Zsinagóga

Dohány utca 2. **Stadtplan** 4 F1 (10 F4). **Karte** G6. 📞 (06-1) 342 89 49. Ⓜ Astoria. **Jüdisches Museum** 🕐 März – Okt: So – Do 10 –18, Fr 10 – 16 Uhr; Nov – Feb: So – Do 10 –16, Fr 10 –14 Uhr. 📷 ✏️ 🌐 zsidomuzeum.hu

Die größte Synagoge Europas errichtete der Wiener Architekt Ludwig Förster 1854 – 59 im byzantinisch-maurischen Stil. Der dreischiffige Bau hat, nach orthodoxer Tradition, separate Emporen für die Frauen. Der untere Bereich und die Galerien fassen ca. 3000 Gläubige. Einige Details, etwa die Position der Bima, spiegeln Elemente des Reformjudentums wider. Das Innere wurde von Aron Hakodesz und Frigyes Feszl kostbar ausgestattet.

Seit 1931 gehört zur Synagoge ein Museum, das eine umfangreiche Sammlung historischer Reliquien und judaischer religiöser Gegenstände vom alten Rom bis zur Gegenwart ausstellt. Zu sehen sind u. a. das Buch der Chevra Kadisha (1792) und Dokumente zur Judenverfolgung. 1991 wurde das Holocaust-Denkmal enthüllt.

Das große Rosettenfenster ist der Blickfang der Fassade mit den beiden reich verzierten Türmen, die von auffälligen Zwiebelhauben gekrönt werden.

Die Fassade aus roten und hellen Ziegeln weist kunstvolle Keramikfriese auf.

Eine hebräische Inschrift aus dem zweiten Buch Mose ist unter der Fensterrose zu lesen.

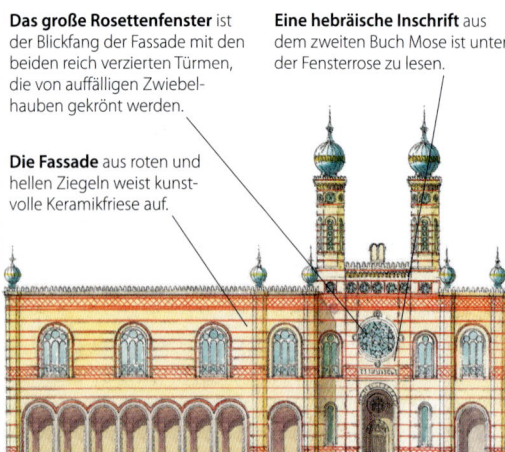

Hotels und Restaurants in Budapest siehe Seiten 186 –189 und 196 – 207

⑱ Rochuskapelle
Szent Rókus kápolna

Gyulai Pál utca 2. **Stadtplan** 7 A3.
Karte H6. 🕿 (06-1) 338 35 15. 🚌 7.
🚋 4, 6. Ⓜ Blaha Lujza tér.

Der Pester Stadtrat ließ die Kapelle an einer damals unbewohnten Stelle erbauen. Sie ist den beiden Heiligen Rochus und Rosalie geweiht, die, wie man glaubte, die Pestepidemie von 1711 abgewendet hatten.

1740 wurde die Kapelle erweitert, 1797 der Turm angebaut. Die Fassade zieren Kopien barocker Heiligenfiguren, die 1908 anstelle der Originale platziert wurden. Im Inneren prangt rechts ein Bildnis der Jungfrau Maria von 1740. Ein Gemälde von Jakab Warsch, das die Überschwemmung von 1838 zeigt, schmückt das Oratorium.

⑲ Pollack-Mihály-Platz
Pollack Mihály tér

Stadtplan 7 A4 (10 F5). **Karte** G7.
Ⓜ Kálvin tér. **Palais Festetics**
🕿 (06-1) 266 31 01. 🖉 nur nach Vereinbarung.

Der Platz hinter dem Ungarischen Nationalmuseum *(siehe S. 134–137)* ist nach Mihály Pollack benannt, dem Architekten vieler klassizistischer Gebäude wie dem Museum und dem Palais Sándor *(siehe S. 77)*.

Ende des 19. Jahrhunderts entstanden nebeneinander drei Palais für die aristokratische Elite Ungarns: für die Fürsten Festetics und Esterházy sowie für Graf Károlyi. Ihre herrlichen Fassaden machen den Platz zu einem reizvollen Ort.

Miklós Ybl *(siehe S. 123)* erbaute 1863–65 das Palais für Lajos Károlyi (Nr. 6) im französischen Renaissance-Stil. Die Fassade zieren Skulpturen von Károly Schaffer. Daneben (Nr. 8) erhebt sich das kleine Palais, das Alajos Baumgarten 1865 für die Familie Esterházy errichtete. Das Palais von Nr. 10 entwarf Miklós Ybl 1862 für die Familie Festetics. Vor allem seine neobarocke Treppe ist atemberaubend.

Imposanter Treppenaufgang im Palais Festetics am Pollack-Mihály-Platz

⑳ Ungarisches Nationalmuseum
Siehe S. 134–137.

㉑ Ervin-Szabó-Bibliothek
Szabó Ervin Könyvtár

Szabó Ervin tér 1. **Stadtplan** 7 A4 (10 F5). **Karte** G8. 🕿 (06-1) 411 50 00.
Ⓜ Kálvin tér. 🕐 Mo–Fr 10–18, Sa 10–16 Uhr. 🌐 fszek.hu

1887 beauftragte die wohlhabende Industriellenfamilie Wenckheim den Architekten Artúr Meinig, ein Palais im Stil des Barock und Rokoko zu erbauen. Das Ergebnis war das Palais Wenckheim, das zu seiner Zeit als eines der schönsten in Budapest galt. Seine schmiedeeisernen Tore (1897) stammen von Gyula Jungfer.

Wendeltreppe in einem Raum der Ervin-Szabó-Bibliothek

Überaus sehenswert sind die mit reichen Vergoldungen verzierten Salons im ersten Stock sowie die Kuppel über den ovalen Relieftafeln.

1926 erwarb die Stadt Budapest das Gebäude und wandelte es in eine öffentliche Bibliothek um. Thematische Schwerpunkte sind die Stadt selbst und die Sozialwissenschaften.

Namensgeber und erster Direktor war der Politiker und Sozialreformer Ervin Szabó (1877–1918). Die über 100 Filialen der Bibliothek mit drei Millionen Büchern verteilen sich auf ganz Budapest.

㉒ Kalvinistenkirche
Református templom

Kálvin tér 7. **Stadtplan** 4 F2. **Karte** G8. 🕿 (06-1) 217 67 69. Ⓜ Kálvin tér. 🕐 tägl. (unterschiedl. Öffnungszeiten). ✝ Do 18, So 10, 11.30, 18 Uhr.

Die einschiffige Kirche wurde nach den Plänen József Hofrichters 1816–30 erbaut. 1848 entwarf József Hild die Fassade mit vier Pfeilern und Tympanon. 1859 wurde der Turm angebaut. Sehenswert im Inneren sind Kanzel und Chorempore, die Hild 1831 und 1854 schuf. Die Bleiglasfenster stammen von Miksa Róth. Der Kirchenschatz umfasst sakrale Objekte aus dem 17. und 18. Jahrhundert.

㉓ Museum für Kunsthandwerk

Iparművészeti Múzeum

Kaiser Franz Joseph eröffnete das Museum für Kunsthandwerk 1896 anlässlich der Millenniumsfeierlichkeiten. Es ist in einem einzigartigen Sezessionsbau
von Gyula Pártos und Ödön Lechner *(siehe S. 58)* untergebracht. Die Außenfassade weist orientalische
Elemente und Zsolnay-Keramik auf – beides charakteristisch für die Arbeiten von Lechner. Das 1945 und
erneut 1956 beschädigte Gebäude erstrahlt nun wieder in vollem Glanz. Die Sammlung kunsthandwerkli-
cher Meisterstücke wurde 1872 gegründet.

Parfümflakon (18. Jh.)
Das Gestell des Flakons kommt
aus Paris, die Porzellanfigur aus
Meißen.

Innenhof
Den von einem Glasdach überspannten Innenhof
umgeben Arkaden im indisch-orientalischen Stil.

Erdgeschoss

Haupteingang
Den Eingangsbereich
schmücken Zsolnay-
Keramikziegel.

Kurzführer

*Das Museum zeigt mehrere Sonder-
ausstellungen. Dort finden sich Exponate aus den Festbeständen, etwa
Möbel, Textilien, Edelsteine, Keramik
und Glas. Die Stücke großer Ausstellungen werden jährlich ausge-
tauscht, kleinere nationale und internationale Ausstellungen wechseln
monatlich. Die Bibliothek im ersten
Stock besitzt etwa 50 000 Bücher. Im
zweiten Stock gibt es eine Dauerausstellung zu islamischer Kunst.*

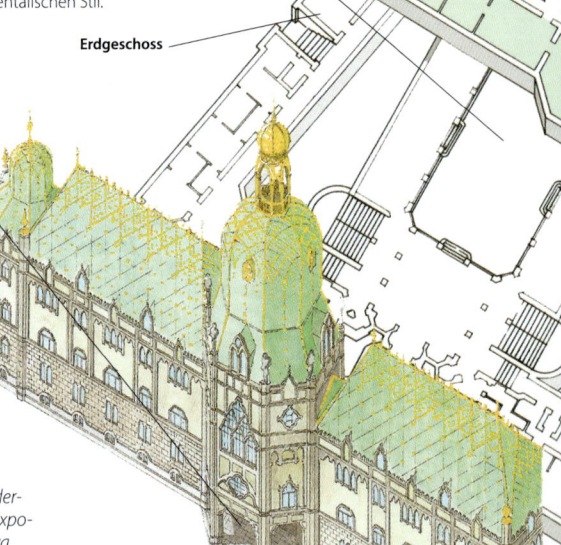

Legende

- ▢ Bibliothek
- ▢ Sonderausstellungen
- ▢ Dauerausstellung

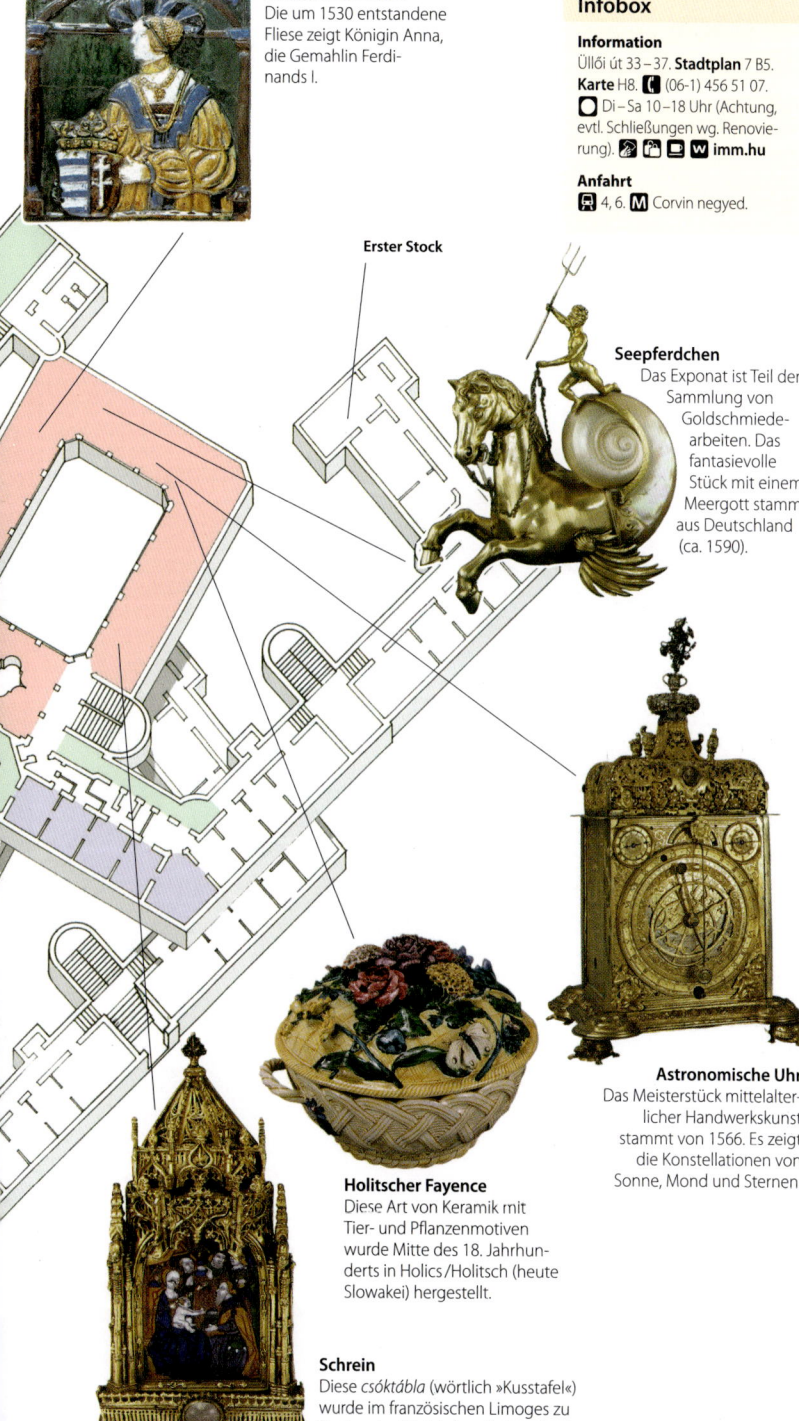

Renaissance-Fliese
Die um 1530 entstandene Fliese zeigt Königin Anna, die Gemahlin Ferdinands I.

Infobox

Information
Üllői út 33–37. **Stadtplan** 7 B5.
Karte H8. ☎ (06-1) 456 51 07.
◔ Di–Sa 10–18 Uhr (Achtung, evtl. Schließungen wg. Renovierung). ♿ 📷 🖼 💻 W imm.hu

Anfahrt
🚌 4, 6. Ⓜ Corvin negyed.

Erster Stock

Seepferdchen
Das Exponat ist Teil der Sammlung von Goldschmiedearbeiten. Das fantasievolle Stück mit einem Meergott stammt aus Deutschland (ca. 1590).

Astronomische Uhr
Das Meisterstück mittelalterlicher Handwerkskunst stammt von 1566. Es zeigt die Konstellationen von Sonne, Mond und Sternen.

Holitscher Fayence
Diese Art von Keramik mit Tier- und Pflanzenmotiven wurde Mitte des 18. Jahrhunderts in Holics/Holitsch (heute Slowakei) hergestellt.

Schrein
Diese *csóktábla* (wörtlich »Kusstafel«) wurde im französischen Limoges zu Beginn des 16. Jahrhunderts gefertigt.

Stadtplan *siehe Seiten 242–256* **Karte** *Extrakarte zum Herausnehmen*

❷❹ Zentrale Markthalle
Központi Vásárcsarnok

Vámház körút 1–3. **Stadtplan** 4 F3. **Karte** F8. ☎ (06-1) 366 33 00. 🚋 2, 47, 49. Ⓜ Fővám tér. ⭕ Mo 6–17, Di–Fr 6–18, Sa 6–15 Uhr. ⬤ So.

Die 1999 renovierte Zentrale Markthalle (1890) ist Budapests großer Umschlagplatz für Delikatessen wie *kolbász* (Paprikawurst) und Schafskäse. Bauern und Händler verkaufen Fleisch, Wurst, Früchte, Gemüse, aber auch Fisch und saisonal Pilze. Im oberen Stockwerk gibt es Essens- und Souvenirstände, die Paprika, Kaviar oder ungarische Puppen verkaufen. Im Untergeschoss findet man eine Auswahl an exotischen Angeboten.

Salami, Speck und mehr: Wurststand in der Zentralen Markthalle

Dekoratives Detail an der Fassade der Stadtratskammer

❷❺ Stadtratskammer
Új Városháza

Váci utca 62–64. **Stadtplan** 4 F2 (10 E5). **Karte** F8. Ⓜ Deák tér. ☎ (06-1) 235 17 00. ⭕ Fr 8–12 Uhr. 📷 obligatorisch.

Das dreistöckige Gebäude entstand 1870–75. Hier wurden die Amtsstuben der gerade vereinten Stadt Budapest *(siehe S. 34)* eingerichtet. Der Architekt Imre Steindl war auch verantwortlich für den Bau des Parlaments *(siehe S. 112f)*. Das Gebäude ist ein Stilmix: Außen ist es ganz Renaissance in Ziegelbauweise mit grotesken Figuren zwischen den Fenstern,

im Inneren gibt es gotische Motive aus Gusseisen. Den Großen Debattiersaal zieren Mosaiken von Károly Lotz.

Viele Antiquariate und Galerien haben sich rings um die Stadtratskammer angesiedelt. Schicke Bars, Lokale und Cafés sowie Fußgängerzonen tragen zum Flair bei.

❷❻ Serbische Kirche
Szerb templom

Szerb utca 2–4. **Stadtplan** 4 F2 (10 E5). **Karte** F8. Ⓜ Kálvin tér, Ferenciek tere. ⭕ Di–So 10–18 Uhr.

Serben siedelten bereits im 16. Jahrhundert in dem heutigen Wohngebiet rund um die Kirche. Ende des 17. Jahrhunderts kam eine weitere Welle serbischer Einwanderer ins Land, Anfang des 19. Jahrhunderts war fast ein Viertel der Pester Hausbesitzer serbischer Herkunft.

1698 ließ die serbische Gemeinde hier eine Barockkirche bauen. Ihre endgültige Gestalt erhielt sie bei einem Wiederaufbauprojekt, das bis Mitte des 18. Jahrhunderts andauerte. Vermutlich führte es András Mayerhoffer durch.

Im Inneren ist der Bau nach griechisch-orthodoxem Vorbild ausgestattet. Ein Teil des Kirchenschiffs ist Frauen vorbehalten. Eine Trennwand teilt diesen Bereich von dem der Männer

Keramikfliesen in der Serbischen Kirche

ab. Die Abgrenzung setzt sich auf dem Fußboden fort, der hier um 30 Zentimeter abgesenkt wurde. Den Chor umschließt eine Ikonostase (um 1850) und trennt ihn so vom Altarraum. Die Skulpturen stammen von dem serbischen Bildhauer Miahai Janich, die Gemälde im Renaissance-Stil sind das Werk des griechischen Künstlers Károly Sterio.

❷❼ Loránd-Eötvös-Universität
Eötvös Loránd Tudomány Egyetem Központja

Egyetem tér 1–3. **Stadtplan** 4 F2 (10 E5). **Karte** F7. Ⓜ Ferenciek tere, Kálvin tér. ☎ (06-1) 411 65 00. 🌐 elte.hu

Kardinal Péter Pázmány, der die Gegenreformation leitete, gründete 1635 in Nagyszombat (heute Tyrnau, Slowakei) eine Universität. 1777, fast 100 Jahre nach der türkischen Besatzung *(siehe S. 28f)* und unter der Regentschaft von Kaiserin Maria Theresias, zog sie nach Buda um. Kaiser Joseph II. verlegte sie nach Pest, in die Nähe der Paulinerkirche (die heutige Universitätskirche). Erst 1889 erhielt die Universität ein ständiges Domizil.

Den Barockbau der heutigen juristischen Fakultät entwarfen Sándor Baumgarten und Fülöp Herzog. Später fügte Antal

Weber einen weiteren Flügel hinzu. Namenspatron der Hochschule ist der Physiker und Geophysiker Loránd Eötvös (1848 – 1919).

28 Universitätskirche
Egyetemi templom

Papnövelde utca 5–7. **Stadtplan** 4 F2 (10 E5). **Karte** F7. **C** (06-1) 318 05 55. **M** Kálvin tér. **O** Mo – Sa 7–18, So 8 –19.30 Uhr.

Die einschiffige Kirche gilt als eine der imposantesten Barockkirchen der Stadt. Erbaut wurde sie 1725 – 42 für den Paulinerorden, vermutlich von András Mayerhoffer. Der Turm kam erst 1771 hinzu. Der Paulinerorden, den der Kanoniker Eusebius 1263 ins Leben rief, ist der einzige in Ungarn gegründete Orden.

Das Äußere der Universitätskirche zieren ein Tympanon und eine Säulenreihe, die die Fassade strukturieren. Figuren der Heiligen Paulus und Antonius flankieren das Emblem des Paulinerordens, das die Fassade krönt. Die Holzschnitzereien im Hauptvestibül sind sehenswert.

Im Inneren erstreckt sich hinter Marmorpfeilern eine Flucht von Seitenkapellen. 1776 malte Johann Bergl das Deckengewölbe mit Fresken aus, die Szenen aus dem Leben Mariens darstellen. Leider sind sie in schlechtem Zustand.

Der Hauptaltar stammt von 1746. Die Statuen dahinter schuf der Bildhauer József Hebenstreit. Darüber prangt eine Kopie des Gemäldes *Die Schwarze Madonna von Tschenstochau*, das vermutlich 1720 entstand. Zahlreiche Details des barocken Interieurs fertigten die Paulinermönche selbst – etwa die Balustrade der Orgelempore, die Beichtstühle und ebenso die kunstvoll verzierte Kanzel zur Rechten.

Tympanon an der Fassade der Universitätsbibliothek

29 Palais Károlyi
Károlyi palota

Károlyi utca 16. **Stadtplan** 4 F2 (10 E5). **Karte** F7. **C** (06-1) 317 36 11. **M** Ferenciek tere, Kálvin tér. **Petőfi-Ausstellung** **O** Di – So 10 –18 Uhr (Winter bis 16 Uhr). **A** Anmeldung unter (06-1) 317 36 11. **W** pim.hu

An dieser Stelle stand 1696 ein kleines Barockpalais, das András Mayerhoffer 1759 – 68 erweiterte. 1832 – 41 bekam es von Anton Riegl ein klassizistisches Aussehen. Seinen Namen verdankt es Mihály Károlyi, der 1918/19 die Republik Ungarn *(siehe S. 36)* ausrief. Er wurde 1875 hier geboren. Heute befinden sich in dem Palais das Ungarische Literaturmuseum und eine Ausstellung, die dem Dichter Sándor Petőfi *(siehe S. 33)* gewidmet ist. Auch andere Dichter sind präsent, darunter Attila József, Endre Ady und Mór Jókai.

30 Universitätsbibliothek
Egyetemi Könyvtár

Ferenciek tere 6. **Stadtplan** 4 F1 (10 E5). **Karte** F7. **C** (06-1) 266 58 66. **M** Ferenciek tere, Kálvin tér. **O** Mo – Fr 10 – 20 Uhr.

Das Gebäude im Stil der Neorenaissance errichteten Antal Szkalniczyky und Henrik Koch 1873 –76. Charakteristisch ist die Kuppel auf dem Eckturm. Die Bibliothek umfasst zwei Millionen Bände, darunter elf *Corviniani (siehe S. 76)* sowie 160 mittelalterliche Manuskripte und Miniaturen. Den Leseraum zieren Sgraffiti von Mór Than und Fresken von Károly Lotz.

31 Franziskanerkirche
Belvárosi Ferences templom

Ferenciek tere 9. **Stadtplan** 4 F1 (10 E4). **Karte** F7. **C** (06-1) 317 33 22. **M** Ferenciek tere. **O** tägl. 7–12, 16 – 20 Uhr.

Schon ab dem 13. Jahrhundert stand an der Stelle jenseits der alten Stadtmauern eine Franziskanerkirche mit Kloster. 1541 wurde sie unter den Türken zur Moschee. Nach der Befreiung *(siehe S. 28f)* übernahmen Mönche die Gebäude. 1727 – 43 erneuerten sie die Kirche im Barockstil.

Das Hauptportal ziert das Emblem der Franziskaner. Darüber thront eine von Engeln umgebene Maria. Heiligenfiguren schmücken die Fassade. Das Innere besitzt Fresken (1894/95) von Károly Lotz und Bilder (1925/26) von Viktor Tardos Krenner. Prunkstück ist der barocke Hauptaltar mit seinen Skulpturen (1741 –1851). Seitenaltäre und Kanzel kamen 1851/52 hinzu.

Skulpturen an der Kanzel
der Universitätskirche

Um den Városliget

Der Városliget, das Stadtwäldchen, war einst ein hügeliges Sumpfgebiet, das als königlicher Jagdgrund diente. Leopold I. hatte das Gelände der Stadt Pest überlassen. Unter Maria Theresia wurde es ab Mitte des 18. Jahrhunderts trockengelegt und bepflanzt. Der Park wurde im 19. Jahrhundert im damals sehr beliebten englischen Stil angelegt. An seiner südwestlichen Ecke liegt der Helden-

platz. 1896 profitierte der Városliget von den Millenniumsfeierlichkeiten *(siehe S. 146)* zu Ehren der tausendjährigen Landnahme des Karpatenbeckens durch die Magyaren. Für dieses Ereignis wurde ein ehrgeiziges Bauprogramm realisiert: Es entstanden das Museum der Schönen Künste, die Burg Vajdahunyad und das imposante Monument auf dem Heldenplatz.

Sehenswürdigkeiten auf einen Blick

Museen und Sammlungen
- ❶ Haus des Terrors
- ❷ Franz-Liszt-Museum
- ❹ Zoltán-Kodály-Gedenkmuseum
- ❻ Postmuseum
- ❼ Zelnik-István-Goldmuseum
- ❾ Kunsthalle
- ❿ *Museum der Schönen Künste* S. 150–153

Zoo
- ⓬ Zoo

Historische Straßen und Monumente
- ❺ Városliget-Boulevard
- ❽ Millenniumsdenkmal
- ⓮ Herminastraße

Historische Gebäude
- ❸ Universität der Schönen Künste
- ⓫ Burg Vajdahunyad
- ⓭ Széchenyi-Bad
- ⓯ Erkel-Theater

☐ Restaurants *siehe S. 204f*
- 1 Bagolyvár Étterem
- 2 Bock Bisztró
- 3 Ecocafe
- 4 Gundel Étterem
- 5 Haxen Király Étterem
- 6 Himalaya Nepáli Étterem
- 7 Kogart Étterem
- 8 Millennium da Pippo
- 9 Montenegrói Gurman
- 10 Napfényes Étterem
- 11 Olimpia Étterem
- 12 Paprika Vendéglő
- 13 La Perle Noire
- 14 Platán Étterem
- 15 Rákóczi Grillház
- 16 Regős Vendéglő
- 17 Robinson
- 18 Széchenyi Kertvendéglő
- 19 Zeller Bistro

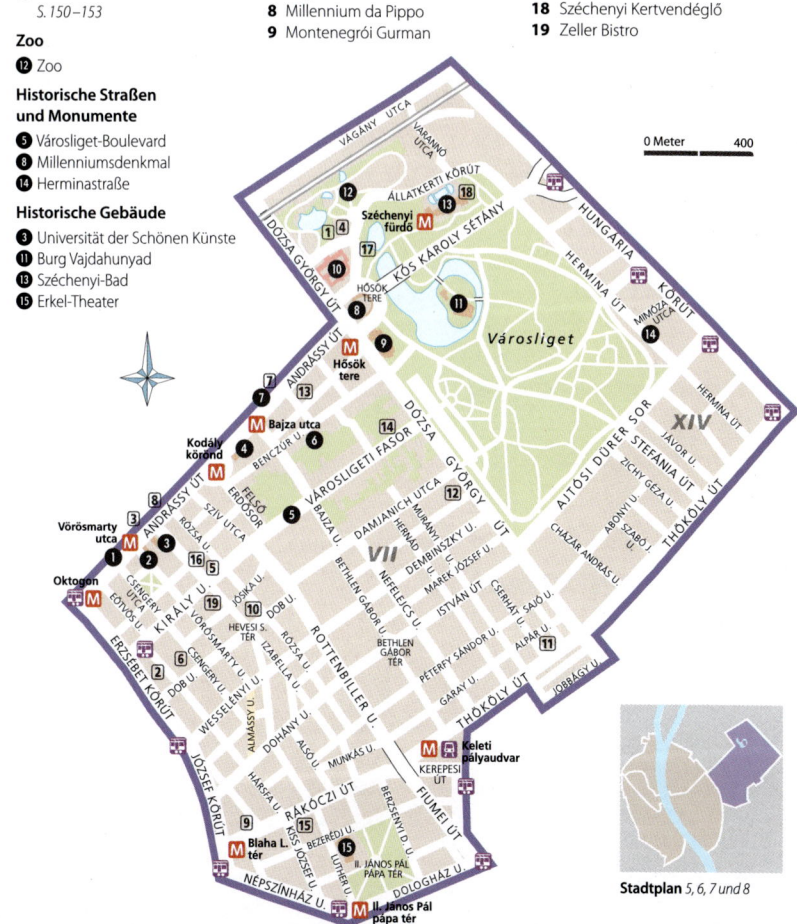

Stadtplan 5, 6, 7 und 8

◀ **Außenpool des Széchenyi-Bads** *(siehe S. 155)*

Zeichenerklärung *siehe hintere Umschlagklappe*

Im Detail: Heldenplatz

Der Heldenplatz (Hősök tere) ist das Vermächtnis einer glorreichen Zeit. Hier wurden 1896 die Millenniumsfeierlichkeiten eröffnet. Ein spektakuläres Zeugnis ungarischen Nationalstolzes ist das Millenniumsdenkmal. Seine Kolonnaden zieren Statuen berühmter ungarischer Führer und Politiker. Die Säule im Zentrum krönt der Erzengel Gabriel. Im angrenzenden Városliget (Stadtwäldchen) steht die Burg Vajdahunyad. Sie ist wohl das Pompöseste, das die Feiern hervorbrachten. Hier wurden die schönsten architektonischen Elemente aus ganz Ungarn vereint.

⑩ ★ Museum der Schönen Künste
Der Museumsbau besitzt einen achtsäuligen Portikus, gekrönt von einem Tympanon.

Millenniumsdenkmal
Das Denkmal beherrscht den Heldenplatz. Die Figur im Kampfwagen, ein Symbol des Kriegs, von György Zala ist ein Teil davon.

Eingang zum Zoo

⑨ Kunsthalle
Das ungarische Wappen prangt an der Fassade der 1895 errichteten Kunsthalle, in der die größten Kunstausstellungen des Landes stattfinden.

Bootsverleih und Eisbahn

Millenniumsfeierlichkeiten

Die Millenniumsfeier von 1896 war ein Höhepunkt in der Geschichte Budapests und der österreichisch-ungarischen Monarchie. Die Stadt wurde mit einer Rasanz modernisiert, die in Europa damals beispiellos war. Hunderte von Häusern, Palais und öffentlichen Bauten entstanden. Gasleitungen wurden gelegt und das erste unterirdische Transportsystem Mitteleuropas eröffnet.

Erzengel Gabriel

Legende

 Routenempfehlungen

⑬ ★ Széchenyi-Bad
Die heißen Quellen der größten Kurbadanlage Europas sollen beträchtliche Heilkraft besitzen. Sie wurden 1879 entdeckt und sprudeln aus 970 Meter Tiefe empor

Zur Orientierung
Siehe Stadtplan 5 und 6

Um den
Városliget

Zentrum
von Pest

Városliget

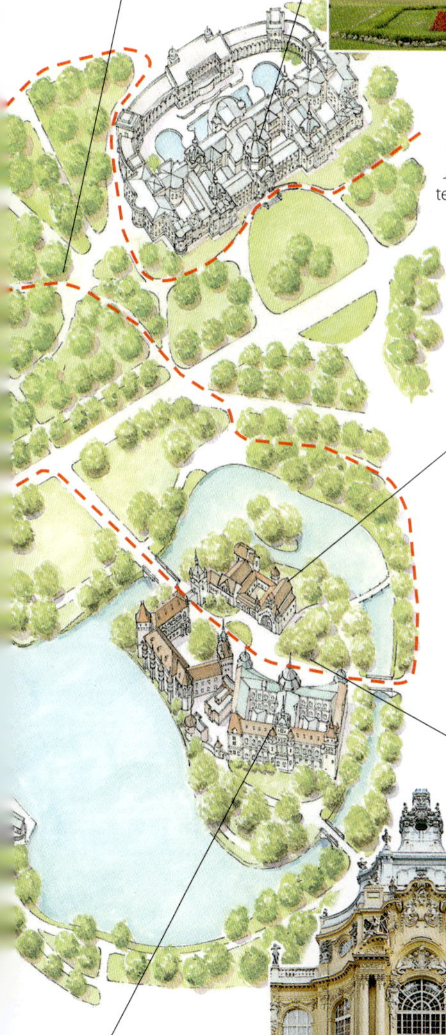

Kapelle von Ják
Das Portal der Kapelle ist detailgetreu dem der Benediktinerkapelle von Ják (1214), nahe der österreichischen Grenze, nachgebildet. Das Bauwerk gehört zur Burg Vajdahunyad.

Anonymusstatue
Miklós Ligeti vollendete 1903 eines der berühmtesten Denkmäler Budapests.

⑪ ★ Burg Vajdahunyad
Der barocke Teil der Burg beherbergt das Landwirtschaftsmuseum.

0 Meter   200

Stadtplan *siehe Seiten 242 – 256* **Karte** *Extrakarte zum Herausnehmen*

Andrássy út 60: einst Hauptquartier der ÁVO, nun Terror-Museum

❶ Haus des Terrors
Terror Háza Múzeum

Andrássy út 60. **Stadtplan** 2 F5 (10 E2). **Karte** G4. 📞 (06-1) 374 26 00. 🚊 4, 6 bis Oktogon. 🚇 Vörösmarty utca. ⭕ Di–So 10–18 Uhr. 📷 🌐 terrorhaza.hu

Das Museum liegt in der früheren Zentrale der Pfeilkreuzler (Ungarns Nationalsozialisten), die später die Kommunisten übernahmen. Es erinnert an die schrecklichen Ereignisse, die sich hier von 1939 bis 1956 abspielten.

❷ Franz-Liszt-Museum
Liszt Ferenc Emlékmúzeum

Vörösmarty utca 35. **Stadtplan** 5 A5. **Karte** H4. 📞 (06-1) 322 98 04. 🚇 Vörösmarty utca. ⭕ Mo–Fr 10–18, Sa 9–17 Uhr. 📷 🎧 🌐 lisztmuseum.hu

Das Eckhaus im Renaissance-Stil (1877) ist ein Entwurf von Adolf Lang. Über den Fenstern im zweiten Stock ziehen sich Flachreliefs mit berühmten Komponisten, darunter Johann Sebastian Bach, Wolfgang Amadeus Mozart, Joseph Haydn, Ferenc Erkel, Ludwig van Beethoven und Franz Liszt. Liszt bewohnte nicht nur das Haus, sondern gründete auch die Musikakademie *(siehe S. 133)*. 1986, 100 Jahre nach seinem Tod, wurde das Haus zum Museum. Zu sehen sind u. a. Dokumente, Möbel und zwei Klaviere, auf denen er komponierte und übte.

❸ Universität der Schönen Künste
Képzőművészeti Egyetem

Andrássy út 69–71. **Stadtplan** 5 A5. **Karte** H4. 📞 (06-1) 342 17 38. 🚇 Vörösmarty utca. **Galerie Barcsay** ⭕ Mo–Fr 10–18, Sa 10–13 Uhr (je nach Jahreszeit). 📷 🌐 mke.hu

Die Universität war einst Zeichenschule, später stieg sie zur Kunsthochschule auf. 1876 zog sie in die Gebäude in der Andrássy út um.

Der Neorenaissance-Bau (Nr. 71) wurde 1875 von Lajos Rauscher errichtet. Sgraffiti von Robert Scholtz zieren seine Fassade. Das angrenzende Gebäude (Nr. 69) im Stil der italienischen Renaissance (1875–77) mit korinthischen Säulen und durchgehendem Balkon stammt von Adolf Lang. Eingangshalle und Korridor im ersten Stock zeigen Fresken von Károly Lotz. Besuchern steht nur die Galerie Barcsay offen – von dort aus sieht man ins Innere.

Sgraffito von Robert Scholtz

❹ Zoltán-Kodály-Gedenkmuseum
Kodály Zoltán Emlékmúzeum

Andrássy út 89. **Stadtplan** 5 B5. **Karte** H3. 📞 (06-1) 352 71 06. 🚇 Kodály körönd. ⭕ Mi–Fr 10–12, 14–16.30 Uhr (nach Vereinbarung). 📷 🚫 🌐 kodaly.hu

Zoltán Kodály (1881–1967) war einer der größten ungarischen Komponisten des 20. Jahrhunderts. In seinen Kompositionen verwendete er die Formen, Harmonien, Melodien und Rhythmen ungarischer Volksmusik, die er sammelte und systematisch erforschte.

Das Museum wurde 1990 in dem Haus eröffnet, in dem er von 1924 bis zu seinem Tod lebte und arbeitete. In eine der Wände ist eine Gedenktafel eingelassen, die daran erinnert. Das Museum besteht aus drei Räumen, die sich noch im Originalzustand befinden. Ein vierter Raum wird für Ausstellungen genutzt. Auch ein Kodály-Archiv wurde angelegt, in dem die kostbaren Autografen seiner Kompositionen und seine Korrespondenz aufbewahrt werden.

Sehenswert sind das Klavier des Komponisten im Salon und die Folklorekeramik, die Kodály im Rahmen seiner ethnografischen Studien sammelte. Daneben sind Porträts und Büsten Kodálys von Lajos Petri ausgestellt.

❺ Városliget-Boulevard
Városligeti fasor

Stadtplan 5 C5. **Karte** JK3. 🚇 Hősök tere.

Die malerische, platanengesäumte Allee führt vom Lövölde tér zum Városliget.

An ihrem Anfang erhebt sich die 1912/13 von Aladár Árkay erbaute Városliget-Kalvinistenkirche. Das Gebäude ist eher schlicht, gleichwohl weisen die Ornamente stilisierte, geometrische Folkloremotive auf. Sie

Originalmöbel im Salon des Franz-Liszt-Museums

Hotels und Restaurants in Budapest *siehe Seiten 186–189 und 196–207*

Postauslieferungsauto und Postfahrrad im Postmuseum

harmonieren mit dem Sezessionsdekor im Inneren. Vor der Kirche liegt das Ráth-György-Museum. Es zeigt Artefakte aus Japan, Korea und China.

Weiter die Straße entlang kommt man zu einer evangelischen Kirche. Sie wurde 1903–05 im neogotischen Stil von Samu Pecz erbaut, der auch das Interieur entwarf. Sehenswert ist das Gemälde von Gyula Benczúr auf dem Hochaltar: *Die Anbetung der Heiligen Drei Könige.*

❻ Postmuseum
Postamúzeum

Benczúr utca 27. **Stadtplan** 5 B5. **Karte** H3. 📞 (06-1) 269 68 38. Ⓜ Bajza utca. 🕐 Di – So 10 – 18 Uhr. ♿ 🌐 postamuzeum.hu

Das Postmuseum liegt in der Stadtvilla, die einst der Familie Egyedi gehörte. Der Bau im Stil der Neorenaissance (1897) besitzt Bleiglasfenster von Miksa

Róth vom Ende des 19. Jahrhunderts. Die Ausstellung zeigt die Geschichte der königlichen ungarischen Post, zu sehen sind u. a. Telegrafen, ein Fernsprechamt, das erste Postauto von 1905 und ein modernes Post-Elektroauto.

❼ Zelnik-István-Goldmuseum
Zelnik István Délkelet-ázsiai Aranymúzeum

Andrássy út 110. **Stadtplan** 5 B4. **Karte** H3. 📞 (06-1) 482 31 90. Ⓜ Bajza utca. 🕐 Mo – Do, So 11 – 17, Fr, Sa 11 – 19 Uhr. ♿ 🌐 thegoldmuseum.eu

Das Privatmuseum befindet sich in einer schönen Villa (19. Jh.). Die Ausstellung zeigt Kunstgegenstände, die aus der privaten Sammlung von Dr. István Zelnik, einem ehemaligen Diplomaten in Südostasien, stammt, weshalb das Museum mit vollem Namen Zelnik István Délkelet-ázsiai Aranymúzeum (Zelnik-István-Museum des Goldes Südostasiens) heißt. Zu sehen sind Meisterwerke südostasiatischer Goldschmiedekunst von prähistorischer Zeit bis heute. Zu den Highlights

zählen Kunstwerke der Khmer und anderer Kulturen. Im Teehaus des Museums gibt es exklusive asiatische Teesorten zu trinken, der in edlem Porzellan serviert wird.

❽ Millenniums-denkmal
Millenniumi emlékmű

Stadtplan 5 C4. **Karte** J2. Ⓜ Hősök tere.

Das Denkmal von György Zala und Albert Schickedanz entstand anlässlich der Millenniumsfeier 1896. Vollendet wurde es 1929.

Den Mittelpunkt bildet eine 36 Meter hohe korinthische Säule. Oben thront der Erzengel Gabriel, der die Krone des hl. Stephan und das apostolische Kreuz hält. Beides symbolisiert die Christianisierung Ungarns unter König István I. *(siehe S. 24).* Am Sockel tummeln sich Reiterstatuen von Árpád und sechs seiner siegreichen Magyarenkrieger. Eine Steinfliese vor der Säule bezeichnet das Grab des Unbekannten Soldaten. Die Säule umrahmen zwei halbkreisförmige Kolonnaden mit allegorischen Figuren an beiden Enden.

Krieg und Frieden sind der Säule am nächsten, Wissen und Glorie krönen das ferne Ende der rechten Kolonnade, Arbeit und Wohlstand das ferne Ende zur Linken. Statuen von großen Ungarn, Staatsmännern und Monarchen stehen zwischen den Säulen.

Rechte Kolonnade des 1929 vollendeten Millenniumsdenkmals am Heldenplatz

Stadtplan *siehe Seiten 242 – 256* **Karte** *Extrakarte zum Herausnehmen*

⑩ Museum der Schönen Künste

Szépművészeti Múzeum

Der Grundstock zur Sammlung des Szép-
művészeti Múzeum wurde 1870 gelegt, als
der Staat die Gemäldekollektion der Familie
Esterházy kaufte. Durch Schenkungen und
Zukäufe erweiterte sich die Sammlung.
1906 zog sie in die jetzigen Räume ein. Das
Gebäude von Fülöp Herzog und Albert
Schickedanz ist klassizistisch, mit Reminis-
zenzen an die italienische Renaissance.
Acht korinthische Säulen tragen den Tym-
panon, der den Portikus krönt. Er zeigt den
Kampf zwischen Zentauren und Lapithen
und ist dem Zeustempel im griechischen
Olympia nachempfunden.

**Die Wasserträgerin
(um 1810)**
Das Bild zeigt Francisco de
Goyas enormes künstlerisches
Talent.

Erster
Stock

Der Sündenfall (um 1620)
Der flämische Maler Jacob
Jordaens war stark von van
Dyck und Rubens beeinflusst.

**★ Esterházy-Madonna
(um 1508)**
Raffaels unvollendetes Gemälde ist so benannt, weil
es Anfang des 19. Jahrhunderts in den Besitz der Familie Esterházy überging.

Unter-
geschoss

Legende

- ☐ Ägyptische Artefakte
- ☐ Klassische Artefakte
- ☐ Deutsche Malerei
- ☐ Holländische / flämische Malerei
- ☐ Europäische Skulpturen
- ☐ Italienische Malerei
- ☐ Spanische Malerei
- ☐ Französische und britische Malerei
- ☐ Zeichnungen und Grafiken
- ☐ 19. / 20. Jahrhundert
- ☐ Wechselausstellungen

**Der hl. Jakobus
vertreibt die Mauren (1750)**
Giambattista Tiepolo malte das
wundersame Erscheinen des
Heiligen in der Schlacht von
Clavijo 844.

Ansicht von Amsterdam (um 1656)

Der holländische Meister Jacob van Ruisdael hatte großen Einfluss auf die europäische Landschaftsmalerei des 19. Jahrhunderts.

Zweiter Stock

Renaissance-Halle

Infobox

Information
Hősök tere, Dózsa György út 41.
Stadtplan 5 C3. **Karte** J2.
(06-1) 469 71 00.
Di – So 10–18 Uhr.
w szepmuveszeti.hu

Anfahrt
105. 75, 79.
M Hősök tere.

Zwei sich umarmende Mädchen (1914)

Das Aquarell zeigt Egon Schiele als frühen Vertreter des österreichischen Expressionismus.

★ Predigt Johannes' des Täufers (1566)

Pieter Brueghel d. Ä. ist als scharfer Beobachter des Alltagslebens bekannt. Das Bild zeigt einen Prediger vor einer Gruppe flämischer Bauern.

Barock-halle

Erdgeschoss

Im Speisesaal des Bordells (1894)

Die Pastellskizze von Henri de Toulouse-Lautrec, der in der Pariser Halbwelt verkehrte und sie porträtierte, zeigt Prostituierte im Speiseraum eines Bordells.

Kurzführer

Das Museum wird phasenweise restauriert, deshalb sind nicht immer alle Räume zugänglich. Im Zug der Restaurierung muss das Museum auch teilweise komplett geschlossen werden, informieren Sie sich auf der Website.

Museum der Schönen Künste: Sammlungen

Das Museum wartet mit einer Sammlung internationaler Kunst auf: von ägyptischen, griechischen und römischen Artefakten bis hin zu modernen Werken. Neben interessanten Skulpturen sind auch kostbare Zeichnungen und Grafiken zu bewundern. Seit 1997 wird das Szépművészeti Múzeum schrittweise umfassend renoviert. Während der Arbeiten sind die Exponate für Besucher zugänglich, einzelne Abteilungen können allerdings geschlossen oder aber einzelne Exponate in anderen Räumen zu sehen sein.

Ägyptische Artefakte

Objekte aus dem alten Ägypten sind seit 1939 im Museum ausgestellt. Meist stammen sie von Ausgrabungen, an denen ungarische Archäologen beteiligt waren.

Die reichhaltige Sammlung umfasst Steinskulpturen aus allen historischen Epochen, vom Alten Reich bis zu den Ptolemäern. Besonders schön ist ein Männerkopf aus der Zeit des Neuen Reichs – Fragment einer größeren Statue.

Ebenso sehenswert sind die kleinen Bronzefiguren, die ebenfalls hauptsächlich dem Neuen Reich zuzurechnen sind, sowie Gegenstände aus dem Alltagsleben.

Klassische Artefakte

Die Sammlung präsentiert sich äußerst vielseitig. Sie umfasst griechische, etruskische und römische Arbeiten.

Jagdszene auf einem griechischen Sarkophag (3. Jh. v. Chr.)

Albrecht Dürers *Bildnis eines jungen Mannes* **(um 1510)**

Die Kollektion griechischer Vasen gilt als eine der besten ihrer Art in Europa. Eine Kylix aus der Werkstatt des Malers Andokides und eine schwarze Amphore von Exekias sind Musterbeispiele hierfür.

Zu den Prunkstücken zählen Bronzearbeiten aus verschiedenen Epochen, etwa der berühmte Grimani-Krug (5. Jh. v. Chr.), Goldschmuck sowie Marmor- und Terrakottaskulpturen.

Deutsche Malerei

Zu den kostbarsten Werken der Abteilung gehören das *Bildnis eines jungen Mannes* von Albrecht Dürer und das liebevoll komponierte Gemälde *Mariä Himmelfahrt* von Hans Holbein. Die Werke von Meistern wie Hans Baldung und Lucas Cranach sind ebenso sehenswert wie Barockgemälde aus Deutschland und Österreich, unter denen sich die Werke Franz Anton Maulbertschs finden.

Holländische und flämische Malerei

Die Abteilung wartet mit einigen der größten holländischen und flämischen Meister auf, darunter Landschaftsmaler wie Jacob van Ruisdael mit der *Ansicht von Amsterdam (siehe S. 151)*. Die erlesene *Geburt Christi* von Gerard David und Pieter Brueghels d. Ä. Meisterwerk *Predigt Johannes' des Täufers (siehe S. 151)* sollten Sie nicht versäumen.

Sehenswert sind zudem das Rembrandt zugeschriebene Gemälde *Der Traum des hl. Joseph*, die Porträts von Frans Hals und Jan Vermeers *Porträt einer Dame*. Bemerkenswert sind die holländischen Arbeiten aus dem 17. Jahrhundert von Adriaen van Ostade, Jacob van Ruisdael und Jan Steen.

Eine Attraktion der flämischen Sammlung ist das Bild *Mucius Scaevola vor Porsenna* (vor 1621) von Peter Paul Rubens und seinem damaligen Schüler Anthonis van Dyck. Von Letzterem stammt auch das Bild *Johannes der Täufer*. Bedeutsam ist zudem die Darstellung von Adam und Eva im Gemälde *Der Sündenfall (siehe S. 150)* von Jacob Jordaens, einem Rubens-Schüler.

Italienische Malerei

Die kostbare Sammlung italienischer Meister war das Herzstück der Esterházy-Sammlung. Häufig wird sie als größte Attraktion des Museums gepriesen. Sämtliche italienischen Schulen, vom 13. bis zum 18. Jahrhundert, sind vertreten. Der Schwerpunkt der präsentierten Meisterwerke liegt auf der Renaissance.

Besonders spektakulär ist die *Esterházy-Madonna (siehe S. 150)*, ein unvollendetes Gemälde Raffaels. Ein weiteres Meisterwerk des herausragenden Künstlers ist das *Porträt von Pietro Bembo*.

Die Ausstellung wartet mit zahlreichen Gemälden berühmter Venezianer des 16. Jahrhunderts auf: Tizian, Veronese, Antonio Correggio,

Tintoretto, Giorgione und Giovanni Boltraffio sind vertreten. Ein Meisterwerk der Barockkunst ist Giambattista Tiepolos großes Gemälde *Der hl. Jakobus vertreibt die Mauren (siehe S. 150)* aus dem 18. Jahrhundert.

El Grecos *Büßende Maria Magdalena* **(um 1580)**

Spanische Malerei
Glanzstücke der spanischen Sammlung sind die Gemälde von El Greco: *Mariä Verkündigung* (um 1600), *Christus im Garten Gethsemane* (1610) und *Büßende Maria Magdalena* (ca. 1580), ein zart-eindringliches Werk. Sehenswert sind ebenso das *Martyrium des hl. Andreas* von Jusepe de Ribera und die Werke von Diego Velázquez, Murillo und Francisco de Zurbarán. Francisco de Goya porträtierte das Alltagsleben in Bildern wie *Die Wasserträgerin (siehe S. 150)* – Werke, die Sie keinesfalls versäumen sollten.

Französische und britische Malerei
Französische und britische Kunst ist nicht so zahlreich vertreten wie die italienische, vermittelt jedoch ein Bild der Stilformen dieser Länder.

Aus Frankreich stammen Claude Lorrains *Villa in der römischen Campagna* (1640er Jahre), Jean-Baptiste Greuzes *Porträt von Randon de Boisset* (1773 oder 1775) oder Paul Cézannes *Stillleben* (1874–77).

Die britische Gemäldekollektion enthält Porträts von Joshua Reynolds, Peter Lely, Henry Raeburn und John Constable.

Europäische Skulpturen
Die Sammlung zeigt die Geschichte der euroäischen Bildhauerei bis zum 19. Jahrhundert. Unter den 600 Exponaten finden sich Werke wie *Vir Dolorum* von Verrocchio und eine kleine Bronzestatue von Leonardo da Vinci (1452–1519), eine ungewöhnlich dynamische Darstellung von König François I. auf einem Pferd. Eine exquisite Skulptur stammt von Andrea Pisano: *Jungfrau mit Kind* (um 1335). Die kleinen Bronzen aus Renaissance und Barock sind weitere Highlights. Werke des deutschen, holländischen und französischen Mittelalters sind ebenfalls gut vertreten, darunter die herrlichen Madonnen aus dem 14. Jahrhundert. Faszinierend ist die *Jungfrau mit Kind* (1505–10) von Tilman Riemenschneider. Georg Raphael Donner und Johann Adam Messerschmidt repräsentieren die österreichische Barockkunst.

Zeichnungen und Grafiken
Die Sammlung vereint Werke Alter Meister mit solchen von Künstlern des 19. und 20. Jahrhunderts. Mit herausragenden Zeichnungen von Leonardo da Vinci, Raffael, Dürer und Rembrandt gehört sie zu den besten ihrer Art in Europa.

19. / 20. Jahrhundert
Französische Maler dominieren in der Kunst des 19. und 20. Jahrhunderts. Zu bestaunen sind Bilder von Henri de Toulouse-Lautrec, etwa *Im Speisesaal des Bordells (siehe S. 151)*, des Weiteren Gustave Courbets *Ringkämpfer*, Édouard Manets *Dame mit Fächer* und Camille Pissarros *Pont-Neuf*. Auch Paul Gauguins *Schwarze Schweine*, eines der ersten in Tahiti entstandenen Bilder, hängt in dieser Abteilung. Eugène Delacroix, Claude Monet, Pierre Bonnard, Auguste Renoir und Paul Cézanne sind gleichfalls vertreten.

Die österreichische und deutsche Kunst dieser Zeit überzeugt u. a. mit Werken von Friedrich von Amerling, F. G. Waldmüller, Wilhelm Leibl, Adolph von Menzel, Arnold Böcklin, Hans Makart, Franz von Stuck und Max Slevogt.

Herausragende Werke des 20. Jahrhunderts und zeitgenössische Kunst befinden sich im Unterschoss in den Majovszky-Sälen, die in einen weißen Kubus umgewandelt wurden. Die Schätze des Museums werden mit Meisterwerken ergänzt, die von renommierten Privatsammlern, Künstlern und Stiftungen als Leihgaben zur Verfügung gestellt wurden. Ein Schwerpunkt liegt auf den Schenkungen von Victor Vasarely sowie Werken von Marc Chagall, Corneille, Le Corbusier, Robert Rauschenberg und Timm Ulrichs.

Es finden sich zudem Werke von Renato Guttuso wie *Inbesitznahme von brachliegendem Land in Sizilien*, die berühmten bedruckten Tragetaschen von Joseph Beuys *(So kann die Parteiendiktatur überwunden werden)* und eine Lavasteinskulptur von Antoni Tàpies.

Paul Cézannes *Stillleben* **(1874–77)**

Die Fassade der Kunsthalle ziert ein sechssäuliger Portikus

❾ Kunsthalle

Műcsarnok

Hősök tere. **Stadtplan** 5 C4. **Karte** J2.
🕻 (06-1) 460 70 00. Ⓜ Hősök tere.
🕐 Di – So 10 –18 Uhr (Do bis 20 Uhr).
♿ 🅿 ✎ 🅦 mucsarnok.hu

Auf der Südseite des Helden-
platzes, gegenüber dem Museum der Schönen Künste (siehe
S. 150 –153), befindet sich die
Kunsthalle. Das klassizistische
Bauwerk (1895) von Albert
Schickedanz und Fülöp Herzog
beherbergt die größte Ausstel-
lungshalle Ungarns. Es bietet
Sonderschauen, meist mit moderner Malerei und Plastiken.

Den Eingang bildet ein Säu-
lenportikus. Ein farbenfrohes
Mosaik des hl. Stephan als
Schutzpatron der Kunst wurde
1938 – 41 in den Tympanon
eingefügt. Das dreiteilige Fresko von Lajos Deák Ébner stellt
die Anfänge von Bildhauerei
und Malerei sowie die Quelle
der Kunst dar.

❿ Museum der Schönen Künste

Siehe S. 150 –153.

⓫ Burg Vajdahunyad

Vajdahunyad Vára

Városliget. **Stadtplan** 6 D4. **Karte** K2.
🕻 (06-1) 422 07 65. Ⓜ Széchenyi
fürdő. **Landwirtschaftsmuseum**
🕻 (06-1) 422 07 65. 🕐 März – Okt:
Di – So 10 –17 Uhr; Nov – Feb: Di – Fr
10 –16 Sa, So 10 –17 Uhr. ♿ ♿ ✎
🅦 mmgm.hu

Märchenhaft und unwirklich
ragt das Bauwerk zwischen
den Bäumen auf, die den See
des Stadtwäldchens umgeben.
Es ist keine originale Burg, sondern ein Gebäudekomplex, der
verschiedene architektonische
Stile vereint. Ignác Alpár entwarf es für die Millenniumsfeier von 1896 (siehe S. 146).

Alpárs Werk ist ein Quer-
schnitt durch die Geschichte
der Architektur. Die ursprünglich für Sonderausstellungen
gedachten temporären Pavillons begeisterten das Publikum derart, dass sie 1904 – 06
in solider Ziegelbauweise
nochmals errichtet wurden.

Die Pavillons sind chronolo-
gisch gruppiert: Auf Romanik
folgt Gotik, dann kommen Renaissance, Barock etc. Die
einzelnen Stil-
formen wur-
den so kombiniert, dass der
Eindruck eines homogenen
Stils entsteht. Jeden Bau zieren
Details, die den bedeutendsten
Bauten Ungarns nachempfunden sind, oder es handelt sich
um freie Stilinterpretationen,
die sich an Architekten bestimmter Epochen anlehnen.

Im romanischen Flügel findet
man eine Kopie des Portals der
Kapelle von Ják (siehe S. 147)
neben einem Kreuzgang und
einem Palais. Für Details am
gotischen Pavillon standen die
Burgen in Vajdahunyad und
Segesvár Pate. Der Bereich mit
Renaissance- und Barockele-
menten lehnt sich an Fischer
von Erlach an. Die Fassade
trägt Züge der Bakócz-Kapelle
des Doms von Esztergom
(siehe S. 168).

Der Komplex ist auch Sitz
des Landwirtschaftsmuseums.
Es zeigt Ausstellungen zu Vieh-
zucht, Waldwirtschaft, Wein-
bau, Jagen und Fischen.

Die Anlage vereint Elemente
von über 20 berühmten ungarischen Bauwerken. Das Mittelalter, die glorreichste Epoche
der Nation, nimmt breiten
Raum ein, im Gegensatz zur
Ära der Habsburger.

⓬ Zoo

Fővárosi Állat- és Növénykert

Állatkerti körút 6 –12. **Stadtplan** 5 C3.
Karte J1. 🕻 (06-1) 273 49 00. Ⓜ Szé-
chenyi fürdő. 🕐 tägl. 9 –19 Uhr. ♿
Holnemvolt-Park 🕐 Mai – Aug: Mo –
Do 10 –17, Fr – So 10 –18 Uhr.
🅦 zoobudapest.com

Der Budapester Tierpark ist
eine Attraktion der Stadt. Gegründet wurde er 1866 von der
Akademie der Wissenschaften

Blick über den See auf den gotischen (links) und den Renaissance-Flügel (rechts) der Burg Vajdahunyad

(siehe S. 118). 1907 erwarb ihn der ungarische Staat und ließ ihn 1909–11 von Károly Kós und Dezső Zrumeczky anlässlich der Millenniumsfeierlichkeiten von 1896 zum damals modernsten Zoo Europas umbauen.

Die Tiere leben in Gehegen, die ihren natürlichen Lebensraum nachahmen. Das Elefantenhaus von Kornél Neuschloß-Knüsli ist ein schönes Beispiel für den Sezessionsstil. Im Folklorestil gestaltete Károly Kós die Vogel-Voliere. Es gibt auch einen Streichelzoo.

Der angrenzende Holnemvolt-Park war einst ein Rummelplatz und ist nun ein Vergnügungspark für Familien mit Spielplätzen, wo man auch etwa 30 Arten von Tierkindern bewundern und bei der Fütterung zusehen kann. Einige alte Fahrgeschäfte des einstigen Rummels wurden übernommen, etwa das Karussell und eine Achterbahn von circa 1922 (eine der weltweit letzten mit seitlichen Rädern). Die Entwicklung des Parks ist noch nicht abgeschlossen. Zootickets schließen den Eintritt zum Park mit ein, doch es gibt auch separate Tickets.

Eines der Außenbecken im reizvollen Széchenyi-Bad

⑬ Széchenyi-Bad
Széchenyi Strandfürdő

Állatkerti körút 11. **Stadtplan** 6 D3. **Karte** K1. ☎ (06-1) 363 32 10. Ⓜ Széchenyi fürdő. **Dampfbad** ⏱ tägl. 6–19 Uhr. **Swimmingpool und Thermalbecken** ⏱ tägl. 6–22 Uhr. ♿ 🅆 szechenyibath.com

Die Statue am Haupteingang zum Széchenyi-Bad stellt den Geologen Vilmos Zsigmond dar, der 1879 die Thermalquelle entdeckte.

Das Bad besitzt die heißesten Pools Budapests: Das emporsprudelnde Wasser hat eine Temperatur von etwa 75 °C. Den mineralreichen Quellen wird eine heilkräftige Wirkung zugeschrieben, etwa bei Rheumatismus und Erkrankungen von Nervensystem und Gelenken.

Für das Kurbad errichteten Győző Cziegler und Ede Dvorzsák 1909–13 eine Anlage im Barockstil. 1926 kamen drei Außenbecken hinzu, in denen sich dank der hohen Wassertemperatur das ganze Jahr über Badegäste tummeln (Badekappen obligatorisch).

⑭ Herminastraße
Hermina út

Stadtplan 6 E3, 6 E4 u. 6 F4. **Karte** LM1–3. 🚌 70. **Verkehrsmuseum** ☎ (06-1) 273 38 40. ⏱ Mai–Sep: Di–Fr 10–17, Sa, So 10–18 Uhr; Okt–Apr: Di–Fr 10–16, Sa, So 10–17 Uhr. ♿ 🅆 mmkm.hu

Beim Flanieren durch die malerische Straße taucht man in die romantische Atmosphäre der eleganten historischen Villen des Viertels ein. Ein Blickfang ist der skurrile Sezessionsbau von Nr. 47, die Villa von Sipeky Balázs *(siehe S. 57)*. Sie wurde 1905/06 von den Architekten Ödön Lechner, Marcell Komor und Dezső Jakab erbaut. Ihre asymmetrische Fassade zieren Elemente wie der überkuppelte glä-

Dampflokomotive im Verkehrsmuseum in der Nähe der Herminastraße

serne Wintergarten, der eiserne Vorbau und ein Seitenturm. Das Dekor orientiert sich an ungarischer Volkskunst.

Die Herminakapelle (Nr. 23) erbaute József Hild 1842–46 zum Gedenken an Hermina Amália, Tochter des Pfalzgrafen Joseph, die 1842 verstarb.

In der Városligeti körút 11 (mit der Rückseite zur Herminastraße) liegt das Verkehrsmuseum mit Exponaten zu Luft- und Schifffahrt, Schienen- und Autoverkehr. Zu sehen sind u.a. Züge, Flugzeuge, Autos aus der Zeit vor dem Zweiten Weltkrieg und die ersten Budapester Trams.

Plakat einer Ballettgala, Erkel-Theater

⑮ Erkel-Theater
Erkel Színház

II. János Pál pápa tér 30. **Stadtplan** 7 C3. **Karte** J6. ☎ (06-1) 332 61 50. Ⓜ II. János Pál pápa tér. 🅆 opera.hu/en/erkel

Das Erkel-Theater (1911) wurde von Marcell Komor, Dezső Jakab und Géza Márkus entworfen. Es ist mit 2500 Plätzen Ungarns größte Bühne für Oper und Ballett. Sein heutiges Aussehen erhielt es in den 1950er Jahren.

Abstecher

Budapest dehnt sich weit aus. Deshalb hat auch der Stadtrand einige Attraktionen zu bieten. Nördlich von Buda liegen die Ruinen von Aquincum, einer um 100 n. Chr. gegründeten Römerstadt. Im Westen ist Budapest von bewaldeten Hügeln mit herrlichen Naturschutzgebieten und interessanten Höhlen umgeben. Östlich von Pest, auf dem Kere-

peser Friedhof, liegen viele berühmte Ungarn begraben. Im Süden lockt Schloss Nagytétény, eines der bekanntesten Barockschlösser Ungarns. Ganz in der Nähe wurden im Memento-Park Skulpturen aus der Zeit des Sozialismus aufgestellt. Alle Sehenswürdigkeiten sind mit öffentlichen Verkehrsmitteln leicht zu erreichen.

Sehenswürdigkeiten auf einen Blick

Museen und Theater

⑩ Holocaust-Gedenkzentrum
⑪ Palast der Künste (MÜPA)
⑯ Nationaltheater
㉑ Gizi-Bajor-Theatermuseum
㉗ *Aquincum S. 166f*

Historische Gebäude und Monumente

① Raoul-Wallenberg-Denkmal
④ Geologisches Institut
⑨ Ludovika-Akademie
⑰ Wekerle-Siedlung
⑱ Technische Universität
㉓ Memento-Park
㉔ Törley-Mausoleum
㉕ Nagytétény-Schlossmuseum

Parks und Naherholungsgebiete

② Höhlen von Szemlő-hegy und Pál-völgy
⑤ Ferenc-Puskás-Stadion
⑧ Botanischer Garten der ELTE-Universität
⑫ Eisenbahn-Geschichtspark
⑳ Kongresszentrum
㉒ Naturschutzgebiet Adlerberg
㉖ Budaer Berge

Friedhöfe

⑥ Kerepeser Friedhof
⑭ *Städtischer Friedhof S. 162f*
⑮ Jüdischer Friedhof

Kirchen

③ Pfarrkirche von Újlak
⑦ Pfarrkirche von Józsefváros
⑬ Pfarrkirche von Kőbánya
⑲ Zisterzienserkirche St. Emmerich

Legende

▨ Zentrum Budapest
═ Autobahn
━ Hauptstraße
— Eisenbahn

0 Kilometer   5

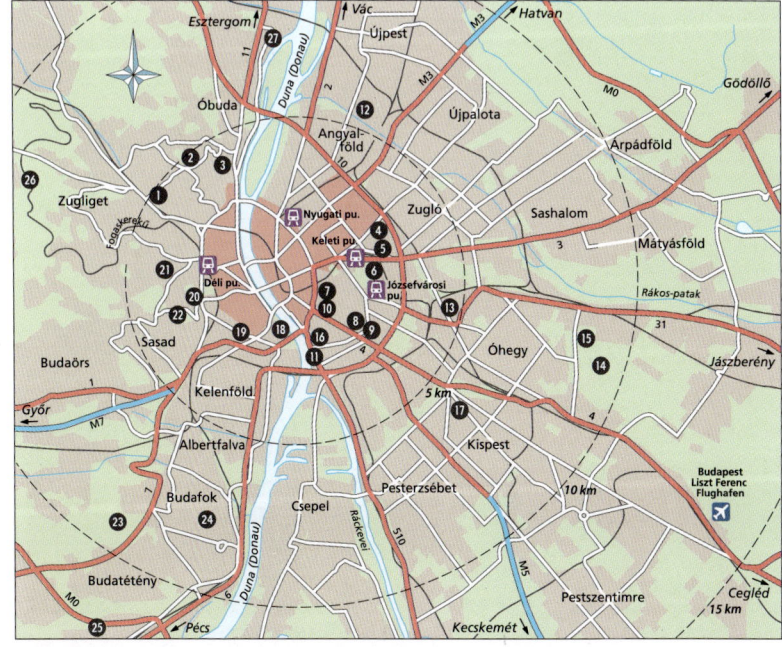

◀ **Blick auf Esztergom, nördlich von Budapest** *(siehe S. 168)*   **Zeichenerklärung** *siehe hintere Umschlagklappe*

❶ Raoul-Wallenberg-Denkmal
Raoul Wallenberg szobor

Szilágyi Erzsébet fasor. 🚌 56.

An der Kreuzung von Szilágyi Erzsébet fasor und Nagyajtai utca liegt das Denkmal eines wenig bekannten Helden des Zweiten Weltkriegs. Raoul Wallenberg war schwedischer Diplomat. Er rettete über 20 000 ungarische Juden vor den Konzentrationslagern, indem er ihnen Verstecke in der Stadt verschaffte und ihnen falsche schwedische Ausweise gab.

Nach der Befreiung Budapests durch die Rote Armee verschwand Wallenberg. Man nimmt an, dass der KGB ihn verhaftete und in ein Gefangenenlager steckte, in dem er starb. Das Denkmal von Imre Varga wurde 1987 enthüllt.

❷ Höhlen von Szemlő-hegy und Pál-völgy
Szemlő-hegyi-barlang és Pál-völgyi-cseppkőbarlang

Höhle von Szemlő-hegy Pusztaszeri út 35. 📞 (06-1) 325 60 01. 🚌 29, 91, 291. ⭕ Mi–Mo 10–16 Uhr. 🚫 ♿ 🎧 stündl. **Höhle von Pál-völgy** Szépvölgyi út 162. 📞 (06-1) 325 95 05. 🚌 65. ⭕ Di–So 10–16 Uhr. 🚫 🎧 stündl. 🌐 caving.hu

Thermalquellen haben in den Budaer Bergen ein Höhlensystem von 120 Kilometern Länge mit malerischen Formationen geschaffen. Zwei etwa einen Kilometer lange Höhlen sind für Besucher geöffnet.

In der Höhle von Szemlő-hegy entstanden die bizarren Formationen namens »Höhlenperlen« durch heiße Quellen, die den Kalkstein durchbrachen. In der Höhle von Pál-völgy ragen Felsformationen empor, die an Tiere erinnern.

Für den Besuch der Höhlen empfiehlt sich warme Kleidung, da beide Höhlen kalt und feucht sind. Allerdings soll genau dieses Höhlenklima einen therapeutischen Effekt auf Erkrankungen der Atemwege haben.

Das Barockinterieur der Pfarrkirche von Újlak (1756)

❸ Pfarrkirche von Újlak
Újlaki Plébániatemplom

Bécsi út 32. 🚇 H5 Szépvölgyi út. 🚌 86, 160, 260. 🚋 19, 41, 61.

Bayerische Siedler waren die Ersten, die im frühen 18. Jahrhundert hier eine kleine Kirche bauten. Die heutige Kirche von Kristóf Hamon und Mátyás Nepauer wurde 1756 vollendet, der Turm einige Jahre später angebaut.

Im barocken Inneren prangt ein Bíldnis der Muttergottes, das die Einwohner von Passau stifteten. Den Hauptaltar von 1798 schmückt ein Gemälde mit dem Titel *Mariä Heimsuchung* von Francis Falkoner.

Nicht weit entfernt, am Zsigmond tér, ragt die Dreifaltigkeitssäule auf, die 1691 zum Gedenken an die erste Pestepidemie errichtet wurde. Das barocke Denkmal schufen die beiden italienischen Bildhauer Venerio Cresola und Bernard Feretti. 1712 wurde es von Buda in den Stadtteil Újlak transferiert.

❹ Geologisches Institut
Magyar Földtani és Geofizikai Intézet

Stefánia út 14. **Stadtplan** 8 F1. **Karte** M4. 📞 (06-1) 251 09 99. 🚌 75. **Museum** ⭕ an Wochentage nur nach Anmeldung (muzeum@mfgi.hu). 🚫 🌐 mfgi.hu

Das ungewöhnliche Gebäude (eigentlich Ungarisches Geologisches und geophysikalisches Institut) geht auf einen Entwurf von Ödön Lechner *(siehe S. 58)* zurück. Erbaut wurde es 1898/99.

Lechners Interpretation des Sezessionsstils, auch als ungarischer Nationalstil bekannt, ist hier neben Motiven der ungarischen Renaissance-Architektur zu bewundern.

Ornamente aus blauer Zsolnay-Keramik schmücken die Mauern und harmonieren mit den blauen Dachziegeln. Auf dem mittleren Schrägdach stützen drei Figuren einen Globus. Im Inneren wartet ein kleines Museum mit Fels- und Minera-

Das Geologische Institut mit dekorativen blauen Dachziegeln

lienproben. Den prächtigen Hauptsaal können Sie beim Museumsbesuch oder – mit Erlaubnis des Hausmeisters – separat besichtigen.

❺ Ferenc-Puskás-Stadion
Puskás Ferenc Stadion

Istvánmezei u. 3–5. **Stadtplan** 8 F1. **Karte** M5. ☎ (06-1) 473 42 21. 🚌 95, 95A, 130, 178. 🚋 1. Ⓜ Puskás Ferenc Stadion. ⭘ Mo–Do 8–14, Fr 8–12 Uhr. 🌐 **magyarfutball.hu**

Das größte Stadion Ungarns (früher: Népstadion) entstand 1948–53 nach Entwürfen von Károly Dávid. Das dachlose Stadion fasst 56 000 Menschen. Es ist nach Ungarns größtem Fußballer benannt. Der Zugang liegt am Ende der Ifjúság útja (Jugendstraße), die Statuen aus der Stalin-Zeit säumen. Sie verkörpern sportliche Disziplinen und stammen von bekannten ungarischen Bildhauern.

❻ Kerepeser Friedhof
Kerepesi temető

Fiumei út 16–20. **Stadtplan** 8 E3. **Karte** L6. 🚌 24, 37. 🚋 24, 37.

Seit 1847 dient der Kerepeser Friedhof vielen berühmten Bürgern Budapests als letzte Ruhestätte. Es gibt ein paar große Mausoleen. Schöne Grabsteine wachen über einige der Gräber.

Hier stößt man etwa auf die Mausoleen von Lajos Kossuth (siehe S. 110), dem Führer des Aufstands von 1848, und Lajos Batthyány, dem ersten Ministerpräsidenten Ungarns (siehe S. 33). Ferenc Deák, der Architekt des Ausgleichs mit Österreich (siehe S. 34), ruht ebenfalls auf dem Friedhof.

Ihre letzte Ruhe fanden hier zudem die Dichter Endre Ady und Attila József (siehe S. 110), die Autoren Kálmán Mikszáth und Zsigmond Móricz sowie Schauspieler, darunter Lujza Blaha, deren Grabstätte besonders prächtig ist. Bildhauer, Maler

und Komponisten sind neben großen Architekten begraben.

Ungarische Kommunisten, die in den Schauprozessen von 1949 zum Tod verurteilt wurden, liegen in einem separaten Bereich. Ihre Beisetzung entflammte den Geist der Revolution, der einige Jahre später im Aufstand von 1956 (siehe S. 36) gipfelte.

❼ Pfarrkirche von Józsefváros
Józsefváros Plébániatemplom

Horváth Mihály tér 7. **Stadtplan** 7 C4. **Karte** J8. ☎ (06-1) 313 63 13. Ⓜ Rákóczi tér.

Die Bauarbeiten an der Barockkirche begannen 1797 und wurden 1814 vollendet. Der Hauptaltar stammt von József Hild. Die architektonische Komposition ruht auf einem Triumphbogen mit dem Bildnis *Die Apotheose des hl. Joseph* des österreichischen Malers Leopold Kupelwieser.

❽ Botanischer Garten der ELTE-Universität
Füvészkert – ELTE Botanikus kert

Illés utca 25. **Stadtplan** 8 D5. **Karte** K8. ☎ (06-1) 314 05 35 oder 210 10 74. Ⓜ Klinikák. ⭘ Apr–Okt: tägl. 9–17 Uhr; Nov–März: tägl. 9–16 Uhr. ♿ 🅿

Den Park auf dem drei Hektar großen Gelände ließ die Familie Festetics anlegen. Ihre

Spätbarocke Fassade der Pfarrkirche von Józsefváros

schlichte Villa im Stil des frühen Klassizismus beherbergt heute die Verwaltung. Erbaut wurde sie 1802/03 – wahrscheinlich von Mihály Pollack. Im Palmenhaus findet man eine riesige Sammlung tropischer Pflanzen, im Victoria-Haus blüht die spektakuläre *Victoria cruziana* einmal jährlich.

Der Autor Ferenc Molnár (1878–1952) nahm den Park als Rahmen für seinen Roman *Die Jungen aus der Paulstraße*. Der im Buch erwähnte See existiert nicht mehr, doch die Pál utca (Paulstraße) und die Mária utca, Schauplätze im Roman, liegen gleich um die Ecke.

❾ Ludovika-Akademie
Ludovika Akadémia

Ludovika tér 2–6. Ⓜ Klinikák. **Museum für Naturgeschichte** ☎ (06-1) 210 10 85. ⭘ Mi–Mo 10–17 Uhr. 🅿 ♿ 🌐 **mttm.hu**

Die Ludovika-Akademie liegt im IX. Bezirk östlich des Zentrums. Mihály Pollack, der Baumeister des Ungarischen Nationalmuseums, entwarf sie in den 1830er Jahren. Der klassizistische Bau diente bis 1945 als Kaserne. Nun zeigt hier das Museum für Naturgeschichte seine paläontologische Sammlung.

Grab der Schauspielerin Lujza Blaha, Kerepeser Friedhof

Stadtplan siehe Seiten 242–256 **Karte** Extrakarte zum Herausnehmen

⑩ Holocaust-Gedenkzentrum
Holokauszt Emlékközpont

Páva utca 39. 🚌 4, 6. Ⓜ Corvin negyed. 📞 (06-1) 455 33 33. 🕐 Di–So 10–18 Uhr. 🅿 🔊 ♿ 🌐 **hdke.hu**

Das Gedenkzentrum wurde 2004 für die Sammlung und Erforschung der Geschichte des Holocaust eröffnet. Der Komplex ist eine Mischung aus alter (ehemalige Synagoge) und neuer Architektur. Das asymmetrische Aussehen und die versetzten Mauern symbolisieren Zerrissenheit und Zerstörung.

Das Zentrum bietet eine Dauerausstellung zur Geschichte der Deportation der ungarischen Juden und der Roma.

Das lichtdurchflutete Foyer des Palasts der Künste

⑪ Palast der Künste
Művészetek Palotája

Komor Marcell utca 1. 🚋 1, 2, 2A, 24. 📞 (06-1) 555 3000. 🕐 tägl. 10–22 Uhr.
Tickets (alle Veranstaltungen)
🕐 tägl. 10–22 Uhr. 🌐 **mupa.hu**

Der Művészetek Palotája (MÜPA) im Millenniumszentrum (auf der Pester Seite der Donau zwischen Lágymányosi-Brücke und dem neuen Nationaltheater) versammelt die verschiedensten Kunstsparten unter einem Dach. Hier findet man das Ludwig-Museum für Zeitgenössische Kunst, die Ungarische Nationalphilharmonie, die Nationale Béla-Bartók-Konzerthalle und das Nationale Tanztheater.

⑫ Eisenbahn-Geschichtspark
Vasúttörténeti Park

Tatai út 95. 🚂 Oldtimer-Dieselzug vom Nyugati pu. um 10.20, 11.20, 13.20 Uhr. 🚌 30A vom Keleti pu. 📞 (06-1) 450 14 97. 🕐 Apr–Okt: Di–So 10–18 Uhr. ⚫ Nov–März. 🔊 ♿ 🌐 **vasuttortenetipark.hu**

Das Open-Air-Museum zur Geschichte der Eisenbahn gehört zu den größten Europas. Es liegt in einem großen Park und präsentiert rund 100 voll funktionsfähige Lokomotiven von den Zeiten der Dampfeisenbahn bis heute. Besucher können mit einer Dampfeisenbahn fahren, mit einer Modelleisenbahn spielen oder in einer Inspektionslok mitfahren. Alljährlich hält der *Orient Express* hier. Es ist ein Erlebnis für Fans und die ganze Familie, da es auch ein Kinderprogramm gibt.

⑬ Pfarrkirche von Kőbánya
Kőbányai Plébániatemplom

Szent László tér. 🚌 9, 17, 32, 62, 185. 🚋 37. ♿

Industrie dominiert in den Budapester Stadtvierteln östlich von Pest, doch Kőbánya birgt ein Kleinod: die herrliche Pfarrkirche. Das von Ödön Lechner *(siehe S. 58)* nach 1890 erbaute Gotteshaus stellt das Lieblingsmaterial des Künstlers zur Schau: die Dachziegel, die in der berühmten Ziegelei Zsolnay in Pécs entwickelt und hergestellt wurden. Wie viele Bauten Lechners, einschließlich des Museums für Kunsthandwerk *(siehe S. 140f)*, verbindet die Kirche Motive und Farben der ungarischen Volkskunst mit gotischen Elementen.

Im Inneren bilden Altar und Kanzel Glanzstücke der Schnitzerei des frühen 20. Jahrhunderts. Auch einige origi-

Keramikziegel schimmern auf dem Dach der Pfarrkirche von Kőbánya

nale Bleiglasfenster von Miksa Róth sind noch vorhanden – sie trotzten den Bomben des Zweiten Weltkriegs.

⑭ Städtischer Friedhof

Siehe S. 162f.

⑮ Jüdischer Friedhof
Izraelita temető

Kozma utca. 🚌 95, 202E.

Direkt neben dem Städtischen Friedhof (XVII. Bezirk) befindet sich der 1893 angelegte Jüdische Friedhof. Seine Gräber erinnern an den Reichtum und die Bedeutung der jüdischen Vorkriegsgemeinde. Ende des 19. Jahrhunderts stellten die Juden fast ein Viertel der Budapester Stadtbevölkerung. Zu den sehenswerten Gräbern zählen das der Familie Wellisch, das Arthur Wellisch 1903 errichten ließ, und die Ruhestätte Konrád Polnays, die Gyula Fodor fünf Jahre später erbaute.

Das auffälligste Grabmal gehört der Familie

Familiengrab der Schmidls auf dem Jüdischen Friedhof

Schmidl. Die prächtige Grabstatt, die 1903 von den Architekten Ödön Lechner und Béla Lajta entworfen wurde, bedecken Keramikziegel in Türkis. Das Mosaik aus grün-goldenen Fliesen stellt den Lebensbaum dar.

⑯ Nationaltheater
Nemzeti Színház

Bajor Gizi Park 1. ☎ (06-1) 476 68 68. 🚋 1, 2, 24. 🌐 nemzetiszinhaz.hu

Das Theater befindet sich auf Pester Seite am Ende der Rákóczi-Brücke. Neben Theateraufführungen gibt es hier auch zeitgenössischen Tanz. Das Gebäude liegt in einem Parkgelände voller Statuen der berühmtesten ungarischen Schauspieler.

⑰ Wekerle-Siedlung
Wekerle Telep

Kós Károly tér. ☎ (06-1) 280 01 14. Ⓜ Határ út, dann 🚌 194.

Im XIX. Bezirk entstand zwischen 1909 und 1926 die Wekerle-Siedlung, ein kühnes, aber erfolgreiches Experiment des sozialen Wohnungsbaus im 20. Jahrhundert. Die nach dem Ministerpräsidenten Sándor Wekerle benannte Arbei-

Blick von der Donau auf die Technische Universität

tersiedlung sollte ihren Bewohnern bessere Unterkünfte bieten.

Nach den Plänen einer jungen Architektengruppe, Schülern von Ödön Lechner, entstanden Bauten im ungarischen Nationalstil. Auch Reminiszenzen an die englische Arts-and-Crafts-Bewegung und an englische Gartenstädte, etwa die Londoner Vorstadt Hampstead Garden, sind festzustellen.

Rund um den Kós Károly tér breiten sich 16 Typen von Einfamilienhäusern und Mietshäusern aus. Hölzerne Giebel und Balkone sowie mit bunten Ziegeln gedeckte Giebeldächer tragen zum Charme der Siedlung bei.

⑱ Technische Universität
Budapesti Műszaki Egyetem

Műegyetem rakpart 3. **Stadtplan** 4 F4. **Karte** F9. ☎ (06-1) 463 11 11. 🚋 7, 86. 🚋 4, 6, 18, 19, 47, 49. Ⓜ Szent Gellért tér. 🌐 bme.hu

Die 1857 gegründete Technische Universität bezog 1904 ihr jetziges Gebäude. Auf trockengelegtem Marschland blickt der imposante Bau südlich des Gellértbergs (siehe S. 92f) über die Donau. Die Universität wurde nach dem Zweiten Weltkrieg erweitert und ist die größte Ungarns. Hier studierte Imre Steindl, der Architekt des Parlaments (siehe S. 112f), und Ernő Rubik, der Erfinder des in den 1980er Jahren so beliebten »Zauberwürfels« (Rubik Cube).

⑲ Zisterzienserkirche St. Emmerich
Ciszterci Szent Imre Plébániatemplom

Villányi út 25. **Stadtplan** 3 C4. **Karte** D10. 🚋 27, 40. 🚋 47, 49, 61. ♿

Nahe der Technischen Universität liegt die Zisterzienserkirche St. Emmerich. Der neobarocke Bau mit Zwillingstürmen stammt von 1938 und ist typisch für die prächtig-düstere Architektur, die in Budapest zwischen den Weltkriegen vorherrschte. Im Inneren ruhen Relikte des hl. Emmerich, der Ende des 11. Jahrhunderts heiliggesprochen wurde. Weitere Schutzpatrone des Ordens wachen über dem Haupteingang.

Polizeirevier in der Wekerle-Siedlung

Stadtplan siehe Seiten 242 – 256   **Karte** Extrakarte zum Herausnehmen

⓮ Städtischer Friedhof

Rákoskeresztúr

Der Städtische Friedhof erlangte nach dem Aufstand von 1956 *(siehe S. 36)* eine neue historische Bedeutung. Hier, im Südosten Budapests, wurden Führer und Opfer der blutigen Revolution gegen das stalinistische Regime heimlich in Massengräbern verscharrt. In den 1970er Jahren begann die demokratische Opposition, Blumen auf den Gräbern im hinteren Teil des Friedhofs niederzulegen. 1990, nach dem Ende des Kommunismus, wurden die Helden der Revolution in einer feierlichen Zeremonie umgebettet. Ehrendenkmäler erinnern an sie.

Blick auf Parzelle 300
Bis 1989 bewachte die Staatsmiliz den Zugang zu dem Dickicht, das die Gemeinschaftsgräber der Helden des Aufstands von 1956 umschloss.

Glockenturm
Auf alten ungarischen Friedhöfen ragen häufig hölzerne Glockentürme auf. Dieser hier steht vor Wandtafeln mit Namenslisten der über 400 Opfer des Aufstands von 1956.

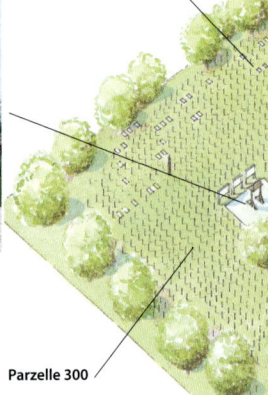

Parzelle 300

Grundriss des Friedhofs

1886 legte die Stadtverwaltung den großen neuen Städtischen Friedhof in Rákoskeresztúr am Rand der Stadt an. Der größte Friedhof Budapests erstreckt sich über eine Fläche von 30 Quadratkilometern.

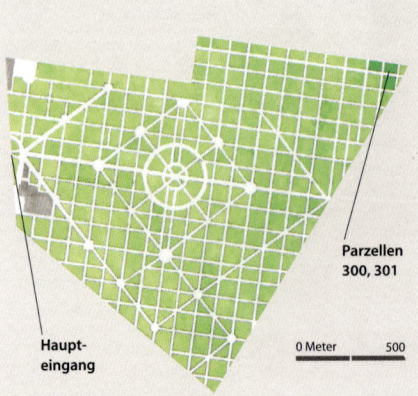

Parzellen 300, 301

Haupteingang

0 Meter   500

★ **Siebenbürgisches Tor**
Der Verband der Aufständischen von 1956 errichtete das Siebenbürgische Tor am Anfang eines der Wege, die zur Parzelle 300 führen. Es trägt die Inschrift »Nur eine ungarische Seele soll dieses Tor durchschreiten«.

★ Grab von Imre Nagy

Eine Marmortafel trägt die bescheidene Inschrift »Nagy Imre, ungarischer Ministerpräsident, 1956«. Nach dem Aufstand von 1956 wurde Nagy verhaftet, interniert und am 16. Juni 1958 in Budapest nach einem Schauprozess erschossen.

Infobox

Information
Kozma utca 8–10, Kőbánya.

Anfahrt
🚌 95, 202E. Ⓜ Puskás Ferenc Stadion. Parzellen 300, 301: 30-minütiger Spaziergang vom Haupteingang. Parkgebühr für Autos.

Parzelle 301

Trauernder Christus
Die Figur des trauernden Christus ist traditionell in Parzellen mit protestantischen Gräbern zu finden.

★ Heldendenkmal

Das schlichte Denkmal symbolisiert die Durchquerung des Fegefeuers. Es stammt von György Jovánovics, dem führenden modernen Bildhauer Ungarns.

Protestantengräber
Ungarische Protestanten kennzeichnen ihre Gräber meist nur mit einem schlichten Holzpfosten.

Stadtplan *siehe Seiten 242–256* **Karte** *Extrakarte zum Herausnehmen*

Blick vom Naturschutzgebiet Adlerberg auf das unterhalb liegende Viertel

⓴ Kongresszentrum
Budapest Kongresszusi Központ

Jagelló út 1–3. 📞 (06-1) 372 57 00. 🚌 8, 105, 112. 🚋 61. ⭘ für alle Veranstaltungen. 🅆 bcc.hu

Der 1975 eröffnete Komplex bietet Konzertsaal, Konferenzräume und ein Restaurant. Hier finden Kongresse und Events, z. B. Tanzvorführungen und Galakonzerte, statt. Das Kongress- und Welthandelszentrum, wie es eigentlich heißt, wurde wie das Novotel Budapest City vom ungarischen Architekten József Finta gestaltet. Der *Lebensbaum* an der Hauptwand des Kongresssaals stammt von József Király.

⓴ Gizi-Bajor-Theatermuseum
Bajor Gizi Színészmúzeum

Stromfeld Aurél út 16. 📞 (06-1) 375 11 84. 🚌 102, 105. ⭘ Mi – So 14 – 18 Uhr. 🖼 🖼

Das Museum öffnete 1952 seine Pforten in der ehemaligen Gartenvilla von Gizi Bajor, einer einst berühmten Schauspielerin. Zu bewundern sind Möbel, Porträts, Theaterrequisiten, Fächer und Samthandschuhe sowie Briefe zwischen Gizi Bajor und ihrer Mutter, die Besucher in die Theaterwelt des 19. Jahrhunderts entführen.

1990, zum 200-jährigen Jubiläum des ungarischen Theaters, wurde die Sammlung erweitert und mit Memorabilien bekannter zeitgenössischer Schauspieler aus Ungarn ergänzt. Im Garten prangen Büsten von Schriftstellern und anderen Persönlichkeiten der ungarischen Kulturgeschichte.

⓴ Naturschutzgebiet Adlerberg
Sashegy Természetvédelmi Terület

Tájék utca 26. 📞 (06-1) 304 084 370. 🚌 8, 105. ⭘ März – Okt: Di, Fr – So 10 – 18 Uhr. 🖼 möglich.

Ein Naturschutzgebiet fast inmitten einer Großstadt findet man nicht alle Tage. Der Zugang zum Gipfel des steilen, 266 Meter hohen Hügels im Westen des Gellértbergs *(siehe S. 92f)* ist nur eingeschränkt möglich, um die seltene Flora und Fauna zu schützen, die hier existiert. Das Wohnviertel, das sich an den Fuß des Adlerbergs schmiegt, erstreckt sich fast bis an den Zaun der etwa 30 Hektar großen Felsenwildnis.

Im Frühjahr oder Frühherbst ist ein geführter Rundgang lohnend. Im Frühjahr wächst an den Hängen *Sesleria sadleriana*, das Ungarische Blaugras bzw. Pannonien-Blaugras. Heimisch sind hier überdies zahlreiche farbenprächtige Schmetterlingsarten sowie eine Spinnenart, die es nirgendwo sonst auf der Welt gibt. Auch *Ablepharus kitaibeli*, die Johannisechse, eine seltene Eidechsenart, liebt den Adlerberg.

⓴ Memento-Park
Memento Park

Balatoni út u. Szabadkai utca. 📞 (06-1) 424 75 00. 🚌 101, 150. ⭘ tägl. 10 Uhr – Sonnenuntergang. 🖼 🅆 mementopark.hu

1991 beschloss der Stadtrat, 41 Skulpturen aus kommunistischer Zeit, die an prominenten Plätzen der Stadt standen, woanders gesammelt aufzustellen. Der sogenannte Statuenpark wurde 2007 erweitert und in Memento-Park umbenannt.

Statuen von Marx, Engels, Lenin und ungarischen Kommunisten stehen seither Seite an Seite – an ihrer Spitze: Béla Kun, der Führer der ungarischen Revolution von 1919 *(siehe S. 36)*.

Die Stalin-Tribüne ist ein Nachbau derjenigen, auf der die kommunistischen Führer zu den Massen herabwinkten. Darauf stand einst eine acht Meter große Stalin-Statue. Sie wurde 1956 geschleift – nur die Füße sind noch übrig.

Das Barrak-Museum präsentiert das Alltagsleben in der kommunistischen Ära. Zu sehen ist auch ein Film über die Verhörmethoden des Geheimdienstes.

Kubistisch anmutende Statuen von Marx und Engels, Memento-Park

Das marmorne Törley-Mausoleum

㉔ Törley-Mausoleum

Törley mauzoleum

Sarló utca 6. 🚌 33. 🚋 47.

Bis 1880 gab es in Budafok Weinberge, doch dann zerstörte eine Phylloxeraplage sämtliche Reben. Damals beschloss József Törley, der in Reims Önologie studiert hatte, in Budafok Schaumwein nach der französischen Methode (siehe S. 194) herzustellen. Die Weine, die in den örtlichen Weinkellern reiften, verkauften sich im Ausland gut, seine Firma wuchs rasch. Törley starb 1900 und fand in dem monumentalen Mausoleum aus weißem Marmor von Rezső Vilmos Ray seine letzte Ruhe. Das Törley-Mausoleum ist für die Öffentlichkeit nicht zugänglich.

㉕ Nagytétény-Schlossmuseum

Nagytétényi Kastély Múzeum

Kastélypark utca 9–11. 📞 (06-1) 207 00 05. 🚌 vom Déli pu. bis Kastélypark. 🚌 33. 🕐 März–Dez: Di–So 10–18 Uhr; Jan, Feb: Fr–So 10–18 Uhr (evtl. Schließungen wg. Renovierung). 🎭📷 Führungen in Kostümen nach Voranmeldung.
🌐 nagytetenyi.hu

Schloss Nagytétény ist eines der bekanntesten Barockschlösser Ungarns. Es wurde Mitte des 18. Jahrhunderts unter Einbeziehung von Überresten eines gotischen Baus (15. Jh.) errichtet. György Száraz nahm die Arbeiten in Angriff,

sein Schwiegersohn József Rudnyánszky vollendete sie 1766. In typisch barocker Anordnung entfalten sich das Hauptgebäude und die Seitenflügel. Die Mauerkrone zieren die Wappen der Familien Száraz und Rudnyánszky.

Das Schloss wurde im Zweiten Weltkrieg schwer beschädigt, doch die Wandgemälde und die Originalmöblierung blieben erhalten. Das Gebäude wurde 1949 restauriert und zum Museum für Innenausstattung. Heute ist es ein Zweigmuseum des Museums für Kunsthandwerk (siehe S. 140f). Zu sehen sind Möbelstücke aus Ungarn und anderen Ländern (15.–18. Jh.) sowie Möbel im Sezessionsstil.

In der Nähe erhebt sich eine Barockkirche (18. Jh.) auf den Ruinen einer mittelalterlichen Kirche. Der Bau besitzt noch einige gotische Elemente, etwa die Fensteröffnungen des Turms und Stützbogen am Presbyterium. Das Deckengemälde der Kuppel (1760) schuf der österreichische Künstler Johann Gfall. Die Trompe-l'Œil-Malerei zeigt Scheingalerien. Altar, Kanzel und Taufbecken sind gleichfalls barock.

㉖ Buder Berge

Budai-hegység

Ⓜ Széll Kálmán tér, dann 🚌 18 oder 56, dann Zahnradbahn und Sessellift.

Westlich vom Stadtzentrum laden die Budaer Berge zum Wandern ein. Das Bergland ist Teil des Ungarischen Mittelgebirges.

Die erste Station der 1874 erbauten Zahnradbahn liegt am Szilágyi Erzsébet fasor. Sie führt auf den Sváb-Berg – er ist nach den Schwaben benannt, die sich hier, zusammen mit anderen Deutschen, nach den Türkenkriegen und der Rückeroberung des verwüsteten Land ansiedelten (siehe S. 30) – und dann auf den Széchenyi-Berg.

Vom Széchenyi-Berg aus rattert eine Schmalspurbahn zwölf Kilometer ins Hűvös-Tal hinab. Seit den Tagen der Jungpioniere besteht das Personal nur aus Kindern, mit Ausnahme der Zugführer.

Auf dem Gipfel des János-Bergs ragt der Erzsébet-Aussichtsturm auf, den Frigyes Schulek im Jahr 1910 entwarf. Ein Sessellift führt vom Berggipfel zur Zugligeti út zurück ins Tal.

Erzsébet-Aussichtsturm auf dem Gipfel des János-Bergs

➋➐ Aquincum
Aquincum

Die Überreste der Römerstadt Aquincum *(siehe S. 22f)* wurden Ende des 19. Jahrhunderts ausgegraben. Besucher können die antiken Straßen durchwandern und die Grundrisse von Tempeln, Läden, Bädern und Häusern im einstigen Stadtzentrum erkunden. Die Stadt wurde zu Beginn des 2. Jahrhunderts gegründet, einige Jahrzehnte nachdem eine südlicher liegende Militärfestung *(siehe S. 174f)* entstanden war. Inmitten der Ruinen liegt das klassizistische Museum von 1894, das früher als Bühne diente. Eine Straße trennt es vom Amphitheater, in dem sich die Römer einst an Spektakeln ergötzten.

Blick auf das Museum
Besuchern ist nur ein Teil der deutlich größeren Stadt zugänglich.

★ Thermen
Die Mauern des Badehauses blieben unversehrt erhalten. Für die Römer war der Thermenbesuch ein gesellschaftliches Ereignis.

Zentralheizung
Archäologen brachten hier eine Art Zentralheizungssystem ans Tageslicht: Unter den Mosaikfußböden zirkulierte warme Luft.

★ Macellum
Hier befand sich einst die überdachte Markthalle. In den Läden und Ständen rund um den kühlen Innenhof blieben die Waren stets frisch *(siehe S. 22f)*.

★ Museum
Das klassizistische Lapidarium gehört zum Museum.
Ausgestellt sind Funde aus
Aquincum und weiteren nahe
gelegenen römischen Stätten,
darunter Waffen und Steinden-
mäler mit Inschriften.

Infobox

Information
Szentendrei út 135. ☎ (06-1) 250
16 50. **Park** ○ Apr–Okt: Di–So
9–17 Uhr. 🖼 **Museum** ○ Di–So
10–16 Uhr (Apr–Okt: bis 18 Uhr).
🖼 📷 🌐 **aquincum.hu**

Anfahrt
🚇 Aquincum.

Durchgangsstraße
Das Straßenpflaster des recht-
winklig angelegten Straßen-
netzes ist immer noch zu sehen.

Doppelbad
Das einst reich dekorierte Dop-
pelbad wurde hauptsächlich
aus Stein erbaut. Reste von
Wandgemälden und Mosaiken
sind teilweise noch sichtbar.

Peristyl
Eine Kolonnade umläuft den Innenhof, der einst
das Herz dieses großen Stadthauses bildete.

Haus des Malers
Der Bau ist eine
Rekonstruktion des
Originalbaus aus dem
2. Jahrhundert n. Chr.
Die meisten Räume
besaßen einst Wand-
bilder, ein Raum ließ
sich sogar heizen.

Stadtplan siehe Seiten 242–256 **Karte** Extrakarte zum Herausnehmen

Ausflüge

Budapest ist zehnmal größer als jede andere ungarische Stadt. Verträumte Städtchen und Dörfer locken zu Tagesausflügen mit und ohne Übernachtung. Busse *(siehe S. 235)* und Züge *(siehe S. 239)* sind günstig und zuverlässig. Nach Esztergom, Visegrád und Szentendre nördlich der Stadt fahren Schiffe *(siehe S. 234)*, die den Sommer über entlang dem schönen Donauabschnitt verkehren. Abseits der Touristenpfade bieten die Orte im Süden Einblick ins traditionelle Alltagsleben.

❶ Esztergom

46 km nordwestl. von Budapest.
🚌 31 000. 🚆 ab Nyugati pu.
🚌 ab Árpád híd. 🚢 ab Vigadó tér (nur im Sommer), dann Busse 1–6 bis Béke tér. 🛈 Lőrinc utca. **Dom** Szent István tér 1. 📞 (06-33) 41 18 95.
🔓 tägl. 🔓 **Domschatz** 📞 (06-33) 40 23 54. 🔓 März–Okt: tägl. 8–17 Uhr; Nov, Dez: Di–So 8–16 Uhr. 📧
🏛 **Königspalast** 📞 (06-33) 41 59 86. 🔓 Apr–Okt: Di–So 8–18 Uhr (Nov–Apr: bis 16 Uhr). 📧 ♿
🌐 esztergom.hu

István I. (Stephan I.), der erste christliche König Ungarns, ließ sich in Esztergom taufen und

am Weihnachtstag des Jahres 1000 krönen. 250 Jahre später wurde die Stadt beim Mongolensturm nahezu völlig zerstört. Im 18./19. Jahrhundert wurde sie allmählich wiederaufgebaut.

Blick über die Donau auf den Dom von Esztergom

Esztergom ist noch heute die heilige Stadt Ungarns und Sitz des ungarischen Erzbischofs. Das Stadtbild beherrscht der katholische **Dom** (frühes 19. Jh.). Am Südeingang liegt die Bakócz-Grabkapelle. Florentiner Handwerker erbauten sie im 16. Jahrhundert aus rotem Marmor. Der **Domschatz** birgt eine Sammlung sakraler

Kunst aus den Ruinen einer Kirche, die sich im 12. Jahrhundert an dieser Stelle erhob.

Unterhalb des Doms liegen die Reste des mehrmals erneuerten **Königspalasts** aus dem 10. Jahrhundert. Besonders sehenswert ist die Kapelle (12. Jh.). Auch ein Streifzug durch die Altstadt lohnt sich. Den Hauptplatz im Zentrum säumen etliche Cafés.

Sehenswürdigkeiten auf einen Blick

❶ Esztergom
❷ Visegrád
❸ Szentendre
❹ Vác
❺ Fót
❻ Gödöllő
❼ Kecskemét
❽ Kiskunfélegyháza
❾ Ráckeve
❿ Martonvásár

0 Kilometer 20

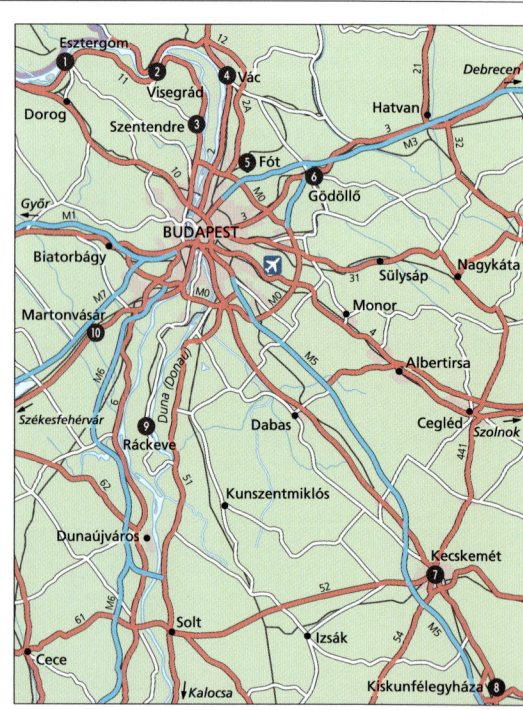

Legend

▬ Autobahn
▬ Hauptstraße
▬ Nebenstraße
— Eisenbahn

Zeichenerklärung *siehe hintere Umschlagklappe*

❷ Visegrád

40 km nördl. von Budapest.
🚠 1800. 🚌 ab Árpád híd. ⛴ ab
Vigadó tér (nur im Sommer). 🛈 Rév
utca 15. ☎ (06-26) 39 81 60.
Burg ☎ (06-26) 39 81 01. ⬤ März–
Sep: tägl. 9.30–18 Uhr; Okt, Nov: tägl.
9.30–16 Uhr; Dez–Feb: Sa, So 9.30–
16 Uhr. 🖼 ♿ **Mátyás-Museum und
Königspalast** ☎ (06-26) 39 80 26.
⬤ Di–So 9–17 Uhr. 🖼 ♿ nach Voranmeldung. 🌐 **visegrad.hu**

Das Städtchen Visegrád liegt in
der schmalsten Donauschlin-
ge. Aufgrund der imposanten
Ruinen seiner **Burg** ist es ein
beliebtes Ausflugsziel. Zu Fuß
erreichen Sie die Burg von Visegrád aus in 25 Minuten. Sie
können auch den Bus oder ein
Taxi nehmen. Die Burg, die
König Béla IV. im 13. Jahrhundert errichten ließ, war eine der
schönsten ungarischen Kö-
nigsburgen. Die massiven Au-
ßenmauern blieben intakt und
bieten einen wunderbaren
Blick über die Landschaft.

Auf halbem Weg den Berg
hinab steht der Salomonturm
mit dem **Mátyás-Museum**,
einer Sammlung von Ausgrabungen aus den Ruinen des
Königspalasts unten im Ort.
Burg und Palast entstanden
gleichzeitig. 200 Jahre später
ließ König Mátyás (Matthias
Corvinus) *(siehe S. 26f)* den
Palast im Renaissance-Stil restaurieren.

Der Bau wurde nach der Türkeninvasion (16. Jh.) zerstört,
später von einem Erdrutsch
begraben und erst im Jahr
1934 wiederentdeckt.

❸ Szentendre

25 km nördl. von Budapest. 🚠 26 000.
🚌 ab Batthyány tér. 🚌 ab Árpád híd.
⛴ ab Vigadó tér (nur im Sommer).
🛈 Dumtsa Jenő utca 22. ☎ (06-26)
31 79 66. **Belgrader Kathedrale**
Pátriárka utca 5. ☎ (06-26) 31 23 99.
♿ **Museum für serbische Sakralkunst** Pátriárka utca 5. ☎ (06-26) 31
23 99. ⬤ Mai–Sep: Di–So 10–
18 Uhr; Okt–Apr: Di–So 10–16 Uhr;
Jan, Feb: Fr–So 10–16 Uhr. 🖼 ♿
Pajor Manor Kossuth Lajos utca 5.
☎ (06-26) 92 09 90. ⬤ Di–So 10–
18 Uhr. 🌐 **femuz.hu.**
Ungarisches Freilichtmuseum Szta-
ravodai út, Pf. 63. ☎ (06-26) 50 25 00.
⬤ Apr–Nov: Di–So 9–17 Uhr. 🖼
🌐 **skanzen.hu**

Szentendre liegt nur 25 Kilometer außerhalb von Buda-
pest. Serben, die vor den Türken – im 14. Jahrhundert und
Ende des 17. Jahrhunderts –
hierherflohen, erbauten und

Blagovestenska-Kirche am Fő tér,
dem Hauptplatz von Szentendre

bewohnten einst die Stadt.
Viele alte Gebäude stammen
noch aus dem 18. Jahrhundert.

Auch die orthodoxe Tradition
prägt noch das Zentrum, auf
das sich zahlreiche orthodoxe
Kirchen verteilen. Hinter westeuropäischen Fassaden erfül-
len Weihrauch, Ikonen und
Kerzenschimmer das slawische
Interieur. Die **Blagovestenska-
Kirche** am Fő tér ist dafür beispielhaft. Eine Ikonostase
trennt den Altarraum vom Kirchenschiff. Ein Erlebnis ist die
Sonntagsmesse in der **Belgrader Kathedrale**. Das **Museum
für serbische Sakralkunst** ne-
benan zeigt u. a. Ikonen.

Seit den 1920er Jahren erfreut sich Szentendre großer

Beliebtheit bei Künstlern. Viele
Galerien zeigen ihre Werke.

Das Ferenczy-Museum ver-
teilt sich auf drei Orte, darunter
das **Pajor Manor** mit drei Dauerausstellungen zur Kunst in
Szentendre. Zum Museum
gehört auch das Margit-Ko-
vács-Keramikmuseum in der
Vastagh György út 1.

Das **Ungarische Freilichtmuseum** westlich der Stadt stellt
die ungarischen Regionen und
deren Architektur und Kultur
vor. Präsentiert werden fünf in
sich geschlossene »Dörfer« mit
Kirche, Schule, Mühle, Schmie-
de etc.

❹ Vác

40 km nördl. von Budapest.
🚠 35 000. 🚉 ab Nyugati pu.
🚌 ab Árpád híd. 🛈 Március 15
tér 17. ☎ (06-27) 31 61 60.

Vác wurde um 1000 am Ost-
ufer der Donau gegründet.
Ende des 17. Jahrhunderts
wurde die Stadt im Krieg zerstört. Das heutige Zentrum
entstand Anfang des 18. Jahrhunderts um vier Plätze. Das
Herz von Vác schlägt am Március 15 tér, an dem das **Rathaus** und die **Fehérek-Kirche**
aufragen. Am Nordrand der
Altstadt, in der Köztársaság út,
erhebt sich der einzige **Triumphbogen** Ungarns. Erbaut
wurde er 1764 nach einem Besuch von Kaiserin Maria Theresia. Die spätbarock-klassizisti-
sche **Kathedrale** (1761–77) ist
die drittgrößte Ungarns.

Triumphbogen in Vác – zu Ehren
von Kaiserin Maria Theresia

Leuchtende Fassade: Kirche der Unbefleckten Empfängnis in Fót

❺ Fót

25 km nordöstl. von Budapest.
🚌 19 000. 🚈 ab Nyugati pu. 🚌 ab Árpád híd. 🛈 Vörösmarty tér 3. **Palais Károlyi** ⭘ nach Voranmeldung.
📞 (06-27) 36 13 39. 🅿️ ♿ nur Erdgeschoss. 📷 obligatorisch. **Park** ⭘ Apr–Sep: tägl. 8–20 Uhr (Okt–März: bis 18 Uhr). **Kirche der Unbefleckten Empfängnis** Vörösmarty út 2. 📷

Gleich außerhalb von Budapest liegt Fót. Highlight ist das **Palais Károlyi**, das Geburtshaus von Mihály Károlyi, dem ersten ungarischen Präsidenten *(siehe S. 36)*. Das Palais entstand 1835, ein Jahrzehnt später wurde an jeder Seite ein Pavillon angebaut. Auch sehenswert: die **Kirche der Unbefleckten Empfängnis** (19. Jh.) mit ihren vielen Säulen im Kirchenschiff.

❻ Gödöllő

30 km nordöstl. von Budapest.
🚈 HÉV ab Örs vezér tere.
Schloss 📞 (06-28) 41 01 24. ⭘ Apr–Okt: tägl. 10–18 Uhr; Nov–März: Mo–Do 10–16, Fr–So 10–17 Uhr. ⚫ Jan. 🅿️ ♿ 📷 🌐 kiralyikastely.hu

Gödöllő ist für das barocke **Königliche Schloss** (1741) von Antal Grassalkovich bekannt, das ungarische Lieblingsschloss Kaiserin Elisabeths. Zu sehen sind der Festsaal und die kaiserlichen Gemächer. Besucher erhalten Einblick in das Leben von Sisi und Franz Joseph I. und die österreichisch-ungarische Monarchie.

❼ Kecskemét

86 km südöstl. von Budapest.
🚌 114 000. 🚈 ab Nyugati pu. 🚌 ab Népliget. 🛈 Kossuth tér 1. 📞 (06-76) 48 10 65. **Rathaus** Kossuth tér 1. 📞 (06-76) 51 35 13. ⭘ Mo–Do 8–16.30, Fr 8–14 Uhr. 📷 nach Voranmeldung. **Palais Cifra** Rákóczi utca 1. 📞 (06-76) 48 07 76. ⭘ Di–So 10–17 Uhr. 🅿️ ♿ 📷 🌐 kecskemet.hu

Bogenförmig breitet sich um Budapest die Ungarische Tiefebene aus, die fast die Hälfte des heutigen Ungarn umfasst. Jahrhundertelang war Kecskemét die größte Handelsstadt des mittleren und südlichen Teils. Gegen Ende des 19. Jahrhunderts wurde die Stadt durch den Vertrieb und die Verarbeitung der Produkte von den fruchtbaren Feldern ringsum recht wohlhabend. Heute wartet Kecskemét mit reizvollen Plätzen und prächtigen Gebäuden aus dem 19. und frühen 20. Jahrhundert auf.

Am berühmtesten ist das Ödön Lechners mächtiges **Rathaus**. Das in den Jahren 1893 bis 1896 errichtete Gebäude vereint Renaissance-Elemente mit arabischen Details. Das prächtige **Palais Cifra**, das 1902 als Casino erbaut wurde, ist ein Kleinod des ungarischen Sezessionsstils *(siehe S. 56–59)*.

Ödön Lechners Rathaus, Kecskemét

❽ Kiskunfélegyháza

110 km südöstl. von Budapest.
🚌 30 000. 🛈 Szent János tér 2. 📞 (06-76) 56 14 20. 🚈 ab Nyugati pu. 🚌 ab Népliget. **Naturhaus, Besucherzentrum** Liszt Ferenc u. 19, Kecskemét (Infos zum Nationalpark Kiskunság). 📞 (06-76) 50 15 96. ⭘ Mai–Mitte Okt: Di–Fr 9–16, Sa 10–14 Uhr; Mitte Okt–Apr: Mo–Fr 8–16 Uhr. 🅿️ 🌐 knp.hu **Kiskun-Museum** Dr. Holló Lajos utca 9. 📞 (06-76) 46 14 68. ⭘ März–Okt: Mo 8–16, Di–Sa 9–17 Uhr. 🅿️ 🌐 kiskunmuzeum.hu

In der Ungarischen Tiefebene gedeihen heute großteils Mais und Wein, einige Areale wurden zu Nationalparks erklärt. Etwa 15 Kilometer westlich von Kiskunfélegyháza liegt der **Nationalpark**

Detail der verzierten Fassade des Rathauses von Kiskunfélegyháza

Kiskunsági mit vielen seltenen Tieren. Es gibt auch Hirten, die das traditionelle Leben der Ebene bewahren. Besucher können das Gebiet auf Naturpfaden erkunden (Infos beim Besucherzentrum Kecskemét).

Der Dichter Sándor Petőfi kam in Kiskunfélegyháza zur Welt. Das Haus seiner Kindheit ist Teil des **Kiskun-Museums**. Das **Rathaus** (1912) verbindet Elemente des Sezessionsstils *(siehe S. 56–59)* mit Motiven der ungarischen Volkskunst.

❾ Ráckeve

43 km südwestl. von Budapest.
🗺 8500. 🚌 ab Eötvös utca 11; H6 von Budapest, Közvágóhíd.
🚆 Népliget. 🛈 Kossuth Lajos út 51.
📞 (06-24) 42 97 47.
🌐 tourinform.rackeve.hu

Das Dorf liegt auf der Insel Csepel, die sich mit 54 Kilometer Länge südlich des Budapester Zentrums der Donaumitte erstreckt. Gegründet wurde Ráckeve im 15. Jahrhundert von Serben aus Keve, die nach der Türkeninvasion *(siehe S. 28f)* aus Serbien geflohen waren.

Der älteste Bau des Orts ist die von den ersten serbischen Flüchtlingen errichtete **orthodoxe Kirche** (1487), die älteste orthodoxe Kirche Ungarns. Die Wände zieren gut erhaltene Fresken: Das erste erzählt von Christi Geburt, das letzte zeigt die Wiederauferstehung. Eine herrliche Ikonostase trennt Altarraum und Kirchenschiff.

Dank seiner beschaulichen Lage erwählte einer der größten Militärstrategen Ráckeve zu seinem Landsitz: Prinz Eugen von Savoyen. Nach der Vertreibung der Türken aus Ungarn gegen Ende des 17. Jahrhunderts baute sich Prinz Eugen eine **Villa** in der jetzigen Kossuth Lajos utca. Heute ist sie ein Hotel. Das Innere wurde modernisiert, die elegante Fassade blieb erhalten. Vom Fluss aus kann man einen Blick in die Parkanlagen werfen.

Gut erhaltene Fresken in der orthodoxen Kirche von Ráckeve

❿ Martonvásár

30 km südwestl. von Budapest.
🗺 5700. 🛈 Buda út 13. 📞 (06-22) 56 95 00. 🚌 ab Déli pu. **Schloss Brunswick** Brunszvik utca 2. 🕐 Sommer: tägl. 8–17 Uhr; Winter: tägl. 8–16 Uhr (nur Park). 🖼 **Beethoven-Museum** 🕐 Di–Fr 10–12, 14–18, Sa, So 14–17 Uhr (Nov–März: Sa, So bis 16 Uhr). 📷 📷
🌐 martonvasar.hu

Die Kleinstadt besteht seit dem Mittelalter. Hauptanziehungspunkt für Besucher ist **Schloss Brunswick**. Gegen Ende des 18. Jahrhunderts erwarb die deutsche Familie Brunswick das Dorf, Anton Brunswick ließ das Schloss im prunkvollen Barockstil erbauen. 1875 wurde das Schloss von Grund auf im neogotischen Stil erneuert. Heute erinnert zwischen prachtvollen Türmchen und Fialen nur noch wenig an den ursprünglichen Bau. Eine Augenweide sind die öffentlich zugänglichen Parkanlagen, in denen sich fast nichts verändert hat. Auch die 1775 erbaute Dorfkirche blieb im Wesentlichen unverändert. Im Inneren ziehen sich gut erhaltene Fresken die Wände entlang.

Ludwig van Beethoven besuchte das Schloss regelmäßig. Er erteilte Therese und Josephine, den Töchtern des Hauses, Musikunterricht – und soll sich dabei in sie verliebt haben. Einige Räume des Schlosses wurden in ein kleines **Beethoven-Museum** umgewandelt. In den Sommermonaten findet im Park ein Beethoven-Festival statt.

Das neogotische Schloss Brunswick in Martonvásár

Spaziergänge

Budapest erkundet man am besten zu Fuß. Von den türkischen Bädern bis zu den Barockpalais – überall begegnet man Zeugen der facettenreichen Geschichte der Stadt. Bei den folgenden Touren lernen Sie interessante Areale kennen: Óbuda, nördlich des Zentrums, einst römisches Militärlager und heute Wohnviertel, die Margareteninsel in der Donau, die grüne Lunge der Stadt, und den historischen Abschnitt von Buda über die

Kettenbrücke nach Pest. In Óbuda wurden archäologische Schätze zutage gefördert. Dieser Spaziergang führt Sie zu den Ruinen eines Amphitheaters, aber auch zu moderneren Attraktionen. Die zweite Tour auf der autofreien Stadtoase Margareteninsel schließt einen Japanischen Garten ein. Die dritte Exkursion führt vom Burgviertel und seinem Labyrinth unter dem Burgberg zur Zentralen Markthalle auf Pester Seite.

Spaziergänge auf einen Blick

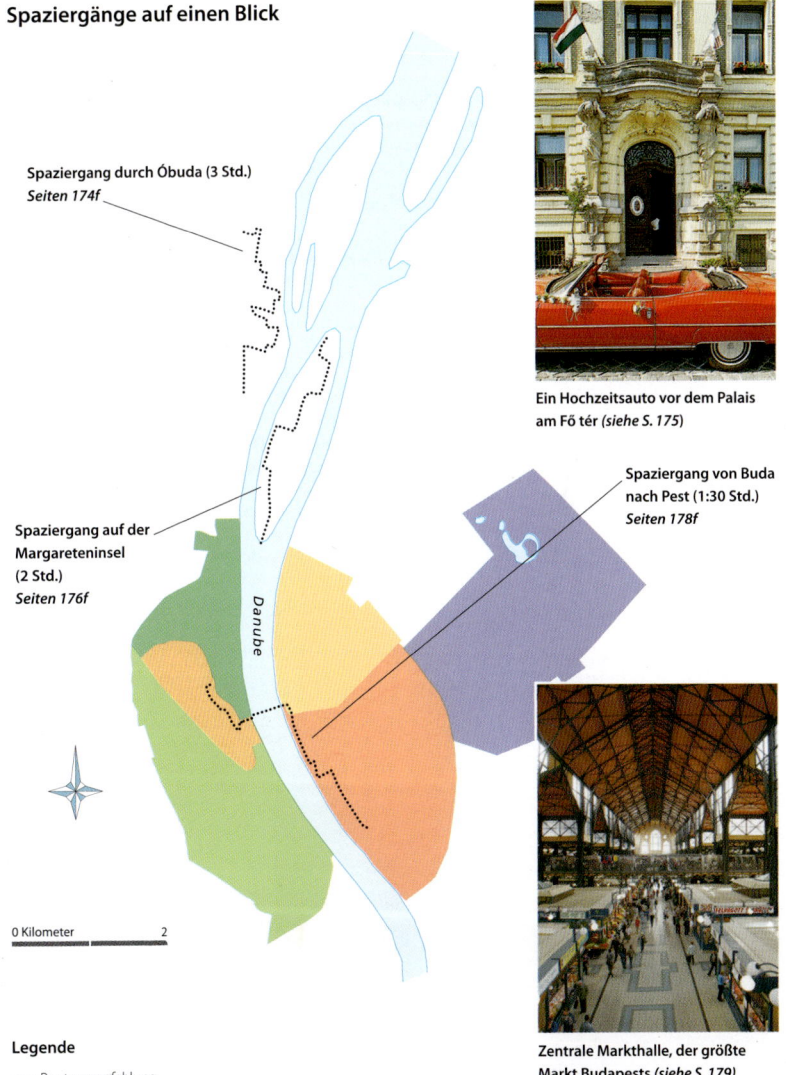

Spaziergang durch Óbuda (3 Std.)
Seiten 174f

Ein Hochzeitsauto vor dem Palais am Fő tér *(siehe S. 175)*

Spaziergang auf der Margareteninsel (2 Std.)
Seiten 176f

Danube

Spaziergang von Buda nach Pest (1:30 Std.)
Seiten 178f

0 Kilometer   2

Zentrale Markthalle, der größte Markt Budapests *(siehe S. 179)*

Legende

···· Routenempfehlung

◀ Skulptur auf der Margareteninsel, Budapests grüner Oase in der Donau *(siehe S. 177)*

Spaziergang durch Óbuda (3 Std.)

Auf den ersten Blick wirkt das heutige Óbuda wie eine Betonwüste, doch hinter der grauen Fassade entdeckt man viel Lokalkolorit und zahlreiche Spuren der ungarischen Geschichte. 89 n. Chr. errichteten die Römer hier eine Garnison. Wenig später gründeten sie nördlich davon die Stadt Aquincum *(siehe S. 166f)*. Nach ihrem Rückzug im 5. Jahrhundert erlebte Ungarn einige Invasionen, etwa die der Magyaren *(siehe S. 24f)*, die auch in Óbuda (»Alt-Buda«) ihre Spuren hinterließen. Gegen Ende des 16. Jahrhunderts war Óbuda eine blühende Handelsstadt. 1873 wurde sie schließlich ein Teil von Budapest.

① Teilansicht des römischen Amphitheaters in Óbuda

⑩ Das elegante neobarocke Palais am Fő tér mit Wachhäuschen

Römisches Amphitheater

Der Spaziergang beginnt an der Ecke Bécsi út und Pacsirtamező utca, wo die Reste des römischen Amphitheaters zu sehen sind ①. Die Römer kamen kurz nach Christi Geburt in diese Region. Sie erbauten das Amphitheater Mitte des 2. Jahrhunderts. Zu jener Zeit war Aquincum die blühende Hauptstadt der Provinz Pannonia Inferior *(siehe S. 22f)*, die Soldaten aus der nahen Garnison besuchten die Stadt. Als im 9. Jahrhundert die Magyaren einfielen, wurde Aquincum zur Feste. Von den einst hohen Wällen blieb nicht viel erhalten, doch das riesige Amphitheater, das 14 000 Zuschauer fasste, ist beeindruckend.

Von der Synagoge Óbuda zum Flórián tér

Vom Amphitheater folgen Sie der Pacsirtamező utca, biegen in die Perc utca und links in Mókus utca und Jós utca. Weiter links geht es in die Lajos utca. Das Gebäude von Nr. 63 war einst die Synagoge von Óbuda ②. Um 1820 wurde der klassizistische Bau mit dem sechssäuligen Portikus für die wachsende jüdische Gemeinde errichtet. Die Synagoge diente früher als Fernsehstudio, doch 2010 gab das Ungarische Fernsehen den Bau an die jüdische Gemeinde zurück, die ihn wieder als Synagoge nutzte. Einige Restaurierungsarbeiten fanden bereits statt, weitere sollen folgen. In der Lajos utca 168 steht die Pfarrkirche von Óbuda ③. Die 1744–49 auf den Ruinen des römischen Militärlagers erbaute Kirche blieb weitgehend erhalten. Im Inneren prangt eine Kanzel, die den Guten Hirten und Maria Magdalena zeigt. Wenn man links die Óbudai utca hinaufgeht, kommt man am Haus des Romanciers Gyula Krúdy ④ vorbei. Seine Werke entstanden

Anfang des 20. Jahrhunderts und schildern oft ein idealisiertes ländliches Ungarn. Heute ist hier das Museum für Handel und Tourismus, die Sammlung präsentiert Werkzeuge und Prototypen für Industrieprodukte. Von hier biegen Sie rechts in die Tanuló utca ein und gehen an der Ruine des Klarissenklosters (14. Jh.) ⑤ vorbei.

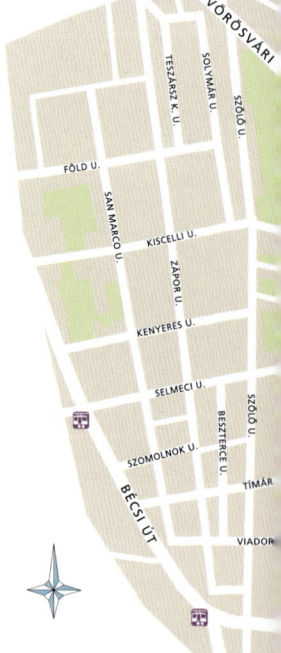

④ Das einstige Heim des Romanciers Gyula Krúdy

Nun kommt man linker Hand zum Flórián tér. Gebäude Nr. 2 an der Ecke Kálvin köz ist die Kalvinistenkirche (18. Jh.) von Óbuda ⑥. Daneben steht das Presbyterium, das 1909 nach einem Entwurf von Károly Kós erbaut wurde. Kós ist besser bekannt als Architekt der We-

Legende

• • • Routenempfehlung

0 Meter — 400

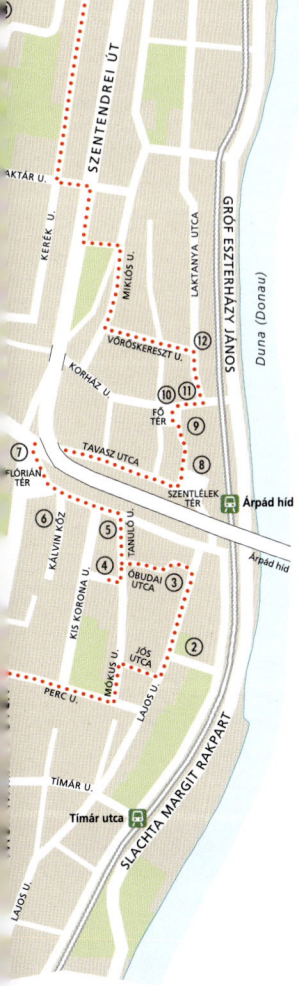

⑨ Aristokratischer Wohnsitz: Schloss Zichy aus dem 18. Jahrhundert

ckerle-Siedlung *(siehe S. 161)*. Nr. 4 beherbergt eine kunsthandwerkliche Sammlung. Dann geht es weiter zum Flórián tér, wo 1778 römische Thermalbäder entdeckt wurden. Versteckt in der Unterführung unter dem Platz liegen das Römerbad-Museum und das Museum der Römersiedlung ⑦.

Szentlélek tér und Fő tér

Die Tavasz utca, rechts des Flórián tér, führt zum Szentlélek tér. Im Südflügel des Schlosses Zichy am Szentlélek tér befindet sich das 1987 eröffnete Vasarély-Museum ⑧. Der Künstler Victor Vasarély begründete im 20. Jahrhundert die Op-Art-Bewegung. Seine Werke leben von leuchtenden Farben, geometrischen Figuren und optischen Spielereien. Schloss Zichy ⑨ wurde 1757 für die Familie Zichy erbaut.

⑪ Eine von verschiedenen *Frauen mit Schirm* von Imre Varga

Wenn Sie Richtung Norden gehen, erreichen Sie den Fő tér. Er liegt in einem Teil Óbudas, in dem noch heute Gebäude aus dem 18. und 19. Jahrhundert stehen. An einer Ecke des Platzes liegt das Palais am Fő tér ⑩, dessen Eingang ein Wachhäuschen (18. Jh.) flankiert.

Von der Imre-Varga-Galerie zur Herkulesvilla

Vom Palais am Fő tér gehen Sie die Laktanya utca hinauf. Zur Rechten sieht man eine Gruppe von Skulpturen, die *Frauen mit Schirm* ⑪ des Bildhauers Imre Varga. In der Laktanya utca 7 können Sie in der Imre-Varga-Galerie ⑫ weitere Werke des Künstlers bewundern. Dann gehen Sie zur Szentendrei út und durch die Unterführung auf die andere Straßenseite. Biegen Sie nun rechts in die Kerék utca ein, dann links in die Herkules utca. Der Spaziergang endet in der Meggyfa utca 21, bei der Ruine der Herkulesvilla ⑬. Das Römerhaus verdankt seinen Namen den schönen Mosaiken *(siehe S. 23)*. Der Bau ist nur nach Voranmeldung zu besichtigen (Tel. 06-1/430 10 81). Nahe der Villa befinden sich die Reste der *cella trichora*, einer frühchristlichen Kapelle (4. Jh.).

Routeninfos

Start: Pacsirtamező utca.
Anfahrt: Bus 86 oder Tram 19, 41, 61.
Länge: 3 km.
Rasten: Kéhli Vendéglő *(siehe S.206)* in Mókus utca oder Új Sipos Étterem am Fő tér (traditionelle ungarische Gerichte).

Zeichenerklärung *siehe hintere Umschlagklappe*

Spaziergang auf der Margareteninsel (2 Std.)

Unzugänglich lag die Margareteninsel einst inmitten der Donau. Seit dem 11. Jahrhundert diente sie als religiöses Refugium. Von der Vergangenheit der Insel künden die Reste zweier Klosterkirchen und die Ruine des Klosters, in das sich Prinzessin Margit (Margarete), die Tochter König Bélas IV., zurückzog. Nach der Prinzessin ist die Insel auch benannt. 1869 wurde die Insel öffentlich zugänglich. Heute ist sie das schönste Naherholungsgebiet der Stadt: eine autofreie grüne Lunge, ideal für einen beschaulichen Spaziergang. Am Westufer speisen die mineralienreichen heißen Quellen der Insel das Palatinus-Strandbad.

⑤ Wasserturm

⑧ Relief mit Erzengel Michael in der Michaelskirche

Vom Vereinigungsdenkmal zum Palatinus-Strandbad

Der Spaziergang beginnt am beschaulich-grünen Südzipfel der Margareteninsel. Richtung Norden kommt man zum ersten Wahrzeichen, dem Vereinigungsdenkmal ① *(siehe S. 66)*, das vor einem stattlichen Brunnen thront. István Kiss schuf es 1973 zum Gedenken an den 100. Jahrestag der Vereinigung der Städte Buda, Óbuda und Pest *(siehe S. 34)* zu Budapest. Nachts wird der Brunnen hübsch beleuchtet. Hier werden Vierrad-Räder *(Bringóhintó)* für Familien vermietet. Hält man sich nun links, ist es nur noch ein Katzensprung bis zum Hajós-Olympiabad ② *(siehe S. 55)*. Die 1930 erbaute Badeanlage entwarf das Multi-

talent Alfréd Hajós. Er gewann bei den Olympischen Spielen von 1896 Goldmedaillen im Schwimmen und gehörte auch dem ungarischen Fußballteam an. Gehen Sie rechts, dann links, dann nach Norden. Rechts liegt der Rosengarten, bevor die Ruine der Franziskanerkirche (14. Jh.) ③ in Sichtweite kommt. Sie wurde im gotischen Stil erbaut und war Teil eines Klosters. Erkennbar in der Westmauer sind das Portal, das einst zur Orgelempore führte, sowie eine Wendeltreppe und schöne Bogenfenster. Nahebei liegt das quirlige Palatinus-Strandbad ④ *(siehe S. 55)*. Den Zugang weist eine Statue des französischen Bildhauers Émile Guillaume.

Vom Wasserturm zur Michaelskirche

Ein Blickfang nordöstlich des Palatinus-Strandbads ist der 57 Meter hohe Wasserturm ⑤ von 1911. Der grazile Turm ist heute UNESCO-Welterbe und dient als Ausstellungsraum für moderne Kunst und für Kunsthandwerk – von Puppen bis zu Porträts. Am Fuß des Wasserturms liegt das Sommertheater. Das große, moderne Amphitheater fasst 3500 Zuschauer, die hier Live-Musik erleben können. Südöstlich vom Wasserturm erheben sich die Ruinen einer Dominikanerkirche mit Konvent ⑥. In

③ Ruine der Franziskanerkirche aus dem 14. Jahrhundert

Margit híd

Margit híd
250 m

Árpád híd

Duna (Donau)

dem Kloster lebte Prinzessin Margit, die der Insel den Namen gab. König Béla IV. *(siehe S. 25)* hatte geschworen, seine Tochter Gott zu weihen, falls es ihm gelänge, den Mongolensturm von 1241 abzuwehren. Er hielt seinen Schwur und erbaute Kirche und Konvent – und die neunjährige Prinzessin Margit wurde 1251 hierhergeschickt. Nach einem frommen, asketischen Leben starb sie bereits im Alter von 29 Jahren. Fast 300 Jahre später, 1541, flohen die Nonnen des Konvents vor der türkischen Invasion *(siehe S. 28f)* nach Pozsony (heute Bratislava) und überließen die Kirche der Zerstörung. Bei der Überschwemmung von 1838 entdeckte man ihre Überreste und unterirdischen Gewölbe. Das Grab der heiliggesprochenen Margit wurde später ebenfalls freigelegt.

Gleich nördlich der Dominikanerkirche und des Konvents, nahe am Wasserturm, beginnt der Künstlerboulevard ⑦. Gruppen von Büsten ungarischer Autoren, Maler und Musiker säumen die Promenade, die zum Grandhotel Margitsziget führt. Kurz vor dem Hotel erhebt sich die Michaelskirche ⑧, die im 12. Jahrhundert von den Mönchen des Prämonstratenserordens erbaut wurde und damit das älteste Gebäude auf der Insel ist. Im Kircheninneren

⑪ **Stufenwege führen durch den Japanischen Garten**

wurden die Fundamente einer Kapelle aus dem 11. Jahrhundert ausgegraben. Bei der Invasion der Türken 1541 wurde die Kirche zerstört und nach 1930 mit Baumaterial aus dem Originalgebäude wiederaufgebaut. Wundersamerweise überstand die Kirchenglocke (frühes 15. Jh.) den Einfall der Türken: Wahrscheinlich war sie von Mönchen vergraben worden. Sie kam erst 1914 wieder ans Tageslicht, als ein Sturm den Walnussbaum entwurzelte, der sie verbarg.

Vom Grandhotel Margitsziget zur Árpád-Brücke

1872 entwarf Miklós Ybl *(siehe S. 123)* das Grandhotel Margitsziget ⑨. Viele Jahre lang war dies das edelste Hotel Budapests – man nannte es schlicht »das Grand«. Nach dem Zweiten Weltkrieg wurde es modernisiert und in Danubius Grand Hotel Margitsziget umgetauft. In den 1970er Jahren entstand nahebei das Danubius Health Spa Resort Margitsziget *(siehe S. 188)* ⑩. Die beiden Hotels verbindet ein unterirdischer Gang. Sie bieten Thermalbecken und diverse Kurbehandlungen *(siehe S. 54f)*. Weiter westlich vom modernen Hotel führt der letzte Abschnitt des Spaziergangs vorbei am Japanischen Garten ⑪. Eine Vielfalt an exotischen Pflanzen, ein

⑦ **Büste von Zsigmond Móricz auf dem Künstlerboulevard**

Felsengarten, Wasserfälle und von Brücken überspannte Bäche tragen zu seiner angenehmen Atmosphäre bei. Am Ende des Spaziergangs stößt man auf eine Wasserorgel: den Bodor-Brunnen ⑫. Den Originalbrunnen schuf der Siebenbürger Künstler Péter Bodor 1820 in Marosvásárhely (Târgu Mures, Rumänien), das damals zu Österreich-Ungarn gehörte. 1936 entstand diese Kopie auf der Margareteninsel. Hinter dem Brunnen geht es weiter zum Nordzipfel der Insel und schließlich zur Árpád-Brücke, über die man wieder zum Stadtzentrum zurückgelangt.

⑫ **Bodor-Brunnen**

Routeninfos

Start: Südende der Margareteninsel von der Margaretenbrücke (Margit híd) aus.
Anfahrt: Bus 26, Tram 4, 6.
Länge: 3,3 km.
Rasten: Zahlreiche Kioske und Cafés auf der Insel bieten im Sommer Getränke, Snacks und Eis an. Im Danubius Grand Hotel und im Danubius Health Spa Resort Margitsziget ⑩ gibt es Restaurants und Cafés.

Legende

• • • Routenempfehlung

0 Meter   500

Zeichenerklärung *siehe hintere Umschlagklappe*

Spaziergang von Buda nach Pest (1:30 Std.)

Buda, Óbuda und Pest wurden 1873 vereinigt – ein Zusammenschluss, der auch durch den Bau der Kettenbrücke möglich wurde. Buda und Pest hatten zwar eine gemeinsame Geschichte, doch immer zwei Identitäten. Sogar heute ist das Leben in Buda beschaulicher als im dynamischen, kommerziell ausgerichteten Pest. Der Spaziergang macht solche Differenzen sichtbar – aber auch die tiefe Verbundenheit der beiden einst getrennten Städte.

wird. Gehen Sie zur Mitte der Kettenbrücke ⑧ *(siehe S. 66 und 116)*, und blicken Sie anschließend auf das Burgviertel zurück. An klaren Tagen genießt man von hier eine Traumaussicht auf den Palast und die neogotische Silhouette der Matthiaskirche.

② **Terrasse und konische Türme der Fischerbastei**

Burgviertel

Der Spaziergang beginnt an der Matthiaskirche ① *(siehe S. 86f)*. Die Kirche (13. Jh.) war Krönungskirche der ungarischen Könige und gehört zu den ältesten Bauten Budas. Direkt dahinter liegt die Fischerbastei ② *(siehe S. 84)*, von wo aus man eine grandiose Aussicht auf die Donau und Pest hat. Gehen Sie zum Hauptportal der Matthiaskirche zurück und weiter die Tárnok utca mit

ihren unzähligen Souvenirläden entlang bis zum Dísz tér *(siehe S. 77)* und zum Honvéd-Denkmal ③. Es erinnert an diejenigen, die beim Aufstand von 1848 starben.

Gehen Sie nach Süden über den Platz und die Színház utca entlang zum Palais Sándor ④ *(siehe S. 77)*, einem der nobelsten Gebäude Budas und Residenz des ungarischen Präsidenten. Hinter der Haltestelle der Sikló, der Standseilbahn, die den Königspalast mit dem Donauufer verbindet, führt ein verziertes Tor ⑤ *(siehe S. 74)* in das Areal des Königspalasts. Ein Pfad schlängelt sich vor dem Palast entlang und erlaubt schöne Ausblicke auf Pest.

Über die Donau nach Pest

Der Pfad führt über terrassierte Hänge hinunter zum Clark Ádám tér. Der Platz ist nach dem schottischen Ingenieur Adam Clark benannt, dem Erbauer der grandiosen Kettenbrücke und des klassizistischen Alagút-Tunnels ⑥, der den Verkehr unter dem Königspalast hindurchleitet. Im Zentrum des Platzes steht der Kilometerstein 0 ⑦, von dem aus die Entfernung zwischen Budapest und Wien gemessen

Vom Széchenyi István tér zur Váci utca

Wenn man über die Brücke zur Pester Seite sieht, ist der Anblick gleichfalls grandios: Budapests Parlamentsgebäude *(siehe S. 112f)* und das schönste Hotel der Stadt, das Four Seasons im Palais Gresham ⑨ *(siehe S. 118)* am Széchenyi István tér. Das erstaunlich opulente Foyer des Hotels ist sehenswert.

Vom Széchenyi István tér führt ein Fußweg nach Süden

Routeninfos

Start: Matthiaskirche, Széll Kálmán tér.
Anfahrt: Bus 16 und 16A ab Széll Kálmán tér oder Tram 2.
Länge: 3,8 km.
Rasten: Gresham Palace Kávéház am Széchenyi István tér, Corso Étterem am Vigadó tér 2 oder 1000 Tea in der Váci utca 65.

Blick von Buda auf das Parlament in Pest

⑫ Die beeindruckende Vigadó-Konzerthalle am Vigadó tér

entlang den Straßenbahnlinien am Belgrád Rakpart. Nach einem kurzen Marsch erreicht man László Martons bezaubernde Skulptur *Die kleine Prinzessin* ⑩ – fast direkt an den Tramgleisen. Überqueren Sie den kleinen Pier beim Vigadó tér ⑪ (*siehe S. 130*). Auf der Ostseite des Platzes beeindruckt die eklektizistische Architektur der Vigadó-Konzerthalle ⑫. Nahebei auf der linken Seite erhebt sich das Hotel Budapest Marriott ⑬, ein modernistisches Meisterwerk.

Gehen Sie nun wieder am Uferweg entlang nach Süden, und biegen Sie kurz vor dem Petőfi tér nach links in die Régiposta utca ein. Gleich rechts gehen Sie in die Apáczai utca – diese führt zur römischen Stätte Contra-Aquincum ⑭ (*siehe S. 126*) und zur Innerstädtischen Pfarrkirche ⑮ (*siehe S. 128f*), die durch die Ausläufer der Elisabethbrücke etwas eingepfercht erscheint. Bei der Kirche geht es nach links zur Váci utca, bis zu der Stelle, wo sie die Szabad sajtó út kreuzt. Hier erheben sich die Klotildenpalais ⑯ (*siehe S. 131*) an der Auffahrt zur Elisabethbrücke.

Cafés und Zentrale Markthalle

Der südliche Teil der Váci utca ⑰ (*siehe S. 131*) ist weniger hübsch und kommerzieller als der nördliche, doch an Sommernachmittagen ist er voller Menschen. Sie sitzen in den vielen Straßencafés, die sich hier aneinanderreihen. Etwa auf der Häfte der Váci utca nach Süden erhebt sich rechts St. Michael ⑱. Die Kirche wurde 1230 erbaut, 1541 von den Türken verwüstet, 1701 wiedererrichtet und schließlich 1964–68 komplett renoviert. Das schlichte Äußere verbirgt ein reich verziertes Inneres. Ab hier verbreitert sich die Straße und bietet noch mehr Cafés und Bars – bis zur Zentralen Markthalle ⑲ (*siehe S. 211*). An den Marktständen gibt es Obst, Gemüse, Fisch, Fleisch, Wurst, Käse und auch ungarisches Kunsthandwerk.

⑰ Läden und volle Straßencafés in der Váci utca

Legende

••• Routenempfehlung

0 Meter   400

Zeichenerklärung *siehe hintere Umschlagklappe*

ZU GAST IN BUDAPEST

Hotels

Budapest bietet Unterkünfte für jeden Geschmack und Geldbeutel. An der Spitze stehen die Luxus- und Designhotels, doch in der Stadt der Thermalbäder gibt es auch jede Menge Kurhotels. Preisgünstiger wohnt man in Hotels außerhalb des Stadtzentrums sowie in der wachsenden Anzahl von Pensionen und Herbergen und Hostels. Reisebüros und Touristeninformationen *(siehe S. 185)* geben

Auskunft über Hotels und vermitteln ebenfalls Unterkünfte. Auch eine Überlegung wert: Ferienapartments. Die Hotelauswahl auf den Seiten 186–189 listet die besten Budapester Unterkünfte in den Kategorien Luxus, Design, historische Häuser, Kurhotels, Pensionen und Businesshotels auf. Sie sind nach Stadtteilen und Preiskategorien geordnet, um Ihnen die Entscheidung zu erleichtern.

Imposante Fassade des Four Seasons im Palais Gresham *(siehe S. 187)*

Hotelauswahl

Entscheiden Sie sich bei der Auswahl Ihrer Unterkunft zunächst für die Lage: Buda oder Pest – oder vielleicht ein malerischer Vorort? In Pest liegen viele Hotels meist nur einen Katzensprung von den bedeutenden Sehenswürdigkeiten entfernt. Hier findet man viele Luxushotel, etwa das Sofitel Budapest Chain Bridge *(siehe S. 188)* am Ostufer der Donau, andere Häuser, etwa das Marriott *(siehe S. 188)* oder das Kempinski Corvinus *(siehe S. 188)*, liegen näher zum Zentrum von Pest – und zu den Theatern und Läden. Auch die meisten Hostels findet man auf der Pester Seite.

Jenseits der Donau im hügeligen Buda gibt es eine bescheidenere Auswahl an Hotels, viele davon jedoch mit Spas. In dem beschaulichen Stadtteil liegen viele Pensionen, in denen man die frische, kühle Luft und die ruhige Umgebung genießen kann.

Die weiter draußen angesiedelten Hotels sind keine schlechte Wahl, denn sie liegen meist an U-Bahn-Stationen. Die Wege in die Stadt sind nicht sehr weit.

Die Büros von **Budapestinfo** *(siehe S. 185)* versorgen Besucher mit Informationen zu Unterkünften und Restaurants sowie touristischen und kulturellen Veranstaltungen. Broschüren und Faltblätter sind dort frei erhältlich, Stadtpläne werden verkauft.

Hotel- und Pensionsklassifikationen

Hotels sind in fünf Kategorien (ein bis fünf Sterne) unterteilt.

In der Luxusklasse – also in den Fünf- und Vier-Sterne-Hotels – verfügen alle Zimmer über Bad, Telefon, TV, Radio und Minibar sowie über Klimaanlage und WLAN. Die Mehrzahl bietet einen 24-Stunden-Service, etwa Essen aufs Zimmer oder durchgängig offene Konferenz- und Fitnessbereiche. Drei-Sterne-Hotels warten zumindest mit einem Restaurant und einer Bar auf. Das Personal spricht gewöhnlich wenigstens eine Fremdsprache, Englisch und Deutsch sind meistens kein Problem. Zwei Drittel der Zimmer in Zwei-Sterne-Hotels haben ein eigenes Bad oder eine Dusche. In Hotels mit einem Stern gibt es nur Waschbecken mit fließend warmem und kaltem Wasser.

Die oft anheimelnden Pensionszimmer sind einfacher ausgestattet, bieten aber grundlegenden Service. Die Häuser haben meist freundliches und hilfsbereites Personal.

Geräumiges Zimmer im Hotel Hilton Budapest *(siehe S. 188)*

◀ **Atrium und Lobby des luxuriösen Boscolo Hotels im Palais New York, Budapest** *(siehe S. 187)*

Zimmer im Buddha-Bar Hotel Budapest, Klotildenpalais *(siehe S. 187)*

Hotelpreise

Die Zimmerpreise entsprechen der Hotelkategorie, allerdings gibt es bei Online-Buchung sogar bei Luxushotels oft spezielle Rabatte – wenn Sie das Zimmer genügend lange im Voraus buchen. Generell gilt jedoch: Unterkünfte in zentral gelegenen Hotels höherer Kategorien kosten sehr viel mehr als Zimmer einer niedrigeren Klasse außerhalb der Stadt. Preiswert wohnt man in Pensionen und in Jugendherbergen oder Hostels, die jetzt oft auch Doppelzimmer anbieten. Bei den Hotels ist das Frühstück meist inklusive, ab drei Sternen und höher handelt es sich meist um ein Büfett. In Pensionen gibt es preiswerte Mahlzeiten. Das Frühstück in Hostels kostet meist extra.

Viele Luxushotels bieten in der Nebensaison (Mitte September bis Mitte März) beträchtliche Preisnachlässe an. In dieser Zeit können drei Übernachtungen so viel kosten wie zwei Nächte in der Hauptsaison. Gäste können auch eine Nacht gratis logieren.

In Kurhotels wie dem Danubius Hotel Gellért *(siehe S. 187)*, das über ein Hydrotherapiezentrum verfügt, ist die Benutzung von Pools und Sauna im Zimmerpreis eingeschlossen. Für Behandlungen wie Massagen hingegen wird eine Gebühr fällig. Klären Sie diese Details am besten vorab.

Achtung: An Weihnachten und Neujahr als auch in der Zeit um das Formel-1-Rennen und das Sziget-Festival explodieren die Preise. Zimmerpreise werden meist in Euro angegeben, Sie können allerdings in Forint bezahlen.

Zusätzliche Kosten

Mehrwertsteuer und Kurtaxe sind im Zimmerpreis enthalten – die Kurtaxe wird erhoben, weil Budapest als Kurort eingestuft wird. Häufig jedoch kommen weitere Kosten hinzu, die den Gesamtpreis entsprechend erhöhen können. Viele Hotels haben etwa Geldwechselschalter, der Kurs ist hier jedoch schlecht. Auch Telefongespräche vom Zimmer aus ins Ausland sind überproportional teuer.

Die meisten Hotels bieten eigene Parkmöglichkeiten. Einige, etwa das Sofitel Budapest Chain Bridge *(siehe S. 188)* oder das Victoria Hotel *(siehe S. 186)*, erheben für Parkplätze oder Garagen eine geringe Gebühr.

Buchung

Die Hauptsaison beginnt in Budapest Mitte Juni und dauert bis Ende September. In diesem Zeitraum sowie um Neujahr und am Wochenende des ungarischen Grand Prix *(siehe S. 63)* sind Hotels sehr schnell ausgebucht. Es ist ratsam, mindestens zwei Wochen im Voraus zu buchen. Die meisten Hotels akzeptieren Online-Reservierungen.

Auch ohne Reservierung lässt sich eine akzeptable Unterkunft finden. In der bevorzugten Lage oder Preisklasse kann es jedoch – vor allem in der Hauptsaison – schwierig werden. Reservierungen sind auch am Flughafen und in allen Tourismusbüros der Innenstadt möglich.

Bleiglasfenster im Danubius Hotel Gellért *(siehe S. 187)*

Empfangsbereich im La Prima Fashion Hotel *(siehe S. 186)*

Mit Kindern reisen

In den meisten Hotels sind Kinder willkommen. Bis zum Alter von vier Jahren wohnen sie in Begleitung ihrer Eltern kostenlos. Gegen eine geringe Gebühr werden häufig für größere Kinder im Zimmer ihrer Eltern Zusatzbetten bereitgestellt. Viele Hotels bieten auch Kinderbetreuung an.

Behinderte Reisende

Budapest versucht die Versäumnisse der Vergangenheit aufzuholen. Bislang war es für behinderte Reisende teilweise nicht einfach, sich in der Stadt zu bewegen. Behindertengerechte Einrichtungen werden nach und nach eingeführt. Auch die Hotels haben sich weiterentwickelt. Viele bieten mittlerweile behindertengerechte Zimmer an. Informieren Sie sich am besten bei der Buchung.

Apartments

Einige Hotels, vor allem diejenigen im Botschaftsviertel, bieten Unterkünfte in Suiten mit Kochnische an. Diese Art der Unterkunft ist insbesondere für Familien geeignet. Man hat auf diese Weise die Möglichkeit, wie zu Hause zu essen, statt ständig ins Restaurant zu gehen. Ein weiterer Vorteil ist natürlich der zusätzliche Raum. Denn häufig sind diese Hotelsuiten in Budapest so groß wie eine Wohnung.

Einige Häuser bestehen überdies ausschließlich aus Ferienwohnungen. Das **Charles Apartment Hotel** ist beispielhaft für diese Art der Unterkunft. Die Wohnungen des Etablissements sind geräumig und recht gut ausgestattet.

Hostels

Budapest besitzt eine große Anzahl an Hostels und Jugendherbergen. Sie sind meist ganzjährig geöffnet und offerieren für wenig Geld gute, wenn auch schlichte Unterkunft. Man hat häufig die Wahl zwischen Schlafsälen wie in Jugendherbergen und Einzel- bzw. Doppelzimmern. Hostels wie **Marco Polo Hostel** oder **Citadella** in der Zitadelle *(siehe S. 96f)* auf dem Gellértberg sind nur zwei von mehreren.

Während der Sommerferien im Juli und August werden viele Studentenwohnheime in Herbergen umgewandelt und stellen damit fast 4000 zusätzliche Betten zur Verfügung. Besucher finden hier eine zweckmäßige, preisgünstige Unterkunft.

Es ist ratsam, das Zimmer vorab zu reservieren. Dies macht man am besten online bei **Mellow Mood Travel Agency** oder über www.hostels.com und www.booking.com. Mit dem internationalen Jugendherbergsausweis (ISIC) bekommt man die Zimmer zum ermäßigten Preis.

Privatzimmer und Ferienwohnungen

Einige Besucher entscheiden sich für Privatzimmer. Diese Unterkünfte bestehen meist aus einem Zimmer mit Küchen- und Badezimmerbenutzung. Der Preis richtet sich nach Ausstattung und Lage und bewegt sich zwischen 6000 und 12 000 Forint pro Tag für ein Doppel- und ab 6000 Forint aufwärts für ein Einzelzimmer. Man bucht sie am besten über die Agentur **IBUSZ**.

Eine Ferienwohnung ist die preiswerteste Option für einen längeren Aufenthalt. Privatwohnungen werden über Agenturen vermittelt. Lohnend sind auch Anzeigen unter *albérlet* (Vermietungen) in *Expressz* oder *Hirdetés* – oder im Internet.

Camping

Zelten ist nur auf ausgewiesenen Campingplätzen gestattet. Sie liegen verteilt in den Außenbezirken von Budapest. Der größte und malerischste ist **Római Camping** an der Landstraße, die von Óbuda nach Szentendre führt. Die Campingplätze sind in der Regel von Mai bis Ende Oktober geöffnet. Einige Anlagen, z. B. **Haller Camping**, öffnen nur von Mai bis September. Andere können das ganze Jahr über aufgesucht werden.

Lichtinstallation in der Lobby des **Hilton Budapest City** *(siehe S. 188)*

Hotelkategorien

Die Hotelauswahl *(siehe S. 186 – 189)* dieses Reiseführers enthält unterschiedliche Übernachtungsmöglichkeiten. Um Ihnen die Auswahl zu erleichtern, wurden die Unterkünfte verschiedenen Kategorien zugeordnet: Luxus, Design, Historisch, Kurhotel, Pension und Businesshotel. In Budapest findet man viele Luxushotels, die alle erstklassige Ausstattung und Service bieten. Dank der erhaltenen großartigen historischen Architektur der Stadt kann man in grandiosen Gebäuden übernachten. Auch Designhotels schießen mittlerweile wie Pilze aus dem Boden. Die Budapester Kurhotels ziehen viele Besucher an – kein Wunder bei der riesigen Anzahl an Thermalquellen der

Stadt. Erschwinglicher sind die Pensionen in Buda und in den Außenbereichen Budapests. Hier finden sich auch die meisten Businesshotels und die Häuser der Hotelketten.

Die **Vis-à-Vis-Tipps** heben bestimmte Hotels hervor – Häuser mit historischem Flair, grandioser Lage, fantastischer Ausstattung – oder einer Kombination aus allem.

Pool im Wellness-Bereich des Boscolo Budapest *(siehe S. 187)*

Auf einen Blick

Information

Ungarisches Tourismusamt (in Deutschland)
Wilhelmstr. 61,
10117 Berlin.
📞 (030) 24 31 460.
🌐 de.gotohungary.com

Budapester Tourismusamt
1066 Budapest,
Mozsár utca 16.
📞 (06-1) 486 33 00.
🌐 budapestinfo.hu

Budapestinfo-Punkte
Flughafen Terminal 1
Liszt Ferenc Budapest
Flughafen Terminal 1.
🕐 8 – 22 Uhr.

Flughafen Terminal 2A
Liszt Ferenc Budapest
Flughafen Terminal 2A.
🕐 8 – 22 Uhr.

Flughafen Terminal 2B
Liszt Ferenc Budapest
Flughafen Terminal 2B.
🕐 10 – 20 Uhr.

Innenstadt,
Liszt Ferenc tér
1061 Budapest,
Andrássy út 47.
🕐 12 – 20 Uhr.

Innenstadt,
Déak Ferenc tér
1052 Budapest, Sütő utca
2. 🕐 8 – 20 Uhr.

Hősök tere (Heldenplatz)
1146 Budapest, Olof
Palme sétány 5.
🕐 So – Do 10 – 18, Fr, Sa
10 – 20 Uhr.

Reiseagenturen

IBUSZ Reisebüro
1051 Budapest,
József Attila utca 20.
Stadtplan 2 E5.
📞 (06-1) 501 49 10/11.
🌐 ibusz.hu

Mellow Mood Travel Agency
1077 Budapest,
Baross tér 15.
Stadtplan 7 C2.
📞 (06-1) 413 20 64.
🌐 hostels.hu

Apartments

Charles Apartment Hotel
1016 Budapest,
Hegyalja út 23.
Stadtplan 3 B2 (9 B5).
📞 (06-1) 212 91 69.
🌐 charleshotel.hu

Hostels

Back Pack Guesthouse
XI, Takács Menyhért
utca 33.
Stadtplan 3 B5.
📞 (06-1) 385 89 46.
🌐 backpackbudapest.hu

Boat Hostel Fortuna
1137 Szent István Park,
Alsó rakpart.
Stadtplan 2 D1.
📞 (06-1) 288 81 00.
🌐 fortunahajo.hu

Citadella
1118 Budapest,
Citadella sétány.
Stadtplan 4 D3.
📞 (06-1) 466 57 94.
🌐 citadella.hu

Marco Polo Hostel
1072 Budapest,
Nyár utca 6.
Stadtplan 7 A3.
📞 (06-1) 413 25 55.
🌐 marcopolohostel.com

Red Bus Hostel
V. Semmelweis utca 14.
Stadtplan 4 F1.
📞 (06-1) 266 01 36.
🌐 redbusbudapest.hu

Privatzimmer und Ferienwohnungen

IBUSZ Privatzimmer-Service
1051 Budapest, József
Attila utca 20.
Stadtplan 2 E5.
📞 (06-1) 501 49 10/11.
🌐 ibusz.hu

Weitere Anbieter
🌐 privatzimmer.uw.hu
🌐 budapest-reisen.de
🌐 airbnb.de/Budapest

Camping

Csillebérc Autós Camping
1121 Budapest,
Konkoly Thege út 21.
📞 (06-1) 395 65 37/27.

Haller Camping
1096 Budapest,
Haller utca 27.
📞 (06-1) 476 34 18.
🌐 hallercamping.hu

Római Camping
1031 Budapest,
Szentendrei út 189.
📞 (06-1) 388 71 67.
🌐 romaicamping.hu

Stadtplan *siehe Seiten 242 – 256*

Hotelauswahl

Designhotels
Burgviertel

Baltazár
Országház utca 31
C (06-1) 300 70 51 **SP** 1 A4 **K** B5
W baltazarbudapest.com
Die imposanten Zimmer sind von
Warhol und Westwood inspiriert.
Soundsysteme mit Smartphone-
Anschluss.

Vis-à-Vis-Tipp

Buda Castle
Fashion Hotel
Úri utca 39
C (06-1) 224 79 00
SP 1 B4 **K** B5
W budacastlehotelbudapest.
com
Das Handelshaus (15. Jh.) wurde
zu einem der führenden Hotels
der Stadt umgewandelt, mit geräumigen Zimmern und luxuriösen Mini-Suiten. Ein Erlebnis ist
das Frühstück im als Garten angelegten Innenhof.

Lánchíd 19
Lánchíd utca 19
C (06-1) 419 19 00 **SP** 1 C5 **K** D6
W lanchid19hotel.hu
Das Hotel am Fluss bietet einen
grandiosen Blick auf die Donau.
Der Glasbau hat Glas-Fußgänger-
brücken und Luxuszimmer.

Nördlich der Burg

art'otel
Bem rakpart 16–19
C (06-1) 487 94 87 **SP** 1 C4 **K** C4
W artotels.com
Von den Bildern an den Wänden,
über die Teppiche bis hin zum
Porzellan: sehr geschmackvoll
eingerichtete Zimmer.

Victoria Hotel
Bem rakpart 11
C (06-1) 457 80 80 **SP** 1 C4 **K** C4
W victoria.hu
Kleines Hotel mit großen Zim-
mern. Durch die Panoramafens-
ter sieht man auf die Donau.

Um das Parlament

Aventura Boutique Hostel
Visegrádi utca 12
C (06-1) 239 07 82 **SP** 2 E2 **K** F2
W aventurahostelbudapest.com
In dem charmanten familienge-
führten Haus gibt es vier fantastische Lofts. Jedes davon repräsen-
tiert ein anderes Land oder eine
andere Kultur.

Cotton House
Jókai utca 26
C (06-1) 354 26 00 **SP** 2 F3 **K** F4
W cottonhouse.hu
Mit seinen sorgfältig und edel
eingerichteten Zimmern, die alle
nach Berühmtheiten benannt
sind, zeigt das Haus Charakter.

Home Made Hostel
Teréz körút 22
C (06-1) 302 21 03 **SP** 2 F3 **K** G4
W homemadehostel.com
Das intelligent geplante Hostel
im Rustikalstil strahlt Charme aus.
Erstklassige Gemeinschaftsein-
richtungen, etwa die Küchen.

Zentrum von Pest

Bohem Art Hotel
Molnár utca 35
C (06-1) 327 90 20 **SP** 4 E2 **K** F8
W bohemarthotel.hu
Die einstige Fabrik hat sich zum
edlen Boutique-Hotel gemausert
und bietet kompakte, hübsch
designte Zimmer. Freundliches
Personal.

Cosmo City Hotel
Váci utca 77
C (06-1) 799 00 77 **SP** 4 F2 **K** E7
W cosmohotelbudapest.com
Das zentral gelegene Hotel hat
geräumige Zimmer, die in bunter
Farbenpracht erstrahlen.

Estilo Fashion Hotel
Váci utca 83
C (06-1) 799 71 70 **SP** 4 F2 **K** E7
W estilohotelbudapest.com
Die modernen Zimmer in dem
bezaubernden Hotel wirken luf-
tig und frisch – auch wenn sie ein
wenig klein sind.

**Atrium des Four Seasons im
einstigen Palais Gresham**

Gerlóczy
Gerlóczy utca 1
C (06-1) 501 40 00 **SP** 4 F1 **K** F6
W gerloczy.hu
Die unterschiedlich farbigen Zim-
mer (rot, grün, grau) erstrecken
sich über drei Etagen. Schönes
Design und diverse Extras.

La Prima Fashion Hotel
Piarista utca 6
C (06-1) 799 00 88 **SP** 4 E1 **K** E7
W laprimahotelbudapest.com
Das stilvolle Hotel mit üppig ein-
gerichteten Zimmern bietet jede
Menge an modischen Gadgets.

Zara Boutique
Só utca 6
C (06-1) 577 07 00 **SP** 4 F2 **K** F8
W boutiquehotelbudapest.com
Kleine, aber feine Zimmer gibt es
in diesem unprätentiösen, gleich-
wohl zentral gelegenen Hotel.

Continental Hotel Zara
Dohány utca 42-44
C (06-1) 815 10 00 **SP** 7 A3 **K** H5
W continentalhotelbudapest.com
Das Hotel im Art-déco-Stil mit
vielen Extra-Angeboten hat
zudem einen fantastischen Dach-
garten.

Soho
Dohány utca 64
C (06-1) 872 82 92 **SP** 7 B2 **K** H5
W sohoboutiquehotel.com
Die Pop-Art-Lobby führt zu ab-
gefahrenen Zimmern mit Bam-
bustapeten und Parkett aus
schwedischen Harthölzern.

Um den Városliget

Atrium Fashion Hotel
Csokonai utca 14
C (06-1) 299 07 77 **SP** 7 B3 **K** H6
W atriumhotelbudapest.com
Das clever konzipierte Hotel be-
sitzt helle Zimmer, die um ein
hohes Glasatrium arrangiert sind.

Royal Park Boutique Hotel
Nefelejcs utca 6
C (06-1) 872 88 88 **SP** 7 C1 **K** J4
W royalparkboutiquehotel.hu
Der imposante Hotelbau aus Glas
und Ziegeln strahlt auch mit seiner Farbgebung Stilgefühl aus –
von der beeindruckenden Lobby
bis zu den Zimmern.

Hotelkategorien *siehe S. 185*

Mirage Fashion Hotel ⓗⓗ
Dózsa György út 88
ⓒ (06-1) 462 70 70 **SP** 5 C4 **K** K3
ⓦ miragehotelbudapest.com
Die grandiose Villa (19. Jh.) am Heldenplatz bietet stilvoll eingerichtete Zimmer.

Historische Häuser
Burgviertel
St George's Residence Hotel ⓗⓗⓗ
Fortuna utca 4
ⓒ (06-1) 393 57 00 **SP** 1 B4 **K** B4
ⓦ stgeorgehotel.hu
Der mittelalterliche Gasthof bietet eine Auswahl an Suiten im Empire-Stil.

Nördlich der Burg
Antique Hostel ⓗ
Iskola utca 31
ⓒ (06-1) 580 00 56 **SP** 1 C3 **K** C4
ⓦ antiquehostel.eu
Das herrliche Haus aus dem 18. Jahrhundert ist nun ein Hostel mit Schlafsälen sowie Doppel- und Familienzimmern.

Um das Parlament

Vis-à-Vis-Tipp
Four Seasons Gresham Palace ⓗⓗⓗ
Széchenyi István tér 5–6
ⓒ (06-1) 268 60 00
SP 2 D5 **K** D5
ⓦ fourseasons.com
Nach aufwendiger Renovierung gehört das Four Seasons im Palais Gresham nun zu den besten Hotels Europas. Die Zimmer sind unglaublich luxuriös, das Personal ist tadellos – das Gesamtangebot ist unschlagbar. Ein Muss: das Restaurant.

Zentrum von Pest
Danubius Astoria Hotel ⓗ
Kossuth Lajos utca 19
ⓒ (06-1) 889 60 00 **SP** 4 F1 **K** F7
ⓦ danubiushotels.com
Das Hotel im Sezessionsstil besitzt atmosphärische Zimmer. Der Frühstücksraum ist ein neobarocker Hingucker.

Nemzeti ⓗ
József körút 4
ⓒ (06-1) 477 20 01 **SP** 7 B3 **K** H6
ⓦ accorhotels.com
Hinter der eleganten Fassade liegt ein ebenso eleganter Treppenaufgang zu den schönen Zimmern. Freundliches Personal.

Das Klavierzimmer im hübsch eingerichteten Brody House

Vis-à-Vis-Tipp
Brody House ⓗⓗ
Bródy Sándor utca 10
ⓒ (06-1) 266 12 11
SP 7 A4 **K** C4
ⓦ brodyhouse.com
Die nach dem Schriftsteller Sándor Bródy benannte Residenz ist nun ein ultracooles Refugium. Die acht thematischen Zimmer und Apartments sind alle im Brody-Stil eingerichtet.

Casati Budapest Hotel ⓗⓗ
Paulay Ede utca 31
ⓒ (06-1) 343 11 98 **SP** 2 F4 **K** F5
ⓦ casatibudapesthotel.com
In dem Apartmentblock (18. Jh.) mit zurückgesetzten Wänden findet man schöne Zimmer, die auf einen hübschen Innenhof gehen.

Hotel Palazzo Zichy ⓗⓗ
Lőrinc pap tér 2
ⓒ (06-1) 235 40 00 **SP** 7 B4 **K** H7
ⓦ hotel-palazzo-zichy.hu
Das extravagante Hotel liegt in der einstigen Residenz des Grafen Zichy. Stilvolle Zimmer.

Buddha-Bar Hotel Budapest Klotild Palace ⓗⓗⓗ
Váci utca 34
ⓒ (06-1) 799 73 00 **SP** 4 E1 **K** E7
ⓦ buddhabarhotelbudapest.com
Das Hotel in einem der Klotildenpalais überwältigt mit seinem üppigen asiatischen Dekor.

Um den Városliget
Three Corners Hotel Bristol ⓗⓗ
Kenyérmező utca 4
ⓒ (06-1) 799 11 00 **SP** 7 C2 **K** J6
ⓦ threecorners.com
Die Zimmer sind nicht ganz so eindrucksvoll wie die Fassade, doch das Hotel ist immer noch eine gute Option mit exzellenter Verkehrsanbindung ins Zentrum.

Kurhotels
Gellértberg und Tabán
Danubius Hotel Flamenco ⓗ
Tas Vezér utca 3–7
ⓒ (06-1) 889 56 00 **SP** 3 C5 **K** C10
ⓦ danubiushotels.com
Gutes Preis-Leistungs-Verhältnis und hervorragendes Frühstück im Restaurant Bolero. Schwimmbad plus Sauna und Solarium.

Danubius Hotel Gellért ⓗⓗ
Szent Gellért tér 1
ⓒ (06-1) 889 55 00 **SP** 4 D2 **K** E9
ⓦ danubiushotels.com
Jugendstil-Juwel mit Innen- und Außenpools sowie Wellnessangeboten. Die etwas altmodischen Zimmer tragen zum Charme bei.

Zentrum von Pest

Vis-à-Vis-Tipp
Boscolo Budapest ⓗⓗⓗ
Erzsébet körút 9
ⓒ (06-1) 886 61 11
SP 7 B2 **K** H5
ⓦ budapest.boscolohotels.com
Das Hotel im restaurierten Palais New York (1894) bietet Luxus pur. Die Eingangshalle ist ein Traum. Einst war hier das Zentrum des literarischen Lebens, die Vergoldungen des Kaffeehauses versetzen einen in eine andere Zeit zurück.

Abstecher
The Aquincum Hotel ⓗⓗ
Árpád fejedelem útja 94
ⓒ (06-1) 436 41 00
ⓦ aquincumhotel.com
Das Hotel bietet viele Annehmlichkeiten: Pools, Fitness-Center und Dampfbäder. Geschmackvoll eingerichtete Zimmer.

Danubius Health Spa Resort Helia
Kárpát utca 62-64
(06-1) 889 58 00
danubiushotels.com
Das Hotel am Donauufer bietet die gesamte Palette an Gesundheits- und Beauty-Behandlungen.

Danubius Health Spa Resort Margitsziget
Margitsziget
(06-1) 889 47 00
danubiushotels.com
Das Inselhotel mit dem größten Spa Europas liegt über einer Thermalquelle. Alle Zimmer haben Balkon.

Ramada Resort Aquaworld
Íves út 16
(06-1) 231 36 00
ramadaresortbudapest.hu
Hier gibt es einen überdachten Wasserpark, ein orientalisches Wellness- und Fitness-Center und einen riesigen Kinderspielplatz.

Luxushotels
Burgviertel
Hilton Budapest Hotel
Hess András tér 1–3
(06-1) 889 66 00   SP 1 B4 K B5
placeshilton.com
Der bemerkenswerte Mix aus Neu und Alt liegt hoch über der Donau und bietet fantastische Aussichten aus den Zimmern.

Um das Parlament
Iberostar Grand Hotel
Október 6 utca 26
(06-1) 354 30 50   SP 2 E4 K E5
iberostar.com
Die ultraluxuriösen Zimmer des Hauses haben große Bäder, hohe Decken und Panoramafenster.

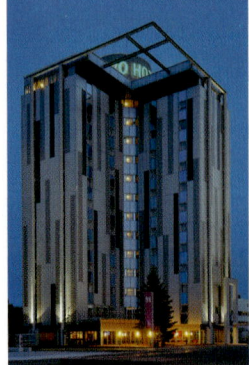

Dezent, aber oho: Fassade des Expo Congress Hotel

Hotel Parlament
Kálmán Imre utca 19
(06-1) 374 60 00   SP 2 E3 K E4
parlament-hotel.hu
Das edle, aber nicht pompöse Hotel bietet Wellness-Center, Bibliothek und Loungebar. Chic eingerichtete Zimmer.

K&K Hotel Opera
Révay utca 24
(06-1) 269 02 22   SP 2F4 K F5
kkhotels.com
Hinter der glänzenden Fassade liegen geräumige modern ausgestattete Zimmer.

Sofitel Budapest Chain Bridge
Széchenyi István tér 2
(06-1) 266 12 34   SP 2 D5 K D5
sofitel.com
Die meisten Zimmer blicken auf das Panorama des Burgbergs. Das Hotel bietet mehrere elegante Restaurants.

Zentrum von Pest
Queens Court Hotel
Dob utca 63
(06-1) 882 30 00   SP 7 A2 K H5
queenscourthotelbudapest.com
Hier gibt es hochklassige Zimmer und Apartments mit Service, alle mit entsprechenden Annehmlichkeiten.

Corinthia Grand Hotel
Erzsébet körút 43
(06-1) 479 40 00   SP 7 A2 K H5
corinthia.com
Stil und Klasse – von der imposanten Fassade über die glitzernde Lobby bis zu den Zimmern mit Mahagonimöbeln.

Kempinski Corvinus
Erzsébet tér 7
(06-1) 429 33 75   SP 2 E5 K E5
kempinski.com
Die Grande Dame ist bei den Reichen und Berühmten beliebt, die die riesigen, üppig möblierten Zimmer schätzen.

Marriott
Apáczai Csere János utca 4
(06-1) 486 50 00   SP 4 E1 K E6
marriottbudapest.com
Die Zimmer blicken auf die Donau. Es gibt zudem Bankettträume, drei Restaurants und ein Fitness-Center.

Zenit Budapest Palace
Apáczai Csere János utca 7
(06-1) 799 84 00   SP 4 E1 K E6
budapest.zenithoteles.com
Die luxuriösen Zimmer des Hauses folgen einem Beige-Grau-Farbschema.

Um den Városliget
Mamaison Hotel Andrassy
Andrássy út 111
(06-1) 462 21 00   SP 5 B4 K H3
mamaison.com
In dem geschmackvollen Hotel herrschen Eleganz und Charme. Geräumige Zimmer.

Businesshotels
Gellértberg und Tabán
Best Western Orion
Döbrentei utca 13
(06-1) 356 85 83   SP 4 D1 K D7
bestwestern.com
Das abgelegene Hotel bietet hübsche Zimmer und ein kleines, aber gutes Restaurant.

Mercure Budapest Buda
Krisztina körút 41–43
(06-1) 488 81 00   SP 1 A5 K C7
accorhotels.com
Das Haus besitzt hübsche, saubere Zimmer in fantastischer Lage. Freundliches Personal.

Nördlich der Burg
Hotel Regnum Residence
Ganz utca 8
(06-1) 265 50 90   SP 1 C2 K C3
regnumresidence.hu
Das gehobene Hotel präsentiert Superior-Zimmer und Suiten mit Sofas, Schreibtischen und Panoramafenstern.

Um das Parlament
City Hotel
Szent István körút 22
(06-1) 340 54 50   SP 7 A1 K E3
cityhotel.hu
Die Zimmer sind modern, gut eingerichtet und komfortabel. Zuvorkommendes Personal.

Hilton Budapest City
Váci út 1–3 (im WestEnd City Center)
(06-1) 288 55 00   SP 2 F2 K F2
placeshilton.com
Das Haus liegt ganz in der Nähe der Shopping-Meilen, ist aber gleichwohl eine Oase der Ruhe. Hier erwartet Sie die übliche Hilton-Mischung aus modern und serviceorientiert.

Radisson Blu Béke
Teréz körút 43
(06-1) 889 39 00   SP 2 F3 K G4
radissonblu.com
Das wundervoll restaurierte Hotel im Pester Zentrum mit gut ausgestatteten Zimmern bietet alle Annehmlichkeiten seiner Preisklasse. Bewundern Sie das Mosaik des hl. Georg im Kampf mit dem Drachen.

Hotelkategorien *siehe Seite 185* **Preiskategorien** *siehe Seite 186*

Zentrum von Pest

Budapest Museum Central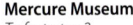
Múzeum körút 39
(06-1) 266 78 68 SP 4 F2 K G7
budapestmuseumcentral.com
Das restaurierte Gebäude aus dem 19. Jahrhundert hat ansprechende Zimmer mit hohen Decken. Es liegt im historischen Kern Budapests.

Mercure Museum
Trefort utca 2
(06-1) 485 10 80 SP 7 A3 K G7
accorhotels.com
Die ältere Hälfte des Hotels zeigt sich im italienischen Stil. Sie wird durch einen schlanken modernen Anbau ergänzt.

Um den Városliget

Best Western Hotel Hungaria
Rákóczi út 90
(06-1) 889 44 00 SP 7 C2 K G6
danubiushotels.com
Gutes Preis-Leistungs-Verhältnis: Das farbenfrohe Hotel bietet kleine, aber komfortable Zimmer.

Hotel Ibis Heroes Square
Dózsa György út 106
(06-1) 269 53 00 SP 5 C3 K K3
accorhotels.com
Das helle moderne Hotel hat hübsche Zimmer, Sauna, Solarium und zudem Leihräder. Gutes Frühstücksbüfett.

Abstecher

Expo Congress Hotel
Expo tér 2
(06-1) 263 68 00
expohotelbudapest.com
Die Umgebung ist etwas glanzlos, doch das gepflegte Hotel bietet ein Spa auf dem Dach sowie eine Sky Bar. Die Zimmer zeigen warmes Farbdekor.

Hotel Budapest
Szilágyi Erzsébet fasor 47
(06-1) 889 42 00
danubiushotels.com
Die Zylinderform des altehrwürdigen Hotels ist ein Wahrzeichen. Die hübsch eingerichteten Zimmer bieten eine schöne Aussicht.

Pensionen
Burgviertel

Budavár Panzió
Szabó Ilonka utca 15
(06-1) 201 56 86 SP 1 B4 K B4
budavar-pension.com
Die helle kleine Pension liegt im Herzen Budas. Alle Zimmer haben Balkone, die einen herrlichen Blick auf die Donau garantieren.

Prächtig möbliertes Zimmer im Boscolo Budapest

Gellértberg und Tabán

Ábel Panzió
Ábel Jenő utca 9
(06-1) 209 25 37 SP 3 B4
abelpanzio.hu
Die Besitzer der Gründerzeitvilla vermieten zehn charmante Zimmer. Es gibt einen Salon und eine Terrasse.

Zentrum von Pest

Leo Panzió
Kossuth Lajos utca 2/A
(06-1) 266 90 41 SP 4 F1 K F7
leopanzio.hu
Die charmante kleine Pension bietet Zimmer mit Bad, Klimaanlage und TV. Das herzhafte Frühstücksbüfett ist inklusive.

Um den Városliget

Dominik Panzió
Cházár András utca 3
(06-1) 460 94 28 SP 8 E1 K L4
centralhotel21.hu
Die einfachen Zimmer erstrecken sich über drei Etagen. Bad und Toiletten werden geteilt.

Abstecher

Vis-à-Vis-Tipp

Beatrix Panzió
Széher út 3
(06-1) 275 05 50
beatrixhotel.hu
In der Pension in einem grünen ruhigen Villenviertel werden Gäste warmherzig empfangen. Die geräumigen Zimmer sind geschmackvoll eingerichtet. Im hübschen Garten gibt es regelmäßig Grill- und Gulaschpartys. Im Sommer genießt man das Frühstück auf der Terrasse. Die Verkehrsanbindung ins Zentrum ist hervorragend.

Buda Villa Panzió
Kiss Áron utca 6
(06-1) 275 00 91
budapansio.hu
Sehr ordentliche Zimmer sowie eine Loungebar – das Highlight ist allerdings der Garten.

Hotel Manzard Panzió
Bláthy Ottó utca 21
(06-1) 210 41 41
manzardpanzio.com
Die gemütliche Pension in hübscher Nachbarschaft bietet Zimmer mit Möbeln aus Kiefernholz sowie einen großen Pool.

Hotel Pension Helios
Lidérc utca 5
(06-1) 246 46 58
heliospanzio.hu
Malerisch außerhalb der Stadt und in ruhiger Lage: Die meisten Zimmer in der ordentlichen Pension bieten einen schönen Ausblick. Gutes Frühstück und freundliches Personal.

Mohácsi Panzió
Bimbó út 25a
(06-1) 326 77 41
hotelmohacsipanzio.hu
Die kleine Pension hat nette ordentliche Zimmer. Wählen Sie eines im oberen Stockwerk.

Pál Panzió
Pálvölgyi köz 15
(06-1) 388 70 99
Das Gasthaus in den Hügeln liegt in der Nähe von Restaurants und den Haltestellen des öffentlichen Nahverkehrs.

Vadvirág Panzió
Nagybányai út 18
(06-1) 275 02 00
hotelvadviragpanzio.hu
Die nette familiengeführte Pension ist eine Oase der Ruhe im Grünen. Einige der Zimmer haben Balkon. Es gibt zudem eine Terrasse und eine Sauna.

Restaurants

Nach einem Besuch Budapests meinte der lateinamerikanische Autor und Nobelpreisträger Miguel Ángel Asturias, die deftige ungarische Küche sei eine Sprache, die alle verstünden. In den vielen Budapester Cafés, Restaurants und Bars haben Besucher reichlich Gelegenheit, die traditionelle Küche des Landes zu kosten. Doch die Budapester kulinarische Szene hat sich verändert. Junge dynamische ungarische Köche haben die alten Gerichte und Rezepte der Gegenwart angepasst und kreativ verändert. Hinzu kommt, dass Ungarn mittlerweile einige der besten europäischen Weine produziert. Budapest ist folglich seit einiger Zeit auch eine Gourmet-Destination.

Typische Gerichte der traditionellen ungarischen Küche werden – nebst anderen Ethno-Küchen Budapests – auf Seite 192f vorgestellt, landesübliche Getränke auf Seite 194f. Eine Auflistung der besten Restaurants und Cafés, quer durch alle Preiskategorien, finden Sie auf den Seiten 196–205, Kneipen, Bars und Clubs auf Seite 208f.

Restaurantwahl

Zahllose Lokale sorgen in Budapest und in der Umgebung fürs leibliche Wohl. Im Zentrum von Pest gibt es die größte Konzentration, doch auch in Buda, vor allem im Burgviertel, gibt es schöne Restaurants. In den touristischen Ecken, etwa in der Váci utca (siehe S. 131), kann man ebenfalls essen oder einen Drink nehmen, doch das Preis-Leistungs-Verhältnis ist woanders besser. Die unangenehme Werbung für die Etablissements ist hier leider üblich. Andererseits kann man in den Seitenstraßen oder etwas weiter weg von populären Ecken auf gute Lokale stoßen, die die Budapester bevorzugen. Wer gern edel speist, sollte das in einem der Luxushotels tun, etwa im Gresham Palace oder Le Méridien.

Luxuriöse Sitzlandschaften im La Pampa Steakhouse (siehe S. 200)

Essen im Freien kann man besonders gut am Liszt Ferenc tér, der nahe der Andrássy út, nicht weit von der U-Bahn-Station Oktogon, liegt. Gleiches gilt für die Ráday utca, die am Kálvin tér beginnt, und für die Gozsdu udvar im jüdischen Viertel. In und um diese Areale gibt es angenehme und auch angesagte Restaurants, Bars und Cafés, die meist auch eine junge Klientel anziehen.

Restauranttypen

In Budapest gibt es eine Vielfalt an Lokalen mit Preisen für jedes Budget. Die Unterschiede zwischen einzelnen Etablissements können gering sein, doch folgende Bezeichnungen geben einen Hinweis auf das Angebot. *Étterem* heißt Restaurant. Es gibt dort die verschiedensten Speiseangebote. Bei einer *csárda* handelt es sich meist um ein volkstümliches Lokal mit lokalen Spezialitäten. Eine Fischer-*csárda* wird *halászcsárda* genannt und serviert meist Fischgerichte und -suppen. Gasthäuser unterteilen sich in *vendéglő*, in denen es leger zugeht, und *kisvendéglő* (wörtlich »kleines Gasthaus«), das einer gemütlichen Kneipe ähnelt. Die Cafés reichen vom *kávéház* (Kaffeehaus) bis zur *cukrászda* (Pâtisserie), Bars heißen *borozó*, *söröző* oder *eszpresszó* – obwohl sie auch oft Essen oder kleine Gerichte servieren.

Laterne vor der Gerbeaud Cukrászda

Speiseauswahl

Die Zusammenstellung eines ungarischen Menüs ist nicht ganz einfach. Es gibt Suppen in vielen Variationen – einige davon bilden eine komplette Mahlzeit. *Bogrács* (Kesselgulaschsuppe) und *bableves* (Bohnensuppe) sind am herzhaftesten. Meist folgt darauf eine leichte, heiße Pastete oder ein Pfannkuchen. Eine Spezialität ist die ungarische Fischsuppe. Ihre rote Farbe stammt vom Paprika. Danach isst man hausgemachte Nudeln, die von Schweinegrieben, Käse und Rahm veredelt werden. Viele leichte Suppen oder kleine Portionen von den kräftigeren Eintöpfen können als Vorspeisenportion bestellt werden und lassen dann noch Platz für das Hauptgericht.

Der Inbegriff des ungarischen Hauptgerichts ist das *pörkölt*, ein Schmorgericht, das außerhalb Ungarns Gulasch genannt wird. Den dicken Fleischeintopf gibt es in vielen Versionen. Er besteht aus Schweine- und/oder Rindfleisch. Das »Gulasch« aus Geflügel bzw. Fisch heißt *paprikás* und wird mit Sauerrahm verfeinert. Nicht verwechseln sollte man Gulasch mit der *gulyás(-leves)* – das ist eine Suppe bzw. ein Eintopf.

Ganz anders sind die Gerichte, die in Bars, in Metzgereien

oder an Straßenkiosken verkauft werden. Sie kann man im Stehen oder im Gehen verzehren. Hier gibt es würzige Paprika- oder Knoblauchwürste, gegrillt oder gekocht. Grillhähnchen und Räucherfleisch werden ebenfalls fast überall angeboten. Wer mag, greift alternativ zum köstlichen *lángos*, der nicht nur auf Märkten verkauft wird. Den in Fett ausgebackenen Hefefladen gibt es meist mit Rahm oder Käse.

Weitere Informationen zu ungarischen Gerichten finden Sie bei *Budapester Küche* auf Seite 192f.

Vegetarische Gerichte

Spezifisch vegetarische Küche ist in Budapest nicht verbreitet, doch es gibt eine wachsende Zahl vegetarischer Restaurants. Man findet allerdings auf den meisten Speisekarten Fleischloses. *Főzelék*, eine Art Gemüseeintopf, der meist zu Steak oder Wurst serviert wird, kann allein oder mit Ei bestellt werden. *Lecsó*, ein Schmorgericht mit Paprika, Tomaten und Zwiebeln, gibt es auch ohne Wursteinlage. Oder Sie essen eine süße oder pikante *palacsinta* (Pfannkuchen).

Reservierung

In Ungarn pflegt man sich an einen Tisch dazuzusetzen, vor allem während der hektischen Mittagszeit. Wenn Sie einen eigenen Tisch wollen, sollten Sie reservieren. Reservierung gilt auch für edle Lokale.

Essen auf der Sonnenterrasse am See im Hemingway *(siehe S. 196)*

Speisekarte und Preise

Die meisten ungarischen Lokale hängen am Eingang die Speisekarte aus – meist auch auf Deutsch und Englisch. Dem Namen des Gerichts folgt eine Kurzbeschreibung. Das Tagesmenü, das aus Suppe, Hauptgang und Dessert besteht, ist ganz oben auf der Karte aufgeführt. Menüs sind preiswerter und bieten sich an, um verschiedene ungarische Spezialitäten zu probieren.

Die Preise sollten ebenso aushängen. Ist dies nicht der Fall, sollten Sie woanders hingehen oder sie zumindest – inklusive aller Zuschläge – vor der Bestellung prüfen. In den meisten Restaurants runden die Kellner die Rechnung gern auf – vor allem wenn sie ausländische Gäste bedienen. Mittlerweile hat sich die Lage gebessert. Vorsicht ist jedoch nach wie vor ratsam.

Trinkgeld

In einigen Restaurants ist der Service in der Endrechnung enthalten, in anderen gibt man dagegen Trinkgeld. Der Serviceaufschlag sollte auf der Speisekarte oder auf der Rechnung angegeben sein – er kann bis zu 15 Prozent ausmachen. Im Zweifelsfall ist es höflich, ein Trinkgeld zu geben, das zehn bis 15 Prozent der Rechnung betragen sollte.

Mit Kindern essen

Kinder sind in fast allen Restaurants willkommen, wobei man in gehobenen Restaurants über ihre Anwesenheit etwas düpiert sein kann. Sind auf der Karte keine Kinderportionen aufgeführt, bereitet man auf Bestellung passende Gerichte zu. Meist kosten sie 70 Prozent des Normalpreises. Ausgenommen sind die Desserts, die jedoch oft geteilt werden können. Aber: Ungarische Desserts sind so lecker, dass die meisten Kinder eine ganze Portion löffeln werden!

Restaurantkategorien

Die Restaurantauswahl *(siehe S. 196–207)* dieses Reiseführers gliedert sich in die sieben vorgestellten Areale des Buchs: Burgviertel, Nördlich der Burg, Gellértberg und Tabán, Um das Parlament, Zentrum von Pest, Um den Városliget und Abstecher. Die Auswahl listet die besten Budapester Restaurants in diesen Bereichen auf. Berücksichtigt werden sowohl Lokale mit herzhafter ungarischer Küche (die viele Besucher und viele Einheimische präferieren) als auch ein paar Dutzend Restaurants, die innovative Neukreationen anbieten. In Budapest werden diverse Ethno-Küchen sehr geschätzt, darunter die Gerichte italienischer, französischer und asiatischer Restaurants. Sie finden sich deshalb ebenfalls in der Restaurantauswahl. Die **Vis-à-Vis-Tipps** listen besondere Häuser auf – etwa Lokale mit außergewöhnlich guten Gerichten, schöner Aussicht, spezieller Atmosphäre – oder einer Kombination aus allem.

So hübsch kann man draußen speisen: Café Pierrot *(siehe S. 196)*

Budapester Küche

Die Mischung aus magyarischen, österreichischen, türkischen und französischen Einflüssen sowie Anleihen beim Balkan haben die ungarische Küche zu einer der herzhaftesten Mitteleuropas gemacht. In Ungarn war die Kochkunst immer auch Teil der nationalen Kultur. Die improvisierten Eintöpfe asiatischer Nomaden haben als Delikatessen überlebt. Ungarn ist zudem bekannt für Wild, Gänsestopfleber, herzhafte Fleischgerichte wie *pörkölt* (Gulasch) und die legendären Debreciner Würste, doch es gibt auch guten Süßwasserfisch sowie viele köstliche Kuchen und Torten.

Paprikaschoten

Würste, Speck und Schinken in der Zentralen Markthalle, Budapest

Fleisch

Schweinefleisch ist in Ungarn am beliebtesten. Aus finanziellen Gründen wird weniger Rindfleisch gegessen. Schweinefleisch ist in vielen Eintöpfen sowie in Würsten, im Speck und in Schinken enthalten. Doch Rinderbraten sieht man durchaus auf den Speisekarten, vor allem in Bu-

dapest. Kalbfleisch wird immer beliebter. »Steaks«, etwa Lendenschnitten, werden oft in einer auf Paprika basierenden Sauce *Budapest módra* (auf Budapester Art) serviert. Rindfleisch ist die Zutat der *gulyásleves*, der Gulaschsuppe (benannt nach *gulya*, der Rinderherde; *gulyás* heißt auch der Rinderhirte).

Geflügel und Wild

Gänse sind in der ungarischen Küchenkultur wichtig. Das Land ist – nach Frankreich – zweitgrößter Produzent von Gänsestopfleber, die fast ein Nationalgericht ist. Normalerweise wird sie im eigenen Fett gebraten und kalt serviert. Sie ist auch in Pasteten und *confits* enthalten. *Libatepertő*

Maronenschnitte
Schoko-Marzipan-Schnitte
Schokoladen-Schichtkuchen
Domino-Torte
Apfelstrudel
Käsekuchen
Mohn-schnitte

Auswahl typischer ungarischer Kuchen und Torten

Typische Spezialitäten

Weißer Spargel

Trotz starker fremder Einflüsse herrschen auf den Speisekarten des Landes die klassischen ungarischen Gerichte vor. Vielen ist die Herkunft aus einer der drei historischen Regionen anzusehen. Gulasch – *pörkölt* bzw. *paprikás* (mit *gulyás* ist die Suppe gemeint) – kommt aus der Puszta, wo es traditionell im Kessel geschmort wird und an das einstige Nomadentum der Bewohner erinnert. Die Gänsestopfleber haben wohl die Habsburger eingeführt, doch sie ist so populär, dass sie im Nordungarischen Mittelgebirge, wo die meisten Gänse gezüchtet werden, zur Grundlage der Küche gehört. Im Zentrum Ungarns und in Budapest wurde schon immer gern Süßes gegessen. Fast alle bekannten Torten, Kuchen und Desserts stammen von hier.

Lángos sind in Fett ausgebackene Kartoffel-Hefeteig-Fladen, sättigende Snacks, die oft mit Sauerrahm serviert werden.

Marktstand mit Gemüse und Schnüren von getrocknetem Paprika

Ohne Paprika geht in Ungarn gar nichts. Sie werden entweder als Gericht zubereitet, etwa als *töltött paprika* (mit einer Reis-Fleisch-Mischung gefüllte Paprika), oder getrocknet und zu Gewürz gemahlen. Es gibt Hunderte von Sorten, die in Geschmack und Schärfe variieren. Obwohl Paprika als Nationalgewürz gilt, ist es eher jüngeren Datums. Während der nationalen Erhebungen im 19. Jahrhundert begannen ungarische Köche exzessiv Paprikapulver zu verwenden, um sich von der österreichischen Küche abzugrenzen.

(Gänsehaut), im eigenen Fett gebraten und mit eingelegtem Gemüse serviert, wird gern gegessen. Mit Maronen gefüllte Ente mit Blaukraut steht oft auf der Speisekarte. Rebhuhn kommt meist in reichhaltigen Suppen vor. Wildgerichte sind häufig, sie werden oft als Gulasch oder in einer Gemüsesauce mit Brot serviert.

Fisch

In Ungarn gibt es Süßwasserfische, besonders beliebt ist Karpfen. Aber auch Wels, Zander, Brasse und Forelle finden sich auf der Speisekarte. Populär ist die *halászlé*, eine mit reichlich Paprika gewürzte Fischsuppe aus Wels und/oder Karpfen. Ein weiterer Klassiker ist *harcsapaprikás*, ein gulaschartiger Eintopf mit saurer Sahne, der mit *galuska* (Spätzle) serviert wird.

Gemüse

Kartoffeln, Tomaten und Kraut sind die hauptsächlichen Gemüsesorten. Von Mai bis Juli findet man auf den Märkten auch Spargel. Viele Restaurants servieren dann *spárgaleves*, eine cremige Suppe aus Spargel und Kalbsbrühe.

Maronen – ein vertrauter Anblick im winterlichen Budapest

Leckere Snacks

Würste Straßenhändler und Metzgereien bieten die geräucherten Debrecziner Würste aus Rind- und Schweinefleisch, Paprika und Knoblauch feil, die mit Brot und Senf gegessen werden.

Kastanien Im Winter umgibt einen in Budapest überall der Geruch frisch gerösteter Maronen *(gesztenye)*.

Palatschinken, Pogatschen und Krapfen Snackbars servieren leckere, oft in Fett ausgebackene Teigwaren, etwa *lángos* mit Knoblauch, Sauerrahm oder Käse.

Lebkuchen Fachgeschäfte für Lebkuchen gibt es überall. Zu Weihnachten werden meist reich verzierte Exemplare verschenkt.

Gulyásleves ist Gulaschsuppe aus Rind- bzw. Schweinefleisch, Gemüse, Knoblauch, Kümmel und Paprika.

Csirkepaprikás ist ein Hühnereintopf mit einer Sauce aus Paprika und Sauerrahm. Meist gibt es Nudeln dazu.

Dobos Torta besteht aus Schichten von Biskuitteig und Schokoladencreme, überzogen mit Karamellguss.

Getränke

Ungarn ist für exzellente Weine bekannt. Das Land ist nicht groß, besitzt aber über 20 Weinbaugebiete. Diese Regionen produzieren alle typische Weine: von *pezsgő* (Schaumwein) über leichte Weißweine aus Mátra beim Plattensee bis hin zu trockenen Roten aus Villány oder Eger – und natürlich Tokajer, den süßen Dessertwein. In Budafok reifen die verschiedenen Weine in einem unterirdischen Kellergewirr. Sie werden in fast allen Restaurants, Weinstuben und Weinläden kredenzt. Obwohl Ungarn als Weinland gilt, wird auch Bier gebraut. Zudem gibt es *pálinka* (ein Obstler, der aus verschiedenen Früchten hergestellt werden kann), diverse Schnäpse und einen bitteren Kräuterlikör namens Unicum.

Helle Biere aus Ungarn

Pálinka

Kecskemét ist die größte Region, in der *pálinka* aus Früchten destilliert wird, die in den Obstplantagen der Großen Ungarischen Tiefebene, etwa 100 Kilometer südöstlich von Budapest, heranreifen. *Pálinka* ist ein ungarischer Obstler, den man in verschiedenen Geschmacksrichtungen, etwa *barack* (Aprikose) oder *cseresznye* (Kirsche), erhält. Am besten soll *szilva* (Pflaume) aus der Region Szatmár munden: Kenner ziehen ihn allen anderen Bränden vor.

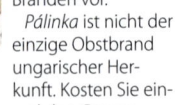

Barack pálinka

Pálinka ist nicht der einzige Obstbrand ungarischer Herkunft. Kosten Sie einmal den Grappa-ähnlichen Törköly, der aus Trester destilliert wird und ein sehr feines Aroma besitzt, oder Vilmos, einen Schnaps aus Williamsbirnen.

Schaumweine

Sekt oder *pezsgő* (ungarisch für »schäumend«) erfreut sich in Ungarn eines guten Rufs. Die klassische Herstellungsmethode führte József Törley 1881 aus Frankreich ein. Törley *(siehe S. 165)* richtete im Jahr 1882 auch die erste Produktionsanlage in Budafok ein, die seit dieser Zeit unermüdlich exzellente Schaumweine herstellt

***Pezsgő* von Törley und Hungaria**

und internationales Renommee genießt. Heute besitzt Ungarn auch andere Weinregionen, in denen *pezsgő* erzeugt wird. Die meisten konzentrieren sich rund um Budapest, bei Pécs und in der Gegend um Balatonboglár. Neben den vorzüglichen Cuvées von Törley ist die Marke Hungaria eine Kostprobe wert.

Ungarisches Bier

In den letzten Jahren gingen die Ungarn immer mehr zu Bier über, denn es passt außerordentlich gut zu vielen traditionellen ungarischen Gerichten mit Paprika, etwa zum Gulasch. Es gibt mehrere beliebte ungarische Biermarken, darunter vor allem Soproni, Borsodi und Dreher.

Die große Dreher-Brauerei im Budapester Viertel Kőbánya wurde 1854 gegründet. Heute kann man nach Anmeldung zu Bierproben ins Museum kommen (www.dreherrt.hu).

Auch die Zahl von Mikrobrauereien steigt. Sie bieten ihre Biere meist auf Festivals, aber auch in einigen Kneipen und Restaurants an.

Ungarische Weine

Das Angebot an guten Weinen stieg in den letzten Jahren rapide. Dies ist den optimierten Tropfen zu verdanken, die in kleinen Kellereien produziert

Weinkeller in Budafok, in dem die Weine in Fässern heranreifen

Egri Bikavér, »Erlauer Stierblut«, ein vollmundiger Rotwein mit wenig Säure

Trockener Weißwein aus der Weinbauregion Badacsony

Schorle

Bei Hitze trinken die Ungarn gern eine erfrischende Weinschorle. Man unterscheidet nach dem Verhältnis von Wein und Mineralwasser folgende Typen:

	Weinanteil	Wasseranteil
Kleine Schorle (Kisfröccs)	10 cl	10 cl
Große Schorle (Nagyfröccs)	20 cl	10 cl
Langer Schritt (Hosszúlépés)	10 cl	20 cl
Hausmeister (Házmester)	30 cl	20 cl

werden. Favorisierte Sorten sind trockener weißer Chardonnay und Riesling, halbtrockener Zöldszilváni, Hárslevelű und Szürkebarát, süßer Traminer und aromatischer Muskotály, der in Badacsony, Balatonboglár, Csopak und Somló erzeugt wird.

Bei den Rotweinen sind die trockenen Sorten Kékfrankos, Burgundi, Oportó, Cabernet und Pinot Noir sowie der halbtrockene Merlot beliebt, der in Skilós, Sopron, Szekszárd, Tihany und Villány gekeltert wird.

Ein weiteres Weinbaugebiet ist Eger. Es ist bekannt für den aromatischen roten Egri Leányka und den trockenen tiefroten Egri Bikavér (»Erlauer Stierblut«) aus einer Kombination dreier Rebsorten.

Andere ungarische Weine sind nach ihrem Ursprungsort oder den verschiedenen Trauben benannt.

Tokajer

Der Dessertwein Tokajer (tokaji) besitzt einen ganz eigenen Geschmack. Sein Bukett verdankt er u. a. der »Edelfäule«, einem Schimmelpilz, der so nur im Gebiet der Gabelung der Flüsse Bodrog und Tisza (Theiß) vorkommt, sowie der Vulkanerde und dem milden Klima.

Tokajer ist süß bis trocken, sehr körperreich und vollmundig. Kosten Sie Aszú: Er wird mit Trauben vermischt, die nach dem ersten Frost geerntet wurden. Das Verhältnis von Trauben und Most ist entscheidend für Körper und Süße des Weins. Je mehr Trauben verwendet werden, desto süßer der Aszú. Billiger Tokajer erreicht meist nicht die Qualität des Originals.

Unicum

Um 1790 wurde dem König von seinem Leibarzt, einem Vorfahren der Familie Zwack, als Arznei gegen Magenprobleme ein Bitterlikör verordnet. Seither wird der Likör Unicum aus 40 ungarischen Kräutern destilliert. Die Kombination dieser Kräuter, die in drei verschiedenen Gebieten gesammelt werden, macht die Besonderheit des Bitterlikörs aus. Unicum trinkt man als Aperitif vor dem Essen oder danach, zum Kaffee, als Digestif.

Das Rezept ist immer noch im Besitz der Familie Zwack und seit der Zeit von Joseph II. (siehe S. 21) streng geheim.

Unicum-Kräuterlikör

Süßer Szamorodni-Tokajer

Trockener Szamorodni-Tokajer

Aszú-Tokajer, der berühmte goldene Dessertwein

Vilmos, ein Birnenschnaps

Restaurantauswahl

Burgviertel

Café Miró
Café   SP 1 B4   K B5
Úri utca 30
(06-1) 201 23 75
Beliebter hipper Hangout mit mediterranem Touch. Auf der großen Sommerterrasse kann man Salate und Snacks genießen.

Ruszwurm Cukrászda
Pâtisserie   SP 1 B4   K G7
Szentháromság utca 7
(06-1) 375 52 84
Budapests älteste Pâtisserie bietet leckere Strudel *(rétes)* und diverse Kaffeesorten.

Vis-à-Vis-Tipp

21 Magyar Vendéglő
Modern ungarisch
SP 1 B4   K B4
Fortuna utca 21
(06-1) 202 21 13
Das stilvolle Restaurant serviert ungarische Küche mit zeitgenössischem Touch. Ziegel, Holz und dezente Beleuchtung schaffen das perfekte Ambiente für *foie gras* und andere Gerichte wie Hühnergulasch mit Knödeln. Exzellente Weinkarte.

Café Pierrot
International   SP 1 B4   K B4
Fortuna utca 14
(06-1) 375 69 71
Das raffinierte, gleichwohl entspannt-legere Restaurant liegt in einer einstigen Bäckerei aus dem 13. Jahrhundert. Grandioser versteckter Garten.

Fekete Holló Vendéglő
Traditionell ungarisch
SP 1 B4   K B5
Országház utca 10
(06-1) 356 23 67
In der kleinen Gastwirtschaft mit kitschigem Mittelalterdekor kann man sich ganz auf das ausgezeichnete Essen konzentrieren. Für manche mag der Ort ein wenig zu touristisch sein.

Pest-Buda Bistro
Traditionell ungarisch
SP 1 B4   K B4
Fortuna utca 3
(06-1) 225 03 77
Das einfache ungarische Bistro bietet frische Hausmacherkost – mit viel Liebe und den besten Zutaten zubereitet. Freundliche Atmosphäre und gute traditionelle Küche.

Rivalda Café & Restaurant
International   SP 1 C5   K C6
Színház utca 5 – 9
(06-1) 489 02 36
Die Speisekarte ist saisonal, die Gerichte bestehen aus lokalen Zutaten. Abends hört man Jazz.

Vár: a Speiz Étterem
International   SP 1 B4   K B5
Hess András tér 6
(06-1) 488 74 16
Das Lokal serviert etwa *foie gras* mit Tokajer. In der angeschlossenen Weinbar gibt es Schinken und Wurst aus ganz Europa.

Alabárdos
Modern ungarisch   SP 1 B4   K B5
Országház utca 2
(06-1) 356 08 51   ● So
Das Lokal in einem gotischen Gebäude bietet Spezialitäten aus den Vor-Paprika-Zeiten und schont damit heutige Gaumen.

Halászbástya
International   SP 1 B4   K B5
Szentháromság tér 5
(06-1) 201 69 35
Schon das neoromanische Innendekor ist imposant, doch nichts gegen den Blick von der Terrasse – ein magischer Ort.

Zóna Budapest
International   SP 1 C5   K D6
Lánchíd utca 7 – 9
(06-1) 422 59 81   ● So, Mo
Das atemberaubende Konzept des Lokals verbindet moderne ungarische Küche mit den Aromen des Orients. Man genießt zudem eine herrliche Aussicht auf die Donau. Karte mit großartigen ungarischen Weinen.

Stilvoller Speiseraum des Café Pierrot, der sich zum Garten öffnet

---

Preiskategorien
Die Preise gelten für ein Drei-Gänge-Menü für eine Person, inklusive einer halben Flasche Wein, Steuern und Service.

	unter 6000 Forint
	6000 – 12 000 Forint
	über 12 000 Forint

Gellértberg und Tabán

Gellért Eszpresszó
Kaffeehaus   SP 4 E3   K E9
Szent Gellért tér 1
(06-1) 889 55 00
Das Café im Hotel Gellért, eine Reminiszenz an ein Wiener Kaffeehaus, serviert guten Kaffee und ausgezeichnete Kuchen.

Hadik Kávéház Café
Café   SP 4 E5   K E9
Bartók Béla út 36
(06-1) 279 02 90
Die klassische Einrichtung verbindet sich mit einer angenehmen Atmosphäre. Hier kann man nicht nur Kaffee trinken, sondern auch zu Mittag essen.

Marcello
Italienisch   SP 4 E4   K E9
Bartók Béla út 40
(06-1) 466 62 31
Über eine niedrige Treppe gelangt man ins Kellerrestaurant Marcello. Es ist für seine Pasta und die Salatauswahl bekannt. Gute Optionen für Vegetarier.

Café Déryné
International   SP 1 B5   K B6
Krisztina tér 3
(06-1) 225 14 07
Die klassische Brasserie mit einem riesigen Speisesaal listet auf der Speisekarte ungarische Lieblingsgerichte und einige französische Klassiker auf.

Hemingway
Modern ungarisch   SP 3 C5
Kosztolányi Dezső tér 2
(06-1) 381 05 22
Das Lokal mit Freisitzen liegt idyllisch am kleinen See. Es würde Hemingway gefallen haben. Die Speisekarte wechselt wöchentlich. Sonntags gibt es einen beliebten Brunch.

János Étterem
Modern ungarisch   SP 3 B2   K B8
Hegyalja út 23
(06-1) 202 34 14
Das Restaurant des Hotels Charles bietet ungarische Gerichte der etwas ausgefalleneren Art, etwa Gänseleberpastete mit Tokajer-Mousse.

Restaurantkategorien *siehe S. 191*

Márványmenyasszony Étterem
Traditionell ungarisch
SP 3 A1 K A6
Márvány utca 6
📞 (06-1) 487 30 90
Das altehrwürdige Lokal bietet seit Langem beste ungarische Küche zu vernünftigen Preisen in entspannter Atmosphäre. Die Karte wechselt wöchentlich. Abendliche Zigeunermusik.

Szeged Vendéglő
Fisch SP 4 E3 K E9
Bartók Béla út 1
📞 (06-1) 209 16 68
Hier gibt es Süßwasserfisch. Spezialität des Hauses ist *Szeged halászlé* (Fischsuppe). Abends spielt eine Zigeunerkapelle.

Tabáni Gösser Restaurant
Traditionell ungarisch
SP 3 C1 K A5
Attila út 19
📞 (06-1) 375 94 82
Das Lokal mit großer Speisekarte bietet viel Fleischlastiges.

Vinopolis Naphegy
Traditionell ungarisch
SP 3 C2 K C7
Naphegy utca 67
📞 (06-1) 799 04 01
Das Lokal, zugleich ein Weinladen, hat eine riesige Weinauswahl. 600 ungarische und importierte Weine stehen auf der Karte. Dazu gibt es ungarische Speisen.

Vis-à-Vis-Tipp

Aranyszarvas Vendéglő
International
SP 3 C1 K D7
Szarvas tér 1
📞 (06-1) 375 64 51
Trotz der wenig glamourösen Lage ist der »Goldene Hirsch« eine Perle von Lokal. Die Karte lässt viele andere Restaurants alt aussehen. Hier gibt es Wildschweinkeule mit Püree von weißen Bohnen oder Entenbrust mit Orangen-Karotten und Pak Choi. Die Weinkarte ist imposant, es gibt zudem eine große Auswahl an *pálinkas*.

Búsuló Juhász Étterem
Traditionell ungarisch
SP 3 C3 K D9
Kelenhegyi út 58
📞 (06-1) 209 16 49
Das Lokal an den Ausläufern des Gellértbergs ist einen Besuch wert: wegen des guten Essens und wegen der schönen Aussicht. Saisonale Speisekarte.

Ziegelwände und Holzböden im 21 Magyar Vendéglő

Nördlich der Burg

Gusto Café
Café SP 1 C2 K C2
Frankel Leó út 12
📞 (06-1) 316 39 70
Das kleine Café ist immer gerammelt voll. Der geniale, hinter der Theke präsente Gusto serviert Drinks, leichte Mahlzeiten, gehaltvolle Gerichte und wunderbare Desserts. Großartiger Kaffee.

Nagyi Palacsintázója
Leichte Gerichte SP 1 C3 K B4
Batthyány tér 5
Hierher kommt man wegen der süßen und pikanten Palatschinken – mit Sauerrahm- bis Schokoladefüllungen.

Róma Ételbár
Traditionell ungarisch
SP 1 B3 K B3
Fazekas utca 4
📞 (06-1) 201 45 45 ⬤ So
Das Lokal im Stil der 1970er Jahre ist eine gute Option für preisgünstige Hausmacherkost, sei es Gänsebraten oder Gulasch.

Terrasse des ansehnlichen Aranyszarvas Vendéglő

Trófea Grill
International SP 1 C1 K B3
Margit körút 2
📞 (06-1) 438 90 90
Hier bedient man sich zum Festpreis am Büfett – inklusive Wein und Schaumwein.

Arriba
Mexikanisch SP 1 A3 K A4
Széna tér 1/A
📞 (06-1) 201 33 95
Das Lokal serviert gute Burritos, Quesadillas und andere Texmex-Gerichte.

Carne di Hall
International SP 1 C4 K C5
Bem rakpart 20
📞 (06-1) 201 81 37
Das Lokal auf Budaer Seite serviert Gerichte der ausgefalleneren Art, etwa Mousse vom Wels mit Garnelen.

Dunaparti Matróz Kocsma
International SP 1 C4 K C5
Halász utca 1
📞 (06-1) 225 16 73
Restaurant und Bar mit stark fleischlastiger Karte. Dazu gibt es eine riesige Auswahl an belgischen Bieren.

Horgásztanya Vendéglő
Fisch SP 1 C4 K C4
Fő utca 27
📞 (06-1) 212 37 80
Das schon lang bestehende Fischlokal mit maritimem Dekor bietet riesige Portionen Fischsuppe, gegrillte Forelle und weitere leckere Fischgerichte.

Mandragóra
International SP 1 C2 K C3
Kacsa utca 22
📞 (06-1) 202 21 65 ⬤ So
Das kleine Budaer Restaurant in der Nähe des Donauufers strahlt eine besondere Atmosphäre aus. Im Sommer sitzt man schön auf der schattigen Terrasse.

SP = **Stadtplan** *siehe Seiten 242 – 256* K = **Karte** *Extrakarte zum Herausnehmen*

Traditioneller Speiseraum im First Strudel House of Pest

Pavillon de Paris
Französisch   SP 1 C4 K C4
Fő utca 20
📞 (06-1) 509 34 30   ● So
Beeindruckend: vom dezent dekorierten Speisesaal über die Küche bis zum Service. Es gibt zudem einen Gartenpavillon.

Vigadó Söröző
Traditionell ungarisch
SP 1 C3 K C4
Markovits Iván utca 4
📞 (06-1) 214 94 69
Das Innere ist etwas bieder, doch das Essen ist gut. Auf der Karte: Fleisch- und Fischgerichte.

Arany Kaviár Étterem
Fisch   SP 1 A3 K A4
Ostrom utca 19
📞 (06-1) 201 67 37
Das russische Restaurant serviert meist Fisch, obwohl es auch russische Klassiker wie *pelmenyi* (gefüllte Teigtaschen) gibt.

Vis-à-Vis-Tipp

Csalogány 26
Modern ungarisch
SP 1 A3 K B3
Csalogány utca 26
📞 (06-1) 201 78 92   ● So, Mo
Hinter der relativ unauffälligen Fassade versteckt sich ein renommiertes Restaurant/Café mit hell-luftigem mediterranem Interieur. Es gibt ausgezeichnete Hühnergerichte. Die auf Lavasteinen gegrillten Fisch- und Fleischgerichte sind eine Geschmacksexplosion. Diverse vegetarische Optionen.

Kacsa Vendéglő
International   SP 1 C2 K C4
Fő utca 75
📞 (06-1) 201 99 92
Aufmerksamer Service, exzellentes Essen. Die Gerichte werden unter Silberhauben serviert. Mittags gibt es ein Festpreismenü.

Um das Parlament

Alexandra Book Café
Café   SP 2 F4 K H3
Andrássy út 39
📞 (06-1) 461 58 35
Im schönen Café der historischen Buchhandlung kann man ein Buch lesen und dazu guten Kaffee und Kuchen genießen.

Bombay Curry Bar
Indisch   SP 2 F4 K H3
Andrássy út 28
📞 (06-1) 332 83 63
Einfacher Fast-Food-Inder mit schnellem Mittagsmenü. Man kann hier essen oder das Essen mitnehmen. Huhn dominiert das Angebot: Tandoori-Huhn, Hühner-Korma und Tikka Masala.

Európa Kávéház
Café   SP 2 E2 K E3
Szent István körút 7–9
📞 (06-1) 312 23 62
Das große Café mit Galerie ist bei den Budapestern beliebt, die sich hier mit gutem Kaffee und großzügigen Stücken exzellenter Kuchen das Leben versüßen.

Einer der eklektizistisch dekorierten Speiseräume des Pomo D'oro

First Strudel House of Pest
Café   SP 2 E4 K E5
Október 6 utca 22
📞 (06-1) 428 01 35
Die Strudel – süß und pikant – werden vor den Augen der Gäste zubereitet.

Ganga Vega Café
Vegetarisch   SP 2 F4 K F4
Bajcsy-Zsilinszky út 25
📞 06-70 633 89 81
Das einfache Lokal hat nur ein paar Tische, doch das vegetarische Essen ist lecker.

Govinda Étterem
Vegetarisch   SP 2 D4 K E5
Vigyázó Ferenc utca 4
📞 (06-1) 473 13 10   ● So
Das Lokal serviert sowohl à la carte als auch Menüs. Zudem gibt es ein All-you-can-eat-Büfett.

Hummus Bar
Vegetarisch   SP 2 E4 K E5
Október 6 utca 19
📞 (06-1) 354 01 08
Die Filiale einer wachsenden vegetarischen Kette bietet Wraps, Sandwiches, Salate und Falafeln.

Momotaro Ramen
Asiatisch   SP 2 D4 K D5
Széchenyi utca 16
📞 (06-1) 269 38 02   ● Mo
Günstig und beliebt, doch jenseits aller Durchschnittschinesen. Nehmen Sie als Vorspeise einige Dim Sum, als Hauptgericht vielleicht Wolfsbarsch.

Szeráj Török Étterem
Türkisch   SP 2 E2 K E3
Szent István körút 13
📞 (06-1) 311 66 90
Das türkische Fast-Food-Lokal bietet weit mehr als Döner. Man sitzt an einfachen Holztischen.

Belvárosi Lugas Vendéglő
Traditionell ungarisch
SP 2 E4 K F4
Bajcsy-Zsilinszky út 15/A
📞 (06-1) 302 53 93
Die herzhaften Gerichte werden in angenehmer Atmosphäre serviert. Die Tagesgerichte stehen auf einer Tafel.

Budapest Bisztró
Modern ungarisch   SP 2 E3 K E4
Vécsey utca 3
📞 (06-1) 783 07 88
In den ungarischen Bistro kann man einen Blick in die offene Küche werfen. Auch der Weinkeller ist begehbar. Die gut zubereiteten Gerichte rangieren von Klassikern bis zur Molekularküche. Eine der klassischen Spezialitäten des Hauses ist die Gulaschsuppe.

Vis-à-Vis-Tipp

Café Bouchon (HLF) (HLF)
Französisch   SP 2 F3   K F4
Zichy Jenő utca 33
☎ (06-1) 353 40 94   ⬤ So
In dem kleinen Nachbarschaftslokal stößt man auf eine außergewöhnliche Mischung von
französischen und ungarischen
Aromen. Hier gibt es auch eine
Auswahl an edelsten ungarischen Weinen. Art-déco-Möb-
lierung und sehr guter Service
tragen zum Charme bei.

Das Gresham Restaurant im Four Seasons Hotel Gresham Palace

Café Jubilee (HLF) (HLF)
Italienisch   SP 2 E2   K E3
Szent István körút 13
☎ (06-1) 789 33 57
Ein idealer Ort für Drinks, aber
auch für Frühstück und Mittagessen. Die hausgemachte Limo-
nade ist lecker.

Café Kör (HLF) (HLF)
Modern ungarisch   SP 2 E4   K E5
Sas utca 17
☎ (06-1) 311 00 53
Das beliebte Lokal bietet verfüh-
rerische Salate und gegrillte
Fleischgerichte. Gute Weine.

Hungarikum Bisztró (HLF) (HLF)
Traditionell ungarisch
SP 2 D4   K D5
Steindl Imre utca 13
☎ 06-20 352 34 37
Beste Hausmacherküche – von
Omas Nudeln in Zwiebelsauce
bis zu *Hortobágyi palcsinta*.

Iguana (HLF) (HLF)
Mexikanisch   SP 2 D4   K D5
Zoltán utca 16
☎ (06-1) 331 43 52
Durchschnittliches Texmex-Essen
– obwohl dies ein Hangout von
Expats ist. Dafür ist der Spaßfak-
tor groß. Gute Cocktails.

Kispiac Bisztró
Modern ungarisch   SP 2 E4   K E4
Hold utca 13
☎ (06-1) 269 43 21   ⬤ So
Das Bistro in der Markthalle der
Hold utca hat nur wenige Tische.
Die frisch zubereiteten Speisen
sind köstlich. Ein Highlight ist die
Entenbrust. Hausgemachtes Brot
und Marmelade.

Krízia (HLF) (HLF)
Italienisch   SP 2 F4   K F4
Mozsár utca 12
☎ (06-1) 331 87 11   ⬤ So
Das hübsche Restaurant präsentiert fabelhafte italienische
Küche. Die hausgemachte Pasta
schmeckt hervorragend. Ansprechend: die Extrakarte mit Trüffel-
gerichten.

Marquis de Salade (HLF) (HLF)
International   SP 2 F4   K F4
Hajós utca 43
☎ (06-1) 302 40 86
In dem schön eingerichteten
Lokal erhält man Gerichte aus
Aserbaidschan und Georgien. Im
unteren Speisebereich liegen
Perserteppiche.

Okay Italia (HLF) (HLF)
Italienisch   SP 2 E2   K E3
Szent István körút 20
☎ (06-1) 349 29 91
Trotz der Lautstärke und leicht
überteuerten Preisen ist das
Lokal wegen seiner kreativen Ge-
richte einen Besuch wert.

Pomo D'oro (HLF) (HLF)
Italienisch   SP 2 D4   K E5
Arany János utca 9
☎ (06-1) 302 64 73
Die labyrinthische Trattoria mit
den großen Holzkohleöfen für
die Pizzas ist beliebt. Ebenfalls
ausgezeichnet: die Gerichte vom
Holzkohlengrill.

Café Bouchon – ein einladendes
Nachbarschaftslokal

Sir Lancelot Lovagi
Étterem (HLF) (HLF)
International   SP 2 F3   K G2
Podmaniczky utca 14
☎ (06-1) 302 44 56
Die mächtigen Portionen von
Gerichten aus der Renaissance-
Zeit werden von entsprechend
kostümierten Bedienungen an
den Tisch gebracht. Zur Beglei-
tung gibt es Renaissance-Musik.

Via Luna (HLF) (HLF)
Italienisch   SP 2 E4   K E4
Nagysándor József utca 1
☎ (06-1) 312 80 58
Das von Italienern geführte Lokal
hat eine umfangreiche Karte mit
italienischen Klassikern, darunter
frisch zubereitete Pasta.

Vis-à-Vis-Tipp

Borkonyha (HLF) (HLF) (HLF)
International   SP 2 E5   K E5
Sas utca 3
☎ (06-1) 266 0835   ⬤ So
Ab dem Moment, ab dem man
die »Weinküche« betritt, weiß
man, dass man sich in einem
der drei Sterne-Lokale der Stadt
befindet. Jenseits der glänzenden Theke mit den schönen
Weinflaschen stehen perfekt
eingedeckte Tische. Die Karte ist
grandios – mit Gerichten wie
Kaninchen-*millefeuille* und
Spanferkel-Carpaccio.

Gresham Restaurant (HLF) (HLF) (HLF)
International   SP 2 D5   K D5
Széchenyi István tér 5 – 6
☎ (06-1) 268 60 00
In dem hervorragenden Restau-
rant des wundervollen Four
Seasons Hotel Gresham Palace
gibt es eine ungarische und eine
italienische Speisekarte – für
Frühstück, Mittag- und Abendes-
sen. Auch riesig: die Auswahl an
Kuchen und Kaffeespezialitäten.

SP = Stadtplan *siehe Seiten 242 – 256*   **K = Karte** *Extrakarte zum Herausnehmen*

KNRDY Steakhouse
Steakhaus   SP 2 E4 K E5
Október 6 utca 15
(06-1) 788 16 85
Hier gibt es die besten Steaks von Fleisch aus aller Welt. Genießen Sie dazu einen Cocktail vom preisgekrönten Barkeeper des Hauses. Aufmerksamer Service.

La Pampa Steakhouse
Steakhaus   SP 2 F4 K F4
Bajcsy-Zsilinszky út 21
(06-1) 354 14 44
Das Dekor ist sehr auffällig – euphemistisch formuliert. Die Steaks sind allerdings perfekt.

La Plaza Étterem
Spanisch   SP 2 E4 K E5
Október 6 utca 26
(06-1) 354 30 50
Das umwerfende Restaurant des Hotels Iberostar serviert herrliche Gerichte wie Paella mit Kaninchen und Huhn – es ist allerdings nicht billig.

Rézkakas Bistro
Traditionell ungarisch
SP 2 E5 K E5
Sas utca 3
(06-1) 318 00 38
Der »Goldene Hahn« ist ein pfiffiges Etablissement, das qualitativ hochwertige ungarische Klassiker bietet. Gute Weinkarte und Live-Musik.

Tigris
Modern ungarisch   SP 2 E5 K E5
Mérleg utca 10
(06-1) 317 37 15   ● So
Hier gibt es raffinierte Variationen ungarischer Küche, beispielsweise selbst geräucherte Wurst, sowie eine spezielle Karte für *foie gras*. Die Weinkarte listet exzellente ungarische Weine. Gut ausgebildetes, hilfreiches Personal.

Zentrum von Pest

Astoria Kávéház
Kaffeehaus   SP 4 F1 K F7
Kossuth Lajos utca 19 – 21
(06-1) 889 60 22
Im Café des Astoria Hotels können Sie Kuchen, Kaffee und auch Sandwiches genießen. Das elegante Haus im Empire-Stil hat immer noch Alte-Welt-Charme.

Auguszt Cukrászda
Pâtisserie   SP 4 F1 K F7
Kossuth Lajos utca 14 – 16
(06-1) 337 63 79   ● So
Die kleine Pâtisserie-Kette bietet in ihren Filialen delikates Gebäck, Torten und Eisvariationen, aber auch kleine Gerichte zu Mittag.

Eine Filiale von Auguszt Cukrászda, einer eleganten Pâtisserie-Kette

BARbár Café
Café   SP 10 E5 K F7
Papnövelde utca 3
(06-1) 867 79 87   ● So
Das mit Leidenschaft geführte Café ist vor allem für seine Schokogetränke bekannt – hergestellt aus belgischer Schokolade.

Bors GasztroBár
Leichte Gerichte   SP 10 F3 K G6
Kazinczy utca 10
(06-70) 953 32 63
In dem überdurchschnittlichen Fast-Food-Lokal sind vor allem die Suppen delikat, etwa Pilz- oder Kürbissuppe.

Café Alibi
Café   SP 4 F2 K F7
Kecskeméti utca 1
(06-1) 317 42 09
Das sonnige kleine Café serviert Frühstück, aber auch substanziellere Gerichte. Man kann abends auch einfach für ein Bier vorbeikommen. Im überdachten Innenhof sitzt man sehr angenehm.

Vis-à-Vis-Tipp

Centrál Kávéház
Kaffeehaus   SP 4 F1 K F7
Károlyi utca 9
(06-1) 266 21 10
In Budapest gab es im frühen 20. Jahrhundert viele Literatencafés. Das Central ist nach wie vor grandios, nicht nur wegen seines Interieurs, sondern weil Kaffee, Kuchen und Service unschlagbar sind – das schlägt sich allerdings auch in den Preisen nieder.

Drum Café
Café   SP 2 F5 K H5
Dob utca 2
(06-1) 540 74 22
Das skurrile kleine Cafe bietet eine große Auswahl an jüdisch-ungarischen Gerichten, etwa Gulaschsuppe und Palatschinken.

Fakanál
Traditionell ungarisch
SP 4 F3 K F8
Vámház körút 1 – 3
(06-1) 217 78 60   ● So
In diesem Lokal im Obergeschoss der Zentralen Markthalle kann man gut und schnell essen.

Falafel
Nahöstlich   SP 7 A1 K F5
Paulay Ede utca 53
(06-1) 705 71 42   ● So
Der beste Ort Budapests für Falafeln: Bezahlen Sie Ihre Kichererbsenbällchen, und befüllen Sie Ihr Pitta-Brot. Sie können hier essen oder das Essen mitnehmen.

Fresh Factory
Leichte Gerichte   SP 4 E1 K F7
Petőfi Sándor utca 7
06-30 443 60 25
Das Takeaway mit ein paar Tischen bietet Omeletts, Sandwiches, Säfte, Smoothies und mehr.

Modernes Interieur des KNRDY Steakhouse

Frici Papa
Traditionell ungarisch
SP 7 A1 **K** G5
Király utca 55
(06-1) 351 01 97 So
Das einfache Lokal bietet preisgünstiges herzhaftes Essen und ist bei den Einheimischen sehr beliebt.

Fröhlich Kóser Cukrászda
Koschere Pâtisserie **SP** 2 F5 **K** H5
Dob utca 22
(06-1) 266 17 33 Sa
In der koscheren Konditorei gibt es Kuchen, Brötchen und delikate *flódni* (Schichtkuchen mit Äpfeln, Walnüssen und Mohn).

Fruccola
Leichte Gerichte **SP** 4 E1 **K** E6
Kristóf tér 3
(06-1) 430 61 25 So
Die kleine Sandwich-Bar bietet gutes Frühstück und Brunch. Ideal für Vegetarier.

Gerbeaud Cukrászda
Kaffeehaus **SP** 2 E5 **K** E6
Vörösmarty tér 7
(06-1) 429 90 00
Das traditionsreiche Kaffeehaus mit Stuck, Kronleuchtern und Täfelungen besteht seit Mitte des 19. Jahrhunderts und erstrahlt wieder in restauriertem Glanz.

Kádár Étkezde
Ungarisch/Jüdisch **SP** 7 A2 **K** G5
Klauzál tér 9
(06-1) 321 36 22 So
In dem Lokal im Retro-Stil isst man ungarisch-jüdische Hausmacherkost. Hier hat sich im Lauf der Jahre wenig verändert.

Király Cukrászda
Pâtisserie **SP** 2 F5 **K** G5
Király utca 19
(06-1) 351 95 32
Altehrwürdiges Konditorenhandwerk sorgt hier für köstliche Torten, Gebäck und Eis.

Marie Kristensen Sandwich Bar
Leichte Gerichte **SP** 7 A5 **K** G8
Ráday utca 7
(06-1) 218 16 73 So
Große Auswahl an Snacks und vegetarischen Optionen. Im Sommer isst man auf der Terrasse.

Művész Kávéház
Kaffeehaus **SP** 2 F4 **K** H3
Andrássy út 29
(06-1) 343 35 44
Fast wie in Wien zur Habsburger Zeit: Der historische Künstlertreff ist auch heute noch beliebt. Im neobarocken Ambiente genießt man hervorragenden Kaffee und mehr.

Altehrwürdiges Kaffeehausambiente: Gerbeaud Cuskrászda

Múzeum Cukrászda
Pâtisserie **SP** 4 F1 **K** G7
Múzeum körút 10
(06-1) 338 44 15
Das Kaffeehaus mit prachtvoller Innenausstattung bietet erstklassigen Service.

La Pizza di Mamma Sophia
Pizzeria **SP** 2 F5 **K** G5
Király utca 20
(06-1) 266 04 44
In der kleinen Takeaway-Pizzeria gibt es leckere Pizzavarianten zu kleinen Preisen (keine Sitzplätze).

Sahara
Nahöstlich **SP** 7 B5 **K** H6
József körút 82
(06-1) 313 02 57
Das helle Lokal bietet wohl das beste türkische Essen in Budapest. Hier setzt man sich einfach mit an den Tisch und wählt seinen Döner aus. Zum Abschluss gibt es Baklava und Kaffee.

Sugar!
Café **SP** 7 A1 **K** F5
Paulay Ede utca 48
(06-1) 321 66 72
In diesem Süßwarengeschäft mit Café kann man all seine geheimen Gelüste auf süße Sünden ausleben – und nebenbei zu einem Kaffee greifen.

VakVarjú Étterem
Traditionell ungarisch
SP 10 E3 **K** F5
Paulay Ede utca 7
(06-1) 268 08 88
Die meisten Gäste besuchen das VakVarjú wegen des *kenyérlángos* (eine Art ungarischer Flammkuchen aus dem Steinofen), die Spezialität des Hauses. Freundlicher Service.

Vapiano
Italienisch **SP** 4 E1 **K** E6
Bécsi utca 5
(06-1) 411 08 64
Ziehen Sie eine Karte, und bestellen Sie (Pizza oder Pasta). Das Gericht wird dann vor Ihren Augen zubereitet. Essen mit Spaßfaktor.

W35
Leichte Gerichte **SP** 7 A2 **K** H5
Wesselényi utca 35
(06-1) 796 53 70
Das Lokal ist winzig, serviert aber die besten Burger der Stadt sowie einige Texmex-Gerichte. Wer Schärfe liebt, sollten den »Feuer im Loch«-Burger testen.

Bohémtanya
Traditionell ungarisch
SP 2 F5 **K** F5
Paulay Ede utca 6
(06-1) 267 35 04
Gäste des »Böhmischen Bauernhofs« sitzen in abgetrennten hölzernen Sitznischen – die aber mit anderen Gästen geteilt werden.

Vis-à-Vis-Tipp

Borbíróság
Modern ungarisch
SP 4 F3 **K** F9
Csarnok tér 5
(06-1) 219 0902 So
Das Lokal gegenüber der Zentralen Markthalle hat zwei Ebenen und eine kleine Terrasse. Highlights der überschaubaren, aber exzellenten Karte sind Enten-Carpaccio und Entenbrust. Daneben gibt es aber auch leckere Gerichte wie Thunfisch und Kalbsbraten mit *foie gras*. Gute Auswahl von qualitativ hochwertigen Weinen.

Die einladende Terrasse des Gerlóczy Kávéház

Buena Vista Étterem 🅗🅗
International　　SP 7 A1　K G4
Liszt Ferenc tér 4 – 5
☎ (06-1) 344 63 03
In dieser Oase der Ruhe gibt es sorgfältig zubereitete ungarische und internationale Speisen. Gute Weinkarte.

Cucina 🅗🅗
Italienisch　　SP 4 E1　K E7
Váci utca 20
☎ (06-1) 266 41 44
Die rustikale Trattoria gehört zu den einladenderen Orten in der sehr touristisch geprägten Váci utca.

Cyrano 🅗🅗
International　　SP 4 E1　K E6
Kristóf tér 7
☎ (06-1) 266 47 47
Im Cyrano gibt es eine große Auswahl an verschiedenen Speisen. Spezialität ist der überbackene Ziegenkäse mit Lavendel und Honig.

Dionysos Taverna 🅗🅗
Griechisch　　SP 4 F3　K E8
Belgrád rakpart 16
☎ (06-1) 318 12 22
Die Nachbildung einer griechischen Taverne ist ganz gut gelungen. Zu essen gibt es die üblichen Vor- und Hauptspeisen.

Fülemüle Étterem 🅗🅗
Jüdisch　　SP 7 A3　K H7
Kőfaragó utca 5
☎ (06-1) 305 30 00
Die familiengeführte altmodische »Nachtigall« serviert typisch Jüdisches wie Tscholent und Gänsesuppe mit Klößen.

Gerlóczy Kávéház 🅗🅗
Modern ungarisch　SP 4 F1　K F6
Gerlóczy utca 1
☎ (06-1) 501 40 00
Das Eckcafé serviert köstliche ungarische Gerichte mit modernem Touch und ist auch der richtige Ort für ein gutes Frühstück.

Gotti Étterem 🅗🅗
International　　SP 7 A5　K G8
Ráday utca 29
☎ (06-1) 783 44 03
Das beliebte Bar-Restaurant in einem Viertel mit vielen Cafés bietet Pasta, Steaks bis hin zu Palatschinken. Freitagabends gibt es Live-Musik.

Il Terzo Cerchio 🅗🅗
Italienisch　　SP 7 A3　K H5
Dohány utca 40
☎ (06-1) 354 07 88
Für viele ist dies Budapests bester Italiener. Serviert werden riesige Pizzas, aber auch die Pastagerichte mit Fisch sind lecker.

Kaltenberg
Sörház és Étterem 🅗🅗
Bayrisch　　SP 7 A5　K G9
Kinizsi utca 30 – 36
☎ (06-1) 215 97 92
Der attraktive Bierkeller bringt Mammutportionen an Wurst und Kraut auf den Tisch. Die Auswahl an ungarischen Bieren ist riesig. Brauerei vor Ort.

Károlyi
Étterem és Kávéház 🅗🅗
Traditionell ungarisch
SP 4 F2　K F7
Károlyi Mihály utca 16
☎ (06-1) 328 02 40
Das elegante Restaurant im Innenhof des Palais Károlyi bietet als Spezialität Kalbseintopf mit Kartoffelpfannkuchen. Im Sommer speist man im Garten.

Kárpátia Étterem 🅗🅗
Traditionell ungarisch
SP 4 F1　K F7
Ferenciek tere 7 – 8
☎ (06-1) 317 35 96
Das schöne, schon 1877 eröffnete Lokal besitzt einen hohen Standard und konzentriert sich ganz auf das Essen. Auf der Karte finden sich Klassiker wie Gulaschsuppe und Strudel. Angenehme Atmosphäre.

Két Szerecsen 🅗🅗
International　　SP 2 F4　K F4
Nagymező utca 14
☎ (06-1) 343 19 84
Das Lokal bietet neben delikaten Hauptspeisen wie Lachs in Weißweinsauce eine Tapas-Karte. Empfehlenswert: die Tapas-Platte mit Wurst und Fleisch. Es gibt auch vegetarische Gerichte.

Klassz 🅗🅗
International　　SP 7 A1　K H5
Andrássy út 41
Das kleine Lokal ist Weinbar und Restaurant zugleich. Testen Sie die Entenbrust.

Kőleves Vendéglő 🅗🅗
Traditionell ungarisch
SP 2 F5　K G6
Kazinczy utca 37 – 41
☎ (06-1) 322 10 11
Ein typisches Gericht in dem etwas bizarren Lokal ist Artischockensuppe mit gerösteten Walnüssen. Der Barbereich im Freien besitzt farbige Tische, Stühle – und Hängematten. Sorgfältig ausgewählte Weine.

Macesz Huszár 🅗🅗
Jüdisch　　SP 7 A2　K H5
Dob utca 26
☎ (06-1) 787 61 64
Die Küche ist nicht koscher, doch die Gerichte basieren auf traditioneller jüdischer Hausmacherkost der Budapester Juden. Saisonal wechselnde Karte.

Magdalena Merlo 🅗🅗
Traditionell ungarisch
SP 7 A1　K G5
Király utca 59/B
☎ (06-1) 322 32 78
Hier gibt es einen soliden Mix aus traditionell ungarischen und italienische Gerichten. Probieren Sie den Schweinebraten.

Ein bisschen Paris in Budapest:
Speiseraum des Borssó Bistro

Restaurantkategorien *siehe Seite 191* **Preiskategorien** *siehe Seite 196*

Traditionelle Sitznischen in der Kárpátia Étterem

Vis-à-Vis-Tipp

Menza 🔴🔴
Modern ungarisch
SP 7 A1 **K** G4
Liszt Ferenc tér 2
📞 (06-1) 413 1482
Wenn Sie nur einmal am Liszt Ferenc tér essen gehen – dann am besten hier. Das durchgängige Dekor der 1970er Jahre ist speziell, doch Service und Essen sind unschlagbar. Lecker: Gebratene Entenleber mit Sauerrahmsauce oder der Burger des Hauses mit Räucherkäse. Die Portionen sind ordentlich, die Desserts exzellent. Die Getränkeauswahl ist groß, es gibt z. B. gute Apfellimonade. Reservierung erforderlich.

Múzeum
Kávéház és Étterem 🔴🔴
Traditionell ungarisch
SP 4 F1 **K** G7
Múzeum körút 12
📞 (06-1) 267 03 75   🔴 So
Das einstige Kaffeehaus (Mitte 19. Jh.) besitzt noch ein distinguiertes Flair. Das Essen ist ausgezeichnet. Unbedingt probieren: Kalbspaprikasch mit Sauerrahm.

Pata Negra 🔴🔴
Spanisch   **SP** 7 A4 **K** G8
Kálvin tér 8
📞 (06-1) 215 56 16
Gute Gründe hier einzukehren sind: der Serrano und der Manchego sowie die exzellente Auswahl an spanischen Weinen.

Shalimar 🔴🔴
Indisch   **SP** 7 A2 **K** H5
Dob utca 53
📞 (06-1) 352 03 05
Hier gibt es indische Klassiker, darunter aromatische Tandoori-Gerichte. Auch die Auswahl an Vorspeisen ist überzeugend.

Soul Café 🔴🔴
International   **SP** 7 A5 **K** G8
Ráday utca 11–13
📞 (06-1) 217 69 86
In dem leicht nordafrikanisch anmutenden Lokal isst man gut zubereitete französische und marokkanische Gerichte. Zum Dessert sollten Sie die *crêpes Suzette* probieren.

Spinoza 🔴🔴
Traditionell ungarisch
SP 2 F5 **K** H5
Dob utca 15
📞 (06-1) 413 74 89
Das Essen ist eher Durchschnitt, doch die meisten Einheimischen kommen ins Spinoza, um dem begabten Pianisten zuzuhören. Reservierung erforderlich.

Trattoria Toscana 🔴🔴
Italienisch   **SP** 4 E2 **K** E8
Belgrád rakpart 13–15
📞 (06-1) 327 00 45
Besonders gut sind die Pastagerichte mit Fisch. Beim Essen genießt man eine fantastische Aussicht auf die Donau und den Burgberg.

Vörös Postakocsi Étterem 🔴🔴
Modern ungarisch   **SP** 7 A5 **K** G8
Ráday utca 15
📞 (06-1) 217 67 56
Die »Rote Postkutsche« existiert schon seit Jahren und ist bekannt für ihre exzellenten Gänseleber-Gerichte und die Varianten vom Mangalica-Schwein. Auch lecker: die Spareribs.

Araz 🔴🔴🔴
Französisch   **SP** 7 A3 **K** H5
Dohány utca 42-44
📞 (06-1) 815 11 00
Unter den Appetit machenden französischen Gerichten finden sich Hühnerbrust mit Kohl und Paprika-Bratkartoffeln. Guter Sonntagsbrunch.

Babel Étterem 🔴🔴🔴
Traditionell ungarisch
SP 4 E2 **K** E7
Piarista köz 2
📞 06-70 600 08 00
Das Babel hält regionale Esstraditionen hoch. Das Lokal ist nicht billig, doch die Speisen rechtfertigen den Preis. Die Fleisch- und Fischgerichte sind von höchster Qualität. Gute Weinkarte.

Borssó Bistro 🔴🔴🔴
International   **SP** 4 F2 **K** F8
Királyi Pál utca 14
📞 (06-1) 789 09 75   🔴 Mo
Das charismatische Lokal auf zwei Ebenen liegt versteckt in einer Seitenstraße. Empfehlenswert: die Entenleberterrine mit Birnensalat. Es gibt ein Vier-Gänge-Probiermenü. Freundlicher Service sowie Live-Musik.

Le Bourbon 🔴🔴🔴
Französisch   **SP** 2 E5 **K** E6
Erzsébet tér 9–10
📞 (06-1) 429 57 70
Das Restaurant des Le Méridien serviert fantasievolle saisonale Gerichte zu akzeptablen Preisen. Sehr gut: Fisch und Seafood.

Carmel Étterem 🔴🔴🔴
Jüdisch   **SP** 10 F3 **K** G6
Kazinczy utca 31
📞 (06-1) 342 45 85
Das legendäre koschere Restaurant ist immer voller Einheimischer, die Tscholent bestellen. Freitags und samstags ist eine Reservierung erforderlich.

Chess 🔴🔴🔴
Französisch/Italienisch
SP 7 A2 **K** H5
Dob utca 63
📞 (06-1) 882 30 80
Das gehobene Bistro in Schwarz-Weiß-Dekor serviert hochwertige ungarische, italienische und französische Gerichte. Saisonal wechselnde Karte.

Speisesaal im Restaurant Vörös Postakocsi

Comme Chez Soi
Italienisch **SP** 4 E1 **K** E6
Aranykéz utca 2
📞 (06-1) 318 39 43 ⬤ So
Trotz des Namens ist das Restaurant italienisch und serviert gehobene Gerichte. Zudem im Angebot: ungarische Schnäpse und italienischer *limoncello*.

Costes
International **SP** 7 A4 **K** G8
Ráday utca 4
📞 (06-1) 219 06 96 ⬤ Mo, Di
Dies ist eines von drei Sterne-Restaurants in Budapest. Hier erleben Sie unvergessliche Eindrücke an Geschmack, Farbe und Texturen. Die hohen Preise sind gerechtfertigt.

Fausto's
Italienisch **SP** 10 F4 **K** H5
Dohány utca 3
📞 06-30 589 18 13 ⬤ So
Das dezente Restaurant ist wohl der beste Italiener Budapests. Wunderbar: schwarze Ravioli mit Oktopusfüllung in Brokkolisauce.

Lou Lou
Französisch **SP** 10 E2 **K** F5
Székely Mihály utca 2
📞 (06-1) 877 62 02 ⬤ So
Wem ein Dinner der anderen Art vorschwebt, der sollte ins Lou Lou gehen. Hier werden sehr ungewöhnliche Gerichte serviert, etwa Heilbutt in Hummersauce mit Meerfenchel.

New York Kávéház
Kaffeehaus **SP** 7 B2 **K** H5
Erzsébet körút 9
📞 (06-1) 886 61 11
Dies ist eines der großen alten Kaffeehäuser Budapests, heute ist es allerdings als Teil des Boscolo Hotels edler und teurer. Die Inneneinrichtung ist grandios, das Essen superb.

Nobu
Japanisch **SP** 2 E5 **K** E6
Erzsébet tér 7–8
📞 (06-1) 429 4242
Die erste Filiale des bekannten Edeljapaners in Mitteleuropa ist natürlich nicht preisgünstig – das Essen ist dafür erstklassig.

Onyx
International **SP** 2 E5 **K** E6
Vörösmarty tér 7
📞 06-30 508 0622 ⬤ So, Mo
Budapests zweites Sterne-Restaurant verdient für seine grandiosen Kreationen Beifall. Ein Beispiel: Kalbsfrikassee mit Kaisergranat.

Paris-Budapest Restaurant and Bar
Französisch/Ungarisch **SP** 2 D5 **K** D5
Széchenyi István tér 2
📞 (06-1) 235 1230
Das Restaurant des Sofitel bietet sorgfältig zubereitete Speisen von höchster Qualität: französisch, ungarisch, international.

Um den Városliget

Ecocafe
Café **SP** 5 A5 **K** H3
Andrássy út 68
Das beschwingte Café mit Bäckerei verwendet Bio-Zutaten und Produkte aus fairem Handel. Auf der Karte: Sandwiches, Kuchen und Salate. Guter Kaffee.

Montenegrói Gurman
Leichte Gerichte **SP** 7 B2 **K** G6
Rákóczi út 54
📞 06-70 434 98 98
Hier gibt es Fast Food im Balkanstil: Grillwurst und Grillfleisch auf Brot plus slowenisches Bier, um alles hinunterzuspülen.

Die stilvolle Theke im Sterne-Restaurant Costes

Bagolyvár Étterem
Traditionell ungarisch
SP 5 C3 **K** J1
Gundel Károly út 4
📞 (06-1) 468 31 10
Die kleine Schwester des Gundel, die »Eulenburg«, ist ein bezauberndes Lokal mit Hausmacherkost zu vernünftigen Preisen.

Haxen Király Étterem
Bayrisch **SP** 7 B1 **K** G5
Király utca 100
📞 (06-1) 351 67 93
Männer in Lederjacken spielen Akkordeon, die Bedienungen servieren riesige Portionen an Bratwurst und Sauerkraut. Große Auswahl an *pálinkas*.

Himalaya Nepáli Étterem
Asiatisch **SP** 7 B1 **K** G4
Csengery utca 24
📞 (06-1) 351 12 89
Die Köche aus Kathmandu bringen eine Menge Speisen auf den Tisch, um jedem Gaumen und Briefbeutel zu gefallen. Darunter sind ein paar sehr scharfe Gerichte. Versuchen Sie die Tandoori-Spezialitäten. Leckere vegetarische Optionen.

Kogart Étterem
Modern ungarisch **SP** 5 B4 **K** H3
Andrássy út 112
📞 (06-1) 354 38 20
Hier gibt es nur Mittagessen, doch die Speisekarte ist interessant, die Gerichte sind günstig.

Millennium da Pippo
Italienisch **SP** 5 A5 **K** H3
Andrássy út 76
📞 (06-1) 374 08 80
Pasta- und Pizza-Angebote des Lokals werden nur durch die Auswahl an Fleischgerichten mit verschiedensten Saucen übertroffen. Hübsche Terrasse.

Neobarockes Interieur im Sterne-Restaurant Onyx

Napfényes Étterem
Vegetarisch   SP 7 C1 K H4
Rózsa utca 39
(06-1) 313 55 55
Das atmosphärische Kellerrestaurant bietet u. a. gegrilltes Gemüse und vegetarische Pizzas.

Olimpia Étterem
International   SP 8 E1 K L4
Alpár utca 5
(06-1) 321 06 80   So, Mo
Die Karte wechselt täglich und bietet ein Drei- bis Sechs-Gänge-Menü. Delikat und preiswert.

Paprika Vendéglő
Traditionell ungarisch
SP 6 D5 K K3
Dózsa György út 72
(06-1) 294 79 44
Hier gibt es Klassiker: *Hortobágy palacsinta* (mit Fleischfüllung), Gulasch und Gänsekeulen – sehr gut zubereitet. Testen Sie den Entenbraten.

Platán Étterem
Traditionell ungarisch
SP 5 C5 K J3
Városligeti fasor 46 – 48
(06-1) 322 66 15
Unter einem großen Ahornbaum serviert das große Lokal Gerichte à la carte sowie Fast Food. Auch Italienisches steht auf der Karte.

Rákóczi Grillház
Traditionell ungarisch
SP 7 C2 K G6
Rákóczi út 57/A
(06-1) 333 13 42
Das Grillhaus bietet ein All-you-can-eat-Büfett mit einer großen Bandbreite an Fisch, Fleisch und Gemüse. Gäste wählen die Zutaten aus, diese werden dann vor ihren Augen zubereitet. Der Preis ist inklusive Getränke.

Regős Vendéglő
Traditionell ungarisch
SP 5 B5 K G4
Szófia utca 33
(06-1) 321 19 21
Das anheimelnde Kellerrestaurant hat eine ziemlich große Speisekarte mit ungarischen Standards, allerdings mit französischem Touch. Delikat: die kalte Kirschsuppe und Kalbspaprikasch mit Knödeln.

Széchenyi Kertvendéglő
Traditionell ungarisch
SP 6 D3 K J2
Állatkerti körút 9 – 11
(06 30) 906 12 94
Das Restaurant im Komplex des berühmten Thermalbads bietet wohlschmeckende ungarische Küche. Die Weinkarte ist umfassend.

Goldener Glanz der Vergangenheit: New York Kávéház im Boscolo Budapest

Vis-à-Vis-Tipp

Bock Bisztró
Modern ungarisch
SP 7 A1 K H5
Erzsébet körút 43 – 49
(06-1) 321 03 40
Das Etablissement ist nach einem Winzer benannt. An den eleganten, mit Korken gefüllten Glastischen isst man exzellent zubereitete Speisen. Clever gewählte Tapas ergänzen aufregende Interpretationen ungarischer Klassiker wie Kalbspaprikasch. Die Weinkarte gehört zu den besten in Budapest.

Gundel Étterem
Traditionell ungarisch
SP 5 C3 K J2
Állatkerti körút 4
(06-1) 468 40 40
Das bekannteste Lokal der Stadt serviert innovative ungarische und internationale Küche in üppigem Dekor. Sonntagsbrunch.

Zeitgenössisches Dekor und Essen: Speiseraum des Bock Bisztró

Vis-à-Vis-Tipp

La Perle Noire
International
SP 5 C4 K H3
Andrássy út 111
(06-1) 555 15 45
Das Restaurant des eleganten Hotels Mamaison verspricht eine exklusive Gourmeterfahrung. Die Karte verbindet etwa Süßkartoffel-Shiitake-Ravioli mit hausgeräuchertem Lachs an Wasabi-Yoghurt. Der Speiseraum zeigt edles Design, bei warmem Wetter kann man auf der hübschen Gartenterrasse dinieren. Exzellente Wein- und gute Cocktailkarte. Probieren Sie RumBerry oder Apricot Fizz. Service und Atmosphäre sind außergewöhnlich.

Robinson
International   SP 5 C3 K J2
Városligeti Tó
06-30 663 68 71
Das Lokal liegt traumhaft am See des Stadtwäldchens. Die Terrasse ist der ideale Ort, um die exotischen Fischgerichte zu probieren. Zu den Angeboten des Hauses zählen u. a. gegrillter Zander auf einem Bett aus Rahmspinat, Entenkeule mit Kohl und Gnocchi sowie verschiedene Risottos. Die Cocktails sind eine Sünde wert.

Zeller Bistro
Modern ungarisch SP 7 B1 K G3
Izabella utca 38
06-30 651 08 80   So, Mo
Das kleine, aber sehr charmante Restaurant serviert herausragende ungarische Nouvelle Cuisine. Die wohlschmeckenden Gerichte auf der wöchentlich wechselnden Karte basieren auf frischen lokalen Produkten. Der Service ist top. Da das Lokal sehr beliebt ist, sollten Sie frühzeitig buchen.

SP = Stadtplan *siehe Seiten 242 – 256* K = Karte *Extrakarte zum Herausnehmen*

Angenehmes Ambiente im Traditionsrestaurant Firkász Kávéház

Abstecher

Vis-à-Vis-Tipp

Briós kávézó
Café
Pozsonyi út 16
☏ (06-1) 789 61 10
Das nette Nachbarschaftscafé serviert hervorragendes Frühstück, z. B. amerikanische Pancakes, Croissants, French Toast und Obstspieße. Die Mittagsangebote, etwa Omeletts, Sandwiches und Salate, sind ansprechend. Das Café ist zudem kinderfreundlich. Es gibt eine Kinderkarte und im Obergeschoss eine Spielecke – ideal, wenn man unten Kaffee und Kuchen zu sich nehmen will.

Cziniel Cukrászda
Pâtisserie
Nánási út 55
☏ (06-1) 240 11 88
Beliebtes Terrassencafé mit Konditorei, wo alle süßen Wünsche in Erfüllung gehen – mit Torten, Kuchen, Eisbechern …

Daubner Cukrászda
Pâtisserie
Szépvölgyi út 50
☏ (06-1) 335 22 53
Hier steht man Schlange, um Kuchen und Konfekt zum Mitnehmen zu erwerben – vielleicht die beste Konditorei der Stadt.

Kőbüfé Söröző
Traditionell ungarisch
Rege út 21
☏ 06-30 212 69 99
Das kleine, angenehme Familienrestaurant bietet sich für einen Zwischenstopp nach der Fahrt mit der nahen Zahnradbahn an. Im Sommer sitzt man auf der Terrasse.

Normafa Rétes
Pâtisserie
Normafa Eötvös utca 50
Auf den Budaer Bergen stößt man auf diese Hütte, wo es eine Auswahl an *rétes* (Strudel) zusammen mit Kaffee gibt.

Árnyas Étterem
Traditionell ungarisch
Diós árok 16
☏ (06-1) 212 56 81
Um zu dem hübsch gelegenen Restaurant (um 1900) zu gelangen, braucht es eine kleine Wanderung. Hier gibt es delikates Essen in generösen Portionen. Die Karte wechselt saisonal. Im Sommer sitzt man draußen.

Bajai Halászcsárda
Fisch
Hollós út 2
☏ (06-1) 275 52 45
Auf der Karte steht frischer Süßwasserfisch, etwa als Baja-Fischsuppe mit einer großen Portion Karpfenfilet. Abends spielt meist eine Kapelle. Nettes Personal.

Bruno & Bruno Étterem
Modern ungarisch/International
Apor Vilmos tér 11–12
☏ 06-20 243 15 65
Hier isst man in modernem Ambiente die besten Schnitzel Budapests – aus qualitativ hochwertigem Fleisch. Guter Service.

Dunapark Étterem és Kávéház
International
Pozsonyi út 38
☏ (06-1) 786 10 09
Die Lage des Dunapark ist fantastisch, das Essen ist erstaunlich variantenreich. Das Lokal eignet sich auch gut für ein Frühstück. Zudem gibt es hervorragenden Kuchen, sehr gutes Eis und italienischen Kaffee. Im Sommer kann man im Freien speisen. Abends isst man zu Klavierklängen.

Fenyőgyöngye Vendéglő
Traditionell ungarisch
Szépvölgyi út 155
☏ (06-1) 325 97 83
Das unglaublich beliebte Restaurant in den Budaer Bergen bietet ungarische Küche in leichterer, gesünderer Form. Auf der Speisekarte finden sich Suppen, Salate, Fisch- und Hühnergerichte.

Firkász Kávéház Étterem
Traditionell ungarisch
Tátra utca 18
☏ (06-1) 450 11 18
Der »Schmierfink« strahlt literarisches Flair aus. Alte Zeitungsausschnitte und Poster bedecken die Wände. Die servierten ungarischen Gerichte sind herausragend. Idealer Ort für ein beschauliches Abendessen.

Fuji Étterem
Japanisch
Csatárka út 54
☏ (06-1) 325 71 11
In dem Lokal im Pagodenstil kann man dem Sushimeister bei der Arbeit zusehen, während man etwa Sashimi genießt.

Kéhli Vendéglő
Traditionell ungarisch
Mókus utca 22
☏ (06-1) 368 06 13
In diesem erfreulichen Gasthaus gelten immer noch die Standards von vor 100 Jahren, als der ungarische Gourmet und Restaurantkritiker Gyula Krúdy hier zu speisen pflegte. Probieren Sie die Spezialität des Hauses: Zander.

Kerék Vendéglő
Traditionell ungarisch
Bécsi út 103
☏ (06-1) 250 42 61
Das Restaurant ist ein Wahrzeichen Óbudas. Sein hübscher Garten ist der ideale Ort, um Gerichte wie Hirschragout zu probieren. Exzellente Suppen.

Hübscher Außenbereich des Remiz

Dekor im Pagodenstil: das japanische Restaurant Fuji Étterem

Központ Bisztró
Modern ungarisch/International
Újpest, Szent István tér 1
📞 (06 20) 374 9785
Das moderne lebhafte Café-Restaurant im Zentrum von Újpest liegt nahe einer U-Bahn-Station. Die Karte wechselt saisonal.

Larus Étterem
International
Csörsz utca 18/B
📞 (06-1) 799 24 80
Das Restaurant mit großer Terrasse residiert in einem hüschen Park in Buda. Die Karte gibt sich innovativ-skurril. Probieren Sie zum Einstieg den Spargel-Erdbeer-Salat oder die Fleischsuppe mit geröstetem Knochenmark.

Náncsi Néni Vendéglője
Traditionell ungarisch
Ördögárok utca 80
📞 (06-1) 398 71 27
Hier gibt es Hausmachervarianten der ungarischen Küche. Die riesigen *túrógombóc* (Quarkknödel) sind ein allseits beliebter Nachtisch.

Négy Muskétás Étterem
Traditionell ungarisch
Tétényi út 18
📞 (06-1) 203 14 01
Das leicht kitschige Restaurant mit grün überwucherter Fassade und Holztäfelung im Inneren serviert wohlschmeckende ungarische Speisen, darunter auch Gänsegerichte.

Öreghalász Étterem
Fisch
Árpád út 20 – 22
📞 (06-1) 231 0800
Das maritime Dekor zeigt, dass es hier frischen Fisch gibt – nämlich Süßwasserfisch. Empfehlenswert sind die Fischsuppen und der herzhafte Fischeintopf. Es gibt auch einige Speisen ohne Fisch.

Porcellino Grasso
Italienisch
Ady Endre utca 19
📞 (06-1) 886 78 80
Trotz der langweiligen Adresse ist dieser authentische Italiener einen Besuch wert: Pizza und Pasta sind hervorragend. Auch die Ente ist exzellent. Ideal für Familien, denn neben dem Eingang liegt gleich ein Spielplatz.

Premium Café & Restaurant
Traditionell ungarisch
Országbíró utca 44 – 46
📞 (06-1) 877 76 00
Das elegante Restaurant serviert sowohl Klassiker als auch internationale Küche. Ergänzend gibt es eine gigantische Auswahl an Getränken.

Remiz
Traditionell ungarisch
Budakeszi út 5
📞 (06-1) 384 18 96
Das rustikale Lokal serviert ganz unterschiedliche Speisen, darunter auch roten Kaviar und serbischen Karpfen.

Rozmaring Kert Vendéglő
Traditionell ungarisch
Árpád fejedelem útja 125
📞 (06-1) 367 13 01
Die hübsche Lage am Donauufer, direkt gegenüber der Margareteninsel, lohnen einen kleinen Ausflug zu dem beliebten Lokal. Hier gibt es schon lange gleichbleibend gutes Essen.

Ypsilon Café
International
Stefánia út 1
📞 (06-1) 468 33 57
Das Lokal in Stadionnähe, gleich bei der U-Bahn-Station Stadionok, bietet eine Auswahl an ungarischen und europäischen Gerichten, etwa Brathähnchen.

Zöld Kapu Vendéglő
Traditionell ungarisch
Szőlő utca 42
📞 (06-1) 387 7028
Das »Gasthaus zum Grünen Tor« ist seit Langem beliebt. Serviert werden große Portionen herzhafter Gerichte. Darunter gibt es auch wohlschmeckende vegetarische Speisen. Der Gartenbereich ist bezaubernd, man sitzt hier auf grünen Holzbänken.

Chez Daniel
Französisch
Szív utca 32
📞 (06-1) 302 4039
Die Tagesgerichte stehen auf einer Tafel. Lehnen Sie sich zurück, und genießen Sie gutes Essen und superbe Weine.

Kisbuda Gyöngye
Traditionell ungarisch
Kenyeres utca 34
📞 (06-1) 368 6402
Das hinreißende Restaurant besitzt das Flair eines privaten Salons, wo Gäste bei sanfter Klaviermusik im Hintergrund entspannen. Empfehlenswert: Fischsuppe und Entenbraten.

Vis-à-Vis-Tipp
Rosenstein
Traditional ungarisch
Mosonyi utca 3
📞 (06-1) 333 34 92
Die Gegend um den Keleti pu. ist nicht gerade für edle Lokale bekannt – das Rosenstein ist die Ausnahme. Das einladende familiengeführte Restaurant bietet eine anspruchsvolle Karte mit Gerichten wie Wildschweinragout mit Waldpilzen sowie einigen Klassikern der jüdischen Küche. Die Weinkarte erfüllt höchste Ansprüche.

Terrasse mit Aussicht auf die Donau, Rozmaring Kert Vendéglő

Cafés, Kneipen und Nachtleben

Um Budapest wirklich zu erleben, sollten Sie auch die kleineren Lokale und Kneipen besuchen, die über die Stadt und ihre Umgebung verteilt sind. Hinter unscheinbaren Fassaden verbergen sich oft Juwele ungarischer Tradition. Faszinierend sind die Überbleibsel des 19. Jahrhunderts, etwa die alten Kaffeehäuser. Eine Neuentwicklung sind die Ruinenkneipen (*kerts* oder Gartenbars), Etablissements in Abrisshäusern. Weinlokale reflektieren das Erbe des ungarischen Weinbaus. Neon und laute Musik repräsentieren das zeitgenössische Ungarn der Budapester Jugend.

Etikette
Für Kneipen gilt: Wenn man allein an einem Tisch sitzt, setzen sich andere einfach dazu. Achtung: In traditionellen Kneipen stellt Ihnen die Bedienung immer ein weiteres Glas auf den Tisch – außer Sie machen klar, dass Sie genug haben.

In Ungarn ist es – im Gegensatz zu den meisten europäischen Ländern – nicht üblich, mit den Gläsern anzustoßen. Der harmlose Brauch wurde von den Österreichern pervertiert, die anstießen, als sie ungarische Generäle, die am Aufstand von 1848 teilgenommen hatten, hinrichten ließen.

Kaffeehäuser
Ungarn blickt auf eine der ältesten Kaffeetraditionen Europas zurück. Die Türken führten das schwarze Getränk Mitte des 16. Jahrhunderts ein. Die Kaffeehauskultur blühte bis zum Ende der Habsburger Ära. Im 19. Jahrhundert war das Kaffeehaus Treffpunkt der Intellektuellen und Künstler. Prächtige Kaffeehäuser alten Stils sind New York Kávéház *(siehe S. 204)*, Centrál Kávéház *(siehe S. 200)*, Gerbeaud Cukrászda *(siehe S. 201)*, Gellért Eszpresszó *(siehe S. 196)* und Müvesz Kávéház *(siehe S. 201)*.

Weinlokale
Wein und Weinlokale besitzen in Ungarn einen anderen Stellenwert als etwa in Deutschland, wo Wein als gutbürgerliches Getränk gilt. In Ungarn wird der Weingenuss eher als Zeitvertreib von Arbeitern gesehen. Ungeachtet der Tatsache, dass junge Männer mittlerweile eher zum Bier greifen, findet man die alte Weintradition noch in Budapester *borozók* wie **Várfok Borozó** (Burgviertel) oder **Grinzingi Borozó** und **Tokaji Borozó** (beide in Pest).

Ein *borozó* ist ein schlichter, preiswerter Weinkeller, in dem der Wein direkt vom Fass kommt und in Dezilitern (0,1 l) ausgeschenkt wird. Es gibt oft nur wenige Tische oder Stühle. Zu essen gibt es eher Snacks wie *zsiros kenyér* (Brote mit Bratenfett und Zwiebeln, bestreut mit Paprika).

Zunehmend gibt es moderne Varianten, etwa das **Dobló** und **DiVino**. In der **Drop Shop Wine Bar** kann man Weine aller Regionen probieren. Hotels haben stilvolle Weinbars, die beste findet sich im Hilton *(siehe S. 188)*, das auch einen mittelalterlichen Weinkeller besitzt. Auch alle Budapester Restaurants bieten gute Weine.

Cocktailbars
Die Budapester Jugend bevorzugt hippe Cocktailbars, wo man nach der Arbeit einen *aperitivo* genießt. Die Trendsetter liegen am »tér« (Liszt Ferenc tér). Tatsächlich schlägt hier im Frühling und Sommer der Puls Budapests, wenn sich die Cafés und Bars auf die baumbestandenen Gehwege ausweiten. Hier findet man etwa die **Circus Bar** mit fantasievollen Cocktails und eigener Biermarke und die beliebte **Boutiq'Bar**.

In Buda, nur einen Steinwurf vom Burgviertel entfernt, trifft sich eine hippe junge Klientel jeden Abend in **Oscar's American Bar**, die mehr als 200 Cocktails bietet.

Für wen Geld keine Rolle spielt, geht in die **Bar and Lobby Lounge** des Four Seasons im herrlichen Palais Gresham oder in die coole **Blue Fox Bar** im Kempinski Corvinus Hotel. Die Bars der meisten Top-Hotels bieten zwar teure, aber fantastische Cocktails.

Kneipen und Bars
Die Anzahl und Auswahl an Budapester Kneipen hat sich nicht zuletzt dank der sogenannten Ruinenkneipen in den letzten Jahren stark erhöht. Diese liegen in heruntergekommen Gebäuden oder in Hinterhöfen leerer Wohnblocks. Die Etablissements zeichnen sich durch Graffiti-Dekor und Möbel vom Sperrmüll aus – doch die »Paläste des Verfalls« haben ein einzigartiges Flair. Die meisten finden sich im VII. (Erzsébetváros) und VIII. (Józsefváros) Bezirk, etwa **Szimplakert** und **Instant**, das Letztere mit einem Dutzend Themenräumen. Andere, etwa **Most Kortárs Bisztró** und **Szóda Cafe**, sind relaxter.

In Budapest gibt es auch genügend viele konventionelle Kneipen und Bars. Dutzende angesagter Hangouts finden sich am Liszt Ferenc tér und in der Ráday utca, deren Freiflächen bei warmem Wetter rappelvoll sind. Bekannt ist das **Paris-Texas Kévézó**. Am nahen Jókai tér liegt das ruhigere **Kiadó Kocsma**. Im Sommer findet man entlang der Donauufer jede Menge Open-Air-Bars, darunter auch das **Spoon**, ein Schiff mit fünf Bars.

Ein trendiges Ausgehviertel ist das Jüdische Viertel mit über 250 Lokalitäten. Starten kann man beim Gozsdu udvar. Der renovierte Passagenkomplex von 1901 mit acht Gebäuden und sechs Innenhöfen verbindet Király utca und Dob utca. Er ist voller Cafés, Bars, Kneipen und Restaurants mit Tischen im Freien.

Clubs und Discos
Das Budapester Nachtleben kann sich durchaus mit dem anderer europäischer Städte

messen. Ständig öffnen neue Clubs ihre Tore. Attraktiv ist der **Akvárium Klub** am Erzsébet tér, mit grandioser Terrasse sowie regelmäßiger Live-Musik. Ähnlich ist das **Corvintető** im obersten Stock eines Kaufhauses am Blaha Lujza tér, hier gibt es die besten Drum'n'Bass-Partys. Das **Ötkert** beschäftigt regelmäßig Star-DJs. Der **Kontra Club** ist Teil des Trafó House of Contemporary Arts, ein alternatives Kunst- und Kulturzentrum in einem renovierten Elektrizitätswerk. Hier finden auch zahlreiche Ausstellungen und literarische Events statt. Die Musikauswahl rangiert von Reggae bis zu klassischer indischer Musik. Ein beliebter Hangout für Individualisten ist das **Piaf**, eine dekadente Absteige, die an ein Speakeasy erinnert.

In den Außenbezirken der Stadt liegen einige der besten Clubs, etwa das **A38**, ein Schiff, das hinter der Petőfi-Brücke auf der Budaer Seite der Donau ankert. Es ist ein Kulturzentrum mit Restaurant, Bars und Konzerthalle sowie Schauplatz zahlloser nationaler und internationaler Kulturevents, Ausstellungen und Festivals.

Viele Clubs liegen bei studentischen Institutionen, etwa das **Liget**, ein stickiger Treffpunkt, der bei Studenten, aber auch bei den Einheimischen beliebt ist.

Schwule und Lesben

Im Budapester Nachtleben hat sich in der Zwischenzeit eine lebhafte Schwulenszene etabliert. Zu den bekanntesten Schwulenbars der Stadt zählen **Action Bar**, **AlterEgo Club** und **Coxx**. Letztere steht ausschließlich Männern offen und bietet Bar, Disco, Restaurant, Internet-Café und Galerie. Das Coxx ist auch für seine Themenabende bekannt – mit abgefahrenen Klamotten oder ganz ohne. Das **Habroló** ist ein freundlicher, eher entspannter Ort mit fast nachbarschaftlicher Atmosphäre. Die **Mystery Bar**, die älteste Schwulenbar, ist ein guter Ausgangspunkt für ein abendliches Cruising.

Auf einen Blick

Weinlokale

DiVino
Szent István tér 3.
Stadtplan 2 E5.
📞 06-70 935 39 80.
🌐 divinoborbar.hu

Dobló
Dob utca 20.
Stadtplan 2 F5.
📞 06-20 398 88 63.
🌐 budapestwine.com

Drop Shop
Balassi Bálint 27.
Stadtplan 2 D2.
📞 06-30 345 37 39.
🌐 dropshop.hu

Grinzingi Borozó
Veres Pálné utca 10.
Stadtplan 4 F2 (10 E5).
📞 (06-1) 317 46 24.

Tokaji Borozó
Falk Miksa utca 32.
Stadtplan 2 D2.
📞 (06-1) 269 31 43.

Várfok Borozó
Várfok u. 10. **Stadtplan**
1 A3. 📞 (06-1) 212 31 80.

Cocktailbars

Bar and Lobby Lounge
Four Seasons Gresham
Palace Hotel.
Széchenyi István tér 5 – 6.
Stadtplan 2 D5.
📞 (06-1) 268 51 20.

Blue Fox Bar
Kempinski Corvinus Hotel.

Erzsébet tér 5 – 6.
Stadtplan 2 E5.
📞 (06-1) 429 44 99.

Boutiq'Bar
Paulay Ede utca 5.
Stadtplan 2 F5.
📞 06-30 229 18 21.
🌐 boutiqbar.hu

Circus Bar
Liszt Ferenc tér 11.
Stadtplan 7 A1.
📞 (06-1) 413 67 64.

Oscar's American Bar
Ostrom utca 14.
Stadtplan 1 A3.
📞 06-20 214 25 25.

Kneipen und Bars

Instant
Nagymező utca 38.
Stadtplan 2 F3.
📞 (06-1) 311 07 04.
🌐 instant.co.hu

Kiadó Kocsma
Jókai tér 3.
Stadtplan 7 A1.
📞 (06-1) 331 19 55.

Most Kortárs Bisztró
Zichy Jenő utca 17.
Stadtplan 2 F4.
📞 06-70 248 33 22.

Paris-Texas Kávézó
Ráday utca 22.
Stadtplan 7 A5.
📞 (06-1) 218 05 70.
🌐 paristexaskavehaz.
hu

Spoon
Auf dem Fluss, verankert
auf der Pester Seite nahe
der Kettenbrücke.
Stadtplan 2 D4.
📞 (06-1) 411 09 33.
🌐 spoon.hu

Szimplakert
Kazinczy utca 14.
Stadtplan 7 A3.
📞 06-20 261 86 69.
🌐 szimpla.hu

Szóda Cafe
Wesselényi utca 18.
Stadtplan 7 A3. 📞 (06-1)
461 00 07. 🌐 szoda.com

Clubs und Discos

A38
Pázmány Péter sétány,
verankert auf Budaer
Seite nahe Petőfi-Brücke.
📞 (06-1) 464 39 40.
🌐 a38.hu

Akvárium Klub
Erzsébet tér.
📞 06-30 860 33 68.
🌐 akvariumklub.hu

Corvintető
Blaha Lujza tér 1 – 2.
Stadtplan 7 B3.
📞 06-20 378 29 88.
🌐 corvinteto.hu

Kontra Club
Trafó House of Contemporary Arts, Liliom utca 41.
📞 (06-1) 456 20 40.
🌐 trafo.hu

Liget
Népliget út 2.
📞 06-70 527 52 72.
🌐 ligetclub.hu

Ötkert
Zrinyi u. 4. **Stadtplan**
2 D5. 📞 06-70 330 86 52.
🌐 otkert.hu

Piaf
Nagymező utca 25.
Stadtplan 2 F3.
📞 (06-1) 708 31 66.

Schwule und Lesben

Action Bar
Magyar u. 42. **Stadtplan**
4 F2. 📞 (06-1) 266 91 48.
🌐 action.gay.hu

AlterEgo Club
Dessewffy utca 33.
Stadtplan 2 F4.
📞 06-70 345 43 02.
🌐 alteregoclub.hu

Coxx
Dohány utca 38.
Stadtplan 7 A3.
📞 (06-1) 344 48 84.
🌐 coxx.hu

Habroló
Szép utca 1. **Stadtplan**
4 F1. 📞 (06-1) 950 66 44.
🌐 habrolo.hu

Mystery Bar
Nagysándor József utca 3.
Stadtplan 2 E4.
📞 (06-1) 312 14 36.
🌐 mysterybar.hu

Stadtplan siehe Seiten 242 – 256

Shopping

Einkaufen in Budapest hat sich seit den spartanischen Zeiten des Kommunismus stark verändert. Heute gibt es eine riesige Auswahl an Gütern nationaler sowie internationaler Provenienz. Die beliebtesten Shopping-Meilen sind die elegante Fußgängerzone Váci utca *(siehe S. 131)*, in der Volkskunst und Zsolnay-Porzellan angeboten werden, und die weniger schicke, aber preiswerte Nagykőrösi út, in der überwiegend die Einheimischen einkaufen. Wer es eher traditionell mag, sollte einen Budapester Markt besuchen: Es gibt zahlreiche Lebensmittelmärkte, etwa den in der Zentralen Markthalle aus dem 19. Jahrhundert, und auch Flohmärkte wie den riesigen, quirligen Ecseri-Flohmarkt, auf dem Nippes, Möbel und Antiquitäten angeboten werden.

Öffnungszeiten
Die meisten Läden öffnen montags bis freitags von 9 bis 17.30 oder 18 Uhr, samstags von 9 bis 13 Uhr. Gemüsehändler, Bäckereien und Supermärkte sind von 7 bis 20 Uhr offen. Einkaufszentren und Kaufhäuser haben von 10 bis 21 Uhr, sonntags bis 18 Uhr geöffnet. Die Markthallen haben ebenfalls sonntags offen. Die meisten Cafés verkaufen am Sonntagvormittag Milch und Brot. Einige Läden sind 24 Stunden pro Tag geöffnet.

WestEnd City Center, eine der neuen Shoppingmalls

Bezahlung
Gängige Debit- und Kreditkarten werden außer in Hotels und Restaurants inzwischen auch in vielen Läden (Schilder am Eingang) akzeptiert. In kleineren Läden müssen Sie oft noch bar bezahlen.

Mehrwertsteuer
In Ungarn ist in den meisten Warenpreisen die Mehrwertsteuer (ÁFA) enthalten. Sie beträgt seit 2012 27 Prozent. Der ermäßigte Satz von fünf Prozent gilt für Arzneimittel und Bücher, ein Zwischensteuersatz von 18 Prozent für Milch und Getreideprodukte.

Nur Nicht-EU-Bürger können sich die ÁFA für jeden Einkauf im Wert von über 50 000 Forint pro Tag bei der Ausreise rückerstatten lassen (mit Ausnahme von Antiquitäten und Kunstwerken). Dafür sollte der Händler das entsprechende Formular ausfüllen.

Kaufhäuser und Einkaufszentren
Budapests luxuriösestes Kaufhaus ist **Il Bacio di Stile** in der Andrássy út. Eher um ein Einkaufszentrum handelt es sich beim **Duna Plaza** in der Váci út. Es ist zwar hübsch, doch etwas abseits gelegen.

Viele große Läden findet man nebeneinander in alten Gebäuden in der Váci utca, dar-

Traditionelles Kunsthandwerk wird um die Váci utca verkauft

unter C&A und Zara, doch viele Filialen solcher Ketten gibt es auch in den modernen Einkaufszentren.

In den letzten Jahren sind in Budapest über 20 größere Einkaufszentren entstanden, die bei den Einheimischen und auch bei Besuchern beliebt sind. Am zentralsten liegt das **WestEnd City Center**. Es gehört zu den größten Einkaufszentren Mitteleuropas und bietet über 350 Läden, u. a. Massimo Dutti, Gap, Nike und Marks & Spencer, zudem ein Multiplex mit 14 Kinos und eine Delikatessenabteilung, in der man ungarische und internationale Produkte bekommt.

Das große stilvolle **Mammut** am Széna tér nahe dem Széll Kálmán tér (früher Moszkva tér) wird von den wohlhabenderen Einwohnern von Buda frequentiert. Es ist allerdings auch von außerhalb der Innenstadt leicht erreichbar.

In der modernen Shoppingmall **Arena Plaza** in der Kerepesi út befinden sich über 200 Läden, darunter Mango, Benetton und Gant.

Feine Spitze gehört zur traditionellen Volkskunst in Ungarn

Märkte

Märkte aller Art sind aus Budapest nicht wegzudenken und sorgen für ein reizvolles Einkaufserlebnis. Wohl am spektakulärsten sind die fünf Markthallen, die sich über die Stadt verteilen. Alle wurden im 19. Jahrhundert erbaut. In einigen herrscht noch reges Markttreiben. Die Große Markt-

Stände mit Obst und Gemüse in der Zentralen Markthalle

halle (Nagy Vásárcsarnok) am Fővám tér heißt offiziell **Zentrale Markthalle** (Központi Vásárcsarnok). Über 180 Stände bieten eine riesige Auswahl an Gemüse, Früchten, Fleisch und Käse unter dem Dach aus bunten Zsolnay-Ziegeln an. Der Markt ist montags bis freitags von 6 bis 17 Uhr, samstags bis 14 Uhr geöffnet *(siehe S. 142)*.

Neben den überdachten Märkten findet man an jeder Ecke Lebensmittelmärkte im Freien. Auf vielen davon bieten Bauern neben Obst und Gemüse auch Käse, Honig und Würste an. Zu den besten Märkten zählen diejenigen am Lehel tér (XIII. Bezirk), Bosnyák tér (XIV. Bezirk), in der Fehérvári út (IX. Bezirk) und Fény utca (II. Bezirk). Dort gibt es delikate Würste mit Senf und frischem Brot oder *lángos* als Snacks.

Nahe der Nagykőrösi út 156 im XIX. Bezirk beginnt der **Ecseri-Flohmarkt**, der am Wochenende geöffnet hat. Draußen liegen auf einem Gewirr von Holztischen kommunistische Relikte, Secondhand-Kleider und allerlei Ramsch aus. Im In-

neren des Markts verkaufen seriöse Antiquitätenhändler Porzellan, Ikonen, Silberwaren, Schmuck und manches mehr. Um Antiquitäten außer Landes zu bringen, benötigen Sie vorab eine Genehmigung vom Gyula Forster National Centre for Cultural Heritage Management in der Táncsics Mihály utca 1 (Tel. (06-1) 225 4800, info@forsterkozpont.hu).

Ein weiterer interessanter Markt ist die **Innerstädtische Markthalle (Belvárosi Vásárcsarnok)**. Der renovierte Bau von 1897 liegt im Zentrum und wurde 2014 wiedereröffnet. Hier bekommt man Früchte, Gemüse und Lebensmittel aller Art, die von kleinen Bauernhöfen stammen.

Jedes zweite Wochenende findet die **WAMP Design Fair** an zwei Orten (je nach Saison) statt. Dieses Event gibt jungen ungarischen Desigern die Möglichkeit, ihre Kreationen zu verkaufen. Im Angebot sind Textilien, Schmuck und Haushaltswaren. Es gibt auch Stände mit selbst gemachten Delikatessen.

Marks & Spencer kleidet mittlerweile auch Budapest ein

Fachgeschäfte

Zwar steigen die Preise seit der Wiedereinführung der Marktwirtschaft, doch viele Waren sind noch immer sehr günstig. Bestickte Bauernblusen und Holzschnitzereien sind schöne Souvenirs, ebenso das Porzellan aus den weltberühmten Manufakturen Zsolnay und Herend. Günstige CDs guter Qualität gibt es überall. In Antiquariaten findet man bisweilen deutschsprachige Bücher. Maßgeschneiderte Kleidung und handgefertigte Schuhe gehören zu den luxuriösesten Schnäppchen aus Budapest. Die Märkte quellen über von Wein, Salami und anderen Delikatessen.

Volkskunst
Ungarische Volkskunst ist auf dem Land noch heute lebendig. Auf Flohmärkten *(siehe S. 211)* entdeckt man Textilien, Keramik und Holzarbeiten, ebenso bei Straßenverkäufern rund um die Váci utca und im Burgviertel *(siehe S. 72 – 89)*. Läden für Volkskunst wie das **Tekla Folklór** verkaufen Maschinengefertigtes. Transsylvanische handgefertigte Textilien bekommt man bei **Korona Folklór**. Die preiswertesten Trachten gibt es in der **Zentralen Markthalle** (Központi Vásárcsarnok). Kunstobjekte, Souvenirs und Delikatessen finden Sie bei **Bálna**, einem walförmigen Gebäude an der Donau mit mehreren Läden und einem Markt.

Anitquitäten
Stücke im österreichischen Stil des 18./19. Jahrhunderts dominieren den Antiquitätenmarkt. Händler gibt es vor allem im Burgviertel, in der Falk Miksa utca und der Váci utca *(siehe S. 131)*. **Moró Antik**, ein winziger Laden, führt Waffen aus dem 18. Jahrhundert. Die **Nagyházi-Galerie** hat einfach alles – von Schmuck bis hin zu Möbeln. Auch der **Ecseri-Flohmarkt** *(siehe S. 211)* ist eine ergiebige Fundgrube.

Porzellan
In Ungarn gibt es zwei große Porzellanmanufakturen: **Herend** und **Zsolnay**. Herend ist berühmt als Hersteller des feinsten Porzellans im ganzen Land. Die leuchtend glasierten Zsolnay-Fliesen zieren viele bekannte Gebäude in Budapest.

Beide Firmen vertreiben in ihren eigenen Läden jeweils neue Ware.

Secondhand-Porzellan findet man in Antiquitätenläden und auf Antikmärkten.

Kleidung und Schuhe
Kleider und Schuhe nach Maß sowie Designerkleidung von der Stange gehören zu den besten Mitbringseln von einem Besuch in Budapest. Viele Leute lassen sich aus Material ihrer Wahl Kleidung schneidern – die hiesigen Schneider sind relativ preisgünstig. Andererseits kann man natürlich auch luxuriös im **Náray Tamás Atelier** einkaufen. Der Laden ist quasi der Laufsteg für die bekanntesten Designer Ungarns. **Orex** gehört zu den exklusivsten Juwelieren des Landes. Die Budapester Schuhmacher stellen hauptsächlich Männerschuhe her. **Vass** fertigt für Sie in einem Monat ein einmaliges Paar Budapester an – für etwa 200 000 Forint.

Delikatessen
Delikatessen und Weine sind in Ungarn sehr günstig und empfehlen sich als Mitbringsel. Wurstwaren sind die Leidenschaft der Ungarn. Man erhält sie überall in Läden und auf den Märkten. Zu den beliebtesten gehören die pikanten Debracziner, geräucherte Würste aus Gyulai und natürlich Salami.

Lohnende Souvenirs sind getrocknete Pilze, Gänsestopfleber, ein Strang aus getrockneten Paprika oder frischer Schafskäse. Diese Köstlichkei-

ten findet man auf den Märkten oder in Feinkostläden wie **Memories of Hungary**.

Das Nationalgetränk der Ungarn ist nach wie vor der Wein *(siehe S. 194f)*, und als Mitbringsel bieten sich einige Spitzenerzeugnisse an. Zum Mitnehmen eignen sich edler Tokajer *(tokaji aszú)*, Muskateller aus Kiskunhalas und Chardonnay aus Mátraalja. Beliebt sind auch der Kräuterlikör Unicum und der Obstler *pálinka*, der aus Pflaumen, Kirschen oder Aprikosen hergestellt wird. Weine und Spirituosen führen Supermärkte und Fachgeschäfte, beispielsweise das **Borház** und das **Magyar Pálinka Háza**.

Musik
Die Tradition der ungarischen Volksmusik und klassischen Musik ist auf CDs und Platten zu hören. Stöbern Sie im altmodischen **Rózsavölgyi Zeneműbolt** nach ungarischer Volksmusik – von traditioneller Zigeunermusik bis zu ländlicher Volksmusik. Viele Plattenläden operieren mittlerweile nur noch online, doch viele Buchhandlungen und Antiquariate verkaufen auch CDs und DVDs.

Bücher
Illustrierte Bücher und Nachschlagewerke finden Sie im **Litea**. Hier können Sie bei Kaffee und Kuchen an den Tischen unter den Bücherregalen nach Herzenslust blättern. Das große **Libri Stúdium** hat auch deutsche Bücher auf Lager. Eine Auswahl auch deutscher Zeitungen, Magazine und Romane führt **Bestsellers**. Bei **Írók Boltja** finden Sie Kunstbände, im **Pendragon** hingegen ein Sortiment englischsprachiger Belletristik. Bei **Librotrade-Kodex** gibt es deutsche, englische und französische Bücher.

Nach antiquarischen Büchern, Kupferstichen und Karten stöbert man im **Központi Antikvárium. Famulus Idegen Nyelvű Könyvesbolt** bietet englischsprachige Literatur zu Ungarn, ebenso Wörterbücher und Sprachführer.

Auf einen Blick

Kaufhäuser und Einkaufszentren

Arena Plaza
Kerepesi út.
Stadtplan 8 E2.
📞 (06-1) 880 70 10.
🕐 Mo–Sa 10–21, So 10–19 Uhr.
🌐 arenaplaza.hu

Duna Plaza
Váci út 178.
📞 (06-1) 465 16 66.
🌐 dunaplaza.hu

Il Bacio di Stile
Andrássy út 19.
Stadtplan 2 F4.
📞 (06-1) 211 10 00.
🌐 ilbaciodistile.com

Mammut I – II
Lövőház út 3.
Stadtplan 1 A2.
📞 (06-1) 345 80 20.
🕐 Mo–Sa 10–21, So 10–18 Uhr.
🌐 mammut.hu

WestEnd City Center
Váci út 1–3.
Stadtplan 2 F2.
📞 (06-1) 238 77 77.
🌐 westend.hu

Märkte

Ecseri-Flohmarkt
Nagykőrösi út 156.
📞 (06-1) 348 32 00.
🕐 Mo–Sa 8–16, Sa 5–15, So 8–13 Uhr.

Innerstädtische Markthalle (Belvárosi Vásárcsarnok)
Hold utca 13.
📞 (06-1) 353 11 10.
🕐 Mo–Sa.

Markt am Lehel tér
Lehel tér.
Stadtplan 2 F1.

Markt in der Fehérvári út
Fehérvári út 20.
Stadtplan 4 D5.

Markt in der Fény utca
Nahe Széll Kálmán tér.
Stadtplan 1 A3.

WAMP Design Fair
Ende Mai – Anfang Sep:
Erzsébet tér.
Stadtplan 2 E5.
Ende Sep – Anfang Mai:
Millenáris, Kisrókus utca 16–20.
Stadtplan 1 A2.
🌐 wamp.hu

Zentrale Markthalle (Központi Vásárcsarnok)
Vámház körút 1–3 (Fővám tér).
Stadtplan 4 F3.
📞 (06-1) 217 60 67.
🕐 Mo 6–17, Di–Fr 6–18, Sa 6–15 Uhr.

Volkskunst

Bálna
Fővám tér 11–12.
Stadtplan 4 F3.
🌐 balnabudapest.hu

Korona Folklór
Szentháromság utca 5.
Stadtplan 1 B4.
📞 (06-1) 212 76 40.

Tekla Folklór
Váci utca 58.
Stadtplan 4 E1 (10 D3).
📞 (06-1) 486 00 58.
🕐 tägl. 9–21 Uhr.

Antiquitäten

Moró Antik
Falk Miksa utca 13.
Stadtplan 2 D2.
📞 (06-1) 311 08 14.

Nagyházi-Galerie
Balaton utca 8.
Stadtplan 2 D2.
📞 (06-1) 475 60 00.

Porzellan

Herend-Läden
József Nádor tér 11.
Stadtplan 2 E5 (10 D3).
📞 (06-1) 317 26 22.
Szentháromság utca 5.
📞 (06-1) 225 10 50.
Andrássy út 16.
Stadtplan 2 F4.
📞 (06-1) 374 00 06.

Zsolnay-Läden
József körút 59–61.
Stadtplan 7 B4.
📞 (06-1) 318 70 93.
Kecskeméti utca 14.
Stadtplan 4 F2.
📞 (06-1) 318 26 43.
Bajcsy-Zs. utca 23.
Stadtplan 2 F3.
📞 (06-1) 311 40 94.
🌐 porcelan.hu

Kleidung und Schuhe

Náray Tamás Atelier
Hajós utca 17.
Stadtplan 10 E5.
📞 (06-1) 266 24 73.

Orex
Petőfi Sándor utca 6.
Stadtplan 4 E1.
📞 (06-1) 266 63 04.

Vass Cipőbolt
Haris köz 2.
Stadtplan 4 E1.
📞 (06-1) 318 23 75.
🌐 vass-cipo.hu

Delikatessen

Borház
Jókai tér 7.
Stadtplan 2 F3 (10 F1).
📞 (06-1) 353 48 49.

Magyar Pálinka Háza
Rákóczi út 17.
Stadtplan 7 A3.
🕐 Mo–Sa 9–19 Uhr.
🌐 magyarpalinkahaza.hu

Malatinszky Weinhandlung
József Attila utca 12.
Stadtplan 2 E5 (10 D3).
📞 (06-1) 317 59 19.
🌐 malatinszky.hu

Memories of Hungary
Hercegprimas utca 8.
Stadtplan 2 E5.
📞 (06-1) 80 52 47.
🌐 memoriesofhungary.hu

Musik

Liszt Ferenc Zeneműbolt
Andrássy út 45.
Stadtplan 2 F5 (10 E2).
📞 (06-1) 322 40 91.

Rózsavölgyi Zeneműbolt
Szervita tér 5.
Stadtplan 4 E1 (10 D4).
📞 (06-1) 318 35 00.
🕐 Mo–Sa 10–22 Uhr.

Bücher

Bestsellers
Október 6 utca 11.
Stadtplan 2 E4 (10 D2).
📞 (06-1) 312 12 95.
🌐 bestsellers.hu

Famulus Idegen Nyelvű Könyvesbolt
Újpesti rakpart 6.
Stadtplan 2 D1.
📞 (06-1) 288 07 71.
🌐 famulus.konyv.hu

Írók Boltja
Andrássy út 45.
Stadtplan 2 F4 (10 E2).
📞 (06-1) 322 16 45.

Központi Antikvárium
Múzeum körút 13–15.
Stadtplan 4 F1 (10 E4).
📞 (06-1) 317 35 14.

Libri Stúdium
Váci utca 22.
Stadtplan 4 E1 (10 D4).
📞 (06-1) 318 56 80.
Váci út 1–3.
🌐 libri.hu

Libri (WestEnd)
Váci út 1–3.
Stadtplan 2 F2.
📞 (06-1) 238 71 62.
🌐 libri.hu

Librotrade-Kodex
Honvéd utca 5.
Stadtplan 7 C3.
📞 (06-1) 428 10 10.

Litea
Hess András tér 4.
Stadtplan 1 B4 (9 A2).
📞 (06-1) 375 69 87.
🕐 tägl. 10–18 Uhr.

Pendragon
Pozsonyi út 21–23.
Stadtplan 2 F1.
📞 (06-1) 340 44 26.
🕐 Mo–Fr 10–18, Sa 10–14 Uhr.
🌐 pendragon.hu

Pendragon (CEU)
Zrínyi utca 12.
Stadtplan 2 D4.
📞 (06-1) 327 30 96.
🕐 Mo–Fr 10–19, Sa 10–15 Uhr.
🌐 pendragon.hu

Stadtplan *siehe Seiten 242 – 256*

Unterhaltung

Budapest ist seit dem späten 19. Jahrhundert für sein Unterhaltungsangebot bekannt. Damals reisten sogar amüsierfreudige Wiener in die Nachbarmetropole an der Donau. Die Nachtclubs lockten mit elektrisierender Atmosphäre – und schönen Frauen, die Csárdás oder Cancan tanzten. Nirgendwo spielten die Geiger so herzzerreißend. In den Casinos konnte man Spielsüchtige erleben, die schwindelerregend viel Geld verloren. Zwischen den Weltkriegen war die Stadt für ihre rauschenden Feste und ihre Freizügigkeit bekannt. 50 Jahre Kommunismus trübten den Glanz nachhaltig, doch seit 1990 erblüht die Budapester Szene wieder. Theater, Cabarets, Kinos sowie Discos erwachen zu neuem (Nacht-)Leben. Budapest bietet heute Unterhaltung für jeden Geschmack – ob man lieber Oper oder Jazz hört oder aber ein Pferderennen oder Fußballspiel sehen will.

Information

Die beste Informationsquelle für Veranstaltungen ist die kostenlose Wochenzeitschrift *Pesti Est*, die in Bars, Restaurants, Hotels und Läden ausliegt. Sie erscheint zwar auf Ungarisch, doch ist sie auch für Besucher grob verständlich. Die deutschsprachigen Zeitungen *Budapester Zeitung* und der kritische *Pester Lloyd* (nur noch online: www.pesterloyd.net) enthalten ebenfalls Infos zu Veranstaltungen. Die *Budapest Times* ist eine kostenlose englischsprachige Wochenzeitung und gleichfalls eine gute Informationsquelle. Daneben gibt es weitere Broschüren auf Deutsch und Englisch oder Hefte wie das alle zwei Wochen erscheinende *Funzine*.

Eine hilfreiche Website ist welovebudapest.com. Auch port.hu und est.hu listen Musik, Film, Fernsehen und Theater.

Politisches Kabarett gibt es auf vielen Bühnen der Stadt

Tickets

Tickets für Theater- und Konzertaufführungen kann man im Voraus erwerben – entweder durch eine Agentur oder durch telefonische Vorbestellung an der Theaterkasse (Adressen und Telefonnummern *siehe S. 216f*). Am schwierigsten sind Karten für Konzerte in der **Franz-Liszt-Musikakademie** zu bekommen. Meist sind sie Tage vorher ausverkauft. Gleiches gilt für Opern- und Operettenaufführungen. Vor allem für Sommerevents sichern Sie sich am besten einen Platz bei Agenturen wie **Rózsavölgyi Jegyiroda** oder **Ticket Express**, die zentral am Vörösmarty tér liegen. Wie in anderen Städten kann man auch in Budapest versuchen, zurückgegebene Karten »last minute« zu erwerben. Eine preiswerte Alternative – für standfeste Besucher – sind die Stehplätze einiger Veranstaltungsorte.

Kostenlose Veranstaltungen

Es ist nicht schwierig, in Budapest auf gute kostenlose Veranstaltungen zu stoßen. Im Sommer findet man Straßenkünstler und -musiker im **Burgviertel**, oft in historischen Kostümen. Sie spielen ein Instrument oder stellen Szenen der ungarischen Geschichte nach. Während des **Budapesti Búcsú** (Straßenfest) im Juni sind alle Events (Musik, Tanz, Theater) kostenlos. Im Juli kann man den Spektakel des **Donau-Karnevals** zusehen. Das **Budapester Sommerfestival** *(siehe S. 63)* bietet jedes Wochenende von Mitte Juni bis September Musik, Tanz, Handwerksausstellungen etc.

Der Eintritt zu den ungarischen Museen ist mittlerweile

Opernaufführung in der Ungarischen Staatsoper *(siehe S. 216)*

nicht mehr umsonst, doch sind die Dauerausstellungen immer noch sehr preiswert – wesentlich günstiger als die Wechselausstellungen.

Veranstaltungsorte

Budapest hat zwei Opernhäuser, einen renommierten Konzertsaal in der **Franz-Liszt-Musikakademie** *(siehe S. 216)*, einige weitere Konzertsäle, darunter den **Nationalen Béla-Bartók-Konzertsaal** im Palast der Künste *(siehe S. 160)* mit der europaweit größten Orgel eines Konzertsaals. Ebenfalls im Palast der Künste ist das **Festival Színház** (Festival-Theater) angesiedelt, eine hervorragende Bühne für Tanz, Kammeropern, Musicals, Theater und Konzerte. Zudem gibt es ein

Operettentheater, zahlreiche Cabarets und über 50 Theater, darunter Fringe-Theater.

Die größte Bühnenkonzentration befindet sich in der Nagymező utca im V. Bezirk, die liebevoll »Budapester Broadway« genannt wird. Auf nur 100 Metern stößt man hier auf das **Operettentheater** *(siehe S. 216)* und das **Új Színház** *(siehe S. 217)*, das auch Vorführungen auf Englisch gibt. Was Filmtheater angeht: Cineasten können in Budapest zwischen enorm vielen **Kinos** auswählen *(siehe S. 217)*.

Im **Városliget** *(siehe S. 146f)* gibt es einen ständigen Zirkus und einen Zoo. In den Sommermonaten geht es in den Bars und Bierzelten hoch her.

Das stillgelegte Schiff **A38** ist nun ein Musikclub. Das **Millenáris**, ein relativ neues Kulturzentrum, veranstaltet u. a. Rockkonzerte, Festivals und Ausstellungen. Die **Budapest Aréna** für 12 000 Zuschauer bietet unterschiedliche Kulturevents. Einige Casinos und diverse Striptease-Lokale sind die neueren Errungenschaften des Nachtlebens.

Behinderte Reisende
Seit Ungarn der EU angehört, ist viel für barrierefreie Zugänge und andere Annehmlichkeiten für Behinderte getan worden. Neubauten sind immer

Litfaßsäule

auch für Behinderte zugänglich, viele ältere Gebäude in Budapest leider noch nicht. Orte, die behindertengerecht umgebaut wurden, sind etwa die **Matthiaskirche** *(siehe S. 86f)*, die **Ungarische Staatsoper** *(siehe S. 122f)* und die **Franz-Liszt-Musikakademie** *(siehe S. 133)*.

Die Fußgängerzone am **Liszt Ferenc tér** mit ihren vielen Straßencafés ist ebenfalls gut für Behinderte geeignet – die Bars und Kneipen im Zentrum von Pest, die oft im Keller liegen, sind es leider nicht.

Wichtig: Zahlreiche Institutionen (darunter auch die Ungarische Staatsoper) bieten Ermäßigungen für behinderte Menschen an

Ungarischer Behindertenverband
San Marco utca 76. ☎ (06-1)250 90 13. 🌐 **meosz.hu**

Nachtbusse und -trams
Budapests U-Bahn *(siehe S. 238)* verkehrt nur bis kurz nach 23 Uhr. Nachtbusse (plus Tram 6 auf der Großen Ringstraße) verkehren ab 23.50 Uhr, bis der normale Fahrplan ab 4.30 Uhr wieder beginnt. Sie haben die Nummern 900 bis 999. Fahrpläne hängen an größeren Haltestellen aus. Ein wichtiger Knotenpunkt für Nachtbusse ist Astoria.

Das ungarische Nationalballett in der Staatsoper

Nachtbusse besteigt man durch die Vordertür und zeigt dem Fahrer sein Ticket. Wer aussteigen will, drückt den Halteknopf über der Ausstiegstür.

Gefahren bei Nacht
Budapest ist eine sehr sichere Stadt, doch bisweilen drohen auch hier Gefahren, vor allem nachts. Besucher werden leicht Opfer von Betrügereien. Attraktive, blond gefärbte Frauen promenieren auf der Váci utca und sprechen gezielt männliche Singles an. Man sollte die – teilweise aufdringlichen – Einladungen, ihnen in eine bestimmte Bar zu folgen, ablehnen. Es handelt sich bei den Frauen nicht um Prostituierte, sondern um »Lockvögel«, die von diesen Bars bezahlt werden, um Männer zu überteuerten Drinks zu animieren – diese können dann später auf der Rechnung einige Zehntausend Forint betragen.

Derartige Praktiken wurden zwar von den Behören verboten, und es wurden auch einige Bars geschlossen, doch das Geschäft geht weiter. Machen Sie sich also über den Preis Ihres Getränks sachkundig, und hüten Sie sich vor aufdringlichen Damen.

Die Nacht ist auch die Arbeitszeit betrügerischer Taxifahrer. Steigen Sie niemals in ein Taxi, das Sie nicht als das Fahrzeug eines bekannten Taxiunternehmens identifizieren können oder das keine Tarife an der Fahrertür aufweist. Lizenzierte Taxis sind gelb und haben Festpreise. Fragen Sie immer nach den ungefähren Kosten der Fahrt, bevor Sie einsteigen.

Der elegante Konzertsaal in der Franz-Liszt-Musikakademie *(siehe S. 216)*

Musik

Dank Komponisten wie Liszt, Bartók und Kodály *(siehe S. 148)* und des großen Reichtums an Volkstraditionen ist Ungarn in der ganzen Welt für seine Musik berühmt. Die Ungarn waren schon immer eine Nation von Musikfreunden. In Budapest traten stets sowohl ungarische als auch internationale Künstler auf.

Oper und Operette

Das Opernniveau ist hoch. Vorstellungen gibt es in der **Ungarischen Staatsoper** *(siehe S. 122f)* oder im **Erkel-Theater** *(siehe S. 155)*. Beide Häuser zeigen ein klassisches Repertoire mit Schwerpunkt auf ungarischen Werken.

Das **Operettentheater** *(siehe S. 119)* spielt meist populäre ungarische Operetten.

Klassik

Der große Saal der **Franz-Liszt-Musikakademie** *(siehe S. 133)* ist der renommierteste Konzertsaal, der größte ist der **Nationale Béla-Bartók-Konzertsaal** im Palast der Künste *(siehe S. 160)*. Einen großen Musiksaal beherbergt auch das **Kongresszentrum** *(siehe S. 164)*. Der Kuppelsaal des **Parlaments** *(siehe S. 112f)* besitzt eine exquisite Akustik.

Sakrale Musik

Orgelkonzerte finden von März bis Dezember in stimmungsvollem Rahmen in der **Matthiaskirche** *(siehe S. 86f)* statt. Unter den Komponisten, deren Werke hier zum Vortrag kommen, ist Johann Sebastian Bach der beliebteste. Die **St.-Stephans-Basilika** *(siehe S. 120f)* dient sporadisch als Veranstaltungsort für Chormusik. Von März bis Oktober organisiert Musica Sacra Konzerte in der **Großen Synagoge** *(siehe S. 138)*.

Volks- und Zigeunermusik

Volks- und Zigeunermusik sind im **Duna Palota** und im **Budai Vigadó** zu hören. Achten Sie auf Vorstellungen des Staatlichen Sing- und Tanz-Ensembles und ihrer Zigeunerkapelle, die auch eigene Konzerte veranstaltet.

Im Juli und August treffen sich Volksmusikgruppen aus dem ganzen Land in Budapest. Von Oktober bis Mai hört man in den Tanzsälen der Stadt die Klänge von Geigen und Querflöten.

Zu den bekanntesten Häusern gehört das **Fonó Budai Zeneház**, in dem beispielsweise Zigeunergruppen aus Siebenbürgen auftreten. Das populäre **Marczibányi téri Művelődési Központ**, ein Kulturzentrum, veranstaltet Volks- und Zigeunermusikabende, bietet aber auch etwa House-Musik und diverse andere Musikstile.

Jazz

Der Jazz erreichte Ungarn erst spät. Die beste ungarische Jazzband ist die Benkó Dixieland Band, die während des Frühlingsfestivals *(siehe S. 62)* in verschiedenen Theatern und großen Hallen spielt. Am ehesten kommen Jazzliebhaber im **Columbus Jazz Club** auf ihre Kosten, wo Ungarns beste Jazzer jeden Abend ab 20.30 Uhr spielen. Der Club mit Blick auf die Donau eignet sich, um dort zu essen (Tisch reservieren!). Auch der **Cotton Club** *(siehe S. 186)* ist recht beliebt.

Auf einen Blick

Tickets

Rózsavölgyi Jegyiroda
Szervita tér 5. **Stadtplan** 4 E1. ☎ (06-1) 266 83 37.

Ticket Express
Váci út 1 (WestEnd City Center). **Stadtplan** 10 E2. ☎ 06-30 303 09 99. Dalszinház utca 10. **Stadtplan** 2 F4. 🌐 tex.hu

Oper und Operette

Erkel-Theater
II. János Pál pápa tér 30. **Stadtplan** 7 C3. ☎ (06-1) 332 61 50.

Operettentheater
Nagymező utca 17. **Stadtplan** 2 F3. ☎ (06-1) 312 48 86.

Klassik

Franz-Liszt-Musikakademie
Liszt Ferenc tér 8. **Stadtplan** 7 A1. ☎ (06-1) 321 06 90.

Kongresszentrum
Jagelló út 1–3. ☎ (06-1) 372 54 00.

Nationaler Béla-Bartók-Konzertsaal
Palast der Künste. Komor Marcell utca 1. ☎ (06-1) 555 30 00.

Parlament
Kossuth Lajos tér. **Stadtplan** 2 D3 (9 C1). ☎ (06-1) 441 49 04.

Sakrale Musik

Große Synagoge
Dohány utca 2–8. **Stadtplan** 7 A3. ☎ (06-1) 462 04 77.

Matthiaskirche
Szentháromság tér 2. **Stadtplan** 1 B4 (9 A2). ☎ (06-1) 355 56 57.

St.-Stephans-Basilika
Szent István tér. **Stadtplan** 2 E4 (10 D2). ☎ 06-70 407 85 94.

Volks- und Zigeunermusik

Budai Vigadó
Corvin tér 8. **Stadtplan** 1 C4 (9 A2). ☎ (06-1) 225 60 56.

Duna Palota

Zrínyi utca 5. **Stadtplan** 2 E5 (10 D2). ☎ (06-1) 235 55 00.

Fonó Budai Zeneház
Sztregova utca 3. **Stadtplan** 2 E5 (10 D3). ☎ (06-1) 206 53 00.

Marczibányi téri Művelődési Központ
Marczibányi tér 5/A. ☎ (06-1) 212 28 20.

Jazz

Columbus Jazz Club
Vigadó tér, Dock 4. **Stadtplan** 4 D1. ☎ (06-1) 266 90 13.

Cotton Club
Jókai utca 26. **Stadtplan** 2 F3. ☎ (06-1) 354 08 86.

Theater, Kino und Casinos

Budapest hat zahlreiche Theater, deren Besuch nicht nur wegen ihres eindrucksvollen Repertoires lohnt. Sie befinden sich oft in schönen historischen Gebäuden. Über die Leinwände flimmern die neuesten Filme, meist in synchronisierter Fassung. Nachtschwärmer haben die Auswahl zwischen zahlreichen Clubs.

Theater

Das erste Theater, das Stücke auf Ungarisch auf die Bühne brachte, war das **Burgtheater** (siehe S. 77). Weitere etablierte Häuser sind das **Madách-Theater**, das **Festival Színház**, das **Nemzeti-Theater** und das **Pester Theater**. Englischsprachige Stücke zeigen und das **Új Színház** (Neues Theater). **Trafó** ist eine Bühne für zeitgenössische Kunst.

Das **Budapest Secret Theatre** produziert und koproduziert englischsprachiges Theater in Budapest und Mitteleuropa. Es hat keine feste Bühne, aber bietet den Expats in Ungarn die Möglichkeit, englisches Theater zu erleben, bzw. in Ungarn arbeitenden Schauspielern, Englisch zu sprechen (Infos zu Vorstellungen finden sich auf der Website).

Budapest bietet zudem über 30 Theater und Cabarets, die Satire zum Besten geben. Das renommierte **József-Katona-Theater** wurde durch Aufführungen in Paris und London bekannt. Das **Vígszínház** (Komödientheater) ist war das Madách-Theater auf Musicals spezialisiert. In den Sommermonaten werden auf der Margareteninsel Rockopern inszeniert. Die Vorstellungen sind bekannt für gute Musik in wunderschöner Kulisse.

Kino

Die meisten Budapester Kinos stammen aus den 1920er und 1930er Jahren und boten wenig Luxus. Mittlerweile erhalten sie von modernen Multiplexen, z. B. in den Einkaufszentren **Duna Plaza**, **WestEnd City Center** oder dem **Corvin Filmpalota**, Konkurrenz.

Die meisten Filme werden sowohl synchronisiert als auch mit Untertiteln versehen. Filmfans haben die Wahl. Wer kein Ungarisch versteht, kann die *angol nyelvű* (englische Version) des Films wählen. Englischsprachige Filme ohne Untertitel sind als *angol nyelvű, felirat nélkül* angekündigt.

Außer den üblichen Blockbustern zeigen die Kinos auch ungarische Filme. Die Auswahl reicht von Neuerscheinungen bis zu Klassikern aus der großen Zeit des ungarischen Kinos (»Neue Welle«, 1960er Jahre), als Regisseure wie Miklós Jancsó und István Szabó international Auszeichnungen bekamen – Jancsó etwa erhielt 1972 den Preis für die beste Regie bei den Filmfestspielen von Cannes, Szabó 1982 einen Oscar für *Mephisto*. Das **Uránia Nemzeti Filmszínház**, ein renovierter Filmpalast von 1899, erinnert an diese Ära.

Kinokarten kann man ein paar Stunden im Voraus erwerben. Einige Kinos verkaufen Karten für den nächsten Tag.

Casinos

Budapest hat zwei Casinos, weitere sind geplant. Um ins Casino zu gelangen, müssen Sie den Pass oder den Personalausweis vorzeigen. Man kann Roulette, Black Jack, Poker und Glücksrad spielen. Casinos sind 24 Stunden am Tag geöffnet. Das **Casino Tropicana** verlangt Abendkleidung.

Auf einen Blick

Theater	Madách-Theater	Új Színház	Uránia Nemzeti
Budapest Secret Theatre ⓦ budapestsecret theatre.com	Erzsébet körút 29–33. **Stadtplan** 7 A2. ⓒ (06-1) 478 20 41.	Paulay Ede utca 35. **Stadtplan** 2 F5. ⓒ (06-1) 269 60 21.	**Filmszínház** Rákóczi út 21. **Stadtplan** 7 A3. ⓒ (06-1) 486 34 13.
Burgtheater (heute Sitz des Staatlichem Tanztheaters) Színház 1–3. **Stadtplan** 9 A3. ⓒ (06-1) 201 44 07.	**Nemzeti-Theater** Bajor Gizi Park 1. **Stadtplan** 7 B1. ⓒ (06-1) 476 68 68.	**Vígszínház** Szent István körút 14. **Stadtplan** 2 E1. ⓒ (06-1) 329 23 40.	**Casinos**
Festival Színház Palast der Künste, Komor Marcell utca 1. ⓒ (06-1) 555 30 00.	**Pester Theater** Váci utca 9. **Stadtplan** 4 E1 (10 D4). ⓒ (06-1) 266 55 57.	**Kino**	**Casino Tropicana** Vigadó utca 2. **Stadtplan** 4 D1. ⓒ (06-1) 266 30 62.
József-Katona-Theater Petőfi Sándor utca 6. **Stadtplan** 4 E1 (10 D4). ⓒ (06-1) 317 40 61.	**Trafó** Liliom utca 41. **Stadtplan** 7 B5. ⓒ (06-1) 215 16 00.	**Corvin Filmpalota** Corvin köz 1. ⓒ (06-1) 459 50 50. **Palace Duna Plaza** Váci út 178. ⓒ (06-1) 999 61 61. **Palace WestEnd** Váci út 1–3. **Stadtplan** 2 F2. ⓒ (06-1) 999 61 61.	**Las Vegas Casino** Széchenyi István tér 2 (Sofitel Budapest Chain Bridge). **Stadtplan** 2 D5. ⓒ (06-1) 266 20 82.

Stadtplan *siehe Seiten 242 – 256*

Sport und Aktivurlaub

Ungarn hat viele gute Athleten hervorgebracht – wie bei den bisherigen Olympischen Spielen zu sehen war. Die Budapester Sportanlagen besitzen Weltniveau und sind häufig Austragungsort internationaler Wettkämpfe, darunter Europa- und Weltmeisterschaften. Auch Besuchern stehen in der Donaustadt viele Sportmöglichkeiten zur Verfügung.

Sportstadien

Die meisten Wettkämpfe finden entweder im **Ferenc-Puskás-Stadion** *(siehe S. 159)* mit rund 56 000 Plätzen statt oder in der überdachten **Papp Lászlo Budapest Sportaréna**.

Fußball gehört nach wie vor zu den beliebtesten Sportarten, wenngleich die Fans den Zeiten nachtrauern, als ihre Nationalelf noch erfolgreich war – 1954 kam die ungarische Mannschaft bis ins Endspiel der Weltmeisterschaft, das Deutschland dann gewann. Ligaspiele ziehen immer noch Menschenmassen an. Das Stadion ist vor allem voll, wenn der Traditionsverein Ferencváros (FTC) spielt.

Zwei der drei regelmäßigen Sportevents sind der Vivicittá Halbmarathon im April und der Budapest-Marathon im Oktober. Das dritte große Sportereignis des Jahres ist der Ungarische Grand Prix *(siehe S. 63)*, der auf dem Hungaroring bei Mogyoród stattfindet.

Die Ungarn sind auch erfolgreich im Boxen, Kanufahren, Schwimmen, Wasserball und Fechten – Sportarten, die eifrig ausgeübt werden.

Pferderennen und Reiten

Als Nachfahren einstiger Nomaden haben sich die Ungarn ihre Liebe zu Pferden und ihr Talent zum Umgang mit ihnen bewahrt. In Budapest findet diese Verbundenheit Ausdruck in den beliebten Pferderennen. Ein paar Stunden auf der Rennbahn sind eine amüsante Möglichkeit, diese ungarische Leidenschaft zu erleben, z. B. auf der Trab- und Galopprennbahn **Kincsem Park** (Albertirsai út).

Wer lieber selbst reitet, sollte sich an folgende Institutionen wenden: **Staatliche Reitschule**, **Petneházy-Schule**, **Aranypatkó Reitclub** oder **Budapester Reitclub**.

Sportmöglichkeiten

Sportliche Betätigung ist in Budapest beliebt und auch preiswert zu haben.

Wenn man durch die Parks der Stadt schlendert, vor allem auf der Margareteninsel, begegnen einem Scharen von Joggern – junge und jung gebliebene. Die Innen- und Außenbecken der Bäder sind voller Badegäste, die regelmäßig kommen. Besonders beliebt ist das **Hajós-Olympiabad** auf der Margareteninsel, die nach Ungarns erstem Gewinner von olympischem Gold (1896 in Athen) benannt wurde. Er war auch der Architekt des Bads. Im Freien schwimmen kann man im **Veli-Bej-Bad** und im **Lukács-Bad** *(siehe S. 105)*. In beiden kann man auch im Winter Badefreuden genießen, da das heiße Thermalwasser das Schwimmen draußen erlaubt. Das heißeste Wasser überhaupt bietet das **Széchenyi-Bad** *(siehe S. 155)*, der größte Thermalbäderkomplex Europas. Am meisten Atmosphäre strahlt allerdings das **Rudas-Bad** *(siehe S. 97)* aus, das noch aus türkischer Zeit (16. Jh.) stammt.

Radfahren erfreut sich steigender Beliebtheit, vor allem seit Radwege angelegt wurden *(siehe S. 237)*.

In der Stadt gibt es zahlreiche Tennisplätze. Die meisten davon sind allerdings von Ungarn belegt. Am besten sollten Sie einen heimischen Tennisspieler kennen, oder Sie steigen in einem Hotel ab, das Tennisplätze bietet.

Trotz des gemäßigten Klimas kann man in Budapest auch Wintersport treiben. Von Dezember bis März verwandelt sich der See im **Városliget** *(siehe S. 146f)* in eine Eislauffläche, auf die viele Budapester ihre Runden drehen.

Auf dem **Sváb-Berg** *(siehe S. 165)* liegt in der Regel von Dezember bis März Schnee. Deshalb gibt es hier einige Skipisten und mehrere Skilifte.

Auf einen Blick

Sportstadien

Ferenc-Puskás-Stadion
Istvánmezei út 3–5.
Stadtplan 8 F1.
☎ (06-1) 471 41 00.
🌐 magyarfutball.hu

Papp László Budapest Sportaréna
Stefánia út 2.
Stadtplan 8 F1.
☎ (06-1) 422 26 00.
🌐 budapestarena.hu

Pferderennen und Reiten

Aranypatkó Reitclub
Aranyhegyi út 18.
☎ 06-70 363 15 53.

Budapester Reitclub
Albertirsai út 4.
☎ 06-30 92 12 36.

Kincsem Park
Albertirsai út 2–4.
☎ (06-1) 433 05 20.

Petneházy-Schule
Feketefej utca 2–4.
☎ (06-1) 397 50 48.

Staatliche Reitschule
Kerepesi út 7.
☎ (06-1) 210 26 63.

Schwimmbäder

Hajós-Olympiabad
Margitsziget.
☎ (06-1) 450 42 20.

Lukács-Bad
Frankel Leó utca 25–29.
Stadtplan 1 C1.
☎ (06-1) 326 16 95.
🌐 budapestspas.hu

Rudas-Bad
Döbrentei tér 9.
Stadtplan 4 D2.
☎ (06-1) 356 13 22.

Széchenyi-Bad
Állatkerti körút 11.
Stadtplan 6 D3.
☎ (06-1) 363 32 10.

Veli-Bej-Bad
Frankel Leó út 55.
Stadtplan 1 B1.
☎ (06-1) 212 27 50.

Budapest mit Kindern

Budapest bietet Kindern viel Unterhaltung. Sie können zwischen verschiedenen Aktivitäten im Freien wählen, etwa auf dem Rummelplatz, im Zoo und in den herrlichen Schwimmbädern. Wenn das Wetter nicht mitspielt, lassen sich in den historischen Gebäuden und Museen einige spannende Stunden verbringen. Zudem gibt es Puppentheater, speziell für ein junges Publikum, obwohl die Vorstellungen auf Ungarisch sind.

Sightseeing

Das turbulente Zentrum von Pest scheint für kleine Menschen eher ungeeignet, doch das **Postmuseum** *(siehe S. 149)* in einem Prachtbau (19. Jh.) ist eine lohnenswerte Ausnahme. Im Budaer **Königspalast** *(siehe S. 74f)* und generell im **Burgviertel** *(siehe S. 72 – 89)* können Kinder die Geschichte der Stadt kennenlernen. Die **Ungarische Nationalgalerie** *(siehe S. 78 – 81)* regt die Fantasie von Kindern an, ebenso der mythische Vogel *Turúl*, dessen Statue im Innenhof des Königspalasts steht. Die wundervollen Steinmetzarbeiten des **Matthiasbrunnens** *(siehe S. 76f)* sind gleichfalls sehenswert.

Besonders spannend ist die Untergrundwelt des **Labyrinths** *(siehe S. 89)* in der Herrengasse. Rüstungen und Waffen gibt es im **Museum für Militärgeschichte** *(siehe S. 89)*. Ein Muss ist die Fahrt mit der **Budavári Sikló**, der alten Standseilbahn *(siehe S. 239)*.

Schwimmen

Das familienfreundlichste Bad ist das **Palatinus-Strandbad** *(siehe S. 55)* auf der Margareteninsel. Es gibt hier Becken mit unterschiedlicher Temperatur, Wasserrutschen und künstlichen Wellen. Zahllose Kioske verkaufen Snacks, Eis und Obst.

Die Alternative im Winter ist das **Thermalbad Gellért** *(siehe S. 94f)*. Im großen Becken schwimmt man in künstlichen Wellen, im Planschbecken toben die Kleineren im warmen Wasser.

Aquaworld Budapest, ein großer Wasserpark, sorgt für Familienspaß.

Zirkus und Zoo

Kinder wie Erwachsene lieben den **Zoo** *(siehe S. 154f)*, einen der größten Europas, mit Meerwasseraquarium, Schlangenterrarium und Voliere.

Der **Große Hauptstadtzirkus** ist ein Muss. Bei den täglichen Vorstellungen treten oft internationale Artisten auf.

Bei schlechtem Wetter

Das **Budapest Bábszínház** und das **Kolibri Színház** sind nur zwei von mehreren Puppentheatern, die u. a. Aufführungen von *Dschungelbuch*, *Aschenputtel* oder *Schneewittchen* und ungarische Klassiker auf die Bühne bringen. Die Vorstellungen sind auf Ungarisch.

Tropicarium Budapest ist das größte Meeresaquarium Mitteleuropas. Neben farbenfrohen Fischen in den Aqarien leben hier auch exotische Vögel, Totenkopfaffen, Alligatoren und Schildkröten.

Daneben befindet sich das **Center of Scientific Wonders**, ein physikalischer Spielplatz mit über 100 interaktiven Spielen und Installationen, die Kindern ermöglichen, die Welt der Physik auf spielerische Art kennenzulernen.

Panoramabahnen

Kinder begeistert eine Fahrt in die **Budaer Berge** *(siehe S. 165)*. Erste Etappe ist die Zahnradbahn zum Széchenyi-Berg. Auf dem Gipfel liegen ein Spielplatz und der Bahnhof der Kinder-Eisenbahn. Diese fährt über die Bergkette ins Hűvös-Tal. Zurück geht es mit dem Libegő-Sessellift vom János-Berg zur Talstation Zugliget (Bus 291 fährt zum Nyugati pu.). Kleine Zugfans lieben auch den **Eisenbahn-Geschichtspark** *(siehe S. 160)*.

Auf einen Blick

Sightseeing

Budavári Sikló
Clark Ádám tér,
Szent György tér.
Stadtplan 1 C5 (9 B3).

Königspalast
Stadtplan 1 5C (9 B4).

Labyrinth
Úri utca 9.
Stadtplan 1 A4 (9 A2).

Matthiasbrunnen
Königspalast.
Stadtplan 1 C5 (9 B3).

Museum für Militärgeschichte
Tóth Árpád sétany 40.
Stadtplan 1 A4.
☎ (06-1) 356 95 22.

Schwimmen

Aquaworld Budapest
Íves út 16.
☎ (06-1) 231 37 60.
🌐 aqua-world.hu

Palatinus-Strandbad
Margitsziget.
☎ (06-1) 340 45 05.

Postmuseum
Benczúr utca 27.
Stadtplan 5 B5.
☎ (06-1) 322 42 40.

Ungarische Nationalgalerie
Szent György tér 2.
Stadtplan 3 C5.
☎ (06-1) 375 55 67.

Thermalbad Gellért
Kelenhegyi út 4.
Stadtplan 3 C3.
☎ (06-1) 466 61 66.

Bei schlechtem Wetter

Budapest Bábszínház
Andrássy út 69.
Stadtplan 5 A5 (10 E2).
☎ (06-1) 321 52 00.

Center of Scientific Wonders (Csodák Palotája)
Nagytétényi út 37 – 43.
☎ 06-30 210 55 69.
🌐 csopa.hu

Kolibri Színház
Jókai tér 10.

Stadtplan 2 F3 (10 F1).
☎ (06-1) 311 08 70.

Tropicarium Budapest
Nagytétényi út 37 – 43.
☎ (06-1) 424 30 53.
🌐 tropicarium.hu

Zirkus und Zoo

Großer Hauptstadtzirkus
Állatkerti körút 7.
Stadtplan 5 C3.
☎ (06-1) 343 83 00.

Zoo
Állatkerti körút 6 –12.
☎ (06-1) 273 49 00.
Stadtplan 5 C3.

Stadtplan *siehe Seiten 242 – 256*

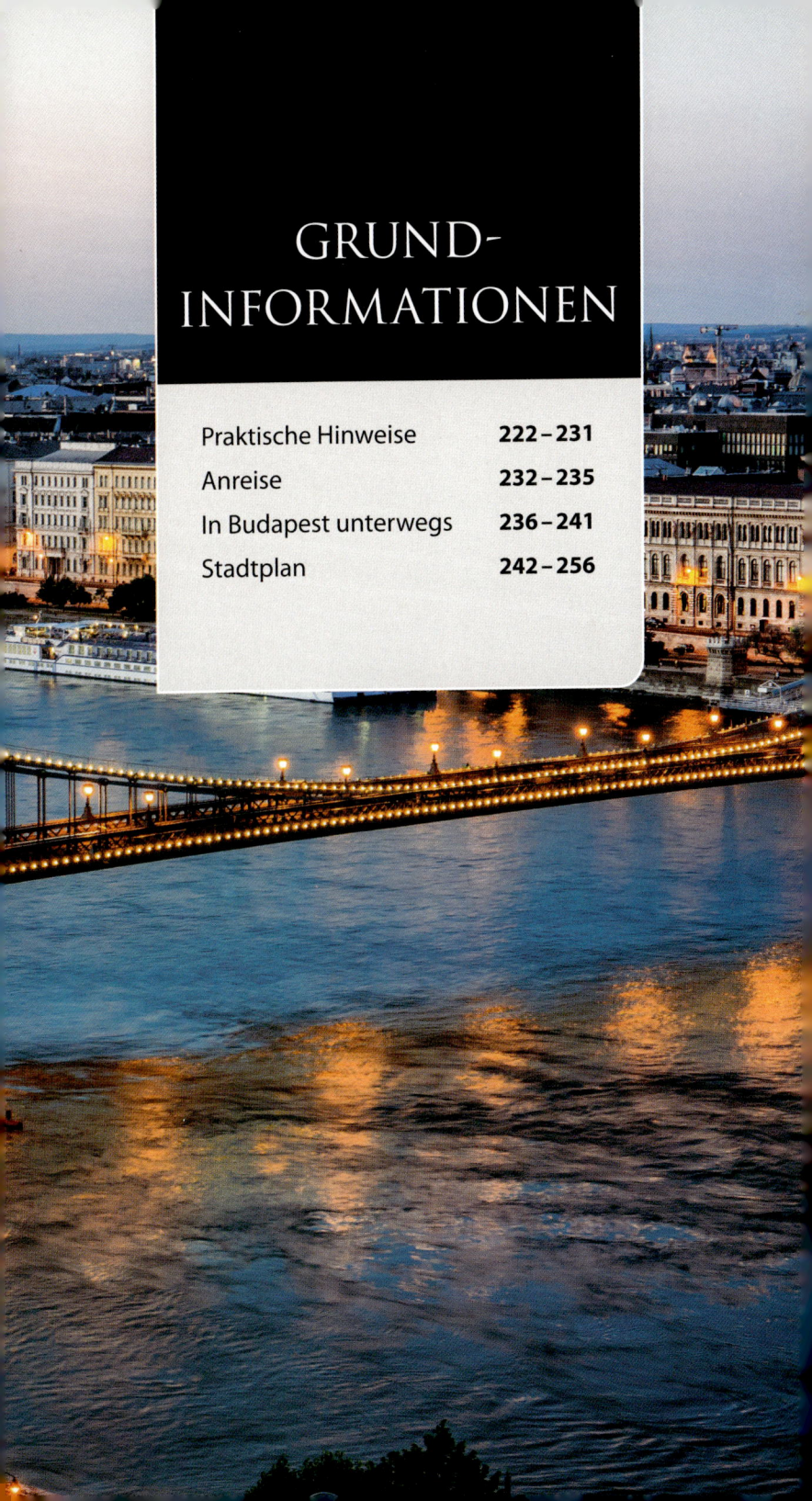

GRUND-INFORMATIONEN

Praktische Hinweise

Budapest war schon immer für seine Gastfreundschaft berühmt, in den letzten Jahren haben die Ungarn den Tourismus als wichtigen Wirtschaftszweig ausgebaut. Das einzige Problem ist wohl die Sprachbarriere, die Zugang zu Informationen erschwert. Es kann also nicht schaden, ein paar ungarische Wörter und Sätze parat zu haben *(siehe S. 271f)*. In allen Tourismusbüros, in Hotels und vielen Restaurants spricht man allerdings auch Deutsch oder Englisch. Die meisten Infobroschüren werden mehrsprachig gedruckt. Die Sehenswürdigkeiten im Zentrum kann man gut zu Fuß erkunden, weiter entfernte erreicht man mit dem öffentlichen Nahverkehr *(siehe S. 236 – 241)*.

Reisezeit
Am besten reist man von März bis Ende Juni und von Mitte August bis Oktober nach Budapest. Im Juli und Anfang August ist es sehr heiß, im Winter kann es extrem kalt werden.

Das ganze Jahr über finden Festivals und kulturelle Events statt, die größten sind das Frühlingsfestival, das Festival Café Budapest im Herbst und das Sziget-Festival (August). Auch am Jahresende ist einiges los: Dann können Besucher den Weihnachtsmarkt erleben und die rauschende Neujahrsparty in den Straßen Budapests mitfeiern *(siehe S. 62 – 65)*.

Einreise und Zoll
Seit Ende 2007 gehört der EU-Staat Ungarn zum Schengen-Raum. Für Bürger aus Deutschland, Österreich und der Schweiz gibt es daher keine Personen- und Zollkontrollen mehr. Als Reisedokument muss gleichwohl ein Pass oder Personalausweis (Kinder jeden Alters benötigen ein eigenes Dokument) mitgeführt werden – für eventuelle Zoll- und Polizeikontrollen. Achtung Transitreisen-de: Bei der (Wieder-)Einreise aus Nicht-EU-Staaten auf dem Landweg nach Ungarn dürfen nur zwei Päckchen (40 Stück) Zigaretten eingeführt werden. Für die Mitnahme von Zigaretten nach Deutschland gilt seit 2014 eine Mengenbegrenzung von 300 Stück. Nimmt man Haustiere nach Ungarn mit, ist ein EU-Heimtierausweis erforderlich.

Information
Vor Ihrer Reise nach Budapest können Sie beim **Ungarischen Tourismusamt** Informationen über Unterkünfte, Veranstaltungen und vieles mehr bekommen. Die Websites des Ungarischen Tourismusamts und des **Budapester Tourismusamts** bieten ebenfalls viele Infos. Hier kann man auch online Broschüren bestellen.

Bei der Organisation Ihrer Reise nach Budapest können Reisebüros wie **IBUSZ** helfen, die sich auf Gruppen- und Individualreisen nach Ungarn spezialisiert haben.

Die Büros des Budapester Tourismusamts, **Budapestinfo**, finden Sie an mehreren Stellen in der Stadt: am **Liszt Ferenc tér**, in der **Sütő utca** (beim Deák Ferenc tér) und in den Terminals des **Flughafens** (1, 2/A und 2/B). Die Büros halten Infomaterial (u. a. auf Deutsch) sowie Stadtpläne bereit. Hier kann man auch die Budapest Card *(siehe unten)* kaufen.

Braune Touristenschilder findet man überall in der Stadt. Sie sind für Besucher oft hilfreich.

Budapest Card

Budapest Card
Die Budapest Card gibt es für einen, zwei oder drei Tage (für 4500, 7500 bzw. 8900 Forint, bei Online-Bestellung günstiger). Sie berechtigt Besucher und ein Kind (bis zum 6. Lebensjahr) zur kostenlosen Nutzung aller Transportmittel und zum freien und reduzierten Eintritt in einigen Museen und Sehenswürdigkeiten. Weitere Extras: kostenlose Teilnahme an zwei Stadtführungen, zehn bis 20 Prozent Rabatt auf den Eintritt in einige Schwimmbäder und zu kulturellen Events sowie bis zu 30 Prozent Rabatt in manchen Lokalen.

Die Karte gibt es in den Informationsbüros, am Flughafen, an den Schaltern von größeren U-Bahn-Stationen, in Hotels, Museen und Reisebüros. Man kann sie unter www.budapest-card.com auch online bestellen.

Eines von mehreren Tourismusbüros in Budapest

◀ Die nächtliche erleuchtete Kettenbrücke *(siehe S. 66)* mit dem Parlament im Hintergrund

Ludwig-Museum für Zeitgenössische Kunst, Palast der Künste *(siehe S. 160)*

Öffnungszeiten

Museen und Sammlungen sind ganzjährig geöffnet. Die einzelnen Öffnungszeiten finden Sie unter dem entsprechenden Eintrag im Hauptteil.

Die meisten Museen haben montags zu – mit Ausnahme des Jüdischen Museums *(siehe S. 138)*, das samstags geschlossen ist.

Museen haben meist im Winter, von November bis März, kürzere Öffnungszeiten. Im Sommer hingegen, von April bis Oktober, bleiben ihre Pforten länger geöffnet, in der Regel von 10 bis 18 Uhr. Die meisten Museen verlangen Eintritt.

Einkaufszentren in Budapest haben täglich ab 8 oder 9 Uhr geöffnet. Kleinere Lebensmittelhändler haben wochentags von 7 bis 18 Uhr, andere Läden von 10 bis 18 Uhr geöffnet. Samstags schließen viele um 13 oder 14 Uhr, mit Ausnahme der Einkaufszentren. Informationen über die Öffnungszeiten einzelner Läden und Märkte finden Sie auf den Seiten 210 – 213.

Eintrittspreise

Eintrittskarten für Museen, Attraktionen und Denkmäler erhält man vor Ort (teils auch online). Die Preise variieren zwischen 2500 Forint pro Person, können aber auch bis zu 4000 Forint betragen.

Schüler, Studenten und Senioren erhalten Ermäßigungen. Opern- und Konzertkarten sind über Ticketagenturen *(siehe S. 214 – 216)* erhältlich, aber auch an den Verkaufsstellen der jeweiligen Veranstaltungsorte – an der Abendkasse oder im Vorverkauf.

Die Eintrittspreise für Theater und Konzerte variieren. Sie können zwischen 1500 und 20 000 Forint liegen.

Etikette

Budapester gehen gern adäquat gekleidet ins Theater, zu klassischen Konzerten und in die Oper, also meist in Abendkleidung oder Männer zumindest im Anzug. Besucher werden sich daher wohler fühlen, wenn sie in dieser Umgebung angemessen gekleidet sind. Im Übrigen legt man nicht nur Wert auf die passende Kleidung für Oper und Konzert, sondern auch beim Besuch eines edleren Restaurants.

Wenn man in Ungarn jemand vorgestellt wird, ist es üblich, demjenigen die Hand zu geben und seinen Namen zu nennen. Ungarn geben auch Leuten, die sie gut kennen, die Hand. Freunde küssen sich auf beide Wangen – sowohl Frauen als auch Männer.

Einige ältere Männer beherrschen noch die Kunst des Handkusses *(siehe auch »Senioren«, S. 224)*.

Trinkgeld

Beim Bezahlen von Taxis, Mahlzeiten und Getränken gibt man ein Trinkgeld (außer man nimmt ein Getränk an der Bar). Üblich sind etwa zehn Prozent. In Restaurants sollten Sie bei der Rechnung kontrollieren, ob schon zehn oder zwölf Prozent aufgeschlagen wurden – dann wird das Trinkgeld überflüssig. Üblicherweise addiert man beim Bezahlen das Trinkgeld – nennen Sie einfach den Betrag, den Sie zahlen wollen. Sie erhalten dann das entsprechende Rückgeld. Falls Sie beim Zahlen Rückgeld erwarten, sagen Sie nicht *köszönöm* (danke) – das könnte den Eindruck erwecken, dass Sie kein Geld zurückhaben wollen.

In Bädern gibt man dem Personal, das die Kabinen abschließt, Trinkgeld (etwa 100 bis 200 Forint).

Behinderte Reisende

Mittlerweile ist Budapest für behinderte Reisende deutlich zugänglicher geworden. Gleichwohl ist es ratsam, sich vor einer Besichtigung nach barrierefreien Zugängen zu erkundigen. Dies gilt auch für Museen, Sehenswürdigkeiten und Denkmäler, obwohl hier allmählich – im Rahmen von Renovierungen – nachgebessert wird.

Die neueren Busse sind Niederflurbusse mit Rampen, auch ein paar Trams sind barrierefrei ausgerüstet. Einige U-Bahn-Stationen verfügen über einen Aufzug.

Der **Ungarische Behindertenverband (MEOSZ)** ist eine gute Anlaufstelle für Hilfe und Informationen.

Die Staatsoper *(siehe S. 122f)* bietet behindertengerechte Plätze

Christopher Street Day in Budapest

Schwule und Lesben

Die Ungarn sind eher konservativ, doch Budapest ist kosmopolitisch und besitzt daher eine quirlige Schwulenszene, in der offen schwule Bars und Lokale die alten Treffpunkte ablösen.

Die größere Öffentlichkeit spiegelt sich auch juristisch wider: In Ungarn ist für homo- und heterosexuelle Menschen einvernehmlicher Sex ab 14 Jahren nicht mehr strafbar. Die Budapester Homosexuellen-Szene ist eher männlich geprägt. Das **Gay Guide Network** (http://budapest.gayguide.net) bietet Infos zu schwulenfreundlichen Hotels, Bars, Clubs, Restaurants sowie Bädern und Saunen. **Magnum Sauna** (nur für Männer) in der Csepreghy utca 2 ist die größte und beliebteste Sauna in Budapest. Es bietet auch ein Fitness-Center und eine Lounge.

Leider muss auch gesagt werden, dass rechtsextreme Gruppen wie Magyar Gárda in der Vergangenheit Christopher-Street-Day-Umzüge attackiert haben – hier ist also Vorsicht angebracht.

Senioren

Senioren wird in Ungarn mit Respekt begegnet. Die Leute lassen etwa älteren Damen in Läden oder auf dem Postamt den Vortritt in der Schlange. Senioren genießen in Ungarn einige Vorteile: Viele Museen bieten für EU-Bürger ab 62 Jahren bis zu 50 Prozent Rabatt, ab 70 Jahren ist der Eintritt frei. Auch beim öffentlichen Nahverkehr beträgt der Rabatt 50 Prozent, für Pässe und Monatskarten sogar mehr. EU-Bürger über 65 Jahren fahren mit U-Bahn, Bus, Trolleybus und Straßenbahn gratis.

Budapest für wenig Geld

Die Tage, als man in Ungarn mit wenig Geld geradezu fürstlich leben konnte, sind schon längere Zeit vorbei. Heute verlangen Spitzenhotels und Restaurants Preise wie woanders auch. Es gibt jedoch noch einige Plätze, wo man relativ preisgünstig übernachten und essen kann.

Testen Sie **Top Hostels**, eine Kette von Studentenherbergen, die nahe den Bahnsteigen im Keleti pu. ein Büro betreibt.

Internationaler Studentenausweis (ISIC)

Um günstig zu essen, sollten Sie nach folgenden Establissements Ausschau halten: *önkiszolgáló étterem* (Selbstbedienungsrestaurant), *étkezde* (Mittagsimbiss) oder *főzelék bár* (*főzelék* ist ein eingedicktes Gemüsegericht mit Mehlschwitze).

Mittlerweile bieten auch mehr Lokale ein preiswertes Mittagsmenü, meist zwei Gänge. Im Stadtzentrum gibt es viele türkische Döner-Buden, ebenso einige billige chinesische Restaurants.

Der internationale Studentenausweis (ISIC) wird in Budapest größtenteils akzeptiert. Man erhält damit in vielen Museen und bei einigen Sehenswürdigkeiten verbilligten Eintritt. Falls Sie noch keinen Ausweis haben, können Sie im Büro von Vista (Andrássy út 1) einen erhalten.

Für Familien kann sich die Übernachtung in einem Apartment oder einer Ferienwohnung rechnen – versuchen Sie es auf der Website von **Budapest Lets** (siehe auch S. 182 – 185).

Zeit

In Ungarn gilt, genauso wie in Deutschland, Österreich und der Schweiz, die Mitteleuropäische Zeit (MEZ) – inklusive Sommerzeit.

Elektrizität und Gas

Die Netzspannung beträgt in Ungarn – wie in allen anderen europäischen Ländern – 230 Volt bei 50 Hz. Jeder normale Flachstecker mit zwei Pins passt. Die Fassungen sind meist geerdet, daher werden oft Flachstecker verwendet.

Gasherde sind in der Regel mit einer Bimetallsicherung ausgerüstet. Nach dem Einschalten müssen Sie den Griff so lange niedergedrückt halten, bis sich der Brenner erwärmt hat.

Öffentliche Toiletten

In Budapest gibt es relativ wenige öffentliche Toiletten. Sie kosten meist eine kleine Gebühr. Man sollte also immer etwas Kleingeld bei sich haben.

Cafés, Restaurants und die öffentlichen Bereiche von Hotels haben meist eine Aufsichtsperson, der man ein Trinkgeld hinterlassen sollte. In Weinlokalen und Bierstuben ist die Benutzung meist kostenlos. Auch in einigen Parks finden sich kostenlose Toiletten.

In den U-Bahn-Stationen gibt es keine Toiletten, außer am Batthyány tér. Neben eindeutigen Piktogrammen für Männer und Frauen können Toiletten auch auf Ungarisch ausgeschildert sein: *Hölgyek* (Damen) und *Urak* (Herren) oder *Nők* (Frauen) und *Férfiak* (Männer).

Zeichen für Damentoilette

Zeichen für Herrentoilette

Umweltbewusst reisen

Langsam wächst auch in Ungarn das Umweltbewusstsein. Schon in den 1980er Jahren gab es Proteste gegen Staudämme an der Donau an der Grenze zur Slowakei. Heute hat der Umweltschutz für die meisten keine Priorität, viele Haushalte kämpfen gegen die steigenden Lebenshaltungskosten. Gleichwohl gibt es einige Anstrengungen in dieser Richtung. In jedem Budapester Viertel stehen Container für Papier, Glas und Umverpackungen. Viele Läden nehmen Flaschen und Dosen zurück.

Auch Bioläden sind mittlerweile in Budapest heimisch geworden. Der größte Markt mit ökologischen Lebensmitteln ist Biopiac, er findet sonntags von 6.30 bis 12 Uhr an der Csörsz utca, nicht weit vom Déli pu., statt. Ein weiteres Angebot ist Bioritmus Csarnok, der sich in der Markthalle Cédrus Piac in der Fehér út befindet.

Um der Luftverschmutzung Herr zu werden, wurden in Budapest diverse Fußgängerzonen eingerichtet. Man findet größere, für den Verkehr gesperrte Areale im Zentrum von Pest. An der Stelle einstiger Industrieanlagen entstehen Parks. Auch Fahrradfahren wird populär. Das Netz an Radwegen wird ausgebaut.

Auf der Website von **Green Map** gibt es viele Infos zu umweltfreundlichen Orten in Budapest.

Auf einen Blick

Botschaften in Budapest

Deutschland
Úri utca 64–66,
1014 Budapest.
Stadtplan 1 A4 (9 A2).
[C] (06-1) 488 35 00 (aus Budapest), 0036-1 488 35 00 (aus Deutschland).
[W] budapest.diplo.de

Österreich
Benczúr utca 16,
1068 Budapest.
Stadtplan 5 B4.
[C] 0036-1 479 70 10.
[W] bmeia.gv.at/botschaft/budapest.html

Schweiz
Stefánia út 107,
1143 Budapest.
Stadtplan 6 F5 (8 F1).
[C] 0036-1 460 70 40.
[W] www.eda.admin.ch/budapest

Ungarische Botschaften

Deutschland
Unter den Linden 76,
10117 Berlin.
[C] (0049-30) 20 31 00.
[W] mfa.gov.hu/emb/berlin

Österreich
Bankgasse 4–6,
1010 Wien.
[C] (0043-1) 537 80 300.
[W] mfa.gov.hu/emb/vienna

Schweiz
Muristr. 31, 3006 Bern.
[C] (0041-31) 352 85 72.
[W] botschaft-bern.com/ungarn.html

Information

Budapester Tourismusamt und Ungarisches Tourismusamt
[W] budapestinfo.hu
[W] ungarntourismus.de

Budapestinfo
[C] +36 1 438 80 80 (Info-Hotline, Mo – Fr 8 – 20 Uhr).

Budapestinfo-Punkt Flughafen Terminal 1
Liszt Ferenc Budapest Flughafen Terminal 1.
[O] 8 – 22 Uhr.

Budapestinfo-Punkt Flughafen Terminal 2A
Liszt Ferenc Budapest Flughafen Terminal 2A.
[O] 8 – 22 Uhr.

Budapestinfo-Punkt Flughafen Terminal 2B
Liszt Ferenc Budapest Flughafen Terminal 2B.
[O] 10 – 20 Uhr.

Budapestinfo-Punkt Innenstadt, Liszt Ferenc tér
Andrássy út 47.
[O] 12 – 20 Uhr.

Budapestinfo-Punkt Innenstadt, Deák Ferenc tér
Sütő utca 2. [O] 8 – 20 Uhr.

Budapestinfo-Punkt Hősök tere (Heldenplatz)
Olof Palme sétány 5 (Gebäude der Eislaufbahn im Városliget).
[O] So – Do 10 – 18, Fr, Sa 10 – 20 Uhr.

Filialen des ungarischen Tourismusamts im Ausland

Ungarisches Tourismusamt (in Deutschland)
Wilhelmstr. 61,
10117 Berlin.
[C] (030) 24 31 460.
[W] de.gotohungary.com

Ungarisches Tourismusamt (in Österreich)
1010 Wien, Opernring 1/R/707.
[C] (0043-1) 585 20 12/10.
[W] at.gotohungary.com

Reisebüros

IBUSZ
József Attila utca 20.
Stadtplan 2 E5.
[C] (06-1) 501 49 10/11.
[W] ibusz.hu

Behinderte Reisende

Ungarischer Behindertenverband (MEOSZ)
San Marco utca 76.
[C] (06-1) 388 55 29.
[W] meosz.hu

Bundesverband Selbsthilfe Körperbehinderter e. V.
Altkrautheimer Str. 20,
74238 Krautheim.
[C] (06294) 42 81 50.
[W] bsk-reisen.org

Schwule und Lesben

Gay Guide Network
[W] gayguide.net

Budapest für wenig Geld

Budapest Lets
[W] budapestlets.com

Top Hostels
[W] mellowmood.hu

Umweltbewusst reisen

Green Map
[W] zoldterkep.hu

Nützliche Websites

Andrássy Universität Budapest
San Marco utca 76.
[C] (06-1) 12 66 31 01.
[W] andrassyuni.eu

Anwaltskammer Budapest (Rechtsbeistand)
[W] bpugyvedikamara.hu

Ungarisches Außenministerium
[W] mfa.gov.hu

Vista
Andrássy út 1.
[C] (06-1) 429 99 99.
[W] vista.hu

Stadtplan *siehe Seiten 242 – 256*

Sicherheit und Gesundheit

Budapest ist eine sichere Stadt, solange Besucher den gesunden Menschenverstand walten lassen und ein Auge auf ihren persönlichen Besitz haben. Die Notdienste funktionieren, die Krankenhäuser in den größeren ungarischen Städten bieten eine gute Standardbehandlung. Doch wie in allen großen Städten gibt es auch in Budapest soziale Probleme. Die Kriminalitätsrate steigt – insbesondere nimmt der Taschendiebstahl zu. Bei Ihrem Besuch in Budapest werden Sie leider auch die wachsende Zahl von Obdachlosen bemerken.

Polizei

Budapest ist eine angenehme Stadt, in den meisten Vierteln kann man sich auch nachts gefahrlos bewegen. Doch wie in jeder Großstadt gibt es auch hier Kriminalität.

Die ungarische Polizei *(rendőrség)* patrouilliert auf Motorrädern, in Autos oder zu Fuß in den Straßen. Jeder Bezirk hat ein Polizeirevier, einige davon

Polizeiauto

Krankenwagen

sind 24 Stunden lang besetzt. Im Fall eines Verlusts oder Diebstahls sollten Sie sofort die Polizei informieren (bei gestohlenen Pässen *siehe »Diebstahl und Verlust«*).

Im Notfall

Der Euro-Notruf 112 gilt auch für Budapest. Falls jedoch niemand Deutsch oder Englisch sprechen sollte, rufen Sie besser die Hotline für Besucher an, die 24 Stunden am Tag besetzt ist. Falls Sie als Tatverdächtiger oder Zeuge in ein Vorkommnis verwickelt sind, sollten Sie eventuell Hilfe bei Ihrer Botschaft *(siehe S. 225)* suchen.

Persönliche Sicherheit

Dokumente und Geld sollten Sie sicher in Innentaschen oder speziellen Geldbeuteln verwahren. Geld wechselt man in einer Bank oder Wechselstube – niemals auf dem Schwarzmarkt. Der Pass kommt in den Safe. Führen Sie eine Kopie Ihres Passes oder eine andere Form des Identitätsnachweises (z. B. der Führerschein) mit sich.

Lassen Sie keine Wertsachen im Auto liegen, und bevorzugen Sie bewachte Parkplätze. Nehmen Sie nur lizenzierte Taxis, sie sind sicherer und verlangen keine überhöhten Preise *(siehe S. 239)*.

Taschendiebe sind häufig während der Rushhour aktiv und suchen sich ihre Opfer in überfüllten U-Bahn-Stationen, Bussen und Einkaufszentren. Man findet sie auch bei bekannten Sehenswürdigkeiten und in den dortigen öffentlichen Verkehrsmitteln. Bisweilen arbeiten sie in Gruppen, umringen arglose Besucher und lenken sie ab. Fertigen Sie für alle Fälle Fotokopien Ihres Passes bzw. Personalausweises und Ihrer Versicherungen an.

Ein weiteres Problem ist, dass es in Ungarn gewaltbereite rechtsextreme Gruppen gibt, vermeiden Sie jeglichen Kontakt mit ihnen. In der Vergangenheit gab es gewaltsame Auseinandersetzungen an Nationalfeiertagen, etwa am 15. März und am 23. Oktober sowie beim Christopher Street Day – seien Sie aufmerksam.

Frauen sollten sich nachts nicht allein in spärlich beleuchteten Gegenden aufhalten und verlassene Straßen meiden. Rákóczi tér und Mátyás tér im VIII. Bezirk sind seit dem 19. Jahrhundert berüchtigt für ihre Bordelle und dienen als Flaniermeile für Prostituierte. Seit ihrer Legalisierung ist Prostitution allerdings nicht mehr so offensichtlich.

Bei einem Restaurant sollten Sie darauf achten, dass die Speisekarte preislich ausgezeichnet ist – manche Lokale sind reine Touristenfallen. Frauen, die männliche Singles in der Budapester Innenstadt ansprechen und zum gemeinsamen Bar- oder Restaurantbesuch einladen, sind fast immer Lockvögel von Bars, in denen stark überteuerte Rechnungen ausgestellt werden – sie werden rigoros eingetrieben.

Diebstahl und Verlust

Beim Verlust Ihres Passes oder Personalausweises sollten Sie unverzüglich die Polizei informieren. Mit dem Durchschlag der Anzeige melden Sie den Verlust Ihrer Botschaft *(siehe S. 225)*.

In öffentlichen Verkehrsmitteln verlorene Dinge können Sie im **BKK-Fundbüro** finden.

Medizinische Versorgung

Gemäß dem deutsch-ungarischen Sozialversicherungsabkommen besteht Versicherungsschutz für alle deutschen Staatsangehörigen, die gesetzlich krankenversichert sind. Als Nachweis für den Versicherungsschutz dient die Europäische Krankenversicherungskarte (EHIC). Analoges gilt für Österreich und die Schweiz. Allerdings ist durch die EHIC nur die notwendige Grundversorgung abgedeckt. Eine Auslandsreise-Krankenversicherung mit Rückholversicherung ist immer überlegenswert.

Für Notfälle kann man das größte staatliche Krankenhaus der Stadt, das **Szent János Kórház**, im XII. Bezirk aufsuchen (oder wählen Sie einfach den Euro-Notruf).

Eingang zu einer Apotheke *(patika)* **in Budapest**

Es gibt auch einige internationale Privatkliniken, etwa das **First Med Center** und **Főnix-Med**, die allerdings teuer sind.

Ungarn war und ist in der medizinischen Forschung und Entwicklung führend. Ärzte sind hervorragend ausgebildet, doch der Standard von Krankenhäusern ist unterschiedlich hoch. Zahnbehandlungen sind relativ billig. In den letzten Jahren boomte daher der »Zahnarzttourismus«. Bekannt ist etwa **Dental Care Budapest**.

Apothekenschild

Budapester Apotheken (*gyógyszertár* oder *patika*) sind gut ausgestattet. Bei leichteren Beschwerden kann Ihnen der Apotheker Medikamente empfehlen. Ist die Apotheke geschlossen, gibt es an Tür oder Fenster einen Aushang mit den örtlichen Apotheken mit Nacht- bzw. Notdienst. Einen 24-Stunden-Notdienst bietet etwa **Teréz Patika**.

Gesundheitsgefahren

Pflichtimpfungen sind für die Einreise nach Ungarn nicht vorgeschrieben. Eine Impfung gegen Tetanus, Diphtherie und Hepatitis A wird empfohlen. Teile des Landes (u. a. das Gebiet westlich von Budapest) sind FSME-Risikogebiete. Hier kann es zur Übertragung von

FSME (Frühsommer-Meningoenzephalitis) durch Zeckenbisse kommen. Wer sich auch auf dem Land aufhalten will, sollte eine entsprechende Impfung durchführen lassen. Über denselben Weg kann die Borreliose übertragen werden, gegen die allerdings nicht geimpft werden kann. Seltene, durch Zecken übertragene Krankheiten sind das Krim-Kongo-Hämorrhagische Fieber (CCHM) und das West-Nil-Fieber, die von April bis Oktober bzw. im Sommer auftreten können. Auch hier steht noch kein Impfstoff zur Verfügung. Schützen Sie sich also mit entsprechender Kleidung und insektenabwehrenden Mitteln.

Wer an Allergien oder Atemproblemen leidet, sollte den sommerlichen Smog bedenken, der insbesondere die Straßen Pests in eine Dunstglocke hüllt. Rückzugsorte sind das autofreie Burgviertel, die Budaer Berge *(siehe S. 165)* oder die Margareteninsel *(siehe S. 176f)*.

Die Wasserqualität in Budapest ist ausgesprochen gut. Das Leitungswasser hat Trinkwasserqualität.

In den vielen heilkräftigen Thermalbädern der Stadt *(siehe S. 52 – 55)* kann man wunderbar entspannen.

Auf einen Blick

Notfallnummern

Euro-Notruf
112.

Notarzt
112 oder 104.

Feuerwehr
112 oder 105.

Polizei
112 oder 107.

Polizeireviere (24 Std.)
I. Bezirk: Pauler utca 13.
V. Bezirk: Szalay utca 11–13.
XI. Bezirk: Bocskai út 90.
XIII. Bezirk: Szabolcs utca 36.

Verlust

BKK-Fundbüro
Akácfa utca 18.
(06-1) 258 46 36 (Mo – Fr).

Krankenhäuser und Apotheken

Déli Gyógyszertár
Alkotás utca 1/B.
(06-1) 355 46 91.
Mo – Fr 8 – 20, Sa 8 – 14 Uhr.

Szent János Kórház
Diós árok 1 – 3.
(06-1) 458 45 00.
janoskorhaz.hu

Teréz Patika
Teréz körút 41.
Stadtplan 10 F1.
(06-1) 311 44 39.
24 Std.

Privatkliniken

Avicenna Medical and Dental Clinic
Podmaniczky utca 33, 3. Stock.
Stadtplan 2 F3.
(06-1) 302 50 05.

Dental Care Budapest
SOS Dent Nonstop Clinic, Király utca 14.
Stadtplan 2 F5.
(06-1) 269 60 10 (24 Std.).

dentalcarebudapest.com

First Med Center
Hattyúház 14, 5. Stock, Hattyú utca.
Stadtplan 1 A5.
(06-1) 224 90 90.
firstmedcenters.com

Főnix-Med
Diós árok 1 – 3.
(06-1) 200 01 00
fonixmed.com

Istenhegyi Privatklinik
Istenhegyi út 31/B.
(06-1) 224 54 24.
ihklinika.hu

Stadtplan *siehe Seiten 242 – 256*

Banken und Währung

Ungarn ist seit 2004 Mitglied der EU, allerdings noch nicht Euro-Land. Budapest hat heute viele moderne Banken, ungarische und ausländische, die in schicken, geräumigen Gebäuden untergebracht sind. Im Stadtzentrum und rund um die Bahnhöfe gibt es zahlreiche Geldautomaten und Wechselstuben. Die Zahl der Läden und Restaurants, die Kreditkarten akzeptieren, wächst ständig. Bei größeren Beträgen ist es nur noch selten erforderlich, Waren oder Dienstleistungen in bar zu bezahlen. Die meisten Banken zahlen Bargeld auf Kreditkarten aus.

Geldautomat

Bank und Wechselstuben

Den besten Wechselkurs bekommen Sie in Wechselstuben, bei Northline oder **Exclusive Change**, sie haben bessere Kurse als die ungarischen Banken. Prüfen Sie aber die Kurse genau. Wechselstuben haben oft unterschiedliche, teilweise irritierende Angaben. Das Limit sind bisweilen 200 000 Forint (was nur winzig gedruckt dabeisteht).

Am ungünstigsten sind die Wechselkurse in Hotels und am Flughafen. Die günstigsten Angebote bekommt man in kleineren Wechselstuben, etwas abseits der Touristenpfade. Einen vernünftigen Durchschnittswert bieten die ungarischen Banken.

Banken haben unterschiedliche Öffnungszeiten. Filialen der **Budapest Bank** sind montags bis freitags von 9 bis 17 Uhr (ohne Mittagsschließung) geöffnet, Filialen der **K & H Bank** montags bis donnerstags von 8 bis 16 Uhr und freitags bis 15 Uhr. Samstags und sonntags sind sie ge-

Eingang zu einer Filiale der Budapest Bank, Váci út

schlossen. Wechselstuben und Geldautomaten stehen aber auch am Wochenende zur Verfügung.

Es ist in Ungarn weder erlaubt noch empfehlenswert, Geld schwarz umzutauschen. Lassen Sie sich nicht darauf ein. Meist spielen dabei Falschgeld oder veraltete Scheine bzw. andere Formen von Betrug eine Rolle.

Geldautomaten

Am bequemsten ist es, mit einer Kredit- oder Debitkarte wie der girocard (plus PIN) von einem der Geldautomaten Forint abzuheben. Die Automaten haben Bedienungsanleitungen in mehreren Sprachen. Man findet sie überall in der Stadt. Erschrecken Sie bitte nicht, wenn ein Automat Ihre Karte nicht akzeptiert. Gehen Sie einfach zur nächsten Bank – dort werden Sie dann wahrscheinlich keine Probleme haben.

Es gibt zudem immer mehr Geldwechselautomaten, in die man Euro (oder andere Fremdwährungen) hineinschiebt und Forint herausbekommt.

Kredit- und Debitkarten

Die meisten Hotels, Restaurants, Tankstellen, Autovermietungen und größeren Geschäfte akzeptieren Kreditkarten. Ältere Geschäfte und einige preiswerte Restaurants tun dies allerdings nicht. Man sollte daher vorsichtshalber immer etwas Bargeld dabeihaben.

Zu den gängigen Kreditkarten gehören **Visa**, **MasterCard**, **American Express** und **Diners**

Club. Die Logos der akzeptierten Karten sind an der Tür angebracht – fragen Sie aber dennoch sicherheitshalber nach.

Auch mit einer **girocard** (früher EC-Karte), die es in einer Ausführung mit Maestro-Logo oder VPay-Logo gibt, können Sie bei den meisten Händlern und Dienstleistungsunternehmen bezahlen.

Reiseschecks (in Euro oder Dollar) werden zwar von allen Banken und einigen Hotels akzeptiert, Läden oder Restaurants nehmen sie allerdings nicht als Zahlungsmittel an.

Auf einen Blick

Banken

Budapest Bank
Váci út 193. **Stadtplan** 2 F1.
📞 (06-1) 477 77 77.

Wechselstuben

Exclusive Change
Váci utca 12. **Stadtplan** 4 E1.
📞 06-70 383 06 54.

Kartenverlust

Allgem. Notrufnummer
📞 (0049-69) 116 116.
🌐 116116.eu

American Express
📞 (0049-69) 97 97 20 00.

Diners Club
📞 (0049-69) 900 15 01 35 .

MasterCard
📞 06 800 125 17.

Visa
📞 06 800 176 82.

girocard
📞 (0049-69) 740 987.

Stadtplan *siehe Seiten* 242 – 256

Ungarische Währung

Die ungarische Währungseinheit ist der Forint (HUF oder Ft). Ungarische Banknoten werden zu 500, 1000, 2000, 5000, 10 000 und 20 000 Forint ausgegeben. Einige Noten sind in alter und neuer Version in Umlauf. Ältere 5000-Forint-Noten als die hier abgebildete werden nicht mehr akzeptiert.

500 HUF (Ferenc II. Rákóczi)

1000 HUF (König Matthias Corvinus)

2000 HUF (Fürst Gábor Bethlen)

5000 HUF (István Széchenyi)

10 000 HUF (König Stephan I.)

20 000 HUF (Ferenc Deák)

Münzen

Derzeit sind Münzen zu 5, 10, 20, 50, 100 und 200 Forint in Umlauf. Wie bei den Banknoten werden neue Münzen allmählich eingeführt – die neuen 200-Forint-Münzen, die die entsprechenden Banknoten ersetzen, haben einen Nickelkern mit einem Kupfer-Zink-Ring.

10 HUF

5 HUF

20 HUF

50 HUF

100 HUF

200 HUF

Kommunikation

Die weite Verbreitung von Mobiltelefonen hat die Kommunikation in Ungarn zum Positiven verändert. Das vorher ineffektive Festnetz ist nun einem verlässlichen System gewichen. Es gibt allerdings noch immer viele Telefonzellen in Budapest, wobei die Kartentelefone im Vergleich zu den Münztelefonen überwiegen. Die Stadt ist zudem gut mit WLAN-Hotspots versorgt.

Telefonieren

Telefonkarten (etwa Telecard, Neophone oder Barangoló) werden zu ganz unterschiedlichen Werten verkauft und sind in Tabakläden, auf Postämtern, bei Straßenständen, an Tankstellen und Zeitungskiosken erhältlich. Die Karten sind bei Auslandsgesprächen günstiger, als wenn Sie mit Münzen telefonieren. Münztelefone akzeptieren Münzen zu 10, 20, 50 und 100 Forint (sowie 1- und 2-Euro-Münzen), einige auch Kreditkarten.

Die Grundgebühr für ein Ortsgespräch beträgt 20 Forint, für ein Auslandsgespräch 100 Forint. Wollen Sie ins Ausland telefonieren, wählen Sie zunächst 00. Warten Sie auf das Freizeichen, und wählen Sie dann die Landesvorwahl, gefolgt von der restlichen Nummer.

Budapester Telefonnummern haben sieben Ziffern. Wenn Sie nicht von einem Festnetzanschluss innerhalb Budapests anrufen, müssen Sie immer 06-1 vorwählen (06 ist die nationale Vorwahl, 1 die von Budapest). Wenn Sie aus dem Ausland anrufen, entfällt die 06

und wird durch die Landesvorwahl (36 bzw. 0036) ersetzt.

Ungarische Mobiltelefone haben elf Ziffern inklusive der nationalen Vorwahl 06, die immer mitgewählt wird. Sie beginnen mit 06-20, 06-30, 06-31 oder 06-70, dann folgt die eigentliche Nummer. Wer aus dem Ausland eine ungarische Mobilfunknummer anruft, lässt die 06 weg und ersetzt sie durch die Ländervorwahl 36.

Die Inlandsauskunft hat die Nummer 11818, die Auslandsauskunft die Nummer 11824. Achtung: Beide sind teuer. Verzichten Sie auch auf den Vermittlungsservice im Hotel, das macht Gespräche ebenfalls teuer.

Mobiltelefone

Mobiltelefone funktionieren mittlerweile nahezu überall in Ungarn. Dies gilt für alle Handys (GSM, UMTS und Smartphones). Seit 2007 begrenzt die EU die Roaming-Gebühren in ihren Mitgliedsstaaten kontinuierlich. Die Roaming-Gebühren sollen bis Ende 2015 gänzlich wegfallen (aktuelle Infos gibt es auf www.euverbraucher.de).

Besucherin mit Mobiltelefon

Mobilfunk-Provider in Ungarn sind u. a. **Magyar Telekom** (Hauptaktionär ist die Deutsche Telekom), **Telenor** und **Vodafone**.

Internet und E-Mails

Cafés und Bars mit WLAN sind in Budapest mittlerweile üblich. Man findet relativ leicht einen WLAN-Hotspot (Infos unter: http://hotspot.lap.hu). Budapest bietet auch diverse Internet-Cafés, wo Sie Kaffee trinken und Snacks verzehren können, während Sie Ihre E-Mails checken, im Internet surfen oder ein Spiel spielen.

Wichtig: Die Netzgeschwindigkeit kann bisweilen variieren. In einigen Cafés ist auch die Tastatur dem Ungarischen angepasst.

Adressen

Budapest ist in 23 Bezirke unterteilt, die durch römische Ziffern gekennzeichnet sind. Bei einer Budapester Adresse steht zuerst die Nummer des Bezirks, die Hausnummer folgt nach dem Straßennamen, beispielsweise V. Kossuth Lajos utca 4. Für die Korrespondenz gilt allerdings die vierstellige Postleitzahl, die den Bezirk enthält – 1054 bezieht sich auf eine Adresse im V. Bezirk.

Ziffern nach der Hausnummer bezeichnen das Stockwerk und die Nummer einer Woh-

Internet-Café in der Váci utca, einer Fußgängerzone auf Pester Seite

nung (z. B. Kossuth utca 14. III. 24). Verwirrenderweise gibt es in alten Gebäuden in Pest auch ein halbes Stockwerk *(félemelet)* oder Hochparterre *(magas földszint)*, also zwischen Erdgeschoss *(földszint)* und erstem Stock *(elsőemelet)*. Was anderswo in Europa als zweiter Stock und in den USA als dritter Stock bezeichnet wird, kann in Ungarn der erste Stock sein.

Post

Für ein Budapester Postamt sollten Sie ein wenig Zeit mitbringen. Eine Postkarte ins europäische Ausland kostet 205 bzw. 225 Forint (mit Priorität befördert), ein Standardbrief (20 g) 260 bzw. 295 Forint (mit Priorität). Alle Postämter verkaufen schöne Sondermarken. Briefmarken bekommt man allerdings auch in Tabakläden, Zeitungskiosken und Souvenir-

Roter Briefkasten für Inlands- und Auslandspost

läden, die weniger lange Warteschlangen haben als Postämter.

Wochentags öffnen die meisten Postämter von 8 bis 17 Uhr, einige länger. Samstags und sonntags sind sie geschlossen. Das Postamt beim Keleti pu. ist wochentags bis 21, samstags bis 14 Uhr geöffnet.

Internationale Kurierdienste wie **DHL** findet man auch in Budapest, falls Sie jedoch etwas innerhalb der Stadt versenden, bieten sich lokale Anbieter wie **Hajtás Pajtás** (Fahrradkuriere) an. Sie sind billiger und schneller.

Zeitungen und Zeitschriften

In Budapest sind alle internationalen Zeitungen und Zeitschriften in Hotels leicht zugänglich. Auch größere Zeitungskioske haben sie vorrätig. Die beste Auswahl hat man in den Untergeschossen beim Nyugati und Keleti pu. Es gibt auch einige Läden im Zentrum, die englischsprachige und deutschsprachige Zeitschriften, Bücher und Karten anbieten *(siehe S. 212f)*.

Ausländische Zeitungen sind meistens die Ausgaben vom vorherigen Tag, dennoch sind sie um die Mittagszeit oftmals ausverkauft. Es gibt einige englischsprachige Magazine, die lokale Nachrichten und Unterhaltungsangebote publizieren,

Zeitungskiosk in Budapest

darunter *Time Out Budapest*, *The Budapest Times*, *Budapest Funzine* und *Where Budapest* (Letztere sind kostenlos). Hinzu kommen die beiden deutschsprachigen Titel *Budapester Zeitung* (wöchentlich) und *Pester Lloyd* (Letzterer nur online).

Zwei nützliche Websites für Nachrichten und Events in der Stadt sind www.xpatloop.com und www.caboodle.hu.

Fernsehen und Radio

In den großen Hotels der Stadt ist man auf die Bedürfnisse internationaler Kundschaft eingestellt und bietet zu den ungarischen Fernsehsendern (zwei öffentlich-rechtliche Programme m1 und m2, mehrere Privatsender) auch Satelliten-TV und Radiokanäle anderer europäischer Sender an.

Auf einen Blick

Provider	Internet	Postämter mit längeren Zeiten	Kuriere
Magyar Telekom Petőfi Sándor utca 12. **Stadtplan** 4 E1. 📞 (06-1) 266 57 23. 🌐 telekom.hu	**Király Internet Kávézó** Király utca 54. **Stadtplan** 7 A1. 📞 (06-1) 321 0106.	**Bajcsy-Zsilinszky út 16** **Stadtplan** 10 E1. 🕐 Mo – Fr 8 – 20 Uhr.	**DHL** Szabadság tér 7. **Stadtplan** 2 E4. 📞 06-40 45 45 45. 🌐 dhl.hu/en/
Telenor Károly körút 3/A. **Stadtplan** 10 E3. 📞 06-20 960 07 54.	**Törpe Kávézó** XIII Béke út 69. **Stadtplan** 2 E1. 📞 (06-1) 239 45 73. 🕐 Mo – Fr 11–1, Sa, So 12–1 Uhr.	**Fővám tér 5** **Stadtplan** 4 F3 🕐 Mo – Fr 10 – 18 Uhr.	**Hajtás Pajtás Kerékpáros Futárszolgálat (Fahrradkuriere)** Vörösmarty utca 20. **Stadtplan** 5 A5. 📞 (06-1) 327 90 00. 🌐 hajtaspajtas.hu
Vodafone Váci út 1. **Stadtplan** 2 F1. 📞 06-70 288 32 88.	**Vist@Net Café** XIII Váci út 6. **Stadtplan** 2 F2. 📞 (06-1) 320 43 32. 🕐 24 Std.	**Pauler utca 3** **Stadtplan** 1 B5. 🕐 Mo – Fr 8 – 18 Uhr. **Teréz körút 51** **Stadtplan** 10 F1. 🕐 Mo – Fr 7 – 20 , Sa 8 –18 Uhr.	

Stadtplan *siehe Seiten 242 – 256*

Anreise

Ungarn bezeichnen Budapest als Herz Mitteleuropas – dieser Anspruch ist nicht unberechtigt. Die Stadt ist ein Knotenpunkt, denn Ungarn grenzt an sieben Länder. Die Bahnverbindungen mit ganz Europa sind ausgezeichnet. Die beiden größten Bahnhöfe der Stadt, Keleti und Nyugati pályaudvar *(siehe S. 235)*, liegen gut erreichbar im Zentrum. Der Déli pu. liegt im Westen der Stadt. Das Straßennetz wurde in den letzten Jahren stark verbessert. Aus allen Himmelsrichtungen führen heute Autobahnen in die Hauptstadt – ausgenommen von Norden. Die Einreise aus EU-Ländern (Österreich, Rumänien, Slowakei, Slowenien und Kroatien) ist problemlos. Die Nutzung der Luftverbindungen, die Budapest mit den wichtigsten Städten Europas pflegt, ist komfortabel. Der Flug von Frankfurt nach Budapest dauert nur eineinhalb Stunden. Eine Alternative im Sommer ist die Fahrt auf der Donau, etwa mit dem Tragflügelboot von Wien aus, nach Budapest.

Mit dem Flugzeug

Budapest fliegen mittlerweile viele internationale Fluggesellschaften an. Für Reisende aus der nördlichen Hemisphäre gibt es Direktflüge von über 90 Städten aus etwa 40 Ländern. Linienflüge kommen auf den Terminals 2A und 2B des Budapest Liszt Ferenc Flughafens (früher Ferihegy) an, darunter **Lufthansa**, **Germanwings**, **Austrian**, **Swiss** und die ungarische Billigfluggesellschaft **Wizz Air** sowie zahlreiche andere Fluggesellschaften.

Lufthansa verkehrt mehrmals täglich nonstop zwischen dem Frankfurter Flughafen und Budapest Airport. Linienflug-Verbindungen bestehen überdies von Deutschland aus ab Berlin, Dresden, Düsseldorf, Hamburg, Köln/Bonn, Leipzig, München und Stuttgart. In Österreich gibt es Direktflüge ab Wien, in der Schweiz vom Flughafen Zürich aus. Nähere Auskünfte erteilen Reisebüros und Fluggesellschaften.

Budapest Liszt Ferenc Flughafen (Budapest Airport)

Die Terminals 1, 2A und 2B des Flughafens liegen etwa 20 Kilometer vom Budapester Zentrum entfernt. Terminal 1, der älteste Terminal, ist derzeit geschlossen, soll aber wiedereröffnet werden. Als Malév Insolvenz anmelden musste, wurde aus Terminal 1 das Airport Event Center. Die Billig-Airlines zogen zu den besser ausgestatteten Terminals 2A und 2B um. Vom Terminal 2A starten und landen die Maschinen sämtlicher Skyteam- und Star-Alliance-Flüge sowie beinahe alle Flüge von und nach Staaten des Schengener Abkommens. Am Terminal 2B werden die Flüge außerhalb des Schengen-Raums und die der Billig-Airlines abgefertigt.

Alle Terminals bieten ihren Passagieren Komfort und eine gute Ausstattung. Fürs leibliche Wohl sorgen Bars, Cafés und Restaurants. Zahlreiche Boutiquen und Läden laden zum Bummeln ein. Alle großen Mietwagenfirmen sind in den Ankunftshallen vertreten. Zudem gibt es in allen Terminals Tourismusinformationen und Wechselstuben.

Seit 2011 sind die beiden Terminals 2A und 2B durch eine neue Halle, den sogenannten Bud:SkyCourt, miteinander verbunden. Auch in diesem zentralen Bereich gibt es Cafés, Restaurants, Läden und Lounges. Dadurch sind auch die Wege von Passagieren kürzer geworden. Die Schaffung von sechs Sicherheitstransfers auf beiden Seiten des Gebäudes hat die Sicherheitschecks beschleunigt und angenehmer gemacht.

Flugtickets und Nachlässe

Für Ihren Flug nach Budapest werden Sie umso weniger bezahlen, je früher Sie buchen

Passagiere in der Bud:SkyCourt genannten Flughafenhalle

und je flexibler Sie bezüglich des Termins sind. Linienflüge können außerhalb der Saison und zu Zeiten, die nicht von Geschäftsleuten genutzt werden, sehr preisgünstig sein. Daneben fliegen auch diverse Billig-Airlines Budapest an. Beachten Sie allerdings, dass zu den sensationell niedrigen Angeboten oft noch diverse Gebühren kommen.

Im Herbst und Winter lohnt es sich, nach Paketangeboten Ausschau zu halten. Achten Sie auf günstige Flug-plus-Hotel-Wochenendangebote.

Wenn Sie Unterkunft und Flug separat buchen, sind Websites wie **Expedia Travel** (www.expedia.de) nützlich. Sie haben das ganze Jahr über günstige Angebote, die meisten allerdings in der Nebensaison.

Airport-Minibusse außerhalb des Budapester Flughafens

Logo der Airport-Minibusse

Logo der Flughafen-Taxis

Vom Flughafen in die Stadt

Der Bus 200E, eine Schnellbuslinie, verbindet die Terminals 2A und 2B mit der U-Bahn-Station Kőbánya-Kispest. Tickets kosten 350 Forint, wenn man sie an den BKK Customer Service Points in den Terminals erwirbt, oder 450 Forint beim Busfahrer. Von Kőbánya-Kispest aus nimmt man dann die blaue U-Bahn-Linie M3 ins Zentrum (350 Forint).

Flughafen-Taxis (**FőTaxi**) ins Pester Zentrum kosten etwa 600 bis 8000 Forint – je nach Bezirk und Zone.

Für rund 3200 Forint (Rückfahrt 5500 Forint) bringen Airport-Minibusse Passagiere von den Terminals 2A und 2B ins Stadtzentrum (günstiger sind Online-Buchungen). Die Busse sind behindertengerecht. Sie holen Sie auch für die Rückfahrt zum Flughafen ab – man muss diese Fahrt 24 Stunden vorab buchen.

Terminal 1 soll bis 2017 wiedereröffnet werden. Die billigste und schnellste Möglichkeit, um von hier aus in die Stadt zu kommen, sind Züge, die zum Nyugati pu. fahren. Der Bahnhof liegt 300 Meter vom Terminal entfernt, die etwa halbstündige Fahrt ins Zentrum Budapests kostet 300 Forint. Die Züge verkehren tagsüber dreimal pro Stunde, zwischen Mitternacht und 6 Uhr nur einmal pro Stunde.

Auf einen Blick

Flughafen und Airlines

Budapest Airport
- (06-1) 296 96 96 (allgemeine Infos).
- (06-1) 296 70 00 (Callcenter).
- budh.hu/deutsch

Austrian
- (06-1) 411 99 40.
- (0043-5) 1766 1000 (Österr.).
- austrian.com

Germanwings
- 06-91 999 500.
- 0180 6 320 320 (Deutschl.).
- germanwings.com

Lufthansa
- (06-1) 411 99 00.
- (069) 86 799 799 (Deutschl.).
- lufthansa.com

Swiss
- (06-1) 411 99 50.
- (0041-848) 700 700 (Schweiz).
- swiss.com

Wizz Air
- 06-90 181 181.
- wizzair.com

Reise-/ Hotelbuchung

Expedia Travel
- expedia.de

Airport-Minibusse

Airport Minibus Shuttle
- (06-1) 296 85 55 (tägl. 6–22 Uhr).
- airportshuttle.hu

Flughafen-Taxis

FőTaxi
- (06-1) 222 22 22.

Flugzeug auf dem Budapest Liszt Ferenc Flughafen

Kartenschalter im Nyugati pályaudvar, dem Budapester Westbahnhof

Mit dem Zug

Budapest bietet direkte Zug-verbindungen in über 25 Groß-städte. Täglich rollen über 50 grenzüberschreitende Züge, viele davon Expresszüge, in die drei Bahnhöfe der Stadt ein und wieder hinaus. Die moder-nen ungarischen Züge und der Service auf den Hauptstrecken sind generell gut, bisweilen gibt es Verspätungen auf inter-nationalen Strecken.

Züge von Budapest nach Wien, der Hauptverkehrsachse Richtung Westeuropa, verkeh-ren im Ein- oder Zwei-Stunden-Takt. Die schnellsten Züge erreichen eine Spitzenge-schwindigkeit von 140 bis 160 Stundenkilometern (Reise-zeit 2:50 Std.).

Informationen zu nationalen und internationalen Verbin-dungen gibt es am Keleti pu. (Ostbahnhof) oder auf der Website von **MÁV-START** (Un-garische Staatsbahnen).

Auf Fahrpreise gibt es diverse Ermäßigungen. Ausländische Besucher sollten nach dem Sai-sonticket fragen: Damit kann man zwischen sieben und zehn Tage unbeschränkt durch Ungarn reisen. Zudem gibt es verschiedene Zugpässe, mit denen man günstig durch Eu-ropa, inklusive Ungarn, reisen kann.

Die Vorortzüge (*személyvo-nat*) sind langsam und legen häufig Stopps ein. Die beste Option sind Intercity-Züge, die nach Pécs, Miskolc, Debrecen, Szeged und in alle größeren Städte des Landes fahren. Die Fahrzeit beträgt zwischen einer und drei Stunden. In diesen Zügen ist Platzreservierung er-forderlich, sie kostet einen ge-ringen Aufschlag.

Bahnhöfe

Budapest hat drei große Bahn-höfe: Keleti pályaudvar (abge-kürzt: Keleti pu., Ostbahnhof), Nyugati pu. (Westbahnhof) und Déli pu. (Südbahnhof).

Viele Auslandszüge fahren vom Keleti pu. ab. Der Express-zug nach Kroatien (Maestral), Züge nach Wien sowie die Züge zu den Orten am Platten-see verlassen den Déli pu. in der Hochsaison fast stündlich. Déli pu. liegt an der roten U-Bahn-Linie M2. Keleti pu. er-reicht man mit der M2 und auch mit der grünen M4. Zum Nyuga-ti pu. nehmen Sie die blaue M3 oder Tram 4 oder 6.

Mit dem Schiff

Von April bis Oktober verkeh-ren Tragflügelboote auf der Donau zwischen Wien und Budapest. Es gibt auch Donau-kreuzfahrten ab Passau.

Tragflügelboote oder Ver-gnügungsdampfer schippern von Budapest aus zum Do-nauknie sowie nach Esztergom und Visegrád (*siehe S. 168f.*). Fahrpläne hängen an der Ab-fahrtsstelle am Vigadó tér aus. Oder Sie kontaktieren Unter-nehmen wie **Legenda** oder **Mahart Passnave**.

Mit dem Auto

Acht große Straßen führen aus Budapest heraus – vier davon sind Autobahnen (abgekürzt: M für »Magyar«). Die M1 führt über Győr nach Wien. Die M3 verbindet Budapest mit Mis-kolc und Nyíregyháza im Nord-osten und dem slowakischen Autobahnnetz. Die M5 führt südlich nach Kecskemét (*siehe S. 170*) und Szeged, die M6 nach Pécs und die M7 zu den Badeorten am Balaton. Die M0 ist der Autobahnring um Buda-pest, wobei der westliche Teil noch nicht vollständig ist.

Auf allen Autobahnen (außer M0) muss Maut bezahlt wer-den. Eine Vignette (Pkw) für 2015 kostet 2975 Forint für zehn Tage (kleinste Einheit), die Monatsvignette 4780 Forint. Es handelt sich um eine elektroni-sche Vignette, bei der man die Quittung aufheben muss (er-hältlich an Grenzstellen, Tank-stellen, per Handy oder online, Infos unter: www.autobahn. hu). Auch für die Fahrt durch Österreich ist eine Vignette (2015: 8,70 €/10 Tage; 25,30 €/ 2 Monate) erforderlich.

Außerhalb geschlossener Ortschaften muss in Ungarn tagsüber mit Abblendlicht ge-fahren werden. Alkohol am Steuer ist strikt verboten. Han-dys dürfen nur mit Freisprech-anlage benutzt werden. Es gelten die üblichen Geschwin-digkeitsbeschränkungen. Die Mitnahme eines Europäischen Unfallprotokolls ist sinnvoll.

Achtung: In Ungarn wurden die Verkehrsstrafen verschärft. Bei zu schnellem Fahren, Fah-ren ohne Gurt, Alkohol am Steuer und Überfahren von

Der Nyugati pályaudvar (Westbahnhof) mit der Glashalle von Gustave Eiffel

Luxuriöser, klimatisierter Touristenbus

roten Ampeln werden bis zu 100 000 Forint fällig. Wird die Strafe nicht gleich bezahlt, wird das Auto beschlagnahmt.

Für Besucher, die mit dem eigenen Auto nach Budapest reisen, wird eine grüne Versicherungskarte empfohlen. Für Mietautos benötigt man nur den nationalen Führerschein.

Autostopp ist zwar nicht ungesetzlich, in Ungarn allerdings nicht empfehlenswert.

Mit dem Bus

Budapests Bahnhof für Fernbusse, Népliget (Üllői út 131), liegt etwa fünf Kilometer südöstlich des Zentrums und ist mit der blauen U-Bahn-Linie M3 erreichbar.

Hinzu kommen drei Busbahnhöfe, die Routen innerhalb Ungarns bedienen: Népliget (westliches Ungarn), Stadionok (östliches Ungarn) und Árpád híd (nördliches Ungarn und Donauknie). Stadionok liegt an der Linie M2, Árpád híd an der M3.

Volánbusz (Eurolines) fährt nach Budapest. Die Busse steuern auch alle größeren Ortschaften Ungarns an. Auf internationalen Strecken verkehren klimatisierte Luxusbusse.

Auf einen Blick

Zuginformation

MÁV-START
📞 06-40 49 49 49 (Ungarn), (0036-1) 444 44 99 (Ausland).
🌐 mav-start.hu

Mit dem Schiff

Legenda
📞 (06-1) 317 22 03.
🌐 legenda.hu

Mahart Passnave
📞 (06-1) 484 40 13.
🌐 mahartpassnave.hu

Mit dem Auto

Verkehrsinformation
📞 (06-1) 336 24 00.
🌐 internet.kozut.hu

Pannenhilfe
📞 188 (Mak-Magyar Autóklub).
📞 (0049-89) 22 22 22 (ADAC).
📞 (0043-1) 25 120 00 (ÖAMTC).

Mit dem Bus

Volánbusz
📞 (06-1) 382 08 88 oder -80 86.
🌐 volanbsz.hu/en

🚉 Ⓜ Nyugati pályaudvar
Der Westbahnhof dient vor allem dem internationalen Verkehr, ein Großteil sind Expresszüge. Zu den Zielen gehören Siebenbürgen und Bratislava.

Nördlich der Burg

Um das Parlament

Um den Városliget

Burg-viertel

🚉 Ⓜ Keleti pályaudvar
Über den Ostbahnhof rollt der größte Teil des internationalen Schienenverkehrs.

Duna (Donau)

Zentrum von Pest

Gellértberg und Tabán

🚉 Ⓜ Déli pályaudvar
Vom Südbahnhof aus verkehren die Züge zum Balaton (Plattensee) und die Expresszüge nach Kroatien. Auch der Zugverkehr nach Wien startet von hier.

Bahnhöfe

Budapest hat drei wichtige Bahnhöfe: Nyugati, Keleti und Déli pu. Alle sind mit dem öffentlichen Nahverkehr, inklusive U-Bahn, sehr gut erreichbar.

Zeichenerklärung siehe hintere Umschlagklappe

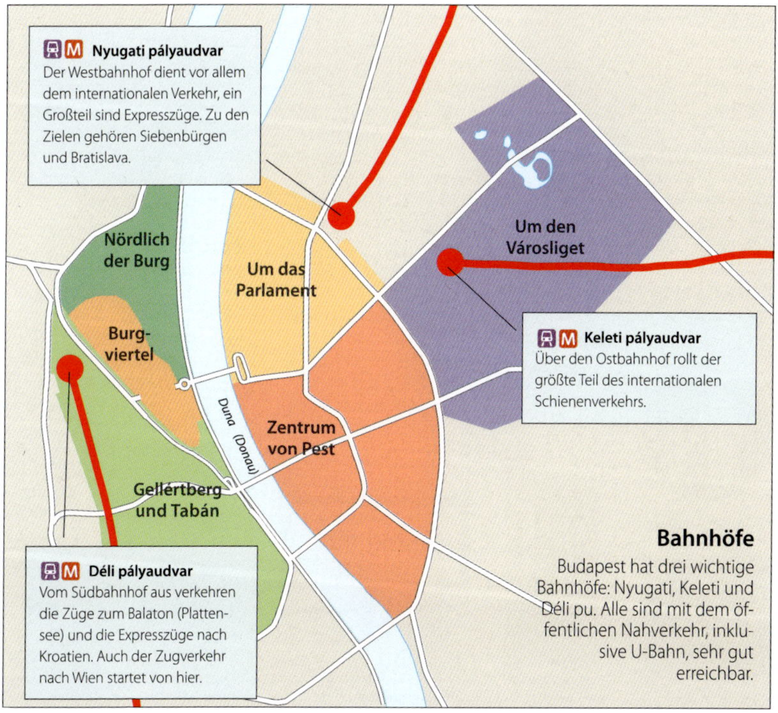

In Budapest unterwegs

Budapest, die neuntgrößte Stadt der Europäischen Union, ist eine Metropole mit vielen Vororten. Doch die meisten Sehenswürdigkeiten liegen im Zentrum und sind mit dem öffentlichen Nahverkehr – oder auch zu Fuß – leicht erreichbar. Besucher haben die freie Auswahl zwischen Schiene, Straße und dem Wasser: So hat man viele Möglichkeiten, in und um Budapest herum das gewünschte Ziel zu erreichen. Besonderheiten sind Standseilbahn, Seilbahn und Zahnradbahn. Die Infrastruktur ist überwiegend auf die *körútok* (Ringstraßen) zugeschnitten sowie auf die Boulevards, die vom Stadtzentrum aus sternförmig in die Vororte führen. Die U-Bahn verkehrt vor allem in Pest, mit ein paar wenigen Stationen in Buda. Trams und Busse sind leicht zu nutzen und fahren in allen Teilen der Stadt. Die HÉV-Schnellbahnzüge verbinden die Vororte mit dem Stadtzentrum.

Umweltbewusst reisen

Budapest leidet unter Luftverschmutzung, der Anstieg des Autoverkehrs hat das Problem noch verschlimmert. Da es in der Stadt kaum Parkplätze gibt, sollte man das Auto besser stehen lassen.

Das exzellente Nahverkehrssystem, das die ganze Stadt abdeckt, ist die beste Option. Die Beibehaltung von Oberleitungsbussen (Trolleybusse) und das ausgedehnte Straßenbahnnetz *(siehe S. 240f)* nützen dem Umweltschutz. Da immer mehr Menschen Rad fahren, wurden auch die Radwege in Budapest ausgebaut. Das Fahrradleihsystem MOL Bubi hat ebenfalls zur Beliebtheit des Radfahrens beigetragen.

Öffentlicher Nahverkehr

Budapest besitzt ein gutes Nahverkehrsnetz. Es erleichtert die Besichtigung der Stadt. **BKK** (früher BKV) betreibt U-Bahnen (Metró), Trams, Busse, Trolleybusse, Standseilbahn, Donauschiffe und die einer S-Bahn vergleichbaren HÉV-Vorortzüge *(siehe S. 238 – 241)*. Tagsüber fahren die öffentlichen Verkehrsmittel von 4.30 bis 23 Uhr, in der restlichen Zeit verkehren Nachtbusse, die alle 15 bis 60 Minuten wichtige Strecken befahren. An jeder Haltestelle gibt es Pläne für Tram, Bus und Trolleybus. Wichtig zu wissen: *Az utolsó* bedeutet »letzte Tram (Bus etc.)«.

Budapest zu Fuß

Budapest ist eine Stadt, in der Fußgänger stets Interessantes entdecken können. Besucher, die gern durch malerische Gassen streifen, können dies auf den Kopfsteinpflasterstraßen im Burgviertel tun. Auch die Seitenstraßen im Pester Zentrum sind anziehend. Hier stößt man auf alte Hinterhöfe und kann die Schmiedeeisengitter der Balkone sowie Details von Sezessionsfassaden bewundern *(siehe S. 56 – 59)*. Die Váci utca *(siehe S. 131)* ist Fußgängerzone und besitzt Bänke, wo man sich ausruhen und dem hektischen Treiben zusehen kann.

An der Donau kann man hübsch entlangspazieren. Besucher, die gern Pfade im Grünen durchstreifen,

Fußgänger an der Donau

sollten den Zug oder den Bus 20 bzw. 21A vom Széll Kálmán tér zu den Budaer Bergen nehmen *(siehe S. 165)*.

In der Stadt müssen Sie als Fußgänger ein Auge auf den Verkehr haben. Budapester Autofahrer erwarten nämlich, dass Ihnen Fußgänger Platz machen – Sie werden eher um Sie herumfahren als an einem Zebrastreifen anhalten.

Autofahren

Verwirrend viele Einbahnstraßen machen es dem Besucher schwer, sich in Budapest mit dem Auto zu bewegen. Das Wirrwarr des Straßenlabyrinths wird noch verschärft durch das Verkehrschaos, das während der Stoßzeiten herrscht. Im Zentrum gibt es nur relativ wenige Parkplätze. Auch darf man hier nur mit spezieller Genehmigung fahren. Bei Smogalarm gibt es Fahreinschränkungen.

Die meisten Verkehrsschilder entsprechen europäischen Konventionen. In Städten ist das Hupen nur im Gefahrenfall erlaubt. Dennoch hupen ungarische Autofahrer laut *(weitere Verkehrsregeln siehe S. 234f)*.

Fußgängerzone

Fußgängerübergang

Signal für Gehen an einer Ampel

Neueres Straßenschild

Altes Straßenschild

Mietwagen

Mietwagen bekommen Sie bei den Mietwagenfirmen am Flughafen oder in den Stadtbüros von Unternehmen wie **Avis**, **Budget Hungary**, **Europcar** oder **Hertz**.

Autos können Sie nur per Kreditkarte mieten. Sie müssen dazu mindestens 21 Jahre alt sein. Bis zum Alter von 25 Jahren zahlen Sie zusätzlich ein paar Euro Extragebühr. Die Preise pro Tag liegen ab 100 Euro aufwärts.

Parken

Im Zentrum gibt es einige mehrstöckige Parkhäuser (Aranykéz utca 4–6, Nyár utca 20 und Szervita tér). Tiefgaragen findet man am Szabadság tér und in der Sas utca. Auch größere Hotels haben Parkgaragen. In anderen Teilen der Stadt gibt es bewachte und unbewachte Parkplätze. Hotels mit Parkplätzen bieten manchmal einige wenige Plätze auch für Nichtgäste an.

Wer auf der Straße parkt, braucht einen Parkschein vom nächsten Automaten. Der Schein muss hinter der Windschutzscheibe platziert werden. Die Gebühren variieren zwischen 175 und 600 Forint pro Stunde. Wer ohne Parkschein parkt oder die Zeit überschreitet, muss mit einer Geldstrafe rechnen – oder er wird mit einer Parkkralle festgesetzt.

Autos, die unerlaubt parken, erhalten Parkkrallen oder werden zu Plätzen außerhalb des Zentrums abgeschleppt. Unerlaubtes Parken kann mit Geldbußen bis zu 30 000 Forint belegt werden.

Parkkrallen und Abschleppen

Parkkrallen greifen in Budapest immer mehr um sich. Dann zahlt

Absolutes Halteverbot

Parken in dieser Zone bis zu zwei Stunden erlaubt

man neben der Geldbuße auch rund 16 000 Forint, um den Wagen wieder freizubekommen. Wurde das Auto abgeschleppt, kostet das Ganze 20 000 Forint. Auf Parkuhren steht häufig die Telefonnummer, die Sie in diesem Fall anrufen müssen. Sie können auch einen Parkplatzwächter um Rat fragen.

Wurde Ihr Auto abgeschleppt, dann erfragen Sie den Verbleib und die Abholung unter der Infonummer (06-1) 301 75 00.

Radfahren

Radfahren ist in Budapest bisweilen schwierig und sogar gefährlich. Radfahrer müssen auf die Tramschienen und das unebene Kopfsteinpflaster in einigen Straßen achten. Auch die Luftverschmutzung ist von Nachteil. Doch die Schaffung von Radwegen hat zugenommen. Radfahrer dürfen meist auch auf den Hauptverkehrsstraßen fahren. Zudem wurden Budapests Einbahnstraßen teilweise für den Rad-Gegenverkehr geöffnet (bitte entsprechende Schilder beachten), was mit zur steigenden Beliebtheit dieses Verkehrsmittels beigetragen hat. Radvermietungen wie **Bikebase**, **Budapestbike** und **BudaBike Tours** informieren über Routen.

Das Radverleihsystem **MOL Bubi** hat ebenfalls Anteil daran, dass Radfahren populär geworden ist. Es bietet über die

Stadt verteilt 76 Stationen mit 1100 Rädern. Wer ein Ticket kauft, kann das Rad 30 Minuten lang benutzen, für einen längeren Zeitraum zahlt man nur unwesentlich mehr. Dabei wird auf Ihrer Kreditkarte ein bestimmter Betrag blockiert, der nach Ablauf des Tickets wieder freigegeben wird.

Eine Tour auf der Margareteninsel *(siehe S. 176f)* ist vergnüglich. Hier gibt es Fahrradverleihe, die auch Kinderräder anbieten. An der Donau entlang gibt es ebenfalls einige ausgewiesene Radwege.

Achtung: Radfahrer müssen nachts und bei schlechter Sicht eine Warnweste tragen.

Auf einen Blick

Öffentlicher Nahverkehr

BKK (Transportzentrum Budapest)
Rumbach S. utca 19–21.
Stadtplan 2 F5 (10 E3).
☎ (06-1) 325 52 55.

Mietwagen

Avis
Arany János utca 26–28.
☎ (06-1) 296 64 21.
🌐 avis.com

Budget Hungary
Hotel Mercure Buda, Krisztina körút 41–43. **Stadtplan** 3 C1.
☎ (06-1) 214 04 20.
🌐 budget.hu

Europcar
Erzsébet tér 7–8. ☎ (06-1) 505 44 00. 🌐 europcar.hu

Hertz
Apáczai Csere János utca 4.
☎ (06-1) 266 43 61. 🌐 hertz.hu

Mieträder

Bikebase
Podmaniczky utca 19 (nur Sommer). ☎ 06-70 625 85 01.
🌐 bikebase.hu

BudaBike Tours
Szent István tér 6. ☎ 06-70 242 5736. 🌐 budabike.com

Budapestbike
Wesselényi utca 13. ☎ 06-30 944 55 33. 🌐 budapestbike.hu

MOL Bubi
🌐 molbubi.bkk.hu

Radfahrer auf einem Budapester Radweg

Stadtplan *siehe Seiten 242–256*

Mit der U-Bahn unterwegs

Budapest hat vier U-Bahn-Linien *(siehe hintere Umschlaginnenseiten)*, die an den Farben erkennbar sind: Gelb, Rot und Blau und Grün. Drei Linien (M1, M2 und M3) kreuzen sich an der Station Deák tér. Die M4 trifft am Keleti pályaudvar auf die M2 und am Kálvin tér auf die M3. Die älteste Linie der Metró, die gelbe M1, durchläuft die Stadt fast direkt unter der Oberfläche. Sie wurde 1894 erbaut und heißt auch Millenniumslinie *(Millenniumi Földalatti Vasút)* nach der Feier, die zwei Jahre später in Budapest stattfand *(siehe S. 146)*. Zwei weitere U-Bahn-Linien – die rote M2 und die blaue M3 – kamen 1970 hinzu. Die M4 wurde 2014 eröffnet. Ihre modernen Züge fahren führerlos.

Tageskarte für alle öffentlichen Nahverkehrsmittel

Drei-Tage-Karte für alle öffentlichen Nahverkehrsmittel

Zeichen der Linie M2

U-Bahn

Eine Fahrt mit dem UNESCO-Welterbe Millenniumslinie (M1) ist ein Ereignis. Sie besitzt noch einige gefliese alte Stationen.

Drei Wörter sollten Sie sich merken, wenn Sie U-Bahn fahren: *bejárat* (Eingang), *kijárat* (Ausgang) – beide sind stets gut beschildert – und *felé* (in Richtung, die Richtung wird mit der Endstation der Linie angegeben). Vergessen Sie nicht, Ihr Ticket zu entwerten. Die entsprechenden Entwerter stehen am Eingang zur Station.

Orientieren Sie sich einfach anhand der Karte auf den hinteren Umschlaginnenseiten. Per Ansage erfahren Sie, wann sich die Türen schließen sowie den Namen der nächsten Station mit Umsteigemöglichkeiten. Die Stationen der M4 sind per Lift zugänglich, die anderen Linien haben nur Rolltreppen oder Treppen. In den Zügen darf man weder rauchen noch essen. Musikhören ist nur über Kopfhörer erlaubt. Hunde (Extraticket) dürfen nur mit Maulkorb mitfahren.

Schild am Eingang der Linie M1 an der Station Oktogon tér

Tickets

Die Fahrscheine gelten für alle Transportmittel des BKK-Netzes. Einzelfahrscheine müssen vor Fahrtbeginn entwertet werden: Bei den U-Bahnen stehen die Entwerter am Eingang zur Station. In Bussen, Trams, Trolleybussen und in der Zahnradbahn wird in den Fahrzeugen entwertet.

Es gibt häufig Fahrscheinkontrollen. Die Geldbuße für Schwarzfahrer beträgt 8000 Forint, die sofort zu entrichten sind.

Jedes Mal, wenn Sie auf Bus oder Tram umsteigen, müssen Sie ein neues Ticket entwerten, nur in der U-Bahn dürfen Sie innerhalb einer Stunde beliebig zwischen den Linien wechseln.

Tickets *(jegy)* kann man einzeln erwerben oder – preiswerter – in Heftchen zu zehn Fahrscheinen für 3000 Forint. Einzelfahrscheine kosten 350 Forint, wenn man sie in U-Bahn-Stationen oder an Zeitungskiosken kauft. Man erhält sie auch in Bussen und einigen Trams für 450 Forint *(siehe S. 241)*. Es gibt auch Umsteigetickets *(Átszállójegy)* für 530 Forint, die für zwei direkt aufeinanderfolgende Fahrten im BKK-Netz gültig sind. Für die U-Bahn gibt es Kurzstreckentarife *(Metrószakaszjegy)* für eine Fahrt bis zu drei Stationen ohne Umsteigen (300 HUF).

Achtung: 2015 sollen elektronische Tickets eingeführt werden, was vermutlich zu Tarifänderungen führen wird.

Pässe und Zeitkarten

Pässe gibt es für 24 Stunden (1650 HUF), 72 Stunden (4150 HUF) oder eine Woche (4950 HUF), Zeitkarten für 14 oder 30 Tage. Auch Jahreskarten sind erhältlich. Es gibt Rabatte für Studenten, Behinderte und Familien – allerdings erst für Karten ab 14 Tage. Bringen Sie Ihren Pass oder Personalausweis zum Kauf mit (weitere Infos auf www.bkk.hu/en).

Die Budapest Card für einen, zwei oder drei Tage *(siehe S. 222)* ermöglicht kostenlosen Transport mit den öffentlichen Verkehrsmitteln, gratis Stadtführungen und Rabatte bei einigen Museen und Lokalen.

Station der U-Bahn-Linie M4

Mit den HÉV-Zügen unterwegs

Die HÉV-Züge (Budapesti Helyiérdekű Vasút) sind ein wichtiges Verkehrsmittel, das Budapest mit den Vororten verbindet. Einheimische pendeln damit zur Arbeit und Besucher zu Sehenswürdigkeiten, die 20 bis 30 Kilometer vor den Toren der Stadt liegen. Mit den normalen Fahrkarten *(siehe S. 238)*, die in den anderen Transportmitteln gelten, kann man auch die HÉV-Haltestellen im Stadtgebiet, etwa Aquincum, anfahren. Für entferntere Ziele braucht man Zusatzfahrscheine. Die Tickets bekommen Sie vor der Fahrt an der jeweiligen Station, an Automaten oder im Zug vom Schaffner.

Standardwaggon eines HÉV-Zugs

HÉV-Linien

Die von Budapest-Besuchern meistgenutzte HÉV-Linie führt vom Batthyány tér *(siehe S. 104)* nach Norden Richtung Szentendre *(siehe S. 169)*, vorbei an der Römerstadt Aquincum *(siehe S. 166f)*. Viele Züge auf dieser Linie enden in Békásmegyer. Achten Sie auf den vorn am Zugkopf angezeigten Zielbahnhof, bevor Sie einsteigen.

Eine weitere Linie (H8) führt vom Örs vezér tere (am östlichen Ende der U-Bahn-Linie M2) nach Gödöllő, vorbei an der Grand-Prix-Rennstrecke Hungaroring *(siehe S. 63)* bei Mogyoród.

Die Linie H9 fährt vom Örs vezér tere ab und endet im Dorf Csömör, gleich nordöstlich der Stadtgrenze von Budapest.

Eine vierte HÉV-Linie (H6) beginnt in Közvágóhíd und endet in Ráckeve *(siehe S. 171)*. Wen die lange Fahrt nicht abschreckt, der kann die großartige Villa Prinz Eugens von Savoyen besichtigen.

Die fünfte Linie (H7), die zwischen Boráros tér und der Insel Csepel verkehrt, ist mit sieben Kilometern die kürzeste Strecke der Vorortbahnen.

Die HÉV-Züge verkehren regelmäßig zwischen 4 und 23.30 Uhr. BKK-Tickets sind bis zur Stadtgrenze gültig. Für Fahrten darüber hinaus benötigt man einen Zusatzfahrschein.

Weitere Transportmittel

Einige spezielle Transportmittel findet man in den Budaer Bergen *(siehe S. 165)*. Die Zahnradbahn verbindet den Szilágyi Erzsébet fasor mit dem Széchenyi-Berg, der malerische Wanderwege aufweist. (BKK-Tickets sind gültig). Vom Széchenyi-Berg aus fährt die Kinder-Eisenbahn bis ins Hűvös-Tal. Ein Sessellift *(libegő)* bringt Sie vom Gipfel des János-Bergs hinab zur Zugliget út.

Die alte Standseilbahn Budavári Sikló befördert Passagiere vom Kopfende der Kettenbrücke in Buda auf den Gipfel des Burgbergs.

Kaufen Sie die Tickets für diese Transportmittel vor Antritt der Fahrt an den entsprechenden Schaltern.

Taxis

Es war immer leicht, in Budapest ein Taxi zu finden. Die Konkurrenz war so groß, dass einige Unternehmen zu unlauteren Mitteln griffen, um Fahrgäste anzulocken oder ortsunkundige Urlauber zu übervorteilen. Um dies einzudämmen, hat die Budapester Stadtverwaltung Regularien beschlossen. Alle lizenzierten Taxis müssen gelb sein, dieselben Tarife verlangen und bestimmte Standards bieten, etwa Klimaanlage und Kreditkarten-Lesegerät.

Lizenziertes Budapester Taxi

Taxifahrten

Taxistände gibt es überall in der ganzen Stadt, verwaist sind sie recht selten. Taxis können Sie auch jederzeit auf der Straße anhalten. Oft ist es allerdings besser, telefonisch oder vom Hotel aus einen Wagen zu bestellen.

Alle im nebenstehenden Kasten aufgeführten Unternehmen haben auch eine englische Telefonvermittlung.

Der Fahrpreis setzt sich aus drei Komponenten zusammen: Grundgebühr, Kilometerpauschale und Gebühr für Wartezeiten. Prüfen Sie vor Fahrtbeginn, ob das Taxameter eingeschaltet ist, und fragen Sie den Fahrer nach dem mutmaßlichen Gesamtpreis.

Auf einen Blick

Taxi-Unternehmen

Budapest Taxi
📞 (06-1) 777 77 77.
🌐 budapesttaxi.hu
City Taxi 📞 (06-1) 211 11 11.
🌐 citytaxi.hu
FőTaxi 📞 (06-1) 222 22 22.
🌐 fotaxi.hu
Taxi 2000 📞 (06-1) 200 00 00.
🌐 taxi2000.hu

Mit der Tram unterwegs

In Budapest zirkulieren über 30 Straßenbahnlinien, die in alle Stadtteile fahren – mit Ausnahme der bergigen Areale von Buda. Die gelben Bahnen sind ein ideales Transportmittel für Sightseeing im Stadtzentrum. Zudem sind sie ein schnelles Fortbewegungsmittel, da sie nicht im Stau stecken und sehr häufig fahren. Sie verkehren ab dem frühen Morgen, etwa ab 4.30 Uhr, und fahren in regelmäßigen Intervallen bis 23 oder 24 Uhr – je nach Route. Zusätzlich zu den Nachtbussen verkehrt die Nachttram der Linie 4 alle zehn bis 15 Minuten. Weitere Informationen finden Sie auf Seite 215.

Gelbe Tram der Linie 2 in Budapest

Tickets

Tickets *(siehe S. 238)* erhalten Sie an U-Bahn-Stationen und an einigen Zeitungsständen. Man bekommt sie auch an den Automaten einiger Tramhaltestellen. Entwerten Sie Ihren Fahrschein, wenn Sie eingestiegen sind. Alle Haltestellen zeigen die Nummer der Tramlinie, einige haben elektronische Anzeigetafeln.

Bei Wartungsarbeiten stehen Ersatzbusse *(pótlóbusz)* bereit.

Mit Gepäck unterwegs

Passagiere können in Verkehrsmitteln zwei kleine Gepäckstücke mit sich führen. Sie dürfen auch ein Paar Schlittschuhe und ein Paar Skier (falls sie sauber sind) mitnehmen sowie einen Kinderwagen. Müssen Sie ein Rad oder größeres Gepäckstück transportieren, sollten Sie das Gepäcknetz oder die hierfür bestimmten Waggons im HÉV-Zug benutzen (Extraticket erforderlich).

Sightseeing per Tram

Straßenbahnen sind eine preisgünstige und angenehme Option, um die Stadt kennenzulernen. Tram 2 verkehrt entlang der Donau zwischen Közvágóhíd und Jászai Mari tér. Sie fährt am Parlamentsgebäude vorbei und ist eine der schönsten und bekanntesten Strecken, die Besuchern eine unvergessliche Panoramasicht auf den Burgberg jenseits des Flusses bietet. Um einen guten Blick zu haben, sollten Sie sich einen Platz zur Donauseite hin aussuchen. Die Trams 4 und 6 fahren durch das Zentrum von Pest.

Nostalgische Straßenbahnfahrten versprechen die wunderschön restaurierten alten Wagen, die am Wochenende häufig von der BKK auf der Linie 2 eingesetzt werden.

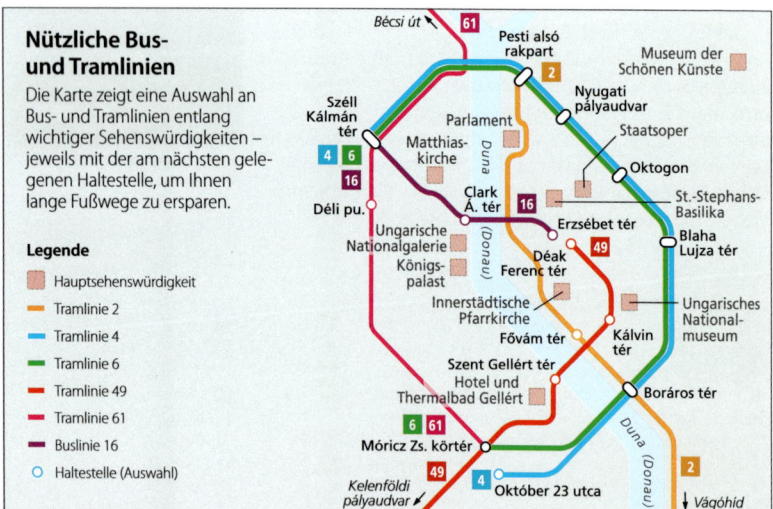

Nützliche Bus- und Tramlinien

Die Karte zeigt eine Auswahl an Bus- und Tramlinien entlang wichtiger Sehenswürdigkeiten – jeweils mit der am nächsten gelegenen Haltestelle, um Ihnen lange Fußwege zu ersparen.

Legende

▨	Hauptsehenswürdigkeit
—	Tramlinie 2
—	Tramlinie 4
—	Tramlinie 6
—	Tramlinie 49
—	Tramlinie 61
—	Buslinie 16
○	Haltestelle (Auswahl)

Bécsi út — 61
Pesti alsó rakpart — 2
Museum der Schönen Künste
Nyugati pályaudvar
Széll Kálmán tér — 4 6
Parlament
Staatsoper
Matthias-kirche — 16
Oktogon
Clark Á. tér — 16
St.-Stephans-Basilika
Déli pu.
Ungarische Nationalgalerie
Erzsébet tér
Blaha Lujza tér
Königs-palast
Déák Ferenc tér — 49
Innerstädtische Pfarrkirche
Ungarisches National-museum
Fővám tér
Kálvin tér
Szent Gellért tér
Hotel und Thermalbad Gellért
Boráros tér
Duna (Donau)
Móricz Zs. körtér — 6 61
Kelenföldi pályaudvar — 49
Oktober 23 utca — 4
Vágóhíd — 2

Mit dem Bus unterwegs

Budapest hat rund 200 Buslinien, die praktisch die gesamte Stadt durchziehen. Sie eignen sich gut zum Sightseeing – außer in den Stoßzeiten. Sie verkehren meist von 4.30 bis 23 Uhr (alle zehn bis 20 Minuten). Es gibt zudem Nachtbusse, die alle 15 bis 60 Minuten auf bestimmten Strecken fahren. Zeiten und Haltestellen sind in der Regel angeschlagen. Alle Busse sind blau. Gewöhnliche Busse haben schwarze Nummern und bedienen jede Haltestelle. Busse mit dem Buchstaben »E« befahren Schnellstrecken und lassen Haltestellen aus.

Während der Stoßzeiten im Stadtzentrum sollte man allerdings Fahrten mit Bussen meiden. Sie stecken dann oft im sich bildenden Stau fest. Wer es eilig hat, kommt zu diesen Zeiten mit der Tram oder U-Bahn oder sogar zu Fuß besser voran.

Haltestelle mit elektronischer Anzeige

Busnetz

Budapester Busse sind sehr zuverlässig. Besucher können mit dem Bus auch leicht die Stadt erkunden. Viele Haltestellen haben elektronische Anzeigen, die angeben, wann der nächs-

Moderne Budapester Busse

te Bus kommt. Tickets müssen im Bus abgestempelt werden. Die nächste Haltestelle und Umsteigemöglichkeiten werden angesagt. Damit der Bus auch anhält, sollten Sie vor der gewünschten Haltestelle den Knopf an der Tür drücken. Bedenken Sie bitte, dass die Budapester Busfahrer schnell fahren und die Straßen, vor allem in Buda, teilweise ziemlich steil sind. Es ist daher empfehlenswert, sich immer gut festzuhalten, wenn man in einem Bus steht.

Sightseeing per Bus

Mit Bussen kann man gut das hügelige Areal von Buda erkunden. Bus 16 bringt Sie zum Königspalast. Es gibt verschiedene Sightseeingbusse, bei denen man beliebig ein- und aussteigen kann. Sie verkehren zwischen den wichtigsten Sehenswürdigkeiten.

Mit dem Trolleybus unterwegs

Die roten Trolleybusse (Oberleitungsbusse) fahren nur in Pest. Wer in den Bussen steht, sollte sich gut festhalten, da sie abrupt beschleunigen. Fahrpläne gibt es an jeder Haltestelle.

Trolleybusnetz

Bei einer Fahrt mit dem Trolleybus gelten die gleichen Regeln wie im Bus. Auch hier sollten Sie dem Fahrer durch Druck auf den Knopf an der Tür signalisieren, dass Sie an der nächsten Haltestelle aussteigen möchten – er wird nicht automatisch anhalten, wenn keine

Fahrgäste an der Haltestelle warten.

Trolleybusse haben Nummern von 70 aufwärts. In Budapest befahren sie 15 verschiedene Routen. Beim Einsteigen müssen Sie die Fahrkarte entwerten. Eine für Besucher besonders reizvolle Strecke fährt der Trolleybus 70

– vom Parlament am Kossuth Lajos tér zum Stadtwäldchen und zur Erzsébet királyné útja.

Fahrkartenautomat

Fahrkarten bekommen Sie in U-Bahn-Stationen und an den Fahrkartenautomaten größerer Verkehrsknotenpunkte. Außer Bargeld (Forint) akzeptieren die neuen Automaten auch Kredit- und Debitkarten. Sie funktionieren sogar bei kontaktlosen Bezahlsystemen (PayPass).

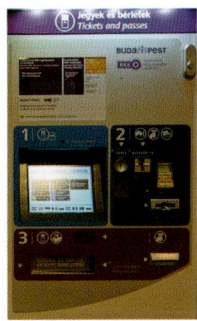

Fahrkartenautomat

Roter Trolleybus in Budapest

Stadtplan

Die Verweise für alle genannten Sehenswürdigkeiten, Hotels, Bars, Restaurants, Cafés und Läden sowie alle Veranstaltungsorte beziehen sich auf die Karten des folgenden *Stadtplans*. Auf den Seiten 254–256 finden Sie das Straßenregister.

Die Übersichtskarte unten zeigt die Viertel von Budapest, die der *Stadtplan* abdeckt. Im *Stadtplan* sind wichtige Bus- und Tramhaltestellen, Sehenswürdigkeiten und die in der Legende genannten Gebäude und Einrichtungen erfasst. Alle Straßen im *Stadtplan* und Straßenregister tragen die ungarischen Originalnamen.

Arten der Straßenbezeichnungen: Etwas verwirrend sind die Begriffe *utca* (oft abgekürzt als *u.*) für Straße (bisweilen auch Gasse) und *út*, was »große Straße« oder »Boulevard« bedeutet. Weitere häufig verwendete Bezeichnungen sind *körút* (Ringstraße), *tér, tere* (Platz), *köz* (Gasse), *körtér* (runder Platz), *köröND* (Bogen) und *híd* (Brücke).

Legende

- Hauptsehenswürdigkeit
- Sehenswürdigkeit
- Anderes Gebäude
- M U-Bahn-Station
- HÉV-Bahnhof
- Bahnhof
- Bootsanlegestelle
- Bus
- Tram, Straßenbahn
- Standseilbahn
- i Information
- Krankenhaus mit Ambulanz
- Polizei
- Kirche
- Synagoge
- Eisenbahn
- Fußgängerzone

Maßstab der Karten 1–8
0 Meter 200 1:12 000

Maßstab der Karten 9–10
0 Meter 200 1:10 500

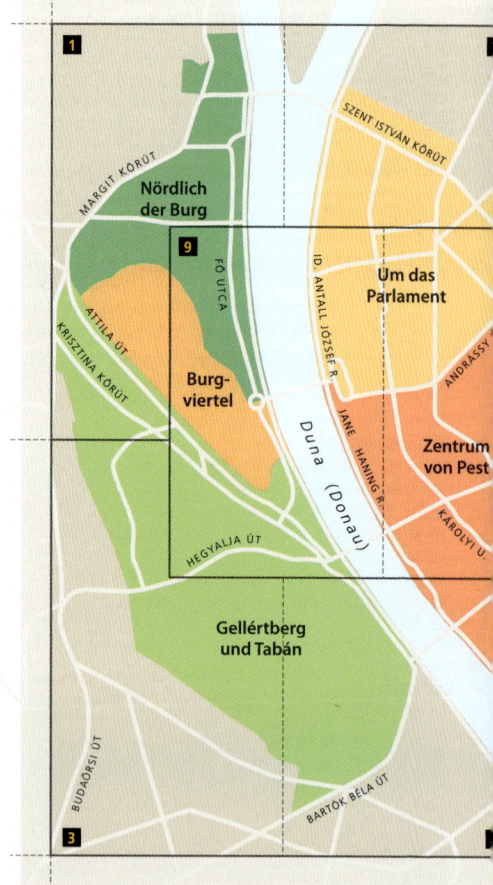

Haus in Tabán *(siehe S. 98)*

Der Deák tér ist nach Ferenc Deák *(siehe S. 34)*, Justizminister der ersten ungarischen Regierung (1848), benannt

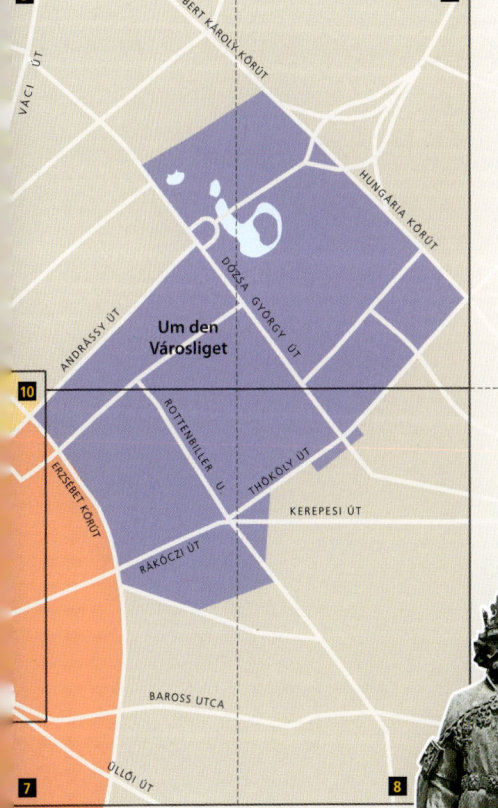

Beflaggte Straße im Burgviertel *(siehe S. 72–89)*

0 Kilometer   2

Statue von König Ludwig I., Teil des imposanten Millenniumsdenkmals auf dem Heldenplatz *(siehe S. 149)*, das 1929 fertiggestellt wurde

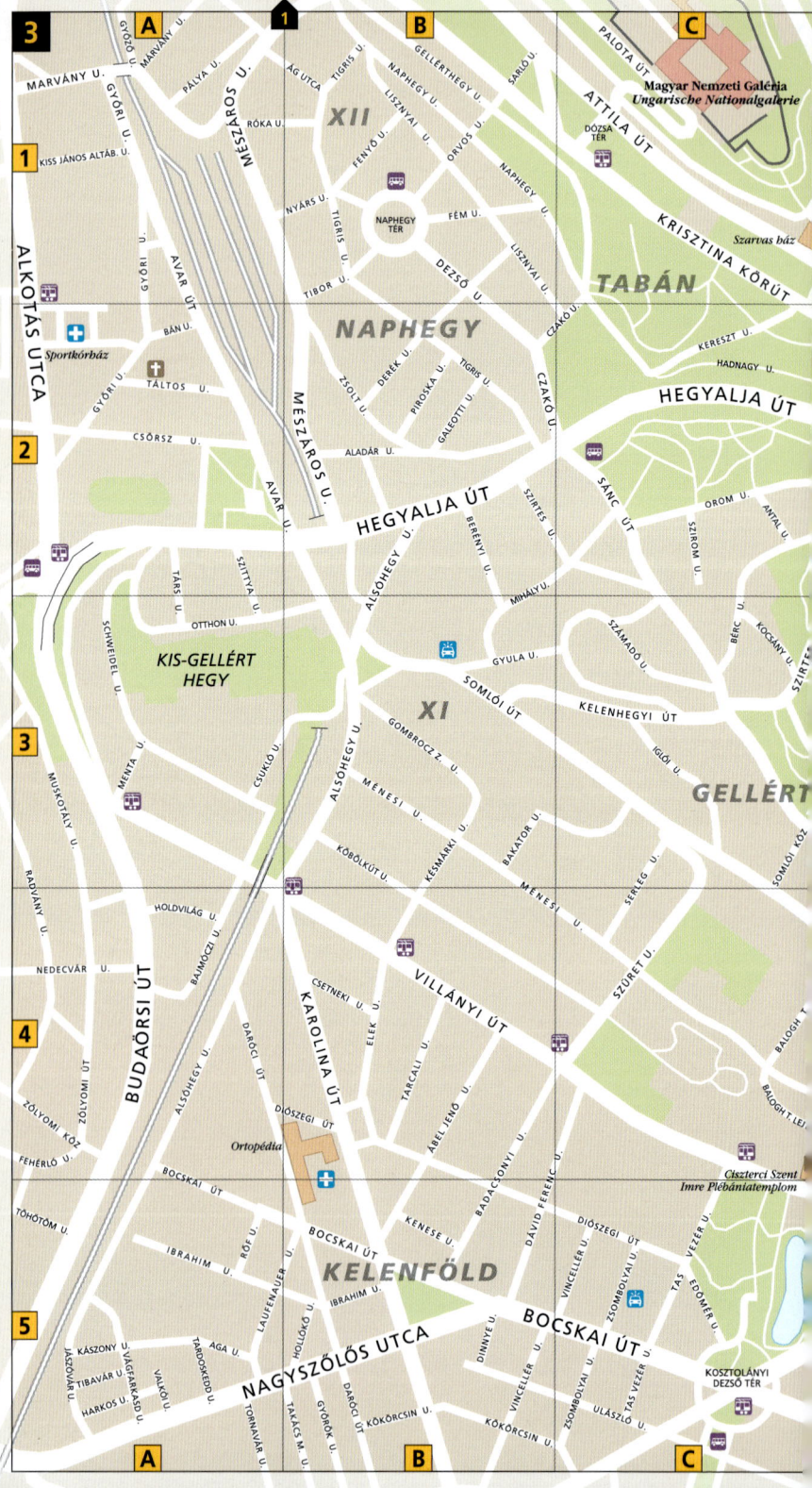

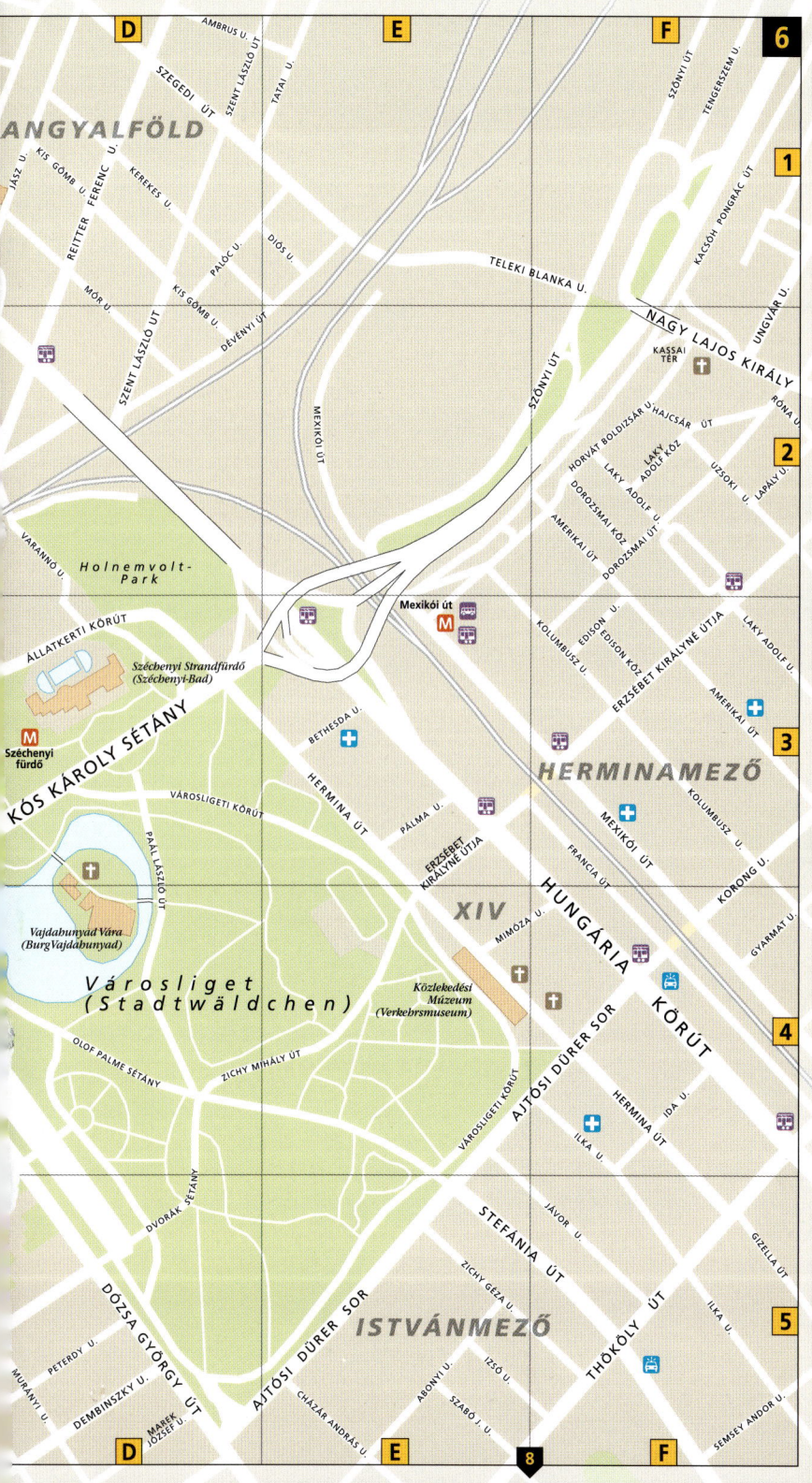

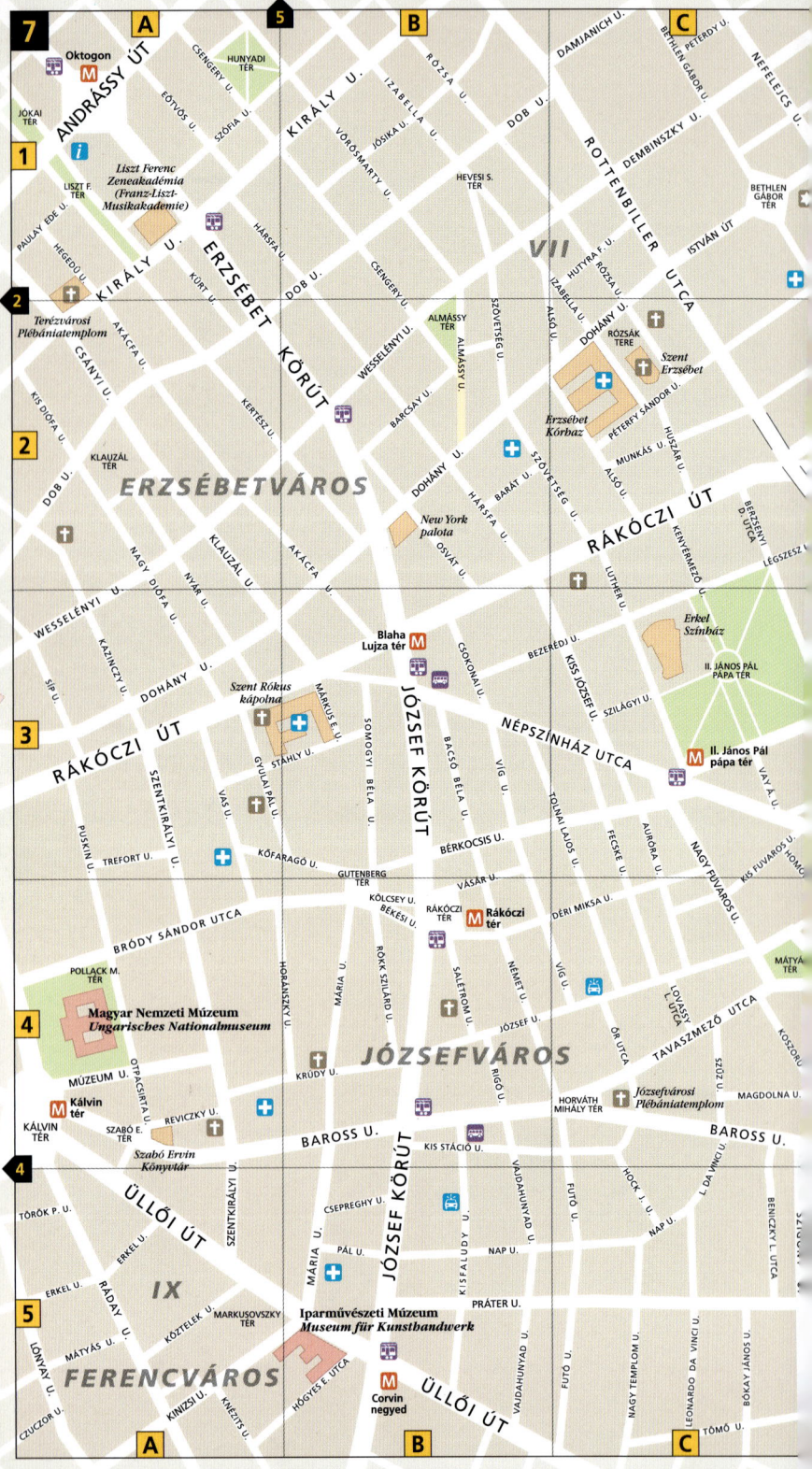

Kartenregister

Textregister

Danksagung und Bildnachweis

Dorling Kindersley bedankt sich bei allen, die bei der Entstehung dieses Buchs mitgewirkt haben.

Hauptautor

Tadeusz Olszański wurde 1929 in Polen geboren. Mit seinen Eltern floh er im Zweiten Weltkrieg nach Ungarn, wo er die polnische Schule in Balatonboglár besuchte. Als Journalist reiste er oft nach Ungarn und hat fünf Bücher über dieses Land verfasst, darunter auch *Budapesztanskie ABC*. Zudem hat er über 30 ungarische Romane und Dramen ins Polnische übersetzt. Von 1986 bis 1994 lebte er in Ungarn als Leiter des Polnischen Kulturinstituts und Korrespondent für das polnische Radio und Fernsehen. In Anerkennung seiner Leistungen zur Förderung der ungarischen Literatur und Kultur wurden ihm der Ungarische Kulturpreis und der Tibor-Derye-Literaturpreis verliehen.

Weitere Autoren

Sławomir Fangrat, Mariusz Jarymowicz, Iza Mościcka Barbara Olszańska, Ágnes Ördög, Ewa Roguska, Craig Turp.

Redaktion und Grafik

Publisher Douglas Amrine.
Senior Managing Editor Vivien Crump.
Art Director Gillian Allan.
Produktion Jo Blackmore, David Proffit.
DTP Lee Redmond, Ingrid Vienings
Kartografie Elizabeth Atherton, Dariusz Osuch
(D. Osuch i Spółka), Maria Wojciechowska.

Redaktions- und Grafikassistenz

Umesh Aggarwal, Emma Anacootee, Shruti Bahl, Claire Baranowski, Kate Berens, Arwen Burnett, Lucinda Cooke, Mariana Evmolpidou, Fay Franklin, Anna Freiberger, Rhiannon Furbear, Lydia Halliday, Krisztián R. Hildebrand, Vicki Ingle, Sumita Khatwani, Maite Lantaron, Jason Little, Darren Longley, Alison McGill, Rebecca Milner, Casper Morris, George Nimmo, Scarlett O'Hara, Agnes Ordog, Catherine Palmi, Helen Partington, Pure Content, Amir Reuveni, Ellen Root, Beverly Smart, Jaynan Spengler, Anna Streiffert, Rachel Symons, Andrew Szudek, Julie Thompson, Priyansha Tuli, Ros Walford, Sophie Warne, Márta Wessely, Scott Alexander Young.

Recherche

Julia Bennett, Javier Espinosa de los Monteros.

Kartografie

Hilary Bird.

Ergänzende Fotografien

Demetrio Carrasco, Roger Dixon, Martin Hladik, Ian O'Leary, Rough Guides/Eddie Gerald, Rough Guides/Michelle Grant, Scott Alexander Young.

Weitere Unterstützung

Dorling Kindersley bedankt sich bei allen Museen, Hotels, Restaurants und anderen Organisationen in Budapest für ihre Mithilfe: Unser besonderer Dank geht an: den Botschafter der Republik Ungarn in Polen; den Botschafter der Republik Polen in Ungarn; Gábor Bányai; Katalin Bara und die Mitarbeiter der ungarischen Fluggesellschaft Malév; Beatrix Basics, Tibor Kovács, Izabella Bősze und Péter Gaál vom Ungarischen Nationalmuseum; Éva Benkő und Judit Füredi Hamvasné vom Museum der Schönen Künste; Zoltan Fejős und Endre Stefana Szemkeő vom Ethnografischen Museum; Béla Juszel und Éva Orosz von der Ungarischen Nationalbank; die Mitarbeiter des Kiscelli-Museums; Imre Kiss, Zsuzsa Mátyus und Tivadar Mihalkovics von der Ungarischen Staatsoper; die Konrad-Adenauer-Stifung; die Mitarbeiter des Franz-Liszt-Museums; Zsuzsa Lovag vom Museum für Kunsthandwerk; das Meteorologische Institut der Republik Ungarn; die Mitarbeiter des Ungarischen Hauptpostamts; Katalin Neray vom Ludwig-Museum; Anita Obrotfa von Budapesti Turisztikai Hivatal; Csilla Pataky von Cartographia Ltd.; Géza Szabó; Mária Vida vom Semmelweis-Museum für Medizingeschichte; Annamária Vigh vom Budapester Historischen Museum; Ágnes Ördög und Judit Mihalcsik vom Tourismusamt Budapest.

Fotografier-Erlaubnis

Dorling Kindersley bedankt sich bei folgenden Personen und Institutionen für die freundlich gewährte Erlaubnis zu fotografieren: Ágnes Bakos, Margit Bakos und Bence Tihanyi vom Budapester Historischen Museum; den Mitgliedern von Budapesti Turisztikai Hivatal; Eszter Gordon; István Gordon vom Kurir-Archiv; Astoria Hotel; Ágnes Kolozs vom Museum der Schönen Künste; Ludwig-Museum; Ungarisches Nationalmuseum; Ungarische Akademie der Wissenschaften; Tibor Mester von der Ungarischen Nationalgalerie; Béla Mezey; Imre-Varga-Galerie; András Rázsó vom Museum der Schönen Künste; Semmelweis-Museum für Medizingeschichte; Judit Szalatnyay vom Kiscelli-Museum; Ágnes Szél; Ferenc Tobias und Erzsébet Winter vom Ethnografischen Museum; Richard Wagner vom Museum für Kunsthandwerk; Malév.
Dorling Kindersley bedankt sich zudem bei den vielen Läden, Restaurants, Cafés, Hotels, Kirchen und öffentlichen Service-Einrichtungen, die uns bei der Bildsuche unterstützt haben. Sie sind zu zahlreich, um sie einzeln aufzuführen. Ein besonderer Dank geht an Marta Zámbó von Gundel Étterem, die die ungarischen Spezialitäten zubereitet hat, die in diesem Reiseführer abgebildet sind.

Bildnachweis

o = oben, m = Mitte, u = unten, l = links, r = rechts, d = Detail.

Dorling Kindersley bedankt sich bei folgenden Personen, Institutionen und Bildarchiven für die Genehmigung zur Reproduktion ihrer Fotografien:

21 Magyar Vendéglő: 197or.

Airportshuttle.hu.zrt: 233mlo, 233or.
Alamy Images: Tibor Bognar 179ol; Eye Ubiquitous/John Dakers 230or; Peter Forsberg 127mru, 239mru; Kevin Foy 10mlo; 49or; hemis.fr/Ludovic Maisant 180–181; Don Klumpp 65mr; INSADCO Photography/Martin Bobrovski 193m; Jon Arnold Images/Doug Pearson 192ml; Joanne Moyes 84u; nagelestock.com 84mr; Lou Oghi Travel 103mro; PBstock 230ul; Robert Pearson 60–61; Sergio Pitamitz 43um, 83m; Jean-Yves Roure 231or; Travelog Picture Library 11ur; Westend61/Johannes Simon 178mlo.

Aranyszarvas Vendéglő: 197um.
Auguszt Cukrászda: 200om.

BFTK Budapest Festival and Tourism Centre Non-profit Limited Liability Company: 222mr, 222ul.

BKK (Budapester Transportzentrum): 238or, 238mlo, 241mro, 241ml, 241ur.

Bock Bisztró: 205um.

Borssó Bistro: 202ur.

Boscolo Budapest: 185mro, 189or, 205or.

Brody House Group: 187or.

Budapest Airport Zrt: 232ul; 233ul.

www.bridgeman.co.uk: Bibliothèque Polonaise, Paris, Aleksander Lesser (1814–84) *Władysław II.* (Radierung) 27ur; Magyar Nemzeti Galéria, Budapest 81or.

Budapest Festival Centre: 62mo.

Budapest Historisches Museum: 27mr, 34–35, 40mu, 40ul, 76ol.

Budapest Spa Llc: 55or, 147om.

Budapesti Turisztikai Hivatal: 52mu, 52ul, 53um, 63ul, 64ul, 160u.

Café Bouchon: 199um.

Café Pierrot: 191ul, 196ul.

Corbis: Atlantide Phototravvel 191ul, 196ul; JAI/Doug Pearson 39mo; Barry Lewis 95ol, 193ol; Reuters/Laszlo Balogh 215or; Sylvain Sonnet 90; Rob Tilley 13ur.

Costes: 204or.

Dagaly-Strandbad: 53ol.

Duna-Ipoly-Nationalpark: 164ol.

Dreamstime.com: Michal Bednarek 12ul; Artur Bogacki 48mlu, 67mro, 72, 104ol; Emicristea 100, 108l, 220–221; Icononiac 12or; Ladiras81 2–3; Laraclarence 172; Alexander Reitter 5mr, 112or; Sergey Rodionov 156; Scanrail 70–71; Jozef Sedmak 38; Elena Shchipkova 68mru, 95ul; Anna Todero 82mlu.

Europress Fotougynokseg: 11or, 27mru, 29mru, 53mru, 87mr, 126ul, 160ml, 170ol, 170or, 214ul; Darnay Katalin 97or.

Felsenkapelle (Sziklatemplom): 96ul.

Firkász Kávéház Étterem: 206ol.

First Strudel House of Pest: 198ol.

Fötaxi Zrt: 233mlu.

Four Seasons Hotel Gresham Palace: 199or; Paul Thuysbaert 182mlo, 186um.

Franz-Liszt-Akademie: Fejer Gabor 133ur; Marjai Judit 215ul.

Fuji Étterem: 207ol.

Gerbeaud Gasztronomia Kft.: 130ur, 201ol, 204ul.

Gerlóczy Kávéház: Peter Flanek 202ol.

Getty Images: AFP/Attila Kisbenedek 224ol, 238ul.

Robert Harding Picture Library: age fotostock/Gunter Kirsch 13ol; Gavin Hellier 178ul; Ellen Rooney 124o, 144.

Haus des Terrors: 148ol.

Hemingway Étterem: 191om.

Hilton Budapest: 182ur, 184ur.

Jüdisches Museum: 41mro.

Kárpátia Étterem: 203ol.

KNRDY Steakhouse: Balazs Glodi 200ur.

Kurir-Archiv: 36um, 37ur; Eszter Gordon 37mlo.

Labirintus: 89or.

Ludwig-Museum: 42ur.

MELLOW MOOD HOTELS: 183ol, 184ol, 188ul.

Museum der Schönen Künste: 41ol, 150–151 alle, 152–153 alle.

Museum für Kunsthandwerk: Ágnes Kolozs 5mru, 58or, 59mlu 140or, 141 alle.

ORFK Kommunikációs Szolgálat Sajtóügyelet: 226mro.

Palffy, Georgina: 48mlo.

La Pampa Steakhouse: 190ul.

Rácz Hotel und Thermalbad: Bujnovszky Tamás 53m, 99ul.

Red Dot, Budapest: 52or, Serenc Isza 53mro.

Remiz Étterem: Joszef Mezodi 206ur.

Rozmaring Kert Vendéglő: 207ur.

Reuters: STR 63mr.

STA Travel Group: 224m.

Széchény-Nationalbibliothek: 26m, 27um, 28–29, 76um.

Ágnes Szél: 39ur, 110or, 164ur.

Trattoria Pomo D'oro: Artamax Design Studio 198um.

Tourismusamt Budapest: 10ur, 47or, 118ol, 131um, 155or, 179ur, 215or, 223ol, 236mro, 237um, 240mlo, 241ul.

Ungarische Nationalgalerie: 18, 25u, 26–27, 28mlo, 40mlo, 40ur, 56mlo, 58ml, 78–79 alle, 80–81 alle.

Ungarisches Nationalmuseum: 8–9, 22ml, 22mu, 22ul, 22um, 23ol, 23mo, 23m, 23mru, 23ur, 24–25, 24mlu, 24ur, 25ol, 25mo, 25m, 25mu, 25ur, 26mu, 26ml, 26ul, 27ol, 28um, 29ol, 29mo 29mu, 30ml, 30–31, 30mu, 31ol, 31mo, 31mu, 32ml, 33om, 34mo, 34ml, 34mu, 35mo, 39mlu, 134–135, 136ur, 137 alle.

Ungarischer Staatspräsident (Büro): 21or.

Vigadó és Kultura Kft: 130ol.

Vörös Pòstakocsi Étterem: Serge Tregubov 203ur.

Mit freundlicher Genehmigung von **Márta Wessely** (Perfectum Ltd): 192ur, 193ul.

WestEnd City Center: 210mro.

Zwack Unicuo.

m: 195mu, 195ur.

Vordere Umschlaginnenseiten: **Corbis:** Sylvain Sonnet Lum; **Dreamstime.com:** Artur Bogacki Lml; Emicristea Lol, Rol; **Robert Harding Picture Library:** Ellen Rooney Rum, Rmru.

Extrakarte

DK: Dorota Jarymowicz und Mariusz Jarymowicz.

Umschlag

Vorderseite: **DK:** Dorota Jarymowicz und Mariusz Jarymowicz (Hauptbild).

Buchrücken: **DK:** Dorota Jarymowicz und Mariusz Jarymowicz o.

Alle anderen Bilder © Dorling Kindersley.
Weitere Informationen unter:
www.dkimages.com

Sprachführer Ungarisch

Aussprache

Ungarisch gehört zur finno-ugrischen Sprachgruppe und unterscheidet sich stark von den anderen Sprachen Europas. Die Aussprache ist zwar logisch, Ausländer haben jedoch meist erhebliche Schwierigkeiten, Ungarisch zu verstehen oder zu sprechen. Um Ihnen die Aussprache zu erleichtern, stehen die folgenden ungarischen Wörter und Wendungen im Lautschriftsystem der IPA (International Phonetic Association).

Englisch ersetzt langsam Deutsch als zweite Fremdsprache, vor allem bei der Jugend. Wer in Ungarn mit dem Fremdenverkehr zu tun hat, beherrscht meist Deutsch und/oder Englisch.

Im Notfall

Hilfe!	Segítség!	[ˈʃɛgiːtʃeːg]
Stopp!	Stop!	[ˈʃtop]
Achtung!	Tessék vigyázni!!	ʃˈtɛʃeːk ˈviɟaːzni]
Rufen Sie einen Arzt!	Hívja az orvost!	[ˈhiːvjɒ ɒz ˈorvoʃt]
Rufen Sie einen Krankenwagen!	Hívja a mentőt!	[ˈhiːvjɒ ɒ ˈmɛntøːt]
Rufen Sie die Polizei!	Hívja a rendőrséget!	[ˈhiːvjɒ ɒ ˈrɛndøːrʃeːg]
Rufen Sie die Feuerwehr!	Hívja a tűzoltóságok!	[ˈhiːvjɒ ɒ ˈtyːzoltoːʃaːgok]
Wo ist das nächste Telefon?	Hol van a legközelebbi telefon?	[ˈhol ˈvɒn ɒ ˈlɛkøzɛlɛbːi ˈtɛlɛfon]
Wo ist das nächste Krankenhaus?	Hol van a legközelebbi kórház?	[ˈhol ˈvɒn ɒ ˈlɛkøzɛ-lɛbːi ˈkoːrhaːz]

Grundwortschatz

Ja/Nein	Igen/Nem	[ˈigɛn / nɛm]
Bitte	Tessék	[ˈtɛʃeːk]
Bitte (Frage, höflich)	Kérem	[ˈkeːrɛm]
Danke	Köszönöm	[ˈkøsønøm]
Hallo	Szia/Sziaszto	[ˈsiɒ/ˈsiɒstok]
Guten Tag	Jó napot	[ˈjoː nɒpot]
Auf Wiedersehen	Viszontlátásra	[ˈvisontlaːtaːʃrɒ]
Gute Nacht	Jó éjszakát	[ˈjoː ˈejsɒkaːt]
morgens	reggel	[ˈrɛgɛl]
vormittags	délelőtt	[ˈdeːlɛløːtː]
nachts	éjjel	[ˈejːɛl]
Nachmittag	délután	[ˈdeːlutaːn]
Abend	este	[ˈɛʃtɛ]
gestern	tegnap	[ˈtɛgnɒp]
heute	ma	[ˈmɒ]
morgen	holnap	[ˈholnɒp]
hier	itt	[itː]
dort	ott	[otː]
Was?	Mi?	[ˈmi]
Wann?	Mikor?	[ˈmikor]
Warum?	Miért?	[ˈmieːrt]
Wo?	Hol?	[ˈhol]

Nützliche Redewendungen

Wie geht es Ihnen?	Hogy van?	[ˈhoɟ ˈvɒn]
Danke, sehr gut.	Köszönöm nagyon jól.	[ˈkøsønøm ˈnɒɟon joːl]
Bis später.	Viszlát.	[ˈvislaːt]
Gibt es hier …	Van itt …?	[ˈvɒn itː: …]
Wo erhält man …?	Hol lehet …?	[ˈhol ˈlɛhɛ …]
Wie weit ist es bis …?	Milyen messze van …?	[ˈmijɛn ˈmɛsːɛ ˈvɒn …]
Wie komme ich nach …?	Hogy jutok el … ba/be?	[ˈhoɟ ˈjutok ˈɛl … ˈbɒ/ˈbɛ]
Sprechen Sie Deutsch?	Beszél németül?	[ˈbɛseːl ˈneːmɛtyl]
Ich verstehe nicht.	Nem értem.	[ˈnɛm ˈeːrtɛm]
Könnten Sie langsamer sprechen?	Kérem lassabban beszéljen?	[ˈkɛrɛm ˈbʃɔbɒn ˈbɛseːjɛn]
Tut mir sehr leid.	Nagyon sajnálom!	[ˈnɒɟon ˈʃjnaːlom]

Nützliche Wörter

groß	nagy	[ˈnɒɟ]
klein	kicsi	[ˈkitʃi]
heiß	forró	[ˈfoːroː]
kalt	hideg	[ˈhidɛg]
gut	jó, jól	[ˈjoː, ˈjoːl]
schlecht, schlimm	rossz	[ˈrosː]
genug	elég	[ˈɛlɛg]
geöffnet	nyitva	[ˈɲidvɒ]
geschlossen	zárva	[ˈzaːrvɒ]
links	bal	[ˈbɒl]
rechts	jobb	[ˈjobː]
geradeaus	egyenesen	[ˈɛɟɛnɛʃɛn]
nah	közel	[ˈkøsɛl]
weit	messze	[ˈmɛsːɛ]
hinter (räumlich)	mögött	[ˈmøgøtː]
vor (räumlich)	elött	[ˈɛløtː]
früh	korán	[ˈkoraːn]
spät	késő	[ˈkeːʃøː]
Eingang	bejárat	[ˈbɛjaːrɔt]
Ausgang	kijárat	[ˈkijaːrɔt]
Toilette	toalett/WC/vécé	[ˈtoɒlɛt, ˈveːtseː]
frei, nicht besetzt	szabad	[ˈsɒbɒd]
frei/gratis	ingyen	[ˈinɟɛn]

Telefonieren

Eine Telefonkarte, bitte.	Egy telefonkártyát, kérem.	[ˈeɟ ˈtɛlɛfonkaːrtaːt ˈkeːrɛm]
Ich möchte ein R-Gespräch anmelden.	Szeretnék egy R-beszélgetést bejelenteni.	[ˈsɛrɛtneːk eɟ ˈɛrɛbseːlgɛteʃt ˈbɛjɛlɛntɛni]
Ortsgespräch	helyi beszélgetés	[ˈhɛji ˈbɛseːlgɛteʃ]
Mobiltelefon	mobil	[ˈmobil]
Kann ich eine Nachricht hinterlassen?	Hagyhatnék egy üzenetet?	[ˈhoɟhotneːk eɟ ˈyzɛnɛtɛt]

Shopping

Wie viel kostet das?	Mennyibe kerül?	[ˈmɛɲːibɛ ˈkɛryl]
Ich hätte gern …	Szeretnék egy …	[ˈsɛrɛtneːk eɟ]
Ich suche …?	Keresek …?	[ˈkɛrɛʃɛk]
Ich schaue nur.	Csak körülnézek.	[ˈtʃɒk ˈkørylneːzɔk]
Akzeptieren Sie Kreditkarten?	Elfogadják a hitelkártyákat?	[ˈɛlfogɒdjaːk ɔ ˈhitɛlkaːrtaːt]
Wann öffnen Sie?	Mikor van nyitva?	[ˈmikor ˈvɒn ˈɲitvɒ]
Geben Sie mir bitte ein Kilo/ein Stück …	Adjon kérem egy kiló/egy …t	[ˈɔdjon ˈkeːrɛm eɟ ˈkiloː / eɟ ˈ…t]
teuer	drága	[ˈdraːgɒ]
billig	olcsó	[ˈoltʃoː]
Größe	méret	[ˈmeːrɛt]
weiß	fehér	[ˈfɛhɛːr]
schwarz	fekete	[ˈfɛkɛtɛ]
rot	piros	[ˈpiroʃ]
gelb	sárga	[ˈʃaːrgɒ]
grün	zöld	[ˈzøld]
blau	kék	[ˈkeːk]
Antiquitätenladen	régiségkereskedés	[ˈreːgiʃeːkɛːrɛʃkɛdeːʃ]
Apotheke	patika	[ˈpɔtikɔ]
Bäckerei	pékség	[ˈpeːgʃeːg]
Bank	bank	[ˈbɒnk]
Buchhandlung	könyvesbolt	[ˈkøɲvɛzbolt]
Juwelier	ékszerész	[ˈeːkʃɛrɛːs]
Kaufhaus	áruház	[ˈaːruhaːz]
Konditorei	cukrászda	[ˈtsukraːzdɒ]
Lebensmittelgeschäft	élelmiszerbolt	[ˈeːlɛlmiʃɛrbolt]
Markt	piac	[ˈpiɒts]
Postamt	postahivatal	[ˈpoʃtɒhivɒtɒl]
Schuhgeschäft	cipőbolt	[ˈtsipøːbolt]
Supermarkt	ABC/szupermarkt	[ˈaːbeːtseː/ˈsupɛrmɔrkt]

Sightseeing

Bus	autóbusz	['ɔuto:bus]	
Tram/Straßenbahn	villamos	['vilːɔmoʃ]	
Zug	vonat	['vonɔt]	
U-Bahn	metró	['mɛtro:]	
Bushaltestelle	buszmegálló	['busmɛga:lo:]	
Tramhaltestelle	villamosmegálló	['vilːɔmoʃ-mega:lo:]	
Galerie	galéria	['gɔle:riɔ]	
Garten	kert	['kɛrt]	
Kathedrale	székesegyház	['se:kɛʃɛɟha:z]	
Kirche	templom	['tɛmplom]	
Museum	múzeum	['mu:zɛum]	
Palais/Palast	palota	['pɔlotɔ]	
Tourismusbüro	túrista információ	['turiʃtɔ 'informa:tsio:]	
Gibt es Ermäßigungen für …?	Van kedvezmény …?	['vɔn 'kɛdvɛzme:ɲ …]	

Im Hotel

Haben Sie ein freies Zimmer?	Van még szabad szobájuk?	['vɔn 'me:g 'sɔbɔd 'soba:juk]	
Doppelzimmer	erkéllyel szoba	['ɛrke:lʲɛl 'sobɔ]	
Einzelzimmer	egyágyas szoba	['ɛɟa:ɟɔʃ 'sobɔ]	
Zimmer mit Bad/Dusche	fürdőszobás/zuhanyzós szoba	['fyrdøsoba:ʃ/'zuhɔɲozo:ʃ 'sobɔ]	
Zimmer mit Balkon	kétágyas szoba	['ke:ta:ɟɔʃ 'sobɔ]	
Schlüssel	kulcs	['kultʃ]	
Ich habe ein Zimmer reserviert.	Foglaltam önöknél egy szobát.	['foglɔltɔm 'ønøknɛːl ɛɟ 'soba:t]	

Im Restaurant

Einen Tisch für … Personen, bitte.	Szeretnék egy asztalt … személyre.	['sɛrɛtne:k eɟ ɔstɔlt … 'sɛme:jrɛ]	
Ich möchte einen Tisch reservieren.	Szeretnék egy asztalt foglalni.	['sɛrɛtne:k eɟ ɔstɔlt 'foglɔlni]	
Die Rechnung, bitte.	Kérem a számlát.	['ke:rɛm ɔ 'sa:mla:t]	
Ich bin Vegetarier.	Vegetáriánnus vagyok.	['vɛgeta:ria:nuʃ 'vɔɟok]	
Ich hätte gern …	Szeretnék egy …	['sɛrɛtne:k eɟ …]	
Ober (Anrede)	fő úr	['fø:u:r]	
Speisekarte	étlap	['e:tlɔp]	
Weinkarte	itallap	['i:tɔlɔp]	
Tagesgericht	napi ajánlat	['nɔpi 'bja:nlɔt]	
Glas	pohár	['pohaːr]	
Flasche	üveg	['yveg]	
Messer	kés	['ke:ʃ]	
Gabel	villa	['vilːɔ]	
Löffel	kanál	['kɔna:l]	
Frühstück	reggeli	['regːɛli]	
Mittagessen	ebéd	['ɛbe:d]	
Abendessen	vacsora	['vɔtʃorɔ]	
Hauptgericht	főfogás	['fø:foga:ʃ]	
Vorspeise	előétel	['ɛlø:e:tɛl]	
Nachtisch	desszert	['dɛsːɛrt]	
blutig	angolosan	['ɔngoloʃɔn]	
durchgebraten	átsütve	['a:tʃydvɛ]	

Auf der Speisekarte

alma	['ɔlmɔ]	Apfel	
ásványvíz	['a:ʒvaɲvi:z]	Mineralwasser	
bab	['bɔb]	Bohnen	
bárány	['ba:ra:ɲ]	Lamm	
burgonya	['burgoɲɔ]	Salzkartoffeln	
csirke	['tʃirkɛ]	Huhn	
csokoládé	['tʃokola:de:]	Schokolade	
cukor	['tsukor]	Zucker	
fehérbor	['fɛhe:rbor]	Weißwein	
gomba	['gombɔ]	Pilze	
gulyásleves	['guja:ʃlɛvɛʃ]	Gulaschsuppe	
gyümölcs /-lé	['ɟymøltʃ/-le:]	Obst/-saft	
hal	['hɔl]	Fisch	
hús	['hu:ʃ]	Fleisch	

káposzta	['ka:postɔ]	Kraut	
kávé	['ka:ve:]	Kaffee	
kenyér	['kɛɲeːr]	Brot	
kolbász	['kolba:s]	Wurst	
liba	['libɔ]	Gans	
marha	['mɔrhɔ]	Rind	
mustár	['muʃta:r]	Senf	
olaj	['obj]	Öl	
paprika	['pɔprikɔ]	Paprika	
paradicsom	['pɔrɔditʃom]	Tomaten	
pástétom	['pa:ʃte:tom]	Pastete	
pulyka	['pujkɔ]	Truthahn	
rizs	['riʒ]	Reis	
rostélyos szelet	['roʃte:joʃ 'sɛlɛt]	Lendenschnitte	
sajt	['ʃɔjt]	Käse	
saláta	['ʃɔla:tɔ]	Salat	
sertéshús	['ʃɛrte:ʃhu:ʃ]	Schweinefleisch	
só	['ʃo:]	Salz	
sonka	['ʃonkɔ]	Schinken	
sör	['ʃør]	Bier	
sült burgonya	['ʃylt 'burgoɲɔ]	Bratkartoffeln	
sütemény	['ʃytɛme:ɲ]	Kuchen	
tea	['tɛɔ]	Tee	
tej	['tɛj]	Milch	
tejszín	['tɛjsi:n]	Sahne	
tengeri hal	['tɛngɛri 'hɔl]	Meeresfisch	
tojás	['toja:ʃ]	Ei	
töltött paprika	['tøltøt: 'pɔprikɔ]	gefüllte Paprika	
vörösbor	['vørøʃbor]	Rotwein	
zsemle (gombóc)	['ʒɛmlɛ/gombo:ts]	Semmel(knödel)	

Zahlen/Zeit

0	nulla	['nulːɔ]	
1	egy	['ɛɟ]	
2	kettő, két	['kɛtːø:, 'ke:t]	
3	három	['ha:rom]	
4	négy	['ne:ɟ]	
5	öt	['øt]	
6	hat	['hɔt]	
7	hét	['he:t]	
8	nyolc	['ɲolts]	
9	kilenc	['kilɛnts]	
10	tíz	['ti:z]	
11	tizenegy	['ti:zɛnɛɟ]	
12	tizenkettő	['ti:zɛn'kɛt:ø:]	
13	tizenhárom	['ti:zɛn'ha:rom]	
14	tizennégy	['ti:zɛnːe:ɟ]	
15	tizenöt	['ti:zɛnøt]	
16	tizenhat	['ti:zɛnhɔt]	
17	tizenhét	['ti:zɛnhe:t]	
18	tizennyolc	['ti:zɛnːolts]	
19	tizenkilenc	['ti:zɛn'kilɛnts]	
20	húsz	['hu:s]	
21	huszonegy	['husonɛɟ]	
22	huszonkettő	['huson'kɛt:ø:]	
30	harminc	['hɔrmints]	
31	harmincegy	['hɔrmintsɛɟ]	
40	negyven	['nɛɟvɛn]	
50	ötven	['øtvɛn]	
60	hatvan	['hɔtvɔn]	
70	hetven	['hɛtvɛn]	
80	nyolcvan	['ɲoltsvɔn]	
90	kilencven	['kilɛntsvɛn]	
100	száz	['sa:z]	
110	száztíz	['sa:zti:z]	
200	kétszáz	['ke:tsa:z]	
300	háromszáz	['ha:romsa:z]	
1000	ezer	['ɛzɛr]	
10000	tízezer	['ti:zɛzɛr]	
Stunde/halbe Stunde	óra/félóra	['o:rɔ/fe:lo:rɔ]	
Montag	hétfő	['hed:tʃø]	
Dienstag	kedd	['kɛd]	
Mittwoch	szerda	['sɛrdɔ]	
Donnerstag	csütörtök	['tʃytørtøk]	
Freitag	péntek	['pe:ntɛk]	
Samstag	szombat	['sombɔt]	
Sonntag	vasárnap	['vɔʃa:rnɔp]	

VIS-À-VIS-REISEFÜHRER

Ägypten · Alaska · **Amsterdam** · Apulien · **Argentinien**
Australien · **Bali & Lombok** · Baltikum · **Barcelona &**
Katalonien · Beijing & Shanghai · **Belgien & Luxemburg**
Berlin · **Bodensee** · Bologna & Emilia-Romagna
Brasilien · Bretagne · **Brüssel** · Budapest
Chicago · **Chile** · China · **Costa Rica**
Dänemark · **Danzig & Ostpommern**
Delhi, Agra & Jaipur · **Deutschland** · Dresden
Dublin · Florenz & Toskana · **Florida**
Frankreich · **Griechenland** · Griechische Inseln
Großbritannien · Hamburg · **Hawaii** · Indien · **Irland** · Istanbul · **Italien**
Italienische Riviera · **Japan** · Jerusalem · **Kalifornien**
Kambodscha & Laos · **Kanada** · Kanarische Inseln · **Karibik** · Kenia
Korsika · Krakau · **Kroatien** · Kuba · **Las Vegas** · Lissabon
Loire-Tal · London · **Madrid** · Mailand · **Malaysia & Singapur**
Mallorca, Menorca & Ibiza · **Marokko** · Mexiko · **Moskau**
München & Südbayern · **Myanmar** · Neapel · **Neuengland**
Neuseeland · **New Orleans** · New York · **Niederlande**
Nordspanien · **Norwegen** · Österreich · **Paris** · Peru · **Polen** · Portugal
Prag · Provence & Côte d'Azur · **Rom** · San Francisco
St. Petersburg · Sardinien · **Schottland** · Schweden
Schweiz · Sevilla & Andalusien · **Sizilien** · Slowenien
Spanien · Sri Lanka · **Stockholm** · Straßburg & Elsass
Südafrika · Südtirol & Trentino · **Südwestfrankreich**
Thailand · **Thailand – Strände & Inseln** · Tokyo
Tschechien & Slowakei · Türkei · **USA** ·
USA Nordwesten & Vancouver · **USA Südwesten & Las**
Vegas · Venedig & Veneto · **Vietnam & Angkor**
Washington, DC · **Wien** · Zypern

www.dorlingkindersley.de